French B

FOR THE IB DIPLOMA

Jane Byrne
Damian Henderson
Sophie Jobson
Lauren Léchelle

HODDER
EDUCATION
AN HACHETTE UK COMPANY

Orders: please contact Bookpoint Ltd, 130 Milton Park, Abingdon, Oxon OX14 4SB. Telephone: +44 (0)1235 827720. Fax: +44 (0)1235 400454. Lines are open 9.00a.m.–5.00p.m., Monday to Saturday, with a 24-hour message answering service. Visit our website at www. hoddereducation.co.uk.

© Jane Byrne, Damian Henderson, Sophie Jobson and Lauren Léchelle 2014

First published in 2014 by
Hodder Education
an Hachette UK company
338 Euston Road
London NW1 3BH

Impression number 10 9 8 7 6 5 4 3 2

Year 2018 2017 2016 2015

Cover photo: © Tristan Deschamps/Alamy
Design and layouts by Lorraine Inglis Design
Printed in Dubai

A catalogue record for this title is available from the British Library

ISBN 978-1-4718-0418-2

Picture credits

t = top, *l* = left, *c* = centre, *r* = right, *b* = bottom

p.6 Mandoga Media/Alamy; AF archive/Alamy; epa european pressphoto agency b.v./Alamy; **p.7** dpa picture alliance/Alamy; **p.8** Fotolia (all); **p.12** TopFoto; **p.13** Fotolia (all); **p.18** *tl* and *tr* Fotolia, *b* Juice Images/Alamy; **p.20** Fotolia; **p.21** *t* Fotolia, *b* GoGo Images Corporation/Alamy; **p.24** Fotolia; **p.28** *tr* & *br* Fotolia, *tl* Image Source/Alamy, *bl* US Marines Photo/Alamy; **p.30** *bl* moodboard/Alamy, *br* Fotolia; **p.38** Fotolia; **p.42** Fotolia; **p.50** AF archive/Alamy; **p.62** TopFoto; **p.63** Fotolia; **p.70** *tl* Fotolia, *tr* Fotolia, *bl* ZUMAPress, Inc./Alamy, *br* NetPhotos/Alamy; **p.72** Getty Images; **p.74** Neil Fraser/Alamy; **p.78** Fotolia (all); **p.82** Fotolia; **p.85** *bl*, *br* Fotolia; **p.88** *tl* NASA, *tc* Photos 12/Alamy, *tr* Horizons WWP/Alamy, *b* Fotolia; **p.89** *t* GILDAS RAFFENEL/epa/Corbis *b* Kai-Otto Melau/Alamy; **p.90** dpa picture alliance archive/Alamy; **p.96** Rex Hughes/Alamy; **p.98** *l* AKG images, *c* TopFoto, *r* AKG images; **p.99** *cr* used with permission Cagle Cartoons, *br* The Art Archive/Bibliotheque Municipale de Vichy/Kharbine-Tapabor/Coll. JeanVigne; **p.102** Fotolia; **pp.114–15** Fotolia (all); **p.118** Fotolia (all); **p.120** Nigel Cattlin/Alamy; **p.122** *l* dpa picture alliance archive/Alamy, *r* Fotolia; **p.123** Aflo Co. Ltd./Alamy; **p.124** *t* Fotolia, *b* David R. Frazier Photolibrary, Inc./Alamy; **p.128** PHILIPPE HUGUEN/AFP/Getty Images; **p.138** Horizons WWP/Alamy; **p.141** Fotolia (all);

p.144 Jenny Matthews/Alamy; **p.145** ZUMA Press, Inc./Alamy; **p.150** North Wind Picture Archives/Alamy; **p.153** age fotostock/Alamy; **p.156** © Plantu; **p.157** Pictorial Press Ltd/Alamy; **p.160** *tl* Mary Evans/ Sueddeutsche Zeitung Photo, *tc* Pictorial Press Ltd/Alamy, *tr* Mary Evans Picture Library/Alamy, *bl* Graham Morley Historic Photos/Alamy, *bc* Epic/Mary Evans Picture Library, *br* epa european pressphoto agency b.v./ Alamy; **p.162** *t* Fotolia, *b* Directphoto.org/Alamy; **p.163** *t* Topfoto, *b* epa european pressphoto agency b.v./Alamy; **p.165** *t* akg-images/Alamy, *b* Mary Evans Picture Library/Epic; **p.167** akg-images/Alamy; **p.183** *tl* Pitiphotos/Alamy, *tc* Art Directors & TRIP/Alamy, *tr* Gianni Muratore/ Alamy, *c* IndiaPicture/Alamy, *b* fotolia; **p.184** Moviestore collection Ltd/ Alamy; **p.195** Marc Bruxelle/Alamy; **p.196** THIERRY ROGE/epa/Corbis; **p.199** Fotolia; **p.200** Fotolia (all); **p.205** *cr* Ed Thompson/Alamy, *tl, tc, tr, c, bl, bc, br* Fotolia; **p.209** ONOKY - Photononstop/Alamy; **p.214** Fotolia; **p.218** *l* Blend Images/Alamy, *r* Fotolia; **p.222** *l* Gamma-Rapho/Getty Images, *r* Fotolia; **p.223** BOGDAN CRISTEL/Reuters/Corbis; **p.225** *t* AFP/Getty Images, *b* GAUTIER Stephane/SAGAPHOTO.COM/Alamy; **p.226** *tl* Steve Stock/Alamy, *tr* RIA NOVOSTI/SCIENCE PHOTO LIBRARY, *br* PHOTOSTOCK-ISRAEL/SCIENCE PHOTO LIBRARY; **p. 230** Fotolia; **p.234** Fotolia; **p. 236** JEAN-PAUL PELISSIER/Reuters/Corbis; **p.240** Myriam Morin; **p.248** Bado; **p.251** Philippe Tastet; **p.252** *l* Fotolia, *r* Paris Metro/Alamy; **p.258** Fotolia; **p.260** Fotolia (all); **p.266** Fotolia

Acknowledgements

The audio tracks were recorded at The Sound Company, London, with Daniel Pageon, Katherine Pageon, Brigitte Sawyer and Philippe Smolikowski, and produced by Richard Tyson of Soundproof Recordings, Leeds.

Text credits

p.5 http://fr.answers.yahoo.com; **p.6** http://forum.doctissimo.fr/famille/ relations-freres-soeurs/relation-frere-soeur-sujet_1657_1.htm; **p.12** www.topsante.com/forme-et-bien-etre/mieux-vivre/moi-et-les-autres/ relation-mere-fille-pourquoi-c-est-si-complique-12230; **p.13** www. institut-viavoice.com/index.php/sondages-publies/tous-nos-sondages/ item/les-jeunes-et-lavenir?category_id=8; **p.17** www.lesbridgets.com/ index.php/Etude-/-Statistiques-sur-le-couple/Mariage-puis-divorce-les-chiffres.html; **pp.18–19** Anne-Laure Vaineau pour Psychologies magazine France (www.psychologies.com, septembre 2011); **p.20** www.rvpaternite. org/fr/paternite/pdf/situationperesmonoparentaux_oct2006.pdf; **p.21** http://lesfamillesdanslemonde.centerblog.net/rub-i-la-famille-une-cellule-sociale-.html; **p.22** www.senegalaisement.com/senegal/famille_ senegal.php; **pp.26–27** www.zebrascrossing.net/t2703-qu-est-ce-qu-un-ami-et-un-meilleur-ami; **p.29** Anna RAVIX – TV5Monde/Terriennes, www.tv5monde.com; **pp.32–33** http://aqps.qc.ca/uploads/documents/ bulletins/10/10-02-09.htm; **pp.34–35** www.loveconfident.com le-speed-dating-les-7-minutes-decisives-rencontre-amoureuse; **pp.36–37** www. edarling.fr/conseils-rencontres/site-de-rencontre; **p.40** http://leplus. nouvelobs.com/contribution/889028-les-gifles-ma-mere-m-en-a-donne-un-paquet-j-en-suis-venue-a-craindre-sa-main.html; **pp.43–44** www. la-croix.com/Famille/Parents-Enfants/Dossiers/Enfants-et-Adolescents/ 13-a-18-ans/Elever-un-adolescent-entre-autorite-et-liberte-2012-01-03-753485; **p.45** S.N. Editions Anne Carrière, Paris, 2012; **pp.46–47** http:// famille.blog.lemonde.fr/2012/11/20/grands-parents-et-petits-enfants-une-relation-precieuse; **pp.48–49** www.cinexpression.fr/intouchables-eric-toledano-olivier-nakache-2011/#sthash.U6npG4ZO.NYTrF4C1. dpuf; **pp.50–51** www.revue-etudes.com/Cinema/Intouchables/ 7502/14277; **pp.52–53** Bernadette COSTA-PRADES, Psychologies magazine, janvier 2011 (www.psychologies.com) **p.54** Michel del Castillo, Tanguy, 9782070400911, Gallimard; **p.56** 'Fils de…', Jacques Brel; **p.59** *Contes créoles*, Jean Juraver, Présence Africaine; **p.60** Editions de Fallois, Collection Fortunio © Marcel Pagnol, 2004; **pp.63–64** www. liberation.fr/societe/2013/06/19/a-clichy-le-bac-c-est- une-fierte_912277; **p.64** www.lemonde.fr/enseignement-superieur/article/2013/06/20/ quand-on-est-caissiere-avec-un-bac-5-on-apprend-l-humilite_3432832_ 1473692.html; **p.65** www.liberation.fr/societe/2013/ 06/19/le-bac-un-symbole-pour-les-unsun-sesame-pour-les-autres_912278; **pp.66–67** www.afd.fr/home/presse-afd/temoignagesportraits?actuCtnId=85105; **p.70** http://fr.euronews.com/2013/05/17/reseaux-sociaux-un-outil-educatif-d-avenir;

TABLE DES MATIÈRES

Préambule

This book provides all you need to prepare for your IB French Diploma exam and builds up your level of skill in reading, listening to, speaking and writing the language. It also teaches you about the way of life of people in the French-speaking world and about the language they speak.

Each of the 14 units contains a range of activities to enable you to discover the language and use it effectively. You will find the following features throughout the book.

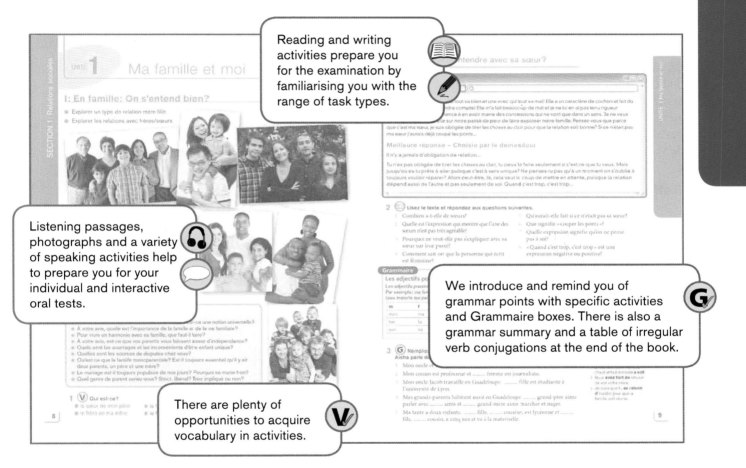

Reading and writing activities prepare you for the examination by familiarising you with the range of task types.

Listening passages, photographs and a variety of speaking activities help to prepare you for your individual and interactive oral tests.

We introduce and remind you of grammar points with specific activities and Grammaire boxes. There is also a grammar summary and a table of irregular verb conjugations at the end of the book.

There are plenty of opportunities to acquire vocabulary in activities.

Watch out for these other special features throughout the book:

- **Réfléchir** Starter questions to get you thinking and talking about new topics
- **Comment parler/écrire** Tips on writing and speaking in different registers
- **Stratégies pour parler/lire/écrire** Advice on approaching different styles of speaking, reading and writing.
- **Théorie de la connaissance** Links to the Theory of Knowledge that give you practice in discussing ideas related to this important IB area of study
- **Rappel** Links to useful sections elsewhere in the book

Introduction

Qui suis-je?

- Qui êtes-vous?
- Qu'est-ce qui contribue à notre identité?
- Comment est-ce que nous communiquons notre identité aux autres?

Objectifs

Dans cette introduction, nous allons essayer de décider ce qui contribue à notre identité. À la fin de l'introduction, vous pourrez parler avec assurance de vous et des autres; nous espérons aussi vous encourager à écrire un blog qui vous permettra de suivre les progrès accomplis au cours de vos études.

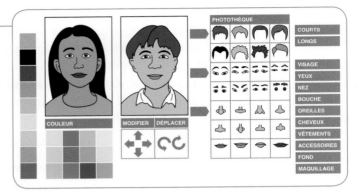

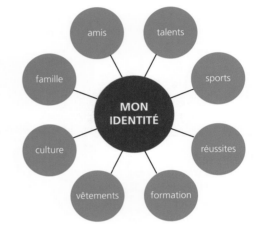

Réfléchir

Discutez en classe des idées ci-dessous.
- Quels sont les facteurs qui contribuent à notre identité?
- Ces idées pourraient vous aider…

---

1 **G** **Complétez les phrases suivantes. N'oubliez pas d'utiliser les formes correctes des verbes.**

1 Je (*m'appeler*) ....
2 J'(*avoir*) .... ans.
3 J'(*habiter*) à .... en ....
4 Je (*naître*) à ....
5 À l'école, je (*faire*) ....
6 Quand j'ai du temps libre, je ....
7 Je (*ne pas aimer*) ....
8 Je (*être*) différent(e) des autres parce que ....
9 Mon ambition (*être*) de ....
10 Je (*être*) fier/fière de moi car ....

Comparez vos réponses en classe et essayez d'identifier ce qui vous distingue des autres.

Vocabulaire

présenter quelqu'un
se présenter
s'intéresser à
mon sport préféré
Il a les yeux bleus.
Il a de grandes oreilles.
Elle a les cheveux noirs.
Il est acteur.
Elle habite en France depuis cinq ans.
Il est fort en histoire.
Il joue bien.

2 **Choisissez l'une des photos ci-contre et décrivez la personne qui y figure. Faites des recherches sur la personne que vous avez choisie.**

1 D'où viennent les informations que vous avez?
2 Est-ce que ces informations sont fiables? Pourquoi/Pourquoi pas?
3 Y a-t-il des choses que vous ne savez pas sur ces personnes?

Audrey Tautou   *Alain Prost*   *Jean Reno*

Fiche d'identité: Omar Sy

3 Lisez le texte ci-contre et discutez en classe des questions suivantes.

1 À votre avis, pour qui cette présentation d'Omar Sy peut-elle être utile?

2 Quels détails est-ce que les amis de Sy ajouteraient à cette description? Et sa famille? Et ses professeurs de lycée?

Né le 20 janvier 1978, Omar Sy est acteur et humoriste. En février 2012 il a gagné le César du meilleur acteur pour le rôle de Driss dans *Intouchables*, un film qui raconte l'amitié incroyable entre Driss, fils de la banlieue parisienne, et Philippe, un tétraplégique riche et solitaire.

Avant *Intouchables*, Sy était connu pour son duo avec Fred Testot, *Omar et Fred*. Leurs sketches humoristiques, Service après-vente des émissions, font rire les spectateurs de Canal+ depuis 2005. Omar Sy s'est marié en 2007 et il a quatre enfants.

Théorie de la connaissance

Suite à vos discussions, considérez-vous que le contenu d'un texte ou d'un discours doit varier en fonction du public visé?

- Est-ce que tout le monde qui lit un texte aura les mêmes informations au début?
- Lorsque vous parlez de vous-même, donnez-vous toujours les mêmes informations? Que diriez-vous à un futur patron lorsque vous cherchez du travail? Et à un(e) nouvel(le) ami(e) sur un réseau social? Et à votre frère ou sœur? Et dans votre journal intime?

Pensez-vous que le style utilisé peut aussi varier en fonction des intentions de l'auteur?

- Considérez les descriptions de vous-même mentionnées ci-dessus.

4 Préparez votre propre fiche d'identité. Si vous n'aviez que 100 mots pour vous présenter à quelqu'un, que diriez-vous? Rédigez la description.

5 Partagez votre description avec les autres étudiants. Quels sont les talents et les intérêts des autres membres du groupe? Est-ce que vous avez des choses en commun?

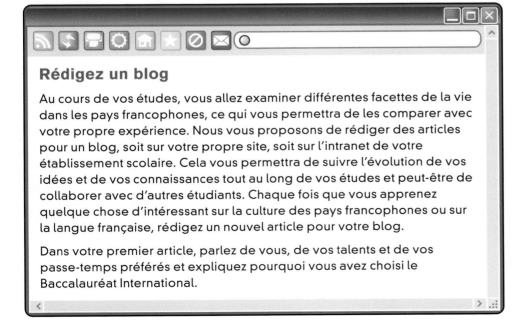

Rédigez un blog

Au cours de vos études, vous allez examiner différentes facettes de la vie dans les pays francophones, ce qui vous permettra de les comparer avec votre propre expérience. Nous vous proposons de rédiger des articles pour un blog, soit sur votre propre site, soit sur l'intranet de votre établissement scolaire. Cela vous permettra de suivre l'évolution de vos idées et de vos connaissances tout au long de vos études et peut-être de collaborer avec d'autres étudiants. Chaque fois que vous apprenez quelque chose d'intéressant sur la culture des pays francophones ou sur la langue française, rédigez un nouvel article pour votre blog.

Dans votre premier article, parlez de vous, de vos talents et de vos passe-temps préférés et expliquez pourquoi vous avez choisi le Baccalauréat International.

Comment écrire

Un blog

Un blog est un journal sur Internet qui donne l'avis personnel de l'écrivain. Souvent, les internautes qui contribuent à des blogs ont l'habitude de s'exprimer assez ouvertement et le message est, pour la plupart, plus important que le style utilisé. Ceci veut dire que l'on voit souvent des fautes de grammaire et des phrases incomplètes dans les blogs. Il y a toujours des exceptions, mais en général le style d'un blog est assez familier. Les bloggeurs ont tendance à se tutoyer à l'écrit et aussi à utiliser des émoticônes. On peut aussi ajouter à un blog des images ou des clips vidéo.

UNITÉ **1** Ma famille et moi

I: En famille: On s'entend bien?

- Explorer un type de relation mère-fille
- Explorer les relations avec frères/sœurs

Lorsque l'enfant paraît

Lorsque l'enfant paraît, le cercle de famille
Applaudit à grands cris; son doux regard qui brille
Fait briller tous les yeux,
Et les plus tristes fronts, les plus souillés peut-être,
Se dérident soudain à voir l'enfant paraître,
Innocent et joyeux.

Extrait du poème de Victor Hugo (1802-1885)
– «Lorsque l'enfant paraît»

Réfléchir

- Comment définiriez-vous la notion de «famille»? Est-ce une notion universelle?
- À votre avis, quelle est l'importance de la famille et de la vie familiale?
- Pour vivre en harmonie avec sa famille, que faut-il faire?
- À votre avis, est-ce que vos parents vous laissent assez d'indépendance?
- Quels sont les avantages et les inconvénients d'être enfant unique?
- Quelles sont les sources de disputes chez vous?
- Qu'est-ce que la famille monoparentale? Est-il toujours essentiel qu'il y ait deux parents, un père et une mère?
- Le mariage est-il toujours populaire de nos jours? Pourquoi se marie-t-on?
- Quel genre de parent seriez-vous? Strict, libéral? Très impliqué ou non?

1 **V** **Qui est-ce?**
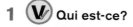

- la sœur de mon père
- la fille de ma tante
- le mari de ma sœur
- le frère de ma mère
- le fils de mon frère

Est-on obligé de s'entendre avec sa sœur?

J'ai deux sœurs, une avec qui tout va bien et une avec qui tout va mal! Elle a un caractère de cochon et fait du mal aux gens sans s'en rendre compte! Elle m'a fait beaucoup de mal et je ne lui en ai pas tenu rigueur jusque-là mais là je commence à en avoir marre des concessions qui ne vont que dans un sens. Je ne veux pas m'expliquer avec elle sur notre passé de peur de faire exploser notre famille. Pensez-vous que parce que c'est ma sœur, je suis obligée de tirer les choses au clair pour que la relation soit bonne? Si ce n'était pas ma sœur j'aurais déjà coupé les ponts...

Meilleure réponse – Choisie par le demandeur

Il n'y a jamais d'obligation de relation....

Tu n'es pas obligée de tirer les choses au clair, tu peux le faire seulement si c'est ce que tu veux. Mais jusqu'où es-tu prête à aller puisque c'est à sens unique? Ne penses-tu pas qu'à un moment on s'oublie à toujours vouloir réparer? Alors peut-être, là, cela vaut le coup de mettre en attente, puisque la relation dépend aussi de l'autre et pas seulement de soi. Quand c'est trop, c'est trop...

2  **Lisez le texte et répondez aux questions suivantes.**

1 Combien a-t-elle de sœurs?

2 Quelle est l'expression qui montre que l'une des sœurs n'est pas très agréable?

3 Pourquoi ne veut-elle pas s'expliquer avec sa sœur sur leur passé?

4 Comment sait-on que la personne qui écrit est féminine?

5 Qu'aurait-elle fait si ce n'était pas sa sœur?

6 Que signifie « couper les ponts »?

7 Quelle expression signifie qu'on ne pense pas à soi?

8 « Quand c'est trop, c'est trop » est une expression négative ou positive?

Grammaire

Les adjectifs possessifs

Les adjectifs possessifs s'accordent en genre et en nombre avec le nom qu'il décrivent. Par exemple: *ma famille* – le mot *famille* étant féminin, on utilise l'adjectif possessif féminin (peu importe qui parle).

m	f	pl
mon	ma	mes
ton	ta	tes
son	sa	ses

m	f	pl
notre	notre	nos
votre	votre	vos
leur	leur	leurs

3 **G** **Remplissez les blancs avec les adjectifs possessifs qui conviennent. Aisha parle de sa famille.**

1 Mon oncle et .... tante habitent à Strasbourg.

2 Mon cousin est professeur et .... femme est journaliste.

3 Mon oncle Jacob travaille en Guadeloupe. .... fille est étudiante à l'université de Lyon.

4 Mes grands-parents habitent aussi en Guadeloupe. .... grand-père aime parler avec .... amis et .... grand-mère aime marcher et nager.

5 Ma tante a deux enfants. .... fille, ... cousine, est lycéenne et .... fils, ... cousin, a cinq ans et va à la maternelle.

Vocabulaire

Les expressions avec avoir:
- avoir un caractère de cochon
- en avoir marre de ...

En connaissez-vous d'autres?

Voici des exemples utiles:
- J'**ai besoin de** toute ma famille pour être heureux.
- Nous **avons envie d'**inviter nos cousines pour notre anniversaire de mariage.
- Ils **ont l'intention de** déménager pour aller habiter en France de façon permanente.
- Quand il **a faim** il s'arrête de travailler.
- En ce moment il fait très chaud et tout le monde **a soif**.
- Vous **avez tort de** refuser de voir votre mère.
- Je crois que tu **as raison d'**insister pour que la famille soit réunie.

9

Les différences d'âge

Quelle relation avez-vous avec vos frères/sœurs? Combien en avez-vous? Quel âge ont-ils? Est-il mieux pour vous d'avoir un(e) petit(e) ou un(e) grand(e) frère/sœur?

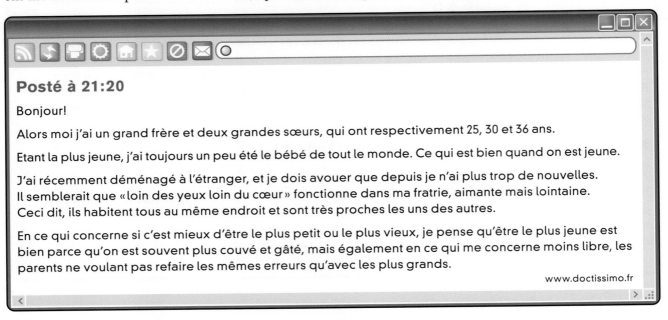

Posté à 21:20

Bonjour!

Alors moi j'ai un grand frère et deux grandes sœurs, qui ont respectivement 25, 30 et 36 ans.

Etant la plus jeune, j'ai toujours un peu été le bébé de tout le monde. Ce qui est bien quand on est jeune.

J'ai récemment déménagé à l'étranger, et je dois avouer que depuis je n'ai plus trop de nouvelles. Il semblerait que «loin des yeux loin du cœur» fonctionne dans ma fratrie, aimante mais lointaine. Ceci dit, ils habitent tous au même endroit et sont très proches les uns des autres.

En ce qui concerne si c'est mieux d'être le plus petit ou le plus vieux, je pense qu'être le plus jeune est bien parce qu'on est souvent plus couvé et gâté, mais également en ce qui me concerne moins libre, les parents ne voulant pas refaire les mêmes erreurs qu'avec les plus grands.

www.doctissimo.fr

4 (V) **Trouvez dans la liste à côté du tableau les antonymes et synonymes qui correspondent aux mots du document (selon le contexte).**

Mot	Synonyme	Antonyme
grand		
récemment		
une fratrie		
lointaine		
au même endroit		
proche		
couvé		
gâté		
libre		
refaire		

ailleurs	distante
anciennement	dépendant
arrêter	des frères et sœurs
autonome	nouvellement
brutalisé	éloigné
cadet	voisin
choyé	proche
dans la même ville	protégé
des étrangers	recommencer
délaissé	aîné

5 (G) **Complétez les phrases avec l'adjectif donné, à la forme qui convient.**

1 Mon (*grand*) frère et ma (*grand*) sœur ne vivent plus à la maison depuis longtemps.
2 Quand nous étions plus (*jeune*), nous aimions nous retrouver entre cousins chez nos grands-parents.
3 «Rejoins-moi sous le (*vieux*) olivier», m'a dit mon copain.
4 Ma grand-tante est trop (*vieux*) pour voyager à l'étranger.
5 Quand une fratrie est (*aimant*), c'est le meilleur des mondes.
6 Les cousins (*éloigné*) que je ne connais pas habitent au Québec.
7 Je suis (*libre*) de faire ce que je veux quand je suis en vacances chez mon père.

Grammaire

Les adjectifs qualificatifs s'accordent en genre et en nombre avec le nom qu'ils décrivent – en général **e** pour le féminin et **s** pour le pluriel avec la combinaison **es** pour le féminin pluriel. Attention, certains adjectifs sont irréguliers.

8 Ma sœur (*cadet*) a quatre ans de moins que moi.

9 Nos parents nous contrôlent trop et sont extrêmement (*suspicieux*) dès que nos copains sont à la maison, alors que notre tante est beaucoup moins (*méfiant*).

10 La situation familiale de ma sœur est vraiment (*malheureux*).

6 ✏ **Vous allez écrire une page de journal intime dans laquelle vous vous exprimerez à propos d'une situation familiale difficile.**

Comment écrire

Une page de journal intime

Exemple

Montpellier, le 9 juillet 2014

Cher journal,

J'en ai marre de mon frère!! Il est vraiment trop nul!! Hier il est encore entré dans ma chambre sans ma permission et maintenant je crois qu'il me manque des fringues. Encore une chance, je crois qu'il ne t'a pas lu, journal chéri. Pourquoi je ne pouvais pas avoir un frangin correct? Le frère de Maxime a l'air super cool… C'est pas juste! Et mes parents qui ne disent rien! Tu crois que c'est comme ça pour tout le monde?

Espérons que demain ça ira mieux. Il est tard, il faut que j'aille me coucher.

À demain. Bonne nuit.

Rappel des caractéristiques textuelles et linguistiques d'une page de journal intime:
● Date; cher journal; utilisation de *tu*; langue familière; omission de la négation dans certains cas; expression des sentiments

7 Ⓥ **Reliez la liste d'émotions 1 à 10 aux phrases a) à s). Certaines phrases pourraient être liées à plusieurs émotions.**

1 la colère
2 la frustration
3 la surprise
4 la joie
5 la déception
6 la tristesse
7 l'incompréhension
8 le sentiment d'injustice
9 le regret
10 le sentiment de ras-le-bol

a) Ça m'énerve!! Ils ne peuvent pas s'occuper de leurs affaires!
b) On ne peut jamais se confier à eux!
c) C'est vraiment top!
d) Comment a-t-elle pu oser me faire ça à moi, sa meilleure copine!
e) J'en ai ras-le-bol!
f) C'est pas juste! C'est toujours la même chose!
g) J'aurais dû leur dire la vérité…
h) Ils sont toujours après moi!

i) Je suis super déçu.
j) Mais pourquoi ont-ils fait ça?
k) Si seulement ils pouvaient me laisser tranquille!
l) C'est pénible à la fin!
m) Je le crois pas!
n) Mon frère me gave!
o) C'est plus fort que moi, je n'ai pas arrêté de chialer depuis que j'ai su…
p) Je n'en reviens toujours pas!
q) J'en ai ma claque! Il est temps que ça s'arrête!

r) Elle m'enquiquine! Elle pleurniche pour un oui ou pour un non.
s) Je suis trop content! Elle m'a enfin téléphoné! Faut que je le raconte à…

Comment parler

Selon moi…/À mon avis…/ D'après moi…/Pour moi…/ Quant à moi…

Personnellement, je pense que…/je crois que…

Je trouve que…

Je suis d'avis que…

Il me semble que…

Il me paraît évident que…

Il s'agit de…

Je ne suis pas d'accord parce que…

8 💬 **Vous allez préparer un débat sur le sujet suivant: les avantages et les inconvénients d'être le/la plus jeune de la famille.**

Conseils à suivre avant l'oral: prenez l'habitude de participer activement en classe; apprenez des expressions pour exprimer votre opinion; préparez du vocabulaire spécifique sur le sujet en question.

Pendant l'oral: ne lisez pas les notes que vous aurez préparées, maintenez le contact visuel, soyez actifs, n'interrompez pas les autres.

11

La relation mère-fille

9 **Nicole, jeune retraitée, parle de sa mère. Écoutez l'enregistrement et décidez quelles phrases sont vraies et lesquelles sont fausses.**

Piste 1

	Vrai	Faux
1 La mère de Nicole ne s'occupait pas beaucoup de ses enfants.		
2 Nicole a deux sœurs.		
3 La mère a longtemps considéré que ses enfants ne pouvaient pas être indépendantes.		
4 Elle était très large d'esprit.		
5 Elle pensait qu'on doit être forte pour élever des enfants.		
6 Elle était pleine de vie.		
7 La mère de Nicole lui a appris à faire attention à son argent.		
8 Nicole pense que sa mère n'a pas eu une grande influence sur sa vie.		

10 **G** **Dans le texte de l'activité d'écoute 9 se trouvent de nombreux pronoms compléments d'objet direct et indirect. Devinez de quoi il s'agit dans les phrases suivantes.**

1 On **les** fête au mois de mai en France.

2 On **le** boit le matin.

3 On **la** regarde pour connaître l'heure.

> le café   la montre   les mamans

Grammaire

Pronoms compléments d'objet direct et indirect

Les pronoms compléments d'objet direct et indirect sont utilisés quand on veut éviter des répétitions. Par exemple: *je vois* **ma mère** *toutes les semaines – je* **la** *vois toutes les semaines*. Ceci étant un pronom complément d'objet direct. Un pronom complément d'objet indirect est introduit par une préposition: *je parle* **à ma mère** *toutes les semaines – je* **lui** *parle toutes les semaines*.

11 **G** **Complétez les phrases suivantes avec** *te, t', vous* **ou** *m'*.

1 Ma chère fille, nous .... félicitons de ton succès.

2 Vous êtes si gentils avec moi et je .... remercie de tout mon cœur.

3 Oh, Julien, je .... adore, tu es un mari merveilleux pour moi.

4 Il .... appelle tous les soirs au téléphone mais je ne veux pas lui parler.

Complétez avec *lui* **ou** *leur*.

5 Il .... (*à Pierre*) demande souvent de l'argent.

6 Elle .... (*à ses enfants*) donne beaucoup d'amour.

7 Nous .... (*à notre professeur*) posons souvent des questions.

8 Ses enfants .... (*à elle*) offrent des cadeaux.

Entre complicité et rivalité, tendresse et agressivité, les relations mère-fille sont parfois compliquées et teintées d'ambivalence. Malvine Zalcberg, psychanalyste et psychologue, nous offre un point de vue pour trouver la bonne distance...

Quelle différence avec la relation mère-fils?

Malvine Zalcberg: La mère est le premier objet d'amour de l'enfant, fille ou garçon. Elle le nourrit, elle s'y attache, elle le couve. C'est ensuite que les choses évoluent, le petit garçon va se séparer "symboliquement" de sa mère pour s'identifier à son père et devenir un homme comme lui. La fille, elle, ne peut se séparer de sa mère, car il lui faut s'identifier à elle tout au long de l'enfance et découvrir ce qu'est la féminité pour devenir une femme à part entière. Là peut commencer le grand malentendu mère-fille. À la demande permanente de sa fille sur son devenir, elle répond par de l'amour, parfois trop. Et le mal-être survient...

www.topsante.com

12 ✏ **En vous servant du texte de l'activité d'écoute et de celui ci-dessus, vous allez écrire un guide de recommandations ayant pour titre: Conseils pour bien gérer la relation avec sa mère.**

Comment voyez-vous l'avenir: en rose ou pas?

«Plus d'un quart des jeunes diplômés jugent que leur avenir n'est pas en France». *Le Monde* – 25-02-2013

«L'avenir n'est jamais que du présent à mettre en ordre. Tu n'as pas à le prévoir mais à le permettre». **Saint-Exupéry**

Voir l'avenir en rose ou pas dépend très largement de la place qu'on occupe dans la société. La jeunesse, de nos jours, est plutôt soucieuse quant à son avenir.

1 «Les jeunes» en 2012: une «jeunesse soucieuse»

Une large majorité (63%) des 18-25 ans ne s'estiment «pas pris en compte» dans la société actuelle, et seulement 24% se sentent «pris en compte». Cette distance perçue par les jeunes avec la société dans laquelle ils entreront ne s'explique pas uniquement par la conjoncture économique (inégalités, difficultés d'accès au logement et à l'emploi etc.). Concrètement elle repose sur le souhait majoritaire d'un autre parcours de vie.

2 Premier groupe: les «pro-système» (22%)

Les «pro-système» représentent près d'un jeune sur cinq (22%). Ils appartiennent, plus que la moyenne des jeunes, aux catégories moyennes supérieures, et sont davantage en activité professionnelle. Ils sont heureux et optimistes (ils estiment vivre mieux que leurs parents et n'ont pas peur de l'avenir), se sentent pris en compte par la société actuelle (à 74%) et se sont facilement insérés dans le marché du travail.

Un peu moins préoccupés par l'emploi, le pouvoir d'achat et le logement que les autres, ils sont davantage préoccupés par les questions économiques ainsi que par le rôle de la France dans le monde. Ils sont moins critiques envers l'école, laquelle a été une source de plaisir pour eux, et considèrent particulièrement le travail comme un épanouissement.

3 Deuxième groupe: les «contestataires» (32%)

Les «critiques» constituent le groupe le plus vaste (32%). Il est davantage composé de catégories moyennes inférieures, et de jeunes toujours scolarisés. Ils s'estiment moins heureux et sont pessimistes (ils vivent moins bien que leurs parents et sont inquiets quant à l'avenir), et ne se sentent pas pris en compte (à 93%). Ils apparaissent très critiques envers une école qui ne donne pas les mêmes chances à tout le monde, et qu'ils ont moins bien vécue. De la même manière le travail est perçu comme une contrainte. Ils contestent fortement le modèle économique actuel.

4 Troisième groupe: les «conformistes» (17%)

Ce troisième groupe est numériquement le moins important (17%). Il rassemble des personnes ayant relativement peu d'avis. Ce sont plutôt des jeunes scolarisés, appartenant à la classe moyenne inférieure. Ils sont heureux actuellement et pensent vivre mieux que leurs parents.

5 Quatrième groupe: les «désenchantés» (29%)

Ce quatrième groupe appartient à des milieux sociaux plus modestes que les précédents. Les «désenchantés» sont les moins heureux et les plus pessimistes: ils sont les plus nombreux à penser qu'ils vivront moins bien que leurs parents, ils ne se sentent pas pris en compte au sein de la société et sont inquiets pour l'avenir de la France.

Ils ne sont pas du tout intéressés par la politique, et se déclarent en retrait et peu préoccupés par la société. Leurs préoccupations se concentrent quasiment exclusivement sur l'emploi, le pouvoir d'achat et le logement. Ils sont les plus critiques envers l'école actuelle et veulent de manière la plus forte qu'elle puisse d'abord former à un métier. Le travail est vécu comme une contrainte.

13 📖 **En vous basant sur le texte page 13, répondez aux questions suivantes.**

1 Trouvez dans les deux premières parties des mots synonymes de:
   a) écart
   b) déséquilibres
   c) le travail
   d) chemin
   e) vis-à-vis de
   f) une plénitude

2 Dans la troisième partie, quelle expression signifie « avoir peur de »?

3 Dites si les phrases suivantes sont vraies ou fausses et justifiez vos réponses en utilisant des extraits du texte (quatrième et cinquième parties):
   a) Les conformistes sont les moins nombreux.
   b) Les conformistes ont toujours des idées.
   c) Les conformistes n'aiment pas leur vie.
   d) Les désenchantés viennent d'une classe sociale plus défavorisée.
   e) Ils s'intéressent presque uniquement au travail.
   f) Ils ne pensent pas que l'école aide à trouver du travail.

4 Qui dit…?
   Exemple: L'école telle qu'elle est ne nous aide pas à trouver un emploi. *Les désenchantés*
   a) Nous nous opposons au système.
   b) Nous avons une meilleure qualité de vie que nos parents.
   c) Nous avons réussi en matière d'emploi.

14 Ⓖ **Dans les phrases suivantes, donnez la forme correcte du verbe indiqué, au futur proche puis au futur simple.**

Exemple: À l'avenir, je crois qu'on (*vivre*) mieux grâce aux avancées technologiques.

*À l'avenir, je crois qu'on **va vivre** mieux grâce aux avancées technologiques.*

*À l'avenir, je crois qu'on **vivra** mieux grâce aux avancées technologiques.*

1 Les gens (*pouvoir*) travailler plus facilement de chez eux.

2 Il y (*avoir*) moins de pollution car moins de gens (*être*) obligés d'aller au travail en voiture.

3 Les inégalités qui existent déjà dans notre société (*devenir*) de plus en plus marquées.

4 Je me sens concerné, donc je (*prendre*) le bus ou je (*aller*) à vélo par exemple.

5 La vie des jeunes (*être*) plus difficile.

6 À mon avis, beaucoup de choses (*aller*) mieux à l'avenir, surtout en ce qui concerne la santé.

7 On (*pouvoir*) vacciner plus de gens contre des virus mortels.

8 On (*réussir*) aussi à améliorer l'éducation des gens dans les pays en voie de développement.

15 ✏️ **Êtes-vous plutôt optimiste, pessimiste ou un peu les deux quand vous pensez à l'avenir? Pourquoi? En tant que représentant(e) d'une association de jeunes de votre ville, vous avez décidé d'écrire une lettre au Premier ministre de votre pays en lui exposant les vues et les inquiétudes de vos membres quant à l'avenir.**

Grammaire

Le futur proche

Le futur proche peut s'utiliser de la même façon que le futur simple mais sa construction est différente. Le futur proche se construit de la façon suivante: le verbe *aller* à la forme approprié du présent plus le verbe cible à l'infinitif. Par exemple: ***je vais voir*** *mes parents dimanche prochain.*

Le futur simple

Ce type de futur s'appelle *simple* car on n'utilise qu'un seul verbe pour le construire. Quand le verbe est régulier, il faut ajouter les terminaisons nécessaires à la forme infinitive: *je manger + ai =* ***je mangerai***.

Sinon il faut connaître la forme de base sur laquelle on attache les terminaisons nécessaires. Par exemple: *aller = ir +* terminaison.

Faites-vous une liste des verbes les plus utiles.

Comment écrire

Une lettre formelle

Vous devez écrire une lettre formelle. N'oubliez pas: le nom et l'adresse de l'expéditeur (vous!), le nom et l'adresse du destinataire, le lieu et la date, l'objet de votre lettre, la formule d'appel, la formule de politesse ainsi que la signature.

Restez poli (utilisez le "vous" de politesse uniquement) et employez un registre de langue plutôt formel.

II: La famille au 21ème siècle

● Prendre conscience de la situation de la famille au 21ème siècle

Réfléchir

Au début du 20ème siècle, tout le monde savait ce qu'était une famille. Il y avait un père, une mère et des enfants vivant sous le même toit (famille nucléaire). De nos jours, ce n'est plus aussi simple. Est-ce que la notion de famille est dépassée? Est-ce que la famille est toujours importante? Quel modèle de famille est-ce que vous connaissez?

Les types de famille

1 **(V)** **Reliez les types de famille à leurs définitions.**

1 famille nombreuse	**a)** deux parents, deux enfants
2 famille monoparentale	**b)** l'ensemble des personnes liées par le sang ou le mariage
3 famille homoparentale	**c)** deux parents du même sexe
4 famille recomposée	**d)** dont le nombre de membres est considéré comme élevé selon les normes d'une société
5 famille nucléaire	**e)** un parent «isolé» avec un ou plusieurs enfants
6 famille élargie ou tribu	**f)** un couple d'adultes mariés ou non et au moins un enfant né d'une union précédente

2 Lisez le texte ci-dessous et répondez aux questions qui suivent.

Les statistiques concernant la famille sont alarmantes…

Statistiquement, la famille ne ressemble plus vraiment au type traditionnel de la famille nucléaire. Le nombre de mariages est en baisse constante depuis 1975 en faveur de l'union libre et du célibat. En même temps, le nombre de divorces a doublé et les familles monoparentales et recomposées ont augmenté.

Ajoutons aussi le fait que les enfants voient moins leurs parents, car la grande majorité des couples sont biactifs. Les jeunes sont aussi moins en contact avec leurs grands-parents qui sont plus éloignés géographiquement. Les générations cohabitent moins.

…mais la famille demeure une référence incontournable

Malgré le changement qui s'est opéré ces dernières décennies, la famille reste une référence en matière de modèle, même si celui-ci a changé au cours des âges.
● Elle est le lieu de l'amour, aussi bien au sein du couple qu'entre les parents et les enfants.
● Elle est le cœur de l'entraide entre les générations.
● Dans une société qui a tendance à perdre ses repères, c'est dans la famille qu'on apprend les références. C'est dans celle-ci qu'on construit ses idées pour l'avenir.

Les relations entre parents et enfants se portent bien

Les études montrent que les enfants parlent plus facilement à leurs parents (à la mère surtout) qu'à leurs profs.

De nombreux enfants vivent de plus en plus longtemps chez leurs parents. Il est vrai que les difficultés économiques jouent un rôle dans cette cohabitation amplifiée, mais elle n'existerait sans doute pas autant en cas de désaccord.

1 Pourquoi le type traditionnel de la famille nucléaire a-t-il changé?

2 Expliquez pourquoi les couples sont biactifs.

3 Donnez une autre raison pour laquelle les enfants voient moins leurs grands-parents.

4 Comment expliquez-vous que la société soit « sans repères »? Qu'est-ce qui donne des repères à une société?

5 Citez des valeurs qui se transmettent en famille.

Grammaire

L'impératif

L'impératif est utilisé pour exprimer des ordres, donner des conseils ou des instructions. Il n'existe que trois formes de l'impératif: *tu*, *nous* et *vous*.

Pour les verbes réguliers:

- parler: parle, parlons, parlez
- partir: pars, partons, partez
- prendre: prends, prenons, prenez

Attention aux verbes irréguliers. Connaissez-les par cœur, c'est plus sûr.

3 Ⓖ **Complétez les phrases en ajoutant la forme correcte à l'impératif du verbe entre parenthèses.**

1 .... Karine! On était si heureux en France! (*se rappeler*)

2 Christophe, ... tes légumes! (*finir*)

3 .... de vous disputer! (*arrêter*)

4 .... prétentieux! (*ne pas être*)

5 .... rester modestes! (*savoir*)

6 .... chez le coiffeur, William! (*aller*)

7 Tu as envie d'aller chez Béatrice, Thierry? ....-y! (*aller*)

8 J'achète du vin? Oui, ...-en plusieurs bouteilles! (*acheter*)

9 Ta maison n'est pas propre! .... tes affaires! (*ranger*)

10 Édouard, Louis, ...! Vous allez être en retard! (*se dépêcher*)

Que pensez-vous du mariage?

4 Ⓥ **Donnez une définition en français aux mots et expressions suivants.**

1 célibataire

2 le concubinage

3 un coup de tête

4 union libre

5 hors mariage

6 un(e) concubin(e)

7 la fidélité

Vocabulaire

Expressions idiomatiques: un coup de tête, une prise de tête

5 🎧 **Écoutez les différents avis sur le mariage et décidez qui a dit ça. Certaines affirmations pourraient être attribuées à différentes personnes mais faites bien attention aux indices supplémentaires – l'une des personnes est utilisée deux fois.**

Piste 2

1 Ce que je pense sur le mariage est un peu mitigé.

2 Le mariage, quand on y travaille, peut renforcer les attaches.

3 Le mariage peut entraver l'autonomie.

4 Le mariage doit être respecté pour avoir une chance de réussir.

5 Le mariage, parce que c'est une contrainte, a toutes les chances de dégénérer.

6 **G** **Complétez les phrases en choisissant la forme correcte du verbe entre parenthèses.**

1 Je pense que tu (es/sois) incapable d'être fidèle.

2 Il va à Madrid bien qu'il ne (connaisse/connaît) personne là-bas.

3 Il faut qu'elle (fait/fasse) un voyage d'affaires en Suisse.

4 À mon avis, la situation du mariage (ait/a) bien changé.

5 J'appelle mon frère pour qu'il (peut/puisse) m'aider avec mes enfants.

6 Bien qu'ils (aient/ont) 80 ans, ils restent très actifs.

7 **Vous travaillez pour une agence matrimoniale qui vous a chargé(e) de rédiger une brochure qui sera utilisée comme promotion pour le Salon du mariage.**

Le divorce

Des chiffres

Voici des chiffres du *Quid*, sur l'évolution du mariage en France. Les chiffres sont là: le nombre des divorces augmente et celui des mariages diminue.

Mariage

287 099 mariages en 1990 contre 268 100 en 2006, le mariage perd peu à peu des adeptes.

Divorce

Le nombre des divorces en France
- 1972: 44 738
- 2000: 114 620
- 2004: 134 601 dont:
  - consentement mutuel 81 293
  - rupture de la vie commune 1 374
  - faute 50 079
  - conversion de séparation de corps en divorce 1 855;
- 2005: 152 020
  Le divorce rentre petit à petit dans les mœurs.

Les femmes et le divorce
- 68% des femmes qui divorcent ont une activité professionnelle, ce qui leur permet d'avoir plus d'autonomie pour vivre seule qu'auparavant.
- La femme demande le divorce plus souvent que l'homme.
- Dans 83% des cas, la garde des enfants est confiée à la mère.
- Dans 64% des cas, la résidence du ménage est attribuée à la femme.

www.lesbridgets.com

8 **Aidez-vous des structures et phrases concernant les divorces en France pour présenter les chiffres sur le divorce dans votre pays et comparez-les à ceux de la France.**

9 **Pour le journal de l'école, vous allez écrire un article ou une interview sur la famille au 21ème siècle.**

Comment parler

Expressions utiles pour faire des comparaisons:
- Supériorité: Les chiffres de… sont **plus** élevés **que** ceux de…
- Égalité: Les chiffres de… sont **aussi** élevés **que** ceux de…
- Infériorité: Les chiffres de… sont **moins** élevés **que** ceux de…
- Si je compare les chiffres de… avec ceux de… je constate que…
- Les chiffres de… sont pareils/semblables à ceux de….
- Les chiffres de… sont beaucoup plus/moins élevés que ceux de…

Comment écrire

Choisissez d'abord le titre de la publication. Souvenez-vous que vos lecteurs sont des ados.

Rappel de caractéristiques d'un article: date/titre/sous-titre/nom du journaliste/colonnes/petite introduction/chiffres et exemples/ utilisation de citations de personnes interviewées/photos/verbes au conditionnel si vous n'êtes pas sûr(e) de vos sources.

Caractéristiques d'une interview: beaucoup de similarités avec l'article mais aussi vous choisissez la personne que vous interviewez/cette personne donnera son avis donc vous utiliserez les expressions adéquates.

Grammaire

L'emploi du subjonctif

Le subjonctif s'emploie avec certaines expressions. Il en existe beaucoup, mais le meilleur moyen de s'en souvenir est de s'entraîner et de l'utiliser souvent.

Comment écrire

Vous devez attirer l'attention et convaincre. Utilisez un titre, des lettres majuscules, des parties du texte soulignées, etc.

N'oubliez pas de bien donner tous les renseignements et surtout d'écrire en faveur du mariage!

III : La monoparentalité

● Explorer la réalité de la monoparentalité

● Que savez-vous de la monoparentalité?
● Quelles sont les circonstances à cause desquelles une famille peut être monoparentale?
● Touche-t-elle uniquement les femmes?

Qui sont les familles monoparentales?

Une famille sur cinq est aujourd'hui monoparentale en France. Si la monoparentalité n'est pas un phénomène nouveau, son incidence augmente considérablement et son visage évolue. Qui sont ces familles et quelles sont leurs difficultés? État des lieux.

C'est dans les années soixante-dix qu'apparaît pour la première fois le concept de monoparentalité en France. À l'époque, le nombre de ménages composés d'un père ou d'une mère seul(e) avec un ou plusieurs enfant(s) a doublé en seulement quelques années. Et retient très vite l'attention des pouvoirs publics. À tel point qu'en 1976, les parents seuls deviennent une véritable catégorie de l'action publique, notamment grâce à la création de l'allocation pour parent isolé.

En 2008, l'INSEE dévoile que les familles monoparentales sont 2,5 fois plus nombreuses qu'il y a quarante ans et concernent aujourd'hui une famille sur cinq. Dans 85% des cas, c'est la mère qui est à la tête de famille. Une fois sur deux, elle ne travaille pas à temps plein. Parce qu'elles présentent des risques accrus de pauvreté et de précarité sociale, les familles monoparentales devraient susciter la plus grande attention des politiques. Parce qu'elles posent la question d'une nouvelle forme de parentalité, elles interrogent tout autant le droit de la famille.

Des familles qui évoluent

De plus en plus nombreuses, les familles monoparentales sont aussi **1 de plus en plus** diverses. Et ce, essentiellement parce que les évènements ou les situations qui mènent à la monoparentalité aujourd'hui ne sont plus ceux d'hier. «Depuis les années soixante, explique la sociologue Marie-Thérèse Letablier, la part des veuves et des veufs dans les familles monoparentales n'a cessé de diminuer **2**.......... des parents séparés et divorcés. » Et c'est ici l'aspect le plus important de l'évolution de la monoparentalité. Si elle concernait dans les années soixante-dix essentiellement des parents laissés seuls après le décès de leur conjoint, aujourd'hui, la séparation et le divorce sont à l'origine de la monoparentalité dans trois cas sur quatre. « **3**.......... , ajoute-t-elle, les mères célibataires ne sont plus toujours "abandonnées", mais peuvent aussi avoir opté pour cette manière de vivre.» Dans les deux cas, cette forme de parentalité est **4**.......... de moins en moins souvent subie, mais peut être choisie, **5**.......... voulue. Sans compter les familles homoparentales qui sont **6**.......... assimilées, d'un point de vue statistique, à des familles monoparentales.

www.psychologies.com

1 Ⓥ **Complétez le tableau avec les mots manquants. Indiquez le genre des noms si possible.**

Verbe	Nom	Adjectif
augmenter		
		accru(e)
interroger		
	précarité (*f*)	
diminuer		
		diverse

2 📖 **En vous basant sur le texte ci-dessus, répondez aux questions suivantes.**

1 Dans le premier paragraphe, quelles expressions signifient:
  a) «son apparence change»?   b) «constatation»?

2 Choisissez parmi les titres suivants celui qui correspond le mieux au deuxième paragraphe:
  a) le premier concept de monoparentalité
  b) les mères travaillent à temps partiel
  c) l'apparition du concept

3 Dans le deuxième paragraphe, le mot "ménages" signifie…
  a) colonies   b) foyers   c) ensemble

4 Ajoutez les mots qui manquent dans le quatrième paragraphe en les choisissant dans la liste ci-dessous. **Attention:** il y a plus de mots que d'espaces et chaque mot ne peut être utilisé qu'une seule fois. Un exemple vous est donné.

en outre	**de plus en plus**	aussi	ainsi
voire	à cause	et puis	parfois

3 ⬭ **Regardez bien la photo suivante et décrivez-la.**

Conseil: prenez le temps de décrire ce que vous voyez et ensuite vous pourrez lier la photo au thème.

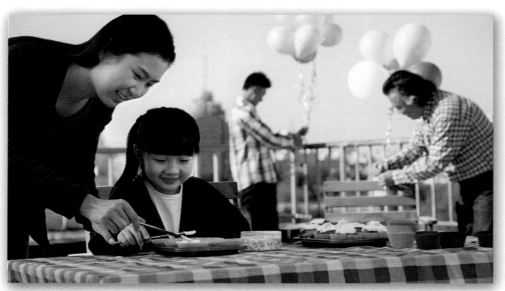

La situation méconnue des pères monoparentaux

Le nombre de familles monoparentales dirigées par des hommes au Québec est en constante progression, mais le phénomène demeure très peu connu du grand public.

4 🎧 **Écoutez et corrigez les phrases suivantes.**   `Piste 3`

1 Les pères monoparentaux sont allés à l'école moins que les mères monoparentales.

2 L'accès à certaines solutions pour les activités domestiques est plus difficile.

3 Les femmes en situation de monoparentalité éprouvent un degré de détresse plus élevé que les hommes.

4 Les pères monoparentaux comprennent la légitimité sociale de leur situation.

5 Les employeurs ne demandent rien aux pères monoparentaux.

6 Le monde du travail est très informé de la situation de ces pères.

7 Les pères monoparentaux se sont séparés facilement.

8 Les pères s'occupent plus de jeunes enfants.

5 ✏️ **Vous vivez dans une famille monoparentale et avez décidé de réagir à un article que vous avez lu dans la presse condamnant ce type de foyer. Vous utiliserez votre blog pour formuler votre réaction.**

Comment écrire

Un blog

Un blog ressemble beaucoup à une page de journal intime. La différence est que votre journal n'est pas fait pour être lu par autrui. Partagez vos opinions et vos sentiments sur Internet. Vous pouvez utiliser du langage familier si vous voulez (mais pas vulgaire). Pensez au type de lecteur de votre blog. Vous pourriez aussi inclure des photos.

Essentiels: dates; adresse du site; signature ou pseudo; différents billets*

*Billet – chaque article que vous écrivez dans votre blog.

IV: La famille et le mariage

- Réfléchir sur les différents types de schémas familiaux selon les cultures
- S'informer sur la place de la famille et la polygamie au Sénégal

Réfléchir

- Que savez-vous de la polygamie?
- En y réfléchissant un peu plus, est-ce un style de famille qui peut être attrayant?

Les formes familiales

Il existe de multiples formes familiales, qui varient selon la culture et le pays de la famille.

En Occident, c'est la famille nucléaire qui est la plus répandue. Celle-ci se définit comme étant "une unité familiale correspondant à un ménage rassemblant les parents (mariés ou non) et leurs enfants, ou un couple d'adultes partis sans enfants". Un des bienfaits de ce type est sa facilité à déménager, l'un de ses inconvénients est l'isolement des personnes âgées, qui une fois leurs enfants adultes se retrouvent seules chez elles. Ce sont les mariages monogames qui illustrent le plus ce type de famille.

Elle est l'inverse de la famille élargie qui peut réunir plusieurs générations. "En effet c'est la coexistence dans le même foyer d'un ensemble assorti de plusieurs personnes". Elle présente pour atout l'existence d'une forte cohésion naturelle chez ses membres. Mais à l'opposé de la famille nucléaire, elle affiche une certaine réduction de sa mobilité géographique ainsi qu'une limite de la liberté individuelle. Ce type de famille est illustré par la polygamie où plusieurs hommes et femmes cohabitent.

Cette forme de famille se retrouve majoritairement en Afrique où les familles peuvent se constituer avec d'autres membres provenant du même village. L'Asie présente à la fois ces deux modèles familiaux.

www.lesfamillesdanslemonde.centerblog.net

1 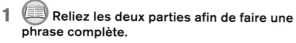 **Reliez les deux parties afin de faire une phrase complète.**

1 La famille la plus répandue en Occident...

2 La facilité à bouger est...

3 Les personnes âgées...

4 Plusieurs générations sous un même toit...

5 La liberté individuelle...

a) ...indiquent une famille élargie.

b) ...peut être limitée.

c) ...est la famille nucléaire.

d) ...un des avantages de ce type de famille.

e) ...peuvent se retrouver seules chez elles.

Réfléchissez à d'autres avantages d'une famille élargie et faites-en une liste.

2 Vous vivez au sein d'une famille élargie et avez récemment été mis en contact avec un(e) correspondant(e) habitant dans un autre coin du monde. Celui-ci (celle-ci) vous a demandé de parler de votre expérience dans ce type de famille qu'il (elle) ne connaît pas. Vous lui écrivez une lettre.

Comment écrire

Une lettre amicale

La lettre amicale reste néanmoins une lettre que vous devez structurer de la même façon qu'un autre type de lettre: adresse, lieu et date, formule d'appel, signature.

Votre registre de langue doit être adapté à la personne à laquelle vous écrivez – utilisez le "tu" de préférence. Vous pouvez rester familier dans votre choix de vocabulaire.

La famille au Sénégal

Le Sénégal est un pays de 13 567 338 habitants d'Afrique de l'Ouest dont la capitale est Dakar. Le climat est tropical et sec avec deux saisons: la saison sèche et la saison des pluies. C'est une ancienne colonie de la France devenue indépendante en 1960. Le français ainsi que d'autres langues nationales y sont parlés.

1 Comme sur le reste du continent, la famille reste le **1**.......... de la société sénégalaise. C'est grâce à cette famille que la population «tient le coup» malgré la crise chronique que connaît le pays.

2 La solidarité familiale se manifeste souvent en cas de problème. Rares sont les Sénégalais **2**.......... face à une perte d'emploi ou au décès d'un proche. Il y aura toujours un lit, toujours une assiette pour un frère, un neveu, un grand-père ou un arrière-petit-cousin dans l'**3**.......... . C'est même un devoir d'aider cette personne, au risque, si on ne le fait pas, de passer dans le village pour un parent **4**........... . La majorité des Sénégalais étant dans «l'embarras», on comprend mieux pourquoi une personne qui travaille peut en avoir vingt autres à sa charge! D'autant que la famille au Sénégal s'entend au sens **5**........... Cousin, arrières-cousins ou petits-neveux sont considérés comme de la famille proche.

3 La polygamie pratiquée au Sénégal accentue encore ce phénomène. Il est fréquent d'ailleurs, lorsqu'un Sénégalais évoque un de ses frères, qu'il précise *"même père, même mère"* (le cas **6**........... !). Avec un taux de fertilité de 4,69 enfants par femme (25ème rang mondial en 2012!) les familles sont donc nombreuses.

4 Ce besoin de «bien paraître» aide également à comprendre pourquoi lorsqu'un membre de la famille commet un acte **7**........... par la loi ou condamnable par les traditions, c'est sur tous les parents que rejaillissent la honte et l'**8**........... sur plusieurs générations. L'héritage des vieilles traditions familiales se voit dans la vie de tous les jours. Dans la plupart des familles par exemple les hommes mangent de leur côté, alors que femmes et enfants mangent à part.

5 Les sociologues estiment qu'aujourd'hui seuls 12% des ménages sont polygames et que cette pratique tend à disparaître un peu plus chaque année. Mais il faut bien

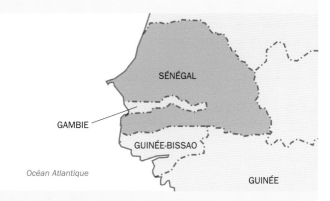

sûr relativiser. L'Afrique noire n'a jamais été une société à majorité de mariages polygames. Ce mode d'union n'a toujours bénéficié qu'aux plus riches. Traditionnellement ce n'est même qu'aux chefs de villages que revient ce privilège. La plupart des femmes refuseraient d'ailleurs de se marier avec un homme déjà «muni» d'une épouse. Dans tous les cas, les maris ayant plus de quatre épouses sont inexistants puisque ce chiffre est la limite qu'imposent l'islam et la loi. Il n'y a guère que dans les zones rurales et les familles maraboutiques* que ce problème se pose du fait du système de «pré-mariages» pratiqués par les parents qui décident à l'avance du mari qu'aura leur fille.

6 La polygamie est autorisée par la loi sénégalaise mais des restrictions existent. Un couple se mariant sous le régime de la monogamie ne peut pas voir le mari épouser une deuxième femme sans l'accord contractuel de la première. Il est à noter qu'aucun président de la république n'a été polygame au Sénégal.

www.senegalaisement.com

*Marabout — personnage qui détient des pouvoirs magiques, devin, guérisseur en Afrique

3 📖 Utilisez les mots encadrés pour les espaces du texte.

4 📖 En vous basant sur le texte ci-dessus, répondez aux questions suivantes.

1 D'après le début du cinquième paragraphe, le mariage polygame…
   a) est en voie de disparition
   b) a déjà disparu
   c) tient toujours

2 Dans le cinquième paragraphe, « ce n'est qu'aux » signifie…
   a) uniquement
   b) aussi
   c) pas du tout

démunis	échéant
embarras	indigne
large	noyau
opprobre	répréhensible

3 Dans le cinquième paragraphe, le mot « muni » signifie…
   a) privé
   b) chargé
   c) pourvu

4 Dans le cinquième paragraphe, quel mot signifie « presque seulement »?

5 Dans le sixième paragraphe, quelle expression signifie « autorisation légale »?

NIVEAU SUPÉRIEUR

Production écrite: Épreuve 2 (Section B)

Rédiger sous forme de dissertation ou d'argumentation raisonnée fait partie de l'épreuve 2, section B au niveau supérieur. Vous devez réagir à un texte écrit/ une phrase faisant partie du tronc commun. Votre argumentation doit être développée de façon cohérente, c'est pourquoi il est nécessaire de commencer à vous entraîner à organiser vos idées. Pour cette partie de l'épreuve, vous devez écrire entre 150 et 250 mots. C'est peu, cependant ce n'est pas une excuse pour être désorganisés!

Votre sujet: De nos jours, la polygamie est inacceptable.

Comment écrire

- Introduction: présentez le thème et essayez de préciser votre plan.
- Divisez vos arguments en mini-paragraphes. Explorez bien les différents points de vue.
- Conclusion: résumez les idées principales et donnez votre point de vue sur le sujet en question.
- Utilisez des mots de liaison.
- Le registre de langue doit rester formel et n'oubliez pas d'employer du vocabulaire approprié.

Regardez un film

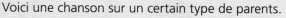

Voici un film que vous pourriez regarder et utiliser pour mieux comprendre le thème de la famille.

Tanguy (France, 2001)

Genre: comédie noire

Réalisateur: Étienne Chatiliez

Acteurs principaux: Sabine Azéma, André Dussolier, Eric Berger, Hélène Duc

Situation initiale: Tanguy, à 28 ans, vit toujours chez ses parents, un riche couple de cinquantenaires.

- Pourquoi Tanguy vit-il toujours chez ses parents?
- Que font les parents pour l'encourager à partir?
- Y arrivent-ils?
- Pourquoi de plus en plus de jeunes sont-ils obligés d'habiter chez leurs parents même après la fin de leurs études?

Voici d'autres films recommandés sur le thème de la famille:

- *Le petit Nicolas* – Laurent Tirard – 2009
- *La vie est un long fleuve tranquille* – Étienne Chatiliez – 1988
- *Je vais bien, ne t'en fais pas* – Philippe Lioret – 2006
- *Tatie Danielle* – Étienne Chatiliez – 1990
- *Le premier jour du reste de ta vie* – Rémi Bezançon – 2008
- *Lol* – Lisa Azuelos – 2008

Écoutez une chanson

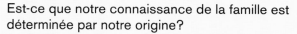

Voici une chanson sur un certain type de parents.

"Tes parents"

Genre: pop française

Album: Vincent Delerm (2002)

Chanteur: Vincent Delerm

- À quel type appartiennent les parents décrits dans la chanson?
- Faites des recherches sur toutes les références utilisées dans la chanson.
- Pourquoi ce titre? De qui sont-il les parents?

Voici d'autres chansons à écouter sur le thème:

- "Mon frère" – Maxime le Forestier – 1973
- "Mon beauf" – Renaud – 1981
- "Ces gens-là" – Jacques Brel – 1966
- "Mon fils, ma bataille" – Daniel Balavoine – 1980
- "Elle a fait un bébé toute seule" – Jean-Jacques Goldman – 1987

Théorie de la connaissance

Est-ce que notre connaissance de la famille est déterminée par notre origine?

Pourquoi les modèles de famille peuvent-ils changer à travers le monde?

À quels éléments reconnaît-on une famille (peu importe l'endroit du monde dans lequel on se situe)?

UNITÉ **2** Les amis et la vie sociale

I: Mes amis

- Reconnaître le registre formel
- Écrire un blog
- Discuter les facettes de l'amitié

Réfléchir

Nous trouverions la vie vraiment triste si nous étions seuls tout le temps. Mais comment est-ce que nos amis nous influencent et comment serait la vie sans eux?
- Quelle est l'importance pour vous de vos amis?
- Pourquoi avez-vous choisi vos amis?
- Quelles sont les qualités d'un(e) bon(ne) ami(e)?
- Êtes-vous un(e) bon(ne) ami(e)?
- Quelles choses rendent les amitiés difficiles?

Qu'est-ce que l'amitié?

« Ce qui rend les amitiés indissolubles et double leur charme est un sentiment qui manque à l'amour: la certitude. » **Honoré de Balzac, écrivain français, 1799-1850**

« Les amis sont les anges qui nous soulèvent quand nos ailes n'arrivent plus à se rappeler comment voler. » **Anonyme**

« Un ami, c'est celui qui voit clair en vous, et qui continue à apprécier le spectacle. » **Anonyme**

« Un ami…rien n'est plus commun que le nom, rien n'est plus rare que la chose. » **Jean de la Fontaine, écrivain français, 1621-1695**

« Un ami est celui qui vous laisse l'entière liberté d'être vous-même. » **Jim Morrison, chanteur américain, 1943-1971**

« Heureux deux amis qui s'aiment assez pour (savoir) se taire ensemble. » **Charles Péguy, écrivain français, 1873-1914**

« Ce n'est pas tant l'intervention de nos amis qui nous aide mais le fait de savoir que nous pourrons toujours compter sur eux. » **Épicure, philosophe grec, 341-270 av. J.-C.**

« Les amis sont des compagnons de voyage, qui nous aident à avancer sur le chemin d'une vie plus heureuse. » **Pythagore, philosophe grec, 570-495 av. J.-C.**

« L'amitié, comme l'amour, demande beaucoup d'efforts, d'attention, de constance, elle exige surtout de savoir offrir ce que l'on a de plus cher dans la vie: du temps! » **Catherine Deneuve, actrice française, 1943-**

« L'amour est aveugle. L'amitié ferme les yeux. » **Otto von Bismarck, noble et politicien allemand, 1815-1898**

1 📖 💬 Êtes-vous d'accord avec les sentiments exprimés dans les citations en bas de la page précédente?

2 ✏️ Selon le contexte de ce que vous venez de lire, que signifient les mots encadrés ci-contre? Écrivez vos explications en français.

3 💬 Laquelle des citations vous plaît le plus et pourquoi?

4 💬 Ayant apprécié les définitions de l'amitié fournies par des gens célèbres, considérons maintenant des manifestations d'amitié. Réfléchissez et discutez.

> 1 Qu'est que vos amis apportent à votre vie?
>
> 2 Où est-ce que vous avez rencontré vos amis?
>
> 3 Comment est-ce que vous avez choisi vos amis?

> manquer à
> un ange
> une aile
> le spectacle
> se taire
> exiger
> aveugle
> éprouver

De bons amis

Les textes ci-dessous racontent les expériences de quatre personnes.

Il y a deux ans, j'ai perdu mon travail, juste avant les vacances d'été. Cela m'a laissée déprimée et, évidemment, sans argent. Imaginez ma surprise quand ma copine Magalie m'a envoyé un billet d'avion pour aller passer une semaine avec elle et sa famille au Portugal! On ne trouve pas souvent des potes comme ça.
Laurence, 30 ans

Quand j'étais en seconde, il y avait une nana que j'aimais beaucoup mais qui me disait toujours qu'elle ne voulait pas sortir avec moi. Quel chagrin. Seul Daniel a eu le courage de me dire que j'avais souvent mauvaise haleine. J'étais si embarrassé que j'ai fait un peu la tête mais enfin je suis reconnaissant de ce qu'il a fait. Depuis, le dentiste m'a donné des conseils et j'ai beaucoup plus de succès!
Hervé, 19 ans

Tout simplement, je sais que la porte de Frédérique m'est toujours ouverte. On se connaît depuis l'école primaire et on a tout vécu ensemble. Elle s'est mariée il y un an mais cela n'a rien changé. Je sais qu'elle est toujours là pour moi. Si on me pose un lapin à la dernière minute ou si j'ai une journée difficile au travail, je sais que je peux l'appeler. Elle sait qu'elle peut compter sur moi aussi.
Annie, 25 ans

J'ai le meilleur ami au monde. Lors d'un trek en Inde avec des amis je suis tombée malade et vomissais sans arrêt. Finalement j'ai dû passer une semaine à l'hôpital et j'avais une peur bleue. Jean-Philippe est resté tout le temps à côté de moi. Je n'oublierai jamais sa gentillesse et ses paroles rassurantes.
Caroline, 24 ans

5 Ⓥ Complétez la grille ci-dessous avec des expressions plus formelles pour remplacer les expressions familières.

Familier	Formel
un pote	
poser un lapin	
une nana	
faire la tête	
avoir une peur bleue	

6 📖 Complétez la grille ci-dessous avec le nom de la personne/des personnes en question.

Action	Ami
L'ami qui a abordé un sujet délicat avec son ami	
L'amie qui a offert une surprise généreuse	
La personne qui reconnaît la gentillesse quand elle a eu très peur	
Des amis d'enfance	
La personne qui n'a pas toujours apprécié les efforts de son ami	

Les meilleurs amis

Qu'est-ce qu'un ami? Et un meilleur ami?

par Clément le dim 1er mai 2011 – 0:24

Section A

Question bête, et pourtant, à laquelle je ne parviens plus à répondre, objectivement ou subjectivement.

Un ami, c'est une personne sur qui on peut compter, tout le temps, à qui on peut déverser sa vie, et qui saura vous orienter en tant qu'ami sans vous juger…

Il est évident qu'un véritable ami est quelqu'un qui vous connaît par cœur et sur qui on peut compter en toutes circonstances. Mais, c'est aussi quelqu'un avec qui on rigole de choses dont on ne rirait avec personne d'autre. C'est en général une personne avec qui on passe beaucoup de temps et qui est la première au courant de tout ce qui se passe dans sa vie. Bien sûr, toutes ces caractéristiques sont réciproques.

Section B

Un ami, un vrai, est une personne qui vous comprend en un regard, quelqu'un avec qui on a une vraie complicité, sur qui on peut compter quoi qu'il arrive, dans les bons comme dans les mauvais moments. Un ami, c'est quelqu'un dont on ne pourra jamais être séparé, qu'importe la distance ou les épreuves. Un ami ne te juge pas, mais sait aussi te rappeler à l'ordre quand tu fais des erreurs. Un ami, c'est une épaule sur laquelle se reposer, une oreille attentive, des bras protecteurs…. Mais il faut faire attention, les amis sont rares…

Selon tous, un ami semble être une personne qui se sent bien avec vous, et avec qui vous vous sentez bien. Et le meilleur ami? Celui avec qui le courant passe super vite et super bien, avec qui on échange tout, avec qui on se sent en confiance.

Alors à votre avis, c'est quoi un ami? Et un meilleur ami? Je suis largué, aidez-moi s'il vous plaît. Et s'il ne vous plaît pas, c'est pas grave…

Clément

Section C

Re: Qu'est-ce qu'un ami? Et un meilleur ami?

par Quaele le dim 1er mai 2011 - 10:28

Voici, en vrac, ce que je peux apporter (mais bon, tout ça tu le sais déjà).

Un ami, pour moi, c'est une personne qui t'accepte tel que tu es, qui est là non pas pour toi mais pour votre amitié, sans attente, sans reconnaissance de ta part. La confiance, le respect sont le ciment de la relation. Un ami est compatissant et ne pointera pas du doigt tes défauts, et réciproquement.

Il te prêtera une oreille attentive pour écouter tes états d'âme et ne divulguera à personne tes secrets. Cependant, il a le droit de ne pas t'aider si cela lui pèse, s'il a besoin de se protéger (car la faiblesse est humaine).

Bien sûr, idem pour toi, c'est une relation "donnant-donnant" et sans dépendance affective (pour garder la relation saine); ainsi chacun se sent libre de vivre sa vie. S'il y a déséquilibre et que la relation est étouffante, l'amitié risque de se briser (pareil en amour).

Être ami, cela s'apprend après quelques maladresses…. C'est la bienveillance qui permet la naissance d'une amitié.

Un meilleur ami: c'est tout ça avec une part d'amour inconditionnel en plus.

Quaele

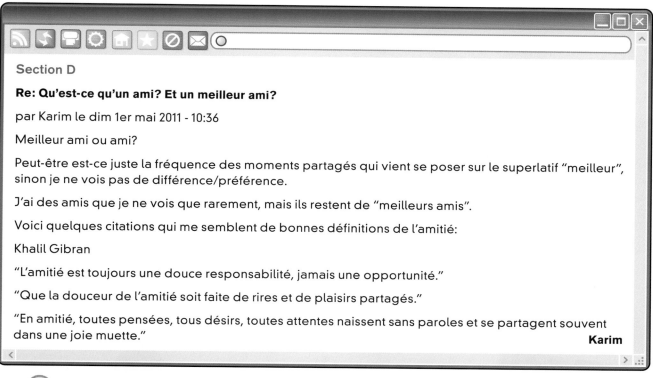

Section D

Re: Qu'est-ce qu'un ami? Et un meilleur ami?

par Karim le dim 1er mai 2011 - 10:36

Meilleur ami ou ami?

Peut-être est-ce juste la fréquence des moments partagés qui vient se poser sur le superlatif "meilleur", sinon je ne vois pas de différence/préférence.

J'ai des amis que je ne vois que rarement, mais ils restent de "meilleurs amis".

Voici quelques citations qui me semblent de bonnes définitions de l'amitié:

Khalil Gibran

"L'amitié est toujours une douce responsabilité, jamais une opportunité."

"Que la douceur de l'amitié soit faite de rires et de plaisirs partagés."

"En amitié, toutes pensées, tous désirs, toutes attentes naissent sans paroles et se partagent souvent dans une joie muette."

Karim

7 Il est souvent difficile de définir l'amitié. Regardez le texte ci-dessus qui était affiché sur un forum. Ensuite, répondez aux questions. Le texte a été divisé en sections pour vous aider avec les exercices plus tard.

1 Quelle expression est utilisée dans la section A pour montrer qu'on peut tout dire à un ami?

2 Quelle expression est utilisée dans la section A pour expliquer qu'un ami est toujours là pour vous?

3 Quelle expression est utilisée dans la section B pour dire qu'on n'a pas toujours besoin d'expliquer ses sentiments à un ami?

4 Quelle expression est utilisée dans la section B pour montrer qu'un ami ne permettra pas n'importe quel comportement?

5 Quelle expression est utilisée dans la section C pour montrer qu'on peut faire complètement confiance à un bon ami?

6 Quelle expression dans la section C vous montre qu'un ami n'est pas obligé de vous aider?

7 Quelle expression est utilisée dans la section C pour dire qu'être un bon ami n'est pas toujours sans effort?

8 Que signifie l'expression trouvée dans la section C « La confiance, le respect sont le ciment de la relation »?

9 Quelles expressions sont utilisées dans la section C pour montrer que l'indépendance fait partie de l'amitié?

10 Dans la section D, est-ce que Karim arrive à expliquer la différence entre "ami" et "meilleur ami"?

8 Écrivez un article à propos de l'amitié pour votre blog. Vous pourriez:
- afficher une photo d'un ou plusieurs amis et expliquer pourquoi vous vous entendez si bien
- donner votre définition de l'amitié
- parler d'un moment où un ami vous a aidé(e)
- parler de vos capacités d'être un(e) bon(ne) ami(e)
- parler d'un moment où vous vous êtes amusé(e) avec vos amis

Comment écrire

Un blog

Lorsque vous écrivez un blog, n'oubliez pas que vous écrivez un texte qui parle de vos idées personnelles. C'est un peu comme si vous écriviez un journal intime mais pour tout le monde! Vous pouvez utiliser un ton familier et vous pouvez ajouter des photographies ou des liens Internet.

Suggestion de lecture

Lisez le conte «Deux Amis» de Maupassant. Que pensez-vous de cette amitié?

II: Le harcèlement et l'intimidation

- Apprendre à parler d'une photo
- Considérer les effets de relations négatives
- Apprendre à écrire un article pour un magazine

Réfléchir

Le harcèlement est un grand problème partout dans la société mais pour les jeunes de nos jours il est un véritable fléau. Même si les professeurs et les parents ont lutté pour protéger les enfants de l'intimidation à l'école et dans les rues, les cas de harcèlement moral augmentent de plus en plus et mènent dans certains cas à des tendances suicidaires. Évidemment ceci est un aspect de la vie des jeunes qu'il faut examiner de plus près.

Écrivez des définitions pour les mots ci-dessous:
- un fléau
- lutter
- le harcèlement
- l'intimidation

1 Regardez les photos ci-dessus et ensuite discutez les questions en classe.

1 Qu'est-ce qui se passe dans les photos ci-dessus?

2 Est-ce que vous pouvez expliquer le comportement des personnes?

3 Qu'est-ce que les "victimes" pourraient faire, à votre avis? Et qu'en seraient les conséquences?

Cyber-harcèlement: nouveaux outils, vieux sexisme

La révolution numérique a donné naissance aux "digital natives", naïfs éblouis par ces nouveaux champs des possibles. A l'école, les pré-ados sur-équipés et connectés en permanence ont adopté de nouveaux modes de communication. Réseaux sociaux, jeux en ligne, smartphones… Ces outils rajeunissent des phénomènes qui n'ont pourtant rien de neuf, du bouc émissaire au sexisme le plus archaïque. Et si, en France et malheureusement sans surprise, les filles sont, semble-t-il, plus souvent victimes que les garçons de cette nouvelle forme de criminalité (58% contre 42%, selon le ministère de l'Education nationale, avec une réserve sur la fiabilité de cette proportion), les "bourreaux" ne sont pas que du genre masculin, tant il apparaît que écolières, collégiennes ou lycéennes peuvent intégrer les codes machistes…

Répartition par âge

< 6 ans 1%	12 à 14 ans 54%
6 à 8 ans 4%	15 à 17 ans 24%
9 à 11 ans 17%	

"Tout est nivelé, aucune CSP (classe socio-professionnelle) particulière n'est plus touchée qu'une autre, il faut oublier complètement les notions de quartiers, de zones et compagnies… C'est partout, à tous les niveaux". C'est le constat de Dominique Delorme, qui répond à la ligne "Net écoute" pour le compte de l'association e-Enfance en France. De janvier à mai 2012, la ligne mise en place pour dénoncer les cas de cyber-harcèlement a reçu 1884 contacts (par mail, téléphone ou tchat) dont une grande majorité concerne les 12-14 ans (voir le graphique).

"12-14 ans, c'est l'âge où l'on commence à vouloir s'autonomiser, où l'on a accès aux réseaux sociaux, on ne maîtrise pas forcément toute la teneur de ce que l'on peut en faire et la façon dont ça peut être utilisé", analyse Catherine Blaya, spécialiste du cyber-harcèlement. La co-fondatrice de l'Observatoire européen de la violence scolaire constate que les 12-14 ans "osent plus, ils testent aussi leur identité vis-à-vis des autres, ils sont en construction de statut social et ils sont plus dans l'agression".

Une catégorie d'âge qui est aussi la première touchée par le harcèlement dit "traditionnel", mais plusieurs aspects le différencient du cyber-harcèlement. D'abord, il y a l'anonymat, "on sait très bien que l'anonymat a toujours existé, les lettres anonymes ont par exemple toujours été quelque chose d'utilisé, mais là, il est facilité. Parce qu'on peut utiliser un pseudonyme, ou que l'on peut usurper l'identité de la personne que l'on veut victimiser" explique Catherine Blaya. Un aspect qui pousse aussi les jeunes ados à transgresser plus, à utiliser une violence verbale dont ils ne se seraient pas servi en face à face. "L'agresseur développe un sentiment d'impunité qui va l'amener à aller plus loin, et plus souvent". D'autant que sur Internet, "l'agresseur ne voit pas en direct l'impact de ce qu'il fait sur sa victime."

S'ajoute à l'anonymat la capacité surmultipliée de diffusion qui amplifie aussi la violence du harcèlement, l'objectif premier étant, pour un blog ou un site social "de créer du réseau social, montrer sa popularité en plus d'asseoir son statut". Catherine Blaya constate notamment "qu'une fois que le message ou la photographie a été lancé sur la toile, l'agresseur ne le maîtrise plus. La victime n'a plus aucune possibilité de se protéger. Dans le harcèlement en face à face, une fois qu'on rentre chez soi, la victimisation s'arrête, or, sur la toile, il y a un sentiment d'impuissance, justifié, qui fait que la victime se sent agressée en permanence." Une analyse que partage encore Dominique Delorme: "Les menaces, quelles qu'elles soient, l'approche des harceleurs vers les harcelés, quels qu'ils ou elles soient, c'est tout le temps. Je vois des jeunes ados qui ne conçoivent pas de ne pas dormir à côté de leur portable. Cet outil, en fait, il est omniprésent."

Cette omniprésence anonyme pousse aussi les victimes à s'enfermer dans un sentiment de paranoïa, comme le décrit Catherine Blaya, "parce qu'on ne sait pas qui est l'agresseur, donc toute personne que l'on croise dans le collège, ou dans le lycée est susceptible d'être l'agresseur. Ou toute personne que l'on croise dans le collège ou dans le lycée est susceptible d'avoir vu les messages ou les photographies en question."

Un phénomène polymorphe

Le cyber-harcèlement peut prendre des formes multiples. Et on ne parle de cyber-harcèlement qu'au bout de trois attaques. Ainsi selon Catherine Blaya, "il y a le cyber-harcèlement qui relève de l'envoi de textes ou de messages humiliants et insultants". Il peut s'agir aussi de ce que j'appelle des 'groupes de haine' à l'encontre d'une personne en particulier, notamment sur les réseaux sociaux où l'on peut trouver des sondages: 'On en a marre de Pierre le fayot', ou 'Quels sont les pires défauts de Julie?' et donc tout le monde est invité à répondre et à réagir sur le réseau social."

Ces exemples mettent en exergue une particularité du harcèlement, renforcée par son extension numérique: "La relation victime-agresseur-spectateurs est centrale, le harceleur parvenant à faire de ses camarades spectateurs les complices de ses actes installant ainsi une relation de domination sur la victime" comme le décrit le guide que propose le ministère de l'éducation nationale sur le harcèlement. "En ne dénonçant pas ce qui se déroule sous leurs yeux, ils valident le processus du côté du harceleur qui se sent conforté, mais aussi du côté de la victime qui se trouve définitivement privée d'aide et d'empathie, ce qui accentue son isolement et fait le lit de la honte et de la perte de l'estime de soi." Dans les "appels à sondages", les spectateurs prennent d'autant plus un rôle d'agresseur.

2 Regardez le graphique «camembert» page 29 et discutez les questions suivantes en classe.

- Êtes-vous choqué(e) par ces statistiques?
- Pensez-vous que ces statistiques soient justes? Pourquoi/pourquoi pas?
- Comment expliquez-vous la répartition d'incidences de harcèlement ici?

3 Suite à votre lecture du texte, est-ce que les constatations ci-dessous sont vraies ou fausses? Complétez la grille et citez les expressions tirées du texte qui soutiennent vos réponses.

Constatation	Vrai ou faux?	Preuve
1 Le harcèlement a toujours existé.		
2 Les enfants de familles riches participent moins au harcèlement.		
3 Les filles sont plus souvent victimes du harcèlement et les garçons les harceleurs.		
4 Les agresseurs ne comprennent pas l'effet de leurs actions.		
5 C'est seulement la possibilité de rester anonyme qui rend l'utilisation d'Internet parfait pour le harcèlement.		
6 Les victimes savent qui est responsable du cyber-harcèlement.		
7 On ne peut pas appeler une seule insulte du «cyber-harcèlement».		
8 Même si on n'a pas de rôle actif on peut contribuer au cyber-harcèlement.		

4 Ce texte parle d'un côté négatif du cyber-monde. Est-ce que le contenu du message est reflété dans le langage utilisé et la structure du texte? Comment?

5 Écrivez un article d'à peu près 200 mots pour votre magazine scolaire pour soulever les dangers du harcèlement. L'article est destiné à un public jeune — quel registre conviendra à de tels lecteurs?

Comment écrire

Le texte de l'exercice 5 est destiné à un public jeune. Vous pourriez peut-être utiliser un style assez familier. Les magazines utilisent normalement des manchettes et des titres et l'auteur de l'article est toujours cité.

III: Les situations sociales

- Considérer les formes de politesse dans la communication
- Apprendre à utiliser le registre formel dans une lettre
- Reconnaître les comportements et les différences de communication nécessaires selon des circonstances différentes

Réfléchir

- Êtes-vous à l'aise avec les autres?
- Est-ce qu'il y a des situations sociales qui vous font peur ou que vous trouvez désagréables?
- Préférez-vous être seul ou en groupe?

On sort?

1 Regardez les invitations ci-dessous. Quelle soirée choisiriez-vous? Et pourquoi?

Ruala et Samir vous invitent à dîner en famille, samedi soir à 7 heures.

 On fête l'anniversaire de Christophe. Salle des fêtes, Gonfreville l'Orcher, samedi 13 septembre à partir de 8 heures.

Tu veux venir au parc samedi soir, jouer au foot avec nous? Tout le monde sera là....

Vous avez la nouvelle série du feuilleton «Engrenages» et une boîte de vos chocolats préférés. Il ne reste plus qu'à décrocher le téléphone....

Les parents de votre nouvelle petite amie/petit ami vous invitent à dîner à la maison. Ceci sera la première fois que vous les rencontrez....

C'est la fête.... Soirée chez moi samedi — mes parents sont en vacances!

2 Êtes-vous influencé par les amis? Comment répondriez-vous à ces questions? Oui? Non? Peut-être? Faites des jeux de rôles en classe pour voir si vous êtes capables de résister à la pression des pairs.

1 Votre meilleur ami s'est disputé avec Marco. Marco vous a invité chez lui pour une soirée Xbox. Acceptez-vous l'invitation?

2 Vous êtes à une fête avec des amis. Tout le monde fume et on vous offre une cigarette. Acceptez-vous?

3 Vous n'aimez pas faire du camping mais quatre amis vont passer le week-end à faire du camping au bord de la mer. Ils veulent que vous y alliez aussi. Vous dites…?

4 Tous les membres de votre groupe au lycée ont des piercings. Vous savez que vos parents ne seraient pas contents de vous voir avec un piercing mais vos amis insistent. Que faites vous?

Comment écrire

N'oubliez pas les formules de politesse:
- Vous ou tu?
- Merci de votre invitation…
- Je regrette mais…
- Malheureusement…

3 Maintenant que vous avez choisi votre soirée préférée, écrivez des réponses pour vous excuser auprès des autres. Écrivez entre 50 et 80 mots. Comment avez-vous modéré votre langage pour les réponses différentes?

Les sans-amis

Le texte suivant est tiré d'un article académique très intéressant écrit par une psychologue, Constance Lambert. Elle y discute des amitiés d'enfants à l'école et cherche à trouver des solutions qui aideraient les enfants sans amis à s'intégrer de façon efficace. Le texte a été abrégé pour ces exercices.

Le but de cet article est d'examiner quelles sont les meilleures interventions à faire auprès des sans-amis, comment élargir notre conception des interventions sociales et influencer les politiques de l'école.

A

Les enfants qui ont des amis initient les contacts sociaux et les maintiennent. Leurs jeux sont coopératifs et agréables. Ces enfants sont justes, aidants, fiables et ils rehaussent l'estime de soi de leurs amis. Pour leur part, les sans-amis qui sont rejetés manifestent plus d'agressivité physique, au primaire, et verbale, au secondaire. Ils ont de la difficulté à résoudre les conflits car ils ne proposent ni n'acceptent aucun compromis. Sur la cour de récréation, ils passent d'un enfant à l'autre pour se trouver un compagnon de jeu.

B

On ne doit pas seulement montrer aux enfants qui ont peu de connaissances sociales comment interagir mais aussi quand et comment utiliser tel ou tel comportement. C'est par son jugement social que l'enfant choisit le comportement de circonstance, qu'il sait si ses actions sociales sont bien reçues et qu'il décide comment, quand et pourquoi changer son comportement. Les recherches sur les connaissances sociales des sans-amis examinent différents aspects tels que l'habileté à bien interpréter les indices sociaux et à percevoir l'intention derrière les comportements d'autrui, à trouver différentes solutions pour un problème d'ordre social et en évaluer la pertinence.

C

C'est par l'empathie que les enfants partagent leurs sentiments. En effet, les enfants capables d'empathie sont plus portés à aider leurs amis et à leur porter secours. Il est possible d'augmenter la capacité d'empathie des enfants par un entraînement systématique les aidant à reconnaître et à répondre émotivement aux affects des autres et par les jeux de rôle. Comme une plus grande empathie augmente les comportements prosociaux, les enfants en viennent à manifester plus d'actions prosociales. À l'école, les adultes gagneraient à être plus ouverts à parler et à faire parler les enfants de leurs émotions.

D

Les enfants qui, jeunes, s'isolent sont des enfants mis de côté par leurs pairs plus tard. Une interprétation serait que les enfants qui s'isolent sont des enfants méfiants, inhibés face à la nouveauté et qui sont réticents à interagir dans des situations imprévisibles comme le sont les jeux d'enfants. Un cercle vicieux se forme alors: ayant peu d'interactions sociales, ces enfants n'ont pas l'occasion de maîtriser les attitudes et la compréhension sociale appropriées pour leur âge, ce qui les rend encore plus anxieux et moins tolérants face à la socialisation, ce qui peut mener à la phobie sociale.

E

Certains enfants ont peu l'occasion de se faire des amis soit parce qu'il n'y a pas d'enfants de leur âge dans le voisinage, ou qu'ils habitent un quartier violent et qu'ils n'ont pas la permission d'aller jouer dehors. L'école est leur lieu principal de socialisation. Certains chercheurs ont remarqué qu'un jumelage accidentel d'enfants a permis de développer des amitiés avec plus de succès que la recherche intentionnelle d'amis. Les écoles devraient encourager les interactions entre les enfants, par l'apprentissage coopératif, en tolérant les chuchotements en classe lorsque les enfants sont en équipe, en demandant aux enfants de consulter trois élèves avant de demander des explications au professeur.

http://aqps.qc.ca

4 Les lettres A, B, C, D, E dans le texte prennent la place des titres ci-dessous, qui ont été mélangés. Est-ce que vous pouvez identifier quel titre devrait être à la place de chaque lettre?

1 Ceux qui ont peu d'occasions d'interagir
2 Les comportements dérangeants et impopulaires
3 Les enfants qui s'isolent
4 L'absence d'empathie
5 Les développements cognitifs

5 Les questions ci-dessous sont liées aux titres que vous venez d'utiliser. Cherchez dans le texte des exemples qui répondent aux questions et ensuite discutez de vos réponses en classe.

1 Qui sont ceux qui ont peu d'occasions d'interagir?
2 Quels sont les comportements dérangeants et impopulaires?
3 Qui sont les enfants qui s'isolent?
4 Définissez l'absence de l'empathie.
5 Que propose l'auteur pour résoudre les difficultés cognitives?

6 Suite à votre lecture du texte «Les sans-amis», imaginez que vous êtes conseiller. Écrivez une lettre aux professeurs d'une école pour suggérer des façons d'aider les enfants à mieux s'intégrer dans la vie sociale à l'école.

Comment écrire

Une lettre formelle

Lorsque vous écrivez une lettre formelle, essayez d'utiliser des expressions qui restent polies.

N'oubliez pas de « vouvoyer » vos correspondants et plutôt que d'utiliser des impératifs, formulez vos suggestions plus doucement.

Exemple: *Nous suggérons que vous encouragiez les enfants à jouer.*

Si vous en aviez l'occasion vous pourriez inviter les enfants à parler.

IV: La vie sentimentale

- Étudier l'interrogation
- Parler de la personnalité
- Considérer la façon dont on se présente

Réfléchir

Constance Lambert explique dans l'article que nous avons étudié dernièrement (page 32) pourquoi les amis sont importants:

> Avoir des amis et être ami sont des situations déterminantes de l'enfance car c'est par l'amitié que l'enfant élargit son monde social et qu'il remplace la famille comme source de support émotif et personnel. Être un ami, c'est plus qu'être un compagnon de jeux. L'amitié facilite la croissance personnelle; c'est par elle que les enfants développent leurs habiletés sociales, qu'ils apprennent les complexités de la coopération et de la compétition ainsi que les premières notions d'intimité.

Selon les experts, donc, les amitiés mènent à long terme à la capacité de trouver un ou une partenaire. Mais c'est là un véritable champ de mines.
- Quels sont les critères qui comptent dans le choix d'un(e) futur(e) conjoint(e)?
- Est-ce que tout le monde partage les mêmes critères?

Le conjoint idéal

1 Travaillez avec un partenaire et essayez de classer les mots et expressions suivants par ordre d'importance:

solvable	végétarien	intelligent	le sens de l'humour	sportif
avoir un emploi régulier		bricoleur	artistique	confiant	bavard
généreux	beau	sain	ambitieux	l'envie d'avoir des enfants

Expliquez vos choix au groupe. Est-ce qu'il y a des critères qui ne sont pas du tout importants?

Le speed dating

Le speed dating ou les 7 minutes décisives!

Si Cupidon ne nous aide pas, et le coup de foudre nous échappe, on peut toujours se débrouiller de façon moins romantique. Une fois qu'on a décidé ce qu'on cherche chez un(e) partenaire il y a toujours des options plus proactives!

Inventé aux Etats-Unis à la fin des années 90 par un rabbin soucieux de préserver les mariages intra-communautaires, le speed dating (ou blind date) s'est généralisé et a été décliné sur d'autres secteurs que la rencontre amoureuse.

Le speed dating repose sur un principe simple: permettre à 7 hommes de rencontrer 7 femmes pendant 7 minutes (les temps peuvent varier jusqu'à 10 minutes) au cours desquelles chacun se forge une première impression. Les rencontres se passent en général dans un lieu agréable, plutôt cosy de type bar, pub…

A noter l'apparition de nouvelles formules telles que le team dating (plusieurs copines rencontrent plusieurs copains ce qui facilite le contact) ou encore le speed dating vidéo via une webcam.

Comment cela se passe-t-il?

Après s'être inscrits sur un site internet, les candidats sont sélectionnés par les organisateurs qui constituent des groupes mixtes «homogènes» ne serait-ce que par tranche d'âge ou catégorie socio-professionnelle. L'heure et le lieu de rendez-vous sont communiqués à la dernière minute. Certains organismes proposent de s'inscrire directement sur place, mais dans ce cas les publics sont beaucoup plus hétérogènes.

A leur arrivée, chacun se voit remettre un badge avec un numéro. Ce numéro est l'identifiant, aucune coordonnée personnelle n'étant échangée lors de la soirée.

En général, les femmes se voient attribuer une place assise à une table et les hommes choisissent celles qu'ils veulent rencontrer (mais de plus en plus de femmes demandent à choisir elles aussi… et on les comprend!).

Nécessairement bref (7 minutes cela passe vite), les échanges sont bien souvent très généraux mais tout repose sur le ressenti des 7 premières secondes qui doit se confirmer les 7 minutes suivantes.

A l'issue de la rencontre, chacun note son appréciation sur l'autre et son souhait ou non de le (la) revoir. En fin de soirée les rapprochements entre fiches sont faits et s'il y a concordance, les coordonnées mutuelles sont transmises aux deux protagonistes.

Pour qui?

Si cette démarche convient à des personnes extraverties, à l'aise pour rencontrer de nouvelles têtes, elle devient beaucoup plus complexe, voire un «supplice» pour les plus timides et les plus réservés.

La meilleure façon d'aborder une telle soirée est de rester soi-même, sans à priori, de mettre ses préjugés au placard, de se laisser prendre au jeu, de suivre son instinct.

Adaptée à une société de zapping, elle ne permet cependant pas de découvrir progressivement l'autre et l'on peut passer facilement à côté d'une personne pour laquelle ce n'est pas le coup de foudre immédiat mais avec laquelle une relation forte et durable aurait pu se créer avec plus de temps. Le speed dating présente en quelque sorte des avantages et inconvénients opposés à la rencontre sur internet dans laquelle on prend le temps de se connaître mais bien souvent la rencontre devient une étape difficile.

Elément non négligeable: ces rencontres se déroulent en toute sécurité. Bien souvent, les candidats viennent à plusieurs (en général 2 ou 3 copines) ce qui permet de se désinhiber, de se rassurer mutuellement et de transformer cette soirée en un moment agréable, en un jeu… C'est aussi l'occasion de passer de bons moments après à échanger, à débriefer sur la soirée.

En termes de coût, la soirée est comprise entre 20 et 40€ (boisson incluse).

Il existe d'autres types de soirées permettant à des célibataires de se rencontrer autour d'un centre d'intérêt que ce soit une pièce de théâtre, la visite d'une exposition, la dégustation de vin…de même que, la technologie aidant, des speed dating par webcam!

2 Suite à votre lecture du texte, répondez aux questions dans vos propres mots.

1 Pourquoi le rabbin a-t-il eu l'idée d'organiser des événements speed dating?

2 Pourquoi est-ce que l'on encourage les participants à s'inscrire à l'avance?

3 Pourquoi les 7 premières secondes sont-elles si importantes?

4 Est-ce que les soirées speed dating conviennent à tout le monde?

5 Qu'est-ce que l'auteur veut suggérer quand il parle d'une "société de zapping"?

6 Quelle comparaison est-ce que l'auteur tire avec les rencontres sur Internet?

3 🖉 Quelles questions est-ce que vous poseriez aux personnes que vous pourriez rencontrer à une soirée Speed Dating?

Essayez de trouver des formules variées pour les questions, après tout, on ne veut pas de compagnons ennuyeux!

4 🖉 À votre avis, quelles étaient les questions qui ont eu ces réponses?

1 Pas vraiment, mais j'espère bientôt changer de bureau.

2 Oui, surtout les films de Luc Besson.

3 Depuis dix ans: j'aime beaucoup les musées et le métro rend la vie très facile.

4 Je joue au tennis régulièrement mais c'est tout.

5 Un fils qui a cinq ans.

6 J'ai étudié la médecine et je me suis beaucoup amusée.

7 Maintenant à Dijon mais je viens de déménager.

8 Non, c'est la première fois. Et vous?

Site de rencontres: tenter l'expérience

Les sites de rencontres permettant de mettre en relation des célibataires en leur offrant la possibilité de créer des liens sont assez récents, et leur nombre connaît ces dernières années une croissance significative. De plus en plus de célibataires veulent enfin trouver l'amour. À mesure qu'ils se sont développés, ces sites se sont améliorés et peuvent constituer un réel moyen de trouver son partenaire. De plus, ils offrent la possibilité de rencontrer des personnes que l'on n'aurait sans doute pas rencontrées en temps normal, faute de temps ou pour cause de contraintes géographiques.

Les sites de rencontre: des révélateurs de personnalité

Un site de rencontres propose aux personnes des partenaires potentiels, c'est-à-dire qui pourraient, d'après un profil établi avec les résultats d'un test de personnalité, leur correspondre. La première prise de contact avec un des célibataires proposés se déroule sur Internet.

La rencontre virtuelle constitue alors un véritable révélateur de personnalité - si l'on reste sincère, bien entendu. Car derrière l'écran de son ordinateur, les enjeux ne sont pas les mêmes, la timidité n'est plus de mise et l'on a moins de mal à se confier et à se montrer tel que l'on est réellement. Le face à face n'est pas direct sur un site de rencontres, mais permet tout de même de créer une certaine intimité et d'approfondir la relation, qui pourra alors aboutir à une rencontre physique.

Un moyen de diversifier ses rencontres

Lorsque l'on se trouve dans un certain contexte social, il est parfois difficile de rencontrer quelqu'un de différent, de renouveler son réseau de contacts. En cela, le site de rencontres est bénéfique: les difficultés que l'on pourrait avoir pour se rendre dans d'autres villes ou pays ainsi que les contraintes de milieux professionnels s'estompent. Sur un site de rencontres, les personnes sont alors libres de se regrouper selon leur personnalité, leurs affinités, leurs attentes, leurs points communs, etc.

Comment poser des questions

Il y a plusieurs façons de poser des questions:

● D'abord, l'intonation peut vous aider:
Vous avez des enfants?

● Utilisez une formule:
Est-ce que *vous aimez les films d'horreur?*
Qu'est-ce que *vous aimez manger?*

● Utilisez un mot interrogatif:
Où *habitez-vous?*
Quelle *est la date de votre anniversaire?*
Pourquoi *portez-vous cette chemise?*

● Changez l'ordre du verbe et du sujet:
Avez-vous beaucoup d'argent?

Observation!

Ce texte parle des sites de rencontres. Ces sites sont utilisés par des gens pour rencontrer de nouveaux amis et, peut-être, enfin, trouver l'amour…mais il faut faire attention. On ne peut pas toujours savoir si les personnes qui vous contactent sont honnêtes! Pour ces raisons nous vous encourageons à considérer le phénomène des sites de rencontres mais nous n'avons pas l'intention de vous encourager à les utiliser!

Un confort certain

Plus encore, lorsqu'on est <u>un parent célibataire</u> ou un professionnel <u>surbooké</u>, voire même les deux à la fois, il n'est pas toujours simple de trouver du temps pour se faire de nouveaux contacts. Lorsqu'il faut aller chercher le dernier à la crèche, s'occuper du dîner ou même lorsqu'on ne peut pas cuisiner soi-même parce qu'on rentre très tard du bureau, vient un temps où on aimerait se rendre la vie plus facile. On aimerait gagner du temps, aller directement à l'essentiel: avec un site de rencontres, c'est possible.

L'utilisation d'un site de rencontres vous permet de rester tranquillement chez vous, tout en faisant connaissance avec les célibataires du site. Quoi de plus simple?

5 📖 Ⓥ **Certaines expressions sont soulignées dans le texte ci-dessus. Est-ce que vous pourriez expliquer ces expressions dans vos propres mots?**

1 les enjeux
2 la timidité n'est plus de mise
3 renouveler son réseau de contacts
4 leurs points communs
5 un parent célibataire
6 surbooké

6 📖 **Les phrases ci-dessous sont censées représenter le message du texte mais il y a de fausses informations à corriger. Trouvez les erreurs et corrigez-les.**

1 Les sites de rencontres existent depuis longtemps.
2 Les sites de rencontres ne vous mettent pas en contact avec les gens qui habitent loin de chez vous.
3 Votre profil est établi selon des informations données par vos amis.
4 Les gens ont tendance à inventer une nouvelle identité virtuelle.
5 On est toujours présenté à des gens du même milieu que soi.

7 ✏️ **Si vous alliez utiliser un site de rencontres, quelles informations donneriez-vous?**

Préparez un auto-portrait de 150-200 mots pour votre blog personnel au cours duquel vous vous présentez. Parlez des choses qui vous intéressent et de ce que vous cherchez chez vos amis.

Vous pourriez même enregistrer un petit film pour votre blog personnel au cours duquel vous vous présentez de la façon la plus positive.

UNITÉ **3** # La société

I: Les violences éducatives

● Exprimer des opinions personnelles sur le thème des violences éducatives chez les enfants et défendre son point de vue

● Apprendre à aborder des textes authentiques méthodiquement

Réfléchir

● Faites une liste de mots français qui vous viennent à l'esprit en regardant la photo ci-contre.
● La Fondation pour l'Enfance lance une campagne de sensibilisation au sujet des violences éducatives; trouvez un titre évocateur pour cette photo.
● Pourquoi cet enfant a-t-il reçu une claque? Imaginez son histoire.

Campagne de sensibilisation: Fondation pour l'Enfance

En 1977, Anne-Aymone Giscard d'Estaing créait la Fondation pour l'Enfance avec une grande ambition: susciter, promouvoir, conseiller et soutenir les initiatives en faveur des enfants en danger et des familles en difficulté.

Pendant 35 ans, cet établissement privé à but non lucratif n'a cessé de faire progresser les droits des enfants en France en mobilisant les associations et les acteurs de terrain, en informant et formant les publics et professionnels spécialisés, et en apportant son soutien aux chercheurs.

La Fondation des Canadiens pour l'enfance procure aide et soutien aux enfants dans le besoin. Instaurée en août 2000, la Fondation a remis plus de 15 millions de dollars à plus de 450 organismes œuvrant pour le bien-être des enfants défavorisés à travers le Québec.

1 Ⓥ **Trouvez trois synonymes du mot "une claque" dans la liste ci-dessous.**

un coup de pied	une campagne de prévention	un châtiment corporel
une brutalité		un hématome
une gifle	une tape	un coup
une fessée	la maltraitance	une blessure
un coup de poing	un bleu	une baffe

2 Ⓥ Voici le scénario d'un clip "campagne contre les violences éducatives" qui sera diffusé sur plus d'une quinzaine de chaînes de télévision en France à partir du samedi 22 juin 2013.

Remplissez les blancs avec le mot correct.

Une maman visiblement **1**.......... passe un coup de fil dans la cuisine, pendant que son **2**.......... (d'environ 5 ans) fait du bruit en jouant avec sa petite voiture entre les assiettes. "**3**.......... ! Tu entends ce que je te dis!", lui **4**..........-t-elle énervée, avant que la **5**.......... ne parte sur la **6**.......... de l'enfant. "Une petite claque pour vous!" La scène repasse au ralenti et l'on voit le **7**.......... de l'enfant exprimer des signes de **8**.......... terrible sous l'effet du **9**.......... . "Une grosse claque pour **10**.......... !".

www.la-croix.com

joue	gifle	crie	fils	lui
coup	stressée	arrête	détresse	visage

3 ⬭ 🖊 **Lisez les extraits de texte ci-dessous puis partagez vos opinions à l'oral avant de les écrire individuellement. Utilisez les expressions données pour réagir aux trois extraits. Justifiez votre opinion.**

1 "Nous voulons montrer aux parents qu'il y a violence, qu'il y a traumatisme, que tout geste de violence physique envers un enfant peut avoir des conséquences sur sa santé physique et psychologique", explique le docteur Gilles Lazimi, médecin généraliste à Romainville (Seine-Saint-Denis) et coordinateur de la campagne.

2 «Que peut éprouver un enfant, qui ne peut ni fuir ni se défendre, s'il est fessé, secoué ou frappé par l'adulte censé le protéger, sinon la peur, la sidération, l'anxiété, la panique, une sensation d'abandon physique et psychique, l'arrêt de toute pensée, sans pouvoir donner du sens à ce qui lui arrive?» interroge Gilles Lazimi.

3 Selon la fondation, "32 pays ont interdit par la loi les violences éducatives ordinaires en direction des enfants", mais pas la France. Une proposition de loi en ce sens avait été déposée en 2010 par l'ex-députée UMP et pédiatre Edwige Antier, mais n'avait pas eu de suite.

4 Ⓖ **Traduisez les différentes formes de** *qui, que, qu'* **et** *ce qui* **utilisées dans les trois extraits ci-dessus.**

Qu'en déduisez-vous? Expliquez les règles d'utilisation des pronoms relatifs.

Comment écrire et parler

Je suis d'accord avec l'opinion que…

X a tort de penser que…

Je suis d'avis que…

J'estime qu'il est juste/injuste de…

Je pencherais pour…

J'approuve/Je désapprouve le fait que…

Assurément, il est primordial de…

Mon opinion diverge en ce qui concerne…

Rappel

Pronoms relatifs, page 284

Les gifles, ma mère m'en a donné un paquet: j'en suis venue à craindre sa main

Les gifles, je ne saurais même pas vous dire combien j'en ai reçues. Alors que j'ai appris ce matin le lancement d'une campagne contre la gifle, je n'ai eu qu'une réaction: enfin. Enfin une campagne pour prévenir des méfaits de ce geste, anodin en apparence pour bien des parents, mais qui est une réelle violence pour l'enfant. J'en sais quelque chose.

Les gifles, ma mère m'en donnait beaucoup quand j'étais petite. Un peu trop à mon goût. Mais attention, je n'étais pas un enfant battu, ne faisons pas d'amalgames. J'ai eu une enfance très heureuse, j'ai été très gâtée, matériellement mais aussi, surtout, affectivement, par mes deux parents. Néanmoins ma mère n'a pas beaucoup de sang-froid (avec l'âge ça s'est amélioré, heureusement) et elle avait tendance à me gifler pour un oui ou pour un non.

"Maintenant au moins, tu sais pourquoi tu pleures!"

Petite, il paraît que j'étais hypercolérique, et que ça rendait mes parents dingues. J'étais capable de chouiner pendant de longs moments. Je ne m'en souviens pas très bien à vrai dire, je vous parle là d'une période où je devais avoir 4-5 ans. Et ma mère, qui a le sang chaud, perdait vite patience. La claque partait impulsivement, d'un coup, sans prévenir. Clac! Et aïe... Souvent, quand je faisais un caprice, elle me giflait en me disant: "Maintenant au moins, tu sais pourquoi tu pleures!"

Certes...

[…]J'ai arrêté de me prendre des baffes au début de l'adolescence, vers 10-11 ans: je prenais conscience du geste, de ma force, et je me suis mise à répliquer. Juste pour montrer que je n'étais pas un punching-ball. Ce qui a finalement été efficace puisqu'elle s'est rapidement arrêtée! Et les mots ont pris le dessus.

J'avais peur de devenir violente à mon tour

Quand j'ai grandi, j'ai eu très peur de reproduire ce modèle: à une autre échelle, on lit souvent que les parents d'enfants battus ont eux-mêmes été battus. Je craignais de devenir moi aussi violente avec mes gamins. Ce ne sera pas le cas, heureusement (je parle au futur car je n'ai pas - encore? - d'enfants).

J'ai compris que je ne reproduirais pas ce modèle quand, une fois dans la rue, j'ai vu une mère gifler son gamin. J'ai été choquée. Ça m'a mise hors de moi, parce que ça me rappelait des souvenirs, et parce que je suis convaincue aujourd'hui que la gifle ne sert à rien.

http://leplus.nouvelobs.com

5 📖 **Lisez le texte ci-dessus et répondez aux questions suivantes.**

1 Dans le premier paragraphe du témoignage, l'annonce du lancement de la campagne contre la gifle a provoqué:
   a) du soulagement
   b) de l'indignation
   c) de la frustration

2 Selon le deuxième paragraphe, pourquoi le témoin prenait-elle souvent des gifles? Donnez deux raisons.

3 Dans le troisième paragraphe, quel mot ou expression signifie:
   a) ils devenaient fous
   b) pleurnicher
   c) être coléreux
   d) une excentricité

4 Décidez si les phrases suivantes sont vraies ou fausses. Justifiez vos réponses.
   a) Sa mère la giflait pour qu'elle pleure.
   b) Elle n'était pas une enfant délaissée.
   c) Quand elle a eu 10 ans, elle s'est rebellée et n'a plus reçu de gifles.

5 Dans la phrase:
   a) "Les gifles, je ne saurais même pas vous dire combien j'en ai reçues" EN se rapporte à …
   b) "…mais qui est une réelle violence pour l'enfant" QUI se rapporte à …
   c) "Ça rendait mes parents dingues" ÇA se rapporte à …

6 À quel paragraphe feriez-vous correspondre le titre:
   a) Ne plus se laisser faire
   b) Une gifle après l'autre!
   c) De l'amour quand même

Stratégies pour lire

Comment aborder un long texte

Deux lectures du texte sont recommandées:
1 La première lecture est nécessaire pour comprendre le sens global du texte.
2 La seconde lecture est nécessaire pour retirer une compréhension plus approfondie du texte et de ses détails.

Lors de la deuxième lecture, plusieurs stratégies aident à retirer une pleine compréhension du texte:
1 Surligner les idées essentielles (ce qui ne devrait pas représenter plus de 10 % du texte).
2 Encercler les mots dont on devra chercher la définition et écrire la définition de ceux-ci dans la marge.
3 Résumer chaque paragraphe en quelques mots pour aider au repérage d'information.
4 Utiliser un code de couleur pour indiquer des informations précises (définition, exemple, commentaire, critique, question, réponse, etc.).

Lorsqu'on a plusieurs textes à lire pour un même travail, on peut aussi faire une fiche de lecture pour mieux se rappeler les éléments importants du texte. Ils deviendront ainsi plus facilement repérables.

6 En groupe, discutez du pour et du contre des châtiments corporels. Illustrez et expliquez vos arguments.

Comment écrire et parler

Voici des expressions utiles pour exprimer la concession ou l'opposition:

or; néanmoins; cependant; pourtant; toutefois; en revanche; au contraire; à l'inverse

NIVEAU SUPÉRIEUR

Production écrite: Épreuve 2 (Section B)

Selon la fondation créée en 1977 par Anne-Aymone Giscard d'Estaing, qui avait lancé une première campagne sur ce thème en 2011, "plus de 50 % des parents commencent à frapper leur enfant avant l'âge de deux ans, persuadés par l'éducation qu'ils ont reçue que cela leur est utile et profitable".

Il faut bannir toutes formes de violence éducative de notre société! Qu'en pensez-vous?

Écrivez entre 150 et 250 mots.

Comment écrire

Un essai (niveau supérieur)

Structurer votre rédaction logiquement.
1 **Réfléchir:** trouver des idées appropriées et des exemples pour illustrer chacune des idées.
2 **Ordonner:** du plus faible au plus fort, du plus important au moins important, du contre au pour ou du pour au contre selon l'opinion exprimée.
3 **Rédiger:** livrer une pensée personnelle en utilisant la troisième personne et en indiquant votre opinion au moyen d'adjectifs, verbes et adverbes judicieusement choisis. Utiliser des phrases-formules pour résumer vos idées et opinions telles que:
  • S'il est vrai que…, il est également vrai que…, et bien plus…
  • Certes…, et pourtant…, qui plus est…

II : Les relations parents-ados

- Exprimer ses idées clairement sur le sujet de l'adolescence et comprendre différents registres de langue
- Comprendre comment analyser différents types de textes et écrire un "guide"
- Utiliser le temps du conditionnel

Réfléchir

- Vos parents, que doivent-ils vous laisser faire? Et que doivent-ils vous interdire?
- Comment expliquez-vous que la nature de votre relation avec vos parents change quand vous grandissez?
- Pourquoi ces relations parents-ados deviennent-elles conflictuelles, selon vous?

Grammaire

Le conditionnel

Qu'est-ce que le conditionnel présent?

- des faits qui pourraient se réaliser si
- des faits supposés au moment où l'on parle
- des faits dont on souhaiterait la réalisation
- des faits de future réalisation jugée imaginaire
- une expression de politesse
- une restriction après "quand bien même"

Comment se forme-t-il?

Le conditionnel présent est formé sur la base du futur simple mais avec les terminaisons de l'imparfait. On retrouve ainsi toutes les irrégularités et les exceptions du futur.

Les parents idéaux

1 (V) (G) **Finissez la phrase au conditionnel en utilisant le vocabulaire ci-dessous:**

Je rêve de parents qui...

1 ne me (*câliner*) pas en public.

2 me (*soutenir*) quoi qu'il advienne.

3 (*être*) disponibles sans pour autant que je les aie sur le dos constamment.

4 me (*laisser*) acquérir l'autonomie et la confiance en moi dont j'ai besoin.

5 (*reconnaître*) les signes d'un appel à l'aide, m'(*encourager*) à accéder à mon indépendance et (*imposer*) des règles raisonnables pour que je puisse vivre en harmonie avec eux.

2 (G) **Écrivez une phrase pour chacune des utilisations du conditionnel dans l'encadre page 42.**

3 (V) **Reliez ci-dessous les expressions a) à g) équivalentes aux expressions en langue familière 1 à 7.**

Expressions familières:	**Expressions équivalentes:**
1 lâcher les baskets à quelqu'un	**a)** avoir une réaction exagérée et inattendue
2 être mal barré	**b)** aller à l'échec (pour une personne) ou s'annoncer mal (pour une situation)
3 le même son de cloche	
4 ne pas lâcher le morceau	**c)** ne pas se résigner
5 passer un savon à quelqu'un	**d)** la même opinion
6 péter les plombs	**e)** laisser quelqu'un tranquille
7 être à côté de la plaque	**f)** réprimander quelqu'un
	g) ne rien comprendre

4 ⬭ **Discutez entre vous des relations parents-ados. Cherchez à utiliser les expressions familières ci-dessus.**

Élever un adolescent, entre autorité et liberté

Les ados bousculent souvent leurs parents, qui ne savent pas toujours quelles limites leur poser ni quelles libertés leur accorder.

Comment obtenir qu'un adolescent ne laisse pas traîner ses affaires partout, ne passe pas des heures sur son ordinateur, prévienne quand il rentre du lycée ou ne se couche pas régulièrement à trois heures du matin, sans être en permanence sur son dos?

«*Ils sont à un âge où ils ne supportent pas qu'on leur dise quoi que ce soit*», résume Sylvie, mère de deux enfants (18 et 15 ans). *Ils nous font comprendre qu'on est des vieux, des nuls et qu'on n'y comprend rien. Il ne faut pas lâcher prise.*»

«*Leur ordonner quelque chose est improductif. Il faut employer les formes, sans être trop brutal et on n'a pas le droit d'être impatient!*», observe Anne, mère de deux filles (13 et 16 ans). "*Elles nous poussent à bout*", je n'ai jamais eu à utiliser cette expression quand elles étaient enfants, alors que les ados ne nous lâchent pas, comme si elles cherchaient la sanction. Avec mon mari, ça tourne vite au clash, il peut être très blessant, ce qui ne fait qu'enkyster le problème... Moi, j'essaie de négocier. C'est très fatigant.»

Exercer son autorité sur un adolescent n'est pas facile. «*C'est le motif le plus fréquent des plaintes et des questions des parents*, observe le pédopsychiatre Stéphane Clerget, auteur d'un *Guide de l'ado à l'usage des parents: comment s'en faire obéir? Qu'est-on en droit d'exiger d'eux? Et surtout, est-on légitime, quand on pose ces limites ou ces exigences-là?*»

Des parents souvent déstabilisés

L'autorité ne va plus de soi, se partage désormais entre le père et la mère, se nourrit de négociations permanentes. Les parents ne savent plus comment poser des limites ou n'osent pas le faire. Ils se sentent encore plus démunis face à des adolescents qui font vaciller leurs certitudes. Il est néanmoins «normal» que ceux-ci bousculent un peu leurs parents.

«*Les comportements d'opposition qu'ils avaient à 3-4 ans ressurgissent à la puberté*, rappelle Stéphane Clerget. *Ils remettent en question le sens des règles, des lois, et la légitimité des parents face aux demandes de liberté qu'ils expriment. Ou font preuve d'une certaine indolence, d'une résistance passive, qui correspond à ce même désir d'émancipation, à cette volonté d'être regardé autrement que comme un enfant.*»

Les parents sont souvent déstabilisés face à leur enfant qui se transforme physiquement et moralement. «*Il n'est pas rare qu'il leur paraisse étranger*», souligne Stéphane Clerget. *Il réveille à leur insu leur propre adolescence, ce qui les fragilise.*

«*Il ne faut pas faire* **W**.......... *si rien ne s'était passé; il faut marquer le coup, lui reconnaître de nouveaux droits et de nouveaux devoirs, lui laisser plus de liberté,* **X**.......... *aussi lui confier plus de responsabilités (baby-sitting, courses pour toute la famille...). L'autorité, c'est* **Y**.......... *autoriser, rappelle-t-il.* **Z**.......... *les parents ont tendance à la fois à autonomiser précocement les enfants et à surprotéger leurs adolescents. On vit dans une société où l'on ne veut plus prendre de risque. Les parents doivent faire la part entre leurs angoisses et les risques réels.*»

www.la-croix.com

5 📖 **Lisez le texte ci-dessus et répondez aux questions suivantes.**

1 Selon l'introduction, quels sont les quatre principales caractéristiques d'un adolescent?

2 Expliquez de vos propres mots l'expression utilisée par Anne: "Elles nous poussent à bout".

3 Qui est Stéphane Clerget et comment figure-t-il dans cet article?

4 Dans la section «Des parents souvent déstabilisés», faites correspondre un titre à chaque paragraphe.
   a) Apprendre à se connaître
   b) Se sentir déboussolé
   c) Aider à devenir adulte
   d) Ça s'appelle grandir

5 Dans la section «Des parents souvent déstabilisés», trouver les expressions équivalentes à:
   a) ne coule pas de source
   b) dépouillés
   c) reparaissent
   d) apathie
   e) sans qu'ils s'en rendent compte
   f) prématurément

6 Dans le dernier paragraphe remplacez W, X, Y et Z par *d'abord*, *mais*, *or* ou *comme*.

6 Analysez le registre, le but du message et le style de l'écriture de la section intitulée « Des parents souvent déstabilisés » en vous servant de l'encadré ci-dessous « Comment écrire – type de texte ».

Comment écrire

Type de texte

- Le registre de langue:
  - langage populaire
  - langage familier
  - langage correct
  - langage soutenu (ou littéraire)
- Le message:
  - narratif
  - descriptif
  - argumentatif
  - explicatif
  - informatif
- Les marques d'énonciation:
  - grammaticales: l'utilisation des pronoms personnels, des adjectifs et pronoms possessifs, l'utilisation des indices d'espace et de temps comme les adverbes, certains adjectifs et démonstratifs, l'utilisation des temps verbaux
  - sémantiques: l'expression de sentiments, d'opinions et du degré de certitude
  - relatives à la ponctuation

Vocabulaire

être sur le dos de quelqu'un

avoir besoin de vivre sa vie

être mené par le bout du nez

être trop gâté

savoir être souple sans être laxiste

les pièges de l'autoritarisme

le chantage affectif

une gangue protectrice

se fixer soi-même des limites

7 Écrivez la suite du *Guide de l'ado à l'usage des parents*. Écrivez un paragraphe intitulé « LES LAISSER AUSSI RESPIRER UN PEU ».

III: Les grands-parents d'aujourd'hui

- Comprendre et utiliser la langue pour exprimer un éventail d'idées sur le rôle des grands-parents dans notre société et y réagir

- Organiser ses idées de façon claire, cohérente et convaincante

Réfléchir Piste 4

Écoutez l'interview de Marcel Rufo « Grands-parents: À vous de jouer » puis commentez la citation suivante: « Être grand-père ou grand-mère, c'est avoir une deuxième chance de parentalité. »

1 Cherchez la signification des mots en gras.

Le rôle des grands-parents **au sein de** la famille:

1 **un lien** éducatif et affectif

2 porteurs **des points de repère** essentiels

3 une source de **câlins** et de tendresse

4 **des passeurs** de la mémoire familiale

5 **un soutien** financier

6 **un pilier** des valeurs à respecter

7 un rôle de **nounou**

2 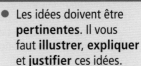 **Traduisez les phrases dans votre langue.**

1 Puisqu'...

2 Ils possèdent davantage de temps libre.

3 Ils sont moins stressés et sont installés dans un rythme de vie plus calme.

4 Ils peuvent être les confidents de la première heure.

5 Il ne faut pas qu'ils se substituent aux parents.

6 Il ne s'agit pas de décider à la place des parents et d'imposer ce qui leur semble bon.

7 Il faut qu'ils évitent de s'immiscer dans la vie de couple de leurs enfants.

8 Ils ne grondent pas et ne surveillent pas les notes d'école.

9 Auprès de ses grands-parents on apprend qu'on est l'héritier d'une histoire familiale.

10 Mieux que personne, les grands-parents peuvent dénouer les conflits parents-ados.

11 On ne choisit pas d'être grand-mère et bon nombre de femmes ne sont pas pressées de rejoindre le camp des mamies.

3 **Partagez-vous les avis ci-dessus? Justifiez vos réponses en utilisant le vocabulaire à la page ci-dessus.**

4 **Qu'en pensez-vous?**

1 Est-ce mal pour un grand-parent d'avoir un chouchou?

2 Les petits-enfants ressentent-ils un manque dans le cas où les grands-parents sont éloignés géographiquement ou tout simplement désintéressés?

3 Quel n'est pas leur rôle?

4 Qu'est-ce qu'un enfant peut dire à ses grands-parents plus qu'à ses parents?

5 Il serait comment, votre grand-père parfait?

> **Rappel**
>
> Conditionnel, page 42

> **Observation!**
>
> Il y a plusieurs variantes du mot "grands-parents". Selon les régions et le milieu social sont utilisés les mots: grand-papa, grand-maman, papi, mamie, pépère, mémère, pépé, mémé.

> **Stratégies pour écrire et parler**
>
> ● Les idées doivent être **pertinentes**. Il vous faut **illustrer**, **expliquer** et **justifier** ces idées.
>
> ● Élaborer votre réponse de manière cohérente en utilisant **des connecteurs logiques**.
>
> ● Exprimer vos idées et opinions clairement en choisissant **le lexique et les structures grammaticales** appropriés.

Grands-parents et petits-enfants: une relation précieuse

La place des grands-parents évolue avec le temps. Longtemps ils ont partagé le quotidien de leurs petits-enfants en vivant sous le même toit, notamment en milieu rural.

Ce temps-là est révolu et grands-parents et petits-enfants sont souvent éloignés les uns des autres. Ils se retrouvent à l'occasion de vacances ou de fêtes familiales.

Sans compter que, même si l'âge de la maternité a nettement reculé depuis une   5
trentaine d'années retardant par conséquent l'âge de devenir grands-parents, certains d'entre eux ont encore une activité professionnelle et ne sont pas très disponibles.

Et pourtant et pourtant, ce lien est un lien précieux pour tous, petits-enfants et
grands-parents.   10

Il faut le ménager!

Les grands-parents inscrivent en effet leurs petits-enfants dans une histoire familiale, des coutumes, une culture, tout un passé, qui éclairent leur présent et les renforcent, les arriment, alors même qu'ils sont souvent bousculés dans leur cercle
familial intime.   15

Ils sont les témoins de l'enfance de leurs parents et ils aiment leur faire évoquer les anecdotes qui ont émaillé leur jeunesse. C'est très rassurant pour un petit garçon de savoir que son père a eu ses faiblesses, ses peurs, qu'il n'est pas le bloc de perfection qu'il imagine et auquel il peine à se confronter. C'est joyeux de rire des bêtises qu'il a pu faire et réjouissant d'entendre le récit des succès qui l'ont rendu fier. 20

Et puis les grands-parents quand ils s'occupent de leurs petits-enfants ont le recul nécessaire pour relativiser des situations qui peuvent énerver les parents. Ainsi un bon nombre d'enfants détestent travailler avec leurs parents et acceptent de le faire, sans drame, avec des grands-parents jugés plus patients ou plus indulgents. Il faut dire que les projections ne sont pas les mêmes, qu'il y a moins de résonance. Et l'on 25 voit souvent des grands-parents qui ont été des parents impatients ou peu disponibles, déployer des trésors de patience avec leurs petits-enfants…

Il ne s'agit pas bien sûr pour eux de se substituer aux parents et il est indispensable pour l'harmonie familiale qu'ils respectent la manière dont leurs enfants investissent leur fonction parentale. Les critiques ont toutes les chances 30 d'être traduites comme une incapacité à devenir des adultes autonomes, responsables et capables à leur tour de transmettre. Quant au discours à l'intention des petits-enfants il doit être clair: «Chez nous, cela se passe comme ça, chez vos parents c'est eux qui décident».

Phénomène de société, vérifiable dans le quotidien de nos consultations, un très 35 grand nombre d'enfants vivent des ruptures familiales. Leurs parents se séparent, leurs repères bougent, leur sécurité intérieure vacille. Dans ces moments de grande turbulence les grands-parents sont un socle solide sur lequel prendre appui. L'oreille attentive, bienveillante et neutre d'un grand-père, d'une grand-mère, sera un soutien essentiel. Avec eux le chagrin ou la colère pourront s'exprimer sans risquer de 40 blesser l'un ou l'autre parent et le réconfort obtenu permettra de supporter les tensions inévitables. Mais pour cela ils doivent s'efforcer de rester en-dehors d'un conflit qui les atteint, certes, mais ne les concerne pas directement.

En retour, les grands-parents ont aussi beaucoup à recevoir de leurs petits-enfants.

A côté de la tendresse qu'ils leur témoignent, qui est un formidable cadeau, ils les 45 projettent dans l'avenir, les font évoluer encore et toujours, les font réfléchir sur des comportements qui ne leur sont pas familiers, les remettent en question. Par eux ils ont accès à une culture qu'ils ignorent, qui peut leur paraître étrangère, mais qui de toutes les façons les interpelle et permet un partage d'opinions riche pour tous.

Alors, grands-parents, cultivez ce lien précieux, préservez-le comme un trésor, et 50 quelles que soient vos activités, essayez de dégager un peu de temps régulièrement pour tisser avec vos petits-enfants ces liens tendres et complices qui ne peuvent se construire autrement.

http://famille.blog.lemonde.fr

5 📖 **Lisez le texte à la page précédente et répondez aux questions.**

1 Parmi les phrases suivantes, deux sont conformes aux idées exprimées dans les 10 premières phrases. Indiquez les lettres correspondantes:
   a) Le rôle des grands-parents reste identique au fil du temps.
   b) Grands-parents et petits-enfants continuent de vivre ensemble de nos jours.
   c) Tous les grands-parents ne sont pas à la retraite.
   d) Il faut favoriser le rapprochement entre grands-parents et petits-enfants.
   e) Tous les grands-parents servent de nounous.

2 Répondez aux questions suivantes:
   a) En vous basant sur les trois paragraphes de la ligne 11 à 27, citez deux des principaux apports des grands-parents envers leurs petits-enfants.
   b) Quel mot du paragraphe de la ligne 28 à 34 signifie "remplacer"?
   c) Quel mot du paragraphe de la ligne 35 à 43 signifie "leurs points d'ancrage"?

3   Donnez la lettre qui correspond à la réponse correcte. Dans les paragraphes de la ligne 44 à 53, le blogueur précise que:
   a)   ...les grands-parents y gagnent au change.
   b)   ...les grands-parents donnent sans retour.
   c)   ...les grands-parents sont parfois dépassés.
   d)   ...les circonstances sont différentes pour chacun.

4   Le but de ce texte est:
   a)   ...de critiquer l'importance que la relation grands-parents/petits-enfants a prise.
   b)   ...d'encourager le rôle des grands-parents en tant que confidents.
   c)   ...de présenter les atouts d'une relation grands-parents/petits-enfants saine.
   d)   ...de remettre en question les relations entre générations.

5   Remettez chaque début de phrase avec la fin correspondante:
   a)   Il ne s'agit pas évidemment...
   b)   Ce que leurs petits-enfants leur apporte en retour...
   i)   ...de laisser les parents éduquer leurs enfants tout seuls.
   ii)   ...est précieux.
   iii) ...d'essayer de remplacer les parents et de prendre le contrôle des opérations.
   iv)   ...est insignifiant.

Théorie de la connaissance

Nos valeurs nous viennent-elles de nos ancêtres? Comment expliquer notre société moderne?

6   Préparez une présentation pour partager votre propre expérience familiale, vos coutumes et vos valeurs avec vos camarades de classe.

NIVEAU SUPÉRIEUR

Production écrite: Épreuve 2 (Section B)

"Les grands-parents ont-ils vraiment un rôle à jouer dans notre société moderne?"

Qu'en pensez-vous? Écrivez entre 150 et 250 mots.

Rappel

Comment écrire un essai, page 41

IV: Les relations au cinéma

- Exprimer l'émotion en faisant preuve de compétences linguistiques et d'une compréhension interculturelle

Réfléchir

Intouchables est un film français réalisé par Olivier Nakache et Éric Toledano, sorti en France le 2 novembre 2011. L'histoire est inspirée de la vie de Philippe Pozzo di Borgo (auteur du livre *Le Second souffle*), tétraplégique depuis 1993, et de sa relation avec Abdel Yasmin Sellou, son aide à domicile, dont les rôles sont tenus respectivement par les acteurs François Cluzet et Omar Sy.
- Ce film est inspiré d'une histoire vraie?
- Pouvez-vous expliquer le choix du titre du film?

- Utiliser le subjonctif
- Écrire une interview

1   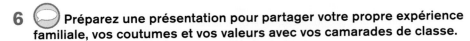 Remplissez les blancs avec les verbes choisis dans l'encadré en donnant la forme correcte du verbe au présent de l'indicatif.

Intouchables, avec un nombre d'entrées impressionnant (12 millions en seulement 5 semaines d'exploitation), **1**.......... comme le film français de l'année 2011, celui qui a le plus mobilisé le public français.

Mais à trop s'attarder sur les chiffres, les médias, quels qu'ils soient, **2**.......... de parler de cinéma, ce qui **3**.......... problématique. Surfer sur le «buzz» est quelque chose d'irrésistible pour la télévision. Pourtant, ce qui semble intéressant, c'est peut-être de comprendre pourquoi ce film est aussi populaire. Sans être une œuvre d'art à la qualité inestimable, le film **4**.......... une comédie populaire de très bonne facture qui **5**.......... faire beaucoup de bien à l'exportation des films nationaux à l'étranger. D'ailleurs, un projet de remake américain (inévitable) devrait voir le jour. Comme pour *Bienvenue chez les Ch'tis*, Hollywood **6**.......... s'emparer de la poule aux œufs d'or. Le film de Dany Boon occupe la place numéro 1 des entrées sur le territoire français mais avait fait l'objet d'une promotion bien plus conséquente. Il faut dire que la piètre qualité du film nécessitait un effort de communication bien plus important.

Sans faire preuve d'une très grande réflexion sur la mise en scène, le duo de réalisateurs d'*Intouchables* **7**.......... pourtant en place une très belle relation entre les deux acteurs principaux du film. Beaucoup d'authenticité et d'humour **8**.......... de leurs échanges face à la caméra. Les rencontres improbables **9**.......... toujours autant de succès auprès du public. Mais la dialectique riche/pauvre, blanc/noir pouvait vite s'avérer ridicule. Pourtant le sujet est plutôt bien maîtrisé puisque les clichés sont presque toujours évités. Le long-métrage **10**.......... beaucoup de questions sur les thèmes de la différence sociale et du handicap. Omar Sy et François Cluzet n'ont rien de commun. L'un vient du sketch, l'autre du cinéma. Chacun dans son registre **11**.......... sa touche à une interprétation intéressante. À la fin, et c'est la grande prouesse du film, on ne **12**.......... plus dire qui est le «maître» et qui est l'«esclave»…

www.cinexpression.fr

| apporter |
| avoir |
| demeurer |
| mettre |
| oublier |
| poser |
| pouvoir |
| ressortir |
| s'imposer |
| savoir |
| sembler |
| souhaiter |

2 (V) **Remplissez les blancs avec le mot correcte choisi dans l'encadré.**

À la suite d'un **1**.......... de parapente, Philippe, riche aristocrate, engage comme **2**.......... Driss, un jeune des **3**.......... tout juste sorti de **4**.......... . Bref la personne la moins **5**.......... pour le job. Ensemble ils vont faire **6**.......... Vivaldi et Earth, Wind and Fire, le verbe et la **7**.......... , les costumes et les bas de survêtement… Deux **8**.......... vont se télescoper, s'apprivoiser, pour donner naissance à une amitié aussi **9**.......... , drôle et forte qu'inattendue, une relation unique qui fera des **10**.......... et qui les rendra… *Intouchables*.

| accident |
| adaptée |
| aide à domicile |
| banlieues |
| cohabiter |
| dingue |
| étincelles |
| prison |
| univers |
| vanne |

3 ( ) **Qu'avons nous appris sur le film *Intouchables*?**

4 (V) ( ) **Cherchez des verbes et expressions pour exprimer vos sentiments lors des situations suivantes.**

1   Vous arrivez enfin à décrocher un rendez-vous avec la personne que vous aimez en secret. Déclarez votre amour.

2   Vos amis ont décidé d'aller voir un film mais vous aimeriez aller en voir un autre. Expliquez-leur votre préférence.

3   La personne que vous avez toujours soutenue et aidée ne vous invite pas à son mariage. Allez-y quand même et criez votre colère.

4   Le sportif qui a toujours été votre modèle vient de se faire prendre pour dopage. Manifestez votre surprise.

5   Votre frère que vous n'avez plus vu depuis des années débarque chez vous par surprise. Exprimez votre joie.

6   Le poste que vous convoitiez sera finalement occupé par quelqu'un d'étranger à l'entreprise. Manifestez votre déception.

7   Des nouvelles alarmantes circulent dans votre institution: la fermeture serait proche. Donnez libre cours à votre inquiétude.

49

8 Votre discours a été mal interprété et a causé du tort à un de vos collègues. Montrez votre embarras.

9 Votre fidèle compagnon à quatre pattes n'est plus. Dites-nous à quel point vous êtes triste.

10 Le week-end que vous vous étiez préparé s'avère être des plus ennuyeux. Expliquez ce que vous ressentez.

Stratégie pour écrire et parler

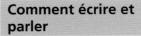

Puisez dans un dictionnaire des synonymes pour étoffer votre vocabulaire. Plus vous serez précis, mieux vous saurez communiquer vos émotions.

Grammaire

Exprimer l'émotion et l'emploi du subjonctif

Le subjonctif exprime un souhait, une possibilité ou un doute. Il est généralement utilisé dans la proposition subordonnée, après certains verbes ou certaines conjonctions qui sont suivis de "que".

Le subjonctif est utilisé après certains verbes de volonté, d'émotion ou de doute, et certains verbes impersonnels:

> *Vos parents sont tristes que votre projet **échoue**.*

> *J'ai bien peur que vous **soyez** déçue.*

Verbes de sentiments et d'émotions:

- être ennuyé(e)
- être étonné(e)
- être fâché(e)
- être fier (fière)
- être furieux (-euse)
- être heureux (-euse)
- être honteux (-euse)
- être malheureux (-euse)

- aimer
- aimer mieux
- avoir honte
- avoir peur
- craindre
- être content(e)
- être désolé(e)

- être ravi(e)
- être surpris(e)
- être triste
- préférer
- regretter
- s'étonner

Remarque: le verbe ***espérer*** amène l'indicatif.

---

5 Vous parlez de Driss. Exprimez vos émotions en utilisant le subjonctif.

Une histoire d'amitié, mais la lutte des classes attendra

Ancien détenu, Driss (Omar Sy) trouve un emploi d'auxiliaire de vie auprès d'un aristocrate tétraplégique (François Cluzet). Cette histoire d'amitié transcendant les barrières sociales est inspirée de faits réels. Toledano et Nakache le soulignent inutilement, allant jusqu'à montrer les vraies personnes concernées dans le générique de fin. On n'en demandait pas tant. Mais peut-être est-ce cela qui a touché plus de dix millions de spectateurs. Toutes proportions gardées, *Intouchables* se clôt comme *Indigènes*, avec des images «documentaires», à la vérité indiscutable. À peine deux semaines après sa sortie en salles, *Intouchables* est devenu le phénomène de société que l'on connaît: «film antidépresseur», «film démago», «grand film populaire», «comédie réactionnaire» a-t-on pu lire dans la presse généraliste et culturelle. La critique, dont c'est le métier, n'a pas été la seule à s'emparer du phénomène. On pense à ce couple de parents craignant que *Intouchables* n'engendre un désengagement de l'État vis-à-vis des handicapés (*Rue 89*). Voyez en effet comme ils sont heureux chez Toledano et Nakache! Effectivement, l'invalide y est

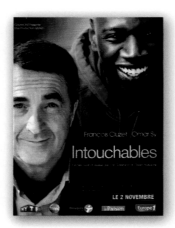

Comment écrire et parler

Exprimer des sentiments

Comme règle de base, dites "Je". N'utilisez pas le "tu" accusateur.

« Tu me déçois. »;
« Tu m'énerves! »

Qui n'est pas passé par le reproche pour exprimer son incapacité à dire ce qu'il ressent?

« Tu me prends pour ton esclave! » ("Tu" accusateur)

Dites plutôt:

« Je me sens obligé(e) de tout faire ici. J'apprécierais que tu m'aides plus souvent, tu veux bien? »

Vocabulaire

Je suis déçu(e)
Je suis en colère
Je suis vexé(e)
Je me sens ridicule
J'ai l'impression de (+ infinitif)
J'ai honte de (+ infinitif)
J'appréhende

immensément riche, socialement bien portant. En gros, il n'a besoin de rien si ce n'est des membres qui lui manquent et qu'il ne retrouvera jamais. Mais voilà: *Intouchables* n'est pas un film sur le handicap. Pourquoi fait-il autant de bien à autant de monde? Peut-être justement parce qu'il aborde le sujet sans misérabilisme et avec une grande liberté de ton (la référence aux handicapés «qui tirent la langue au Téléthon» est plutôt osée). Plus certainement parce que les réalisateurs appliquent la même recette que dans *Bienvenue chez les Ch'tis*, un autre succès colossal. Deux personnes que tout oppose apprennent à se connaître et s'améliorent au contact l'une de l'autre. Le bourgeois «coincé» (moralement, dans son fauteuil) est initié à la musique populaire et au plaisir de la chair tandis que le jeune homme des banlieues découvre l'art contemporain, l'opéra et le classique, tous gentiment moqués par Toledano et Nakache. Le problème avec *Intouchables* c'est qu'une caricature (évitée ici) peut en cacher une autre (là): dire qu'un gars de la cité peut s'extasier devant Dali est aussi un cliché. Il y a quelque chose de dérangeant à voir Driss improviser une peinture abstraite et empocher le pactole. La rencontre entre Cluzet et une belle quadragénaire ne l'est pas moins. Non pas parce qu'on ne la souhaite pas, mais parce que Toledano et Nakache suggèrent que le monde est facile. Art et argent faciles pour Driss, amour facile pour Philippe et émotion facile pour le spectateur. Quelques déséquilibres dans une comédie de mœurs qui se voudrait aussi intemporelle et universelle qu'un conte de fées. C'est la raison d'être d'*Intouchables* et sa limite. La lutte des classes attendra.

www.revue-etudes.com

6 **(V)** **Trouvez dans le texte les mots qui signifient:**

1 prisonnier
2 aide soignant
3 se termine
4 gigantesque
5 s'émerveiller
6 encaisser
7 coutume

7 **En vous basant sur le texte ci-dessus, répondez aux questions suivantes.**

1 Quel est le thème principal de ce film selon cette revue?
2 Comment sait-on que ce film découle d'une histoire vraie?
3 Quels sont les «quelques déséquilibres» auxquels l'auteur de cette revue fait allusion?
4 Cette revue est-elle plutôt positive ou négative? Justifiez votre réponse.

8 **Écrivez une interview avec Olivier Nakache et Eric Toledano au sujet de leur film Intouchables.**

Comment écrire

Une interview

Rédaction:

- Il faut limiter le nombre de questions et maîtriser la longueur des réponses.
- Il faut écrire les réponses en bon français, supprimer les euh!, les répétitions...
- Il faut respecter la réponse formulée et garder le rythme de la phrase, la valeur des mots, les tournures originales.
- Il faut ordonner les questions et réponses.
- On peut écrire un chapeau qui présente la personne interrogée (et parfois le contexte) ou un encadré qui résume son CV.
- Il faut penser à un titre, par exemple une citation extraite de l'interview.

Présentation:

- Il faudra penser à choisir une typographie différente pour les questions, les réponses, le chapeau, le titre.
- Il faudra illustrer par une photo (plutôt vivante, en action) légendée ou par un dessin humoristique.
- L'interview est signée au moyen de la formule: propos recueillis par.

PRÉPARATION À L'ÉPREUVE 1

Niveaux moyen et supérieur

Au niveau moyen, vous devrez lire et réagir à quatre textes authentiques sur des sujets du tronc commun (Communication et médias, Questions mondiales, Relations sociales) en 1 heure 30 minutes. Au niveau supérieur vous aurez cinq textes. Cette épreuve représente 25 % de votre examen. Les compétences évaluées pour les deux niveaux sont similaires, mais les textes du niveau supérieur sont plus longs et comprennent un texte littéraire (nouvelle, conte, roman, poème). On testera votre compréhension du sens général et des détails des textes, ainsi que votre compréhension de leurs caractéristiques structurelles (la façon dont un texte est organisé). Au niveau supérieur, vous n'aurez pas à faire d'analyse littéraire.

Conseil 1
- Avant de lire les textes, regardez les activités correspondantes.
- Utilisez votre entraînement aux différents types de texte pour repérer immédiatement de quel type il s'agit.
- Il n'est pas nécessaire de connaître tout le vocabulaire. Vous devrez démontrer votre adaptabilité face à l'inconnu. Utilisez le contexte et les illustrations, s'il y en a.
- Faites toujours bien attention aux expressions idiomatiques.

Texte A: L'amitié entre hommes et femmes est-elle possible?

1   La question soulève encore et toujours les passions. Non, affirment certains, pour qui l'attirance sexuelle ne peut jamais être totalement évacuée. Oui, soutiennent d'autres, qui entretiennent des liens sans ambiguïté. Enquête sur les rapports délicats entre désir et mixité.

2   Un homme et une femme amis? L'idée fut longtemps inconcevable, les deux sexes vivant dans des univers séparés, sans vraiment se connaître hors des liens du couple. La généralisation du travail des femmes puis la mixité à l'école ont bousculé ces rapports distants. Les périodes de célibat, bien plus nombreuses au cours de la vie qu'autrefois, laissent le champ libre à la naissance d'amitiés solides entre hommes et femmes, et à toutes leurs ambiguïtés.

3   [–5–] Anna, 22 ans, m'a gentiment demandé sur quel sujet je travaillais, ma réponse l'a laissée un brin interrogative: «Euh, c'est quoi le problème? ». Une réaction qui n'étonne [–6–] le psychiatre et psychanalyste Serge Hefez, auteur de *Scènes de la vie conjugale* (Fayard, 2010): «La génération actuelle a vécu la mixité [–7–] une évidence, analyse-t-il. [–8–], au-delà de ça, garçons et filles ont été pris en considération de la même façon, dans le respect de leur part féminine et masculine. [–9–] qu'ils sont petits, ils se comprennent, sont proches émotionnellement, il n'est pas [–10–] que la meilleure amie d'une fille soit un garçon. »

4   Ceux-là ne se posent jamais la question du désir sexuel, car «il naît de la différence, tandis que l'amitié se nourrit de similitudes», remarque la

psychanalyste Sophie Cadalen, auteure avec Sophie Guillou de *Tout pour plaire... et toujours célibataire* (Albin Michel, 2009). «La complicité amicale ne laisse pas assez de place à l'altérité pour que le désir survienne.»

5   Un ami, c'est quelqu'un qui nous connaît par cœur, à qui nous nous livrons sans fard. Le désir a besoin de mystère, ce dont l'amitié se passe volontiers. [...] Cette différence crée un vide entre l'autre et moi, que je vais chercher à combler grâce à la sexualité. Avec un ami, les enjeux relèvent d'un autre ordre: nous tentons de rejouer la tendresse, la proximité que nous avons vécues avec papa, maman, nos frères et sœurs. Nous sortons du champ du sexuel pour ne pas risquer de convoquer une situation incestueuse.

www.psychologies.com

En vous basant sur le paragraphe 1, répondez aux questions suivantes.
1   À quelle question le «non» répond-il?
2   Quel mot signifie «ignorée»?

En vous basant sur le paragraphe 2, répondez aux questions suivantes.
3   Donnez deux raisons pour lesquelles les hommes et les femmes se connaissent mieux de nos jours.
4   À quoi le mot «leurs» se réfère-t-il?

Les questions **5** à **10** se réfèrent au paragraphe 3. Ajoutez les mots qui manquent en les choisissant dans la liste proposée ci-dessous.

avant	énormément	parce que
comme	guère	quand
depuis	mais	rare

En vous basant sur le paragraphe 4, répondez aux questions suivantes.
11 À quoi se réfère «ceux-là» au début du paragraphe?
12 Pourquoi peut-on dire que «l'amitié se nourrit de similitudes»?
13 Parmi les suivants, quel mot est synonyme d'«altérité»?
   ● autorité
   ● différence
   ● ressemblance

Reliez chaque début de phrase à la fin correspondante.
14 Un ami, c'est quelqu'un...
15 Le désir...
16 Cette différence crée...
17 Avec un ami, ...
18 Nous sortons du champ sexuel...

A   ...pour éviter un malentendu.
B   ...à qui nous pouvons tout dire.
C   ...un espace nécessaire à toute relation amoureuse.
D   ...se nourrit d'inattendu.
E   ...on essaie de récréer des relations déjà vécues.

En vous basant sur le paragraphe 5, répondez à la question suivante.
19 Quelle expression idiomatique signifie «au naturel»?

Texte B: Tanguy

Le père de Tanguy avait deux frères dont l'aîné s'appelait Norbert. C'était un homme bien bâti, grand, très sportif. Il avait de grands yeux marron, très bons, et des cheveux déjà blancs. Dans sa jeunesse il avait aimé le jeu, et en avait gardé l'amour du risque et du danger. Il avait épousé par amour une femme qui n'était ni de son pays ni de sa religion. Sa famille lui avait fait payer cher cette «mésalliance». Ses frères et ses sœurs l'avaient «ignoré» pendant de longues années. Personne ne lui avait tendu une main secourable alors que, **lui**, se débattait contre les difficultés les plus dures. Pendant de longs mois, il avait dû vivre au jour le jour, sur une petite plage normande où il n'avait même pas de quoi manger. Il allait aux alentours cueillir des pommes vertes que sa femme faisait cuire et dont ils se nourrissaient. Il écrivait des lettres désespérées à ses frères et à sa mère, qui refusaient de recevoir le «paria» qu'il était devenu. Norbert avait eu un fils qui mourut peu après sa naissance… De ces longues années de luttes et de solitude, il n'avait pas plus hérité de haine que Tanguy de sa geôle. Mais **il y** avait appris à juger les êtres à leur juste valeur. Souvent il se taisait. Car il préférait taire ce que ses épreuves l'eussent autorisé à dire.

Norbert aimait Tanguy. Du premier coup d'œil il l'avait compris, mais ne voulait pas avoir l'air de trop s'immiscer dans les affaires de son frère. Néanmoins, Norbert se montrait affectueux avec son neveu. Il le respectait et, sans le comprendre toujours, le laissait suivre sa voie. […] Il se demandait ce qui adviendrait de ce jeune homme si malmené par la vie, rebelle aux «traditions sérieuses». Il le laissait faire et avait décidé de l'aider coûte que coûte, sans rien lui demander en échange.

Michel del Castillo, Tanguy, Paris, J'ai lu, p. 240-241.

Les affirmations suivantes sont soit vraies, soit fausses. Cochez la bonne réponse. Justifiez vos réponses en utilisant des mots du texte.

	VRAI	FAUX
1 **Tanguy avait trois oncles.**	☐	☐
Justification: _____		
2 **Son oncle Norbert est plus âgé que son père.**	☐	☐
Justification: _____		
3 **Norbert aime prendre des risques.**	☐	☐
Justification: _____		
4 **Norbert s'est brouillé avec sa famille à cause de son mariage.**	☐	☐
Justification: _____		
5 **Le père de Tanguy n'a pas de sœurs.**	☐	☐
Justification: _____		

En vous basant sur l'ensemble du texte, répondez aux questions suivantes.

6 **Quelle phrase signifie que Norbert est joueur?**
7 **À qui se réfère le mot «lui», en gras dans le premier paragraphe?**
8 **Quelle expression idiomatique signifie «sans penser à l'avenir»?**
9 **Pourquoi Norbert était-il devenu un paria?**
10 **Est-ce que Norbert ressentait de la haine envers sa famille? Justifiez votre réponse avec les mots du texte.**
11 **À la fin du premier paragraphe, que représentent les deux mots en gras, «il» et «y»?**
12 **Où l'auteur révèle-t-il que Tanguy a eu une vie difficile? Citez le texte.**
13 **Quelle expression de la fin du passage signifie «à n'importe quel prix»?**

PRÉPARATION À L'ÉPREUVE 2

Niveau supérieur: Section B

Pour l'épreuve 2, section B, vous devez rédiger une argumentation raisonnée sous forme de réaction à un texte ou à une citation parmi les sujets du tronc commun. Il peut s'agir d'actualités ou d'un commentaire fait par une personnalité. Votre réponse doit faire référence à des éléments du texte pour développer une discussion cohérente, renforcée par ce qui a été appris durant l'étude du tronc commun. Il n'y a pas de réponse prescrite: l'évaluation porte sur votre capacité à exprimer vos réflexions sur le texte ou vos réactions personnelles au texte. Vous devez écrire entre 150 et 250 mots.

Exprimez et justifiez votre opinion personnelle sur le texte ci-dessous.

Particulièrement importante aux Antilles et en Guyane où elle représente près d'un ménage sur quatre, la monoparentalité ne progresse plus qu'en Guyane. Plus jeunes et féminines qu'en France métropolitaine, les familles monoparentales sont davantage que les autres confrontées à des difficultés d'emploi, de revenus et de réussite scolaire des enfants.

www.insee.fr

Conseil 2
- Lisez bien le texte de départ puis notez vos réactions et ce que vous savez du sujet.
- Pour donner un thème à votre travail, donnez-lui un titre; cela vous permettra d'organiser vos idées.
- Quand vous préparez cette partie de l'examen en classe, discutez-en avec vos camarades: cela vous donnera des idées.

Exprimez et justifiez votre opinion personnelle sur le texte ci-dessous.

La structure familiale a bien changé depuis l'époque de nos grands-parents dans laquelle il y avait deux ou trois grands-parents vivants pour quatorze petits-enfants. Maintenant, avec les familles recomposées, c'est quatre et même huit grands-parents pour deux ou trois petits-enfants! Le rôle de chacun se trouve inévitablement modifié. Ainsi, les petits-enfants actuels, de même que le parent lui-même, vont aider à définir la façon d'être un grand-parent aujourd'hui.

www.educatout.com

Niveaux moyen et supérieur: activité orale interactive

Cette composante porte sur les sujets du tronc commun. Vous ferez au moins trois activités orales interactives pendant les deux années du cours. La meilleure note servira de note finale. Cette activité vaut 10 % de votre examen.

Vous allez préparer un débat sur le thème « Pour ou contre les sites de rencontres ». Choisissez votre camp, mais souvenez-vous que tout le monde ne peut pas être dans le même camp. Il est aussi intéressant d'explorer d'autres opinions. L'important est d'utiliser un vocabulaire et des expressions appropriés.

En groupe, explorez les opinions de votre camp puis faites une liste d'expressions utiles au débat.

Écoutez bien l'opposition afin de pouvoir contrer les idées exprimées.

Conseil 3
L'activité orale interactive est à aborder de la même façon que n'importe quelle activité orale à laquelle vous participez en classe. Elle ne nécessite aucune préparation particulière, si ce n'est de participer régulièrement en classe afin d'avoir l'habitude de vous exprimer oralement; cela vous sera aussi très utile pour votre oral individuel.

LITTÉRATURE

Fils de... (1967)

Jacques Brel, né le 8 avril 1929 à Schaerbeek, une commune de Bruxelles (Belgique), et mort le 9 octobre 1978 à Bobigny (France), est un auteur-compositeur-interprète, acteur et réalisateur belge. Il écrit très tôt de longs poèmes et des nouvelles. Il finit sa vie dans les îles Marquises et repose près de Gauguin. En décembre 2005, il est élu au rang du plus grand Belge par le public de la RTBF (Radio Télévision Belge Francophone).

1 Lisez le texte ci-contre et répondez aux questions suivantes.

1 Trouvez dans le texte les synonymes des mots suivants.
   a) défenseur **b)** empereur **c)** paille

2 À deux, trouvez dans le texte tous les mots qui désignent des personnes (enfant, bourgeois, etc.). Classez ensuite ces mots selon des catégories que vous définirez (métiers, géographie, etc.).

3 Quels sont les caractéristiques, les attitudes ou les atouts que possèdent tous les enfants, selon vous? Faites-en une liste. Et selon l'auteur de la chanson?

4 Faites une liste de tous les mots ou groupes de mots qui vont avec le mot «fils» dans ce texte.
   Exemple: fils *de bourgeois*
   Imaginez d'autres images sur ce modèle pour décrire la diversité des enfants dans le monde: *fils de…*

2 Dans l'expression «tous les enfants», qu'exprime le mot «tous»?

Remplacez «les enfants» par les mots suivants:

a) les filles **e)** les jeunes
b) les peuples **f)** les personnes âgées
c) le monde **g)** la population
d) l'univers

Accordez «tout» et expliquez la règle. Connaissez-vous d'autres expressions avec le mot «tout»?

3 En groupes de trois: vous êtes de bonnes fées (ou des Rois mages) penchés sur le berceau de la Belle au bois dormant. Qu'est-ce qu'on peut souhaiter à un enfant d'aujourd'hui? En groupe, jouez la scène.

4 D'après vous, qu'est-ce qui vaut mieux pour être apprécié à sa juste valeur: être fils d'apôtre, fils de César ou fils de rien?

Fils de bourgeois ou fils d'apôtres
Tous les enfants sont comme les vôtres
Fils de César ou fils de rien
Tous les enfants sont comme le tien
Le même sourire, les mêmes larmes
Les mêmes alarmes, les mêmes soupirs
Fils de César ou fils de rien
Tous les enfants sont comme le tien
Ce n'est qu'après, longtemps après…

Mais fils de sultan, fils de fakir
Tous les enfants ont un empire
Sous voûte d'or, sous toit de chaume
Tous les enfants ont un royaume
Un coin de vague, une fleur qui tremble
Un oiseau mort qui leur ressemble
Fils de sultan, fils de fakir
Tous les enfants ont un empire
Ce n'est qu'après, longtemps après…

Mais fils de ton fils ou fils d'étranger
Tous les enfants sont des sorciers
Fils de l'amour, fils d'amourette
Tous les enfants sont des poètes
Ils sont bergers, ils sont rois mages
Ils ont des nuages pour mieux voler
Fils de ton fils ou fils d'étranger
Tous les enfants sont des sorciers
Ce n'est qu'après, longtemps après…

Mais fils de bourgeois ou fils d'apôtre
Tous les enfants sont comme les vôtres
Fils de César ou fils de rien
Tous les enfants sont comme le tien
Le même sourire, les mêmes larmes
Les mêmes alarmes, les mêmes soupirs
Fils de César ou fils de rien
Tous les enfants sont comme le tien.

Parole et musique: Jacques Brel, Gérard Jouannest, 1967

5 Dans ce texte, Brel souligne l'égalité des enfants, quelles que soient leurs origines sociales ou géographiques. Ce n'est qu'après l'enfance que les différences se creusent. Êtes-vous d'accord avec cette vision de rêve de l'enfance puis de la dureté de la vie adulte?

Exprimez votre point de vue sous la forme d'une lettre adressée à Jacques Brel.

6 Vous êtes devenu un personnage célèbre dans votre pays. Un journal de chez vous, destiné aux adolescents, vous demande d'écrire un article dans lequel vous racontez vos origines, vous présentez vos parents et vous décrivez votre enfance. L'objectif de cet article est de permettre aux lecteurs de mieux vous connaître et de souligner ce que vous avez en commun, malgré votre célébrité. L'article commencera par «Fils de...» ou «Fille de...».

L'Homme et la femme

Victor Hugo, né le 26 février 1802 à Besançon et mort le 22 mai 1885 à Paris, est un poète, dramaturge et écrivain, considéré comme l'un des plus grands écrivains de langue française. C'est aussi une personnalité politique et un intellectuel engagé qui a beaucoup compté dans l'histoire du XIXème siècle.

En tant que romancier, il a remporté un grand succès populaire avec par exemple *Notre-Dame de Paris* (1831) et plus encore avec *Les Misérables* (1862). Son œuvre est immense et comprend une grande variété de thèmes et de formes littéraires, sans compter des discours politiques à la Chambre des pairs, à l'Assemblée constituante et à l'Assemblée législative.

Victor Hugo a fortement contribué au renouvellement de la poésie et du théâtre; il était admiré de ses contemporains et l'est encore, mais il a été aussi contesté par certains auteurs modernes.

Ses choix, à la fois moraux et politiques, durant la deuxième partie de sa vie, et son œuvre hors du commun ont fait de lui un personnage emblématique que la Troisième République a honoré à sa mort par des funérailles nationales qui ont accompagné le transfert de sa dépouille au Panthéon, à Paris, le 31 mai 1885.

Dans le texte ci-dessous, ce grand humaniste rend hommage à la femme en parlant de sa tendresse, de son apparente vulnérabilité et de sa force.

L'homme est la plus élevée des créatures; la femme est le plus sublime des idéaux.

Dieu a fait pour l'homme un trône; pour la femme un autel. Le trône exalte; l'autel sanctifie.

L'homme est le cerveau, la femme le cœur. Le cerveau fabrique la lumière; le cœur produit l'Amour. La lumière féconde; l'Amour ressuscite.

L'homme est fort par la raison; la femme est invincible par les larmes. La raison convainc; les larmes émeuvent.

L'homme est capable de tous les héroïsmes; la femme de tous les martyres.

L'héroïsme ennoblit; le martyre sublime.

L'homme a la suprématie; la femme la préférence.

La suprématie signifie la force; la préférence représente le droit.

L'homme est un génie, la femme un ange. Le génie est incommensurable; l'ange indéfinissable.

L'aspiration de l'homme, c'est la suprême gloire; l'aspiration de la femme, c'est l'extrême vertu. La gloire fait tout ce qui est grand; la vertu fait tout ce qui est divin.

L'homme est un Code; la femme un Évangile. Le Code corrige; l'Évangile parfait.

L'homme pense; la femme songe. Penser, c'est avoir dans le crâne une larve; songer, c'est avoir sur le front une auréole.

L'homme est un océan; la femme est un lac. L'Océan a la perle qui orne; le lac, la poésie qui éclaire.

L'homme est un aigle qui vole; la femme est le rossignol qui chante. Voler, c'est dominer l'espace; chanter, c'est conquérir l'Âme.

L'homme est un Temple; la femme est le Sanctuaire. Devant le Temple nous nous découvrons; devant le Sanctuaire nous nous agenouillons.

Enfin: l'homme est placé où finit la terre; la femme où commence le ciel.

Victor Hugo

7 **Reliez ces mots tirés du texte à leur définition.**

1 un autel
2 le cœur
3 les larmes
4 la préférence
5 un ange
6 la vertu
7 un Évangile
8 une auréole
9 le rossignol
10 le Sanctuaire

a) la chasteté
b) une table de pierre ou de bois sur laquelle est célébrée la messe
c) un jugement qui fait considérer quelqu'un ou quelque chose au-dessus des autres
d) un cercle lumineux autour de la tête des saints
e) le siège de l'affectivité
f) le message de Jésus-Christ
g) un liquide sécrété par les yeux
h) un petit oiseau renommé pour son chant
i) la partie de l'église située près de l'autel
j) un être céleste, intermédiaire entre Dieu et l'homme

8 **Quelles sont les différences entre les hommes et les femmes, selon Victor Hugo?**

Comment caractériser la langue de l'auteur?

Comment concilier l'humanisme de l'auteur avec ses références religieuses dans ce poème?

Que pensez-vous des idées de Victor Hugo sur les mérites des hommes et des femmes? Ces idées vous semblent-elles démodées?

Stratégies pour lire et écrire

La ponctuation est un élément essentiel de la communication écrite. Elle marque les degrés de subordination entre les différents éléments du discours. Le **point-virgule** (;) est un signe de ponctuation utilisé pour séparer des propositions indépendantes dans une phrase, comme dans ce poème de Victor Hugo, pour contraster les caractéristiques des hommes et des femmes: « La raison convainc; les larmes émeuvent. » En rédigeant votre tâche écrite, n'oubliez pas de vous servir de la ponctuation pour faciliter la compréhension de votre texte.

9 **Écrivez un dialogue entre deux élèves qui viennent de lire «L'Homme et la femme» de Victor Hugo et qui ont des réactions contrastées. L'un(e) des élèves trouve les idées de l'auteur dépassées et condescendantes, tandis que l'autre est d'accord avec le message que les deux genres sont complémentaires (bien qu'ils puissent être différents).**

Stratégies pour écrire

Dans votre dialogue, les participants pourront se tutoyer et la langue pourra être familière, mais chaque élève utilisera des articulateurs logiques et des procédés rhétoriques pour tâcher de convaincre l'autre. Pour étayer son argumentation, chaque participant fera référence au langage de l'auteur et fournira des exemples précis des points discutés.

L'art d'être grand-père (1877)

Je prendrai par la main les deux petits enfants;
J'aime les bois où sont les chevreuils et les faons,
Où les cerfs tachetés suivent les biches blanches
Et se dressent dans l'ombre effrayés par les branches;
Car les fauves[1] sont pleins d'une telle vapeur[2]
Que le frais tremblement des feuilles leur fait peur.
Les arbres ont cela de profond qu'ils vous montrent
Que l'éden[3] seul est vrai, que les cœurs s'y rencontrent,
Et que, hors les amours et les nids, tout est vain;
Théocrite[4] souvent dans le hallier[5] divin
Crut entendre marcher doucement la ménade[6].
C'est là que je ferai ma lente promenade
Avec les deux marmots. J'entendrai tour à tour
Ce que Georges conseille à Jeanne, doux amour,
Et ce que Jeanne enseigne à Georges. En patriarche

Que mènent les enfants, je règlerai ma marche
Sur le temps que prendront leurs jeux et leurs repas,
Et sur la petitesse aimable de leurs pas.
Ils cueilleront des fleurs, ils mangeront des mûres.
Ô vaste apaisement des forêts! ô murmures!
Avril vient calmer tout, venant tout embaumer.
Je n'ai point d'autre affaire ici-bas que d'aimer.

Victor Hugo

[1] toutes les bêtes sauvages des bois
[2] conscience obscure
[3] le Paradis terrestre assimilé à un jardin
[4] poète bucolique du IIIème siècle av. J.-C.
[5] un buisson
[6] prêtresse de Bacchus

10 📖 Ⓥ Relevez le vocabulaire bucolique. Pourquoi ce vocabulaire est-il utilisé dans le poème? Quel est le lien établi avec l'enfance?

Quelles sont les mots et expressions qui caractérisent la tendresse du grand-père?

11 💬 Souvenez-vous d'un moment particulier passé avec votre grand-père ou votre grand-mère. Décrivez-le. Pourquoi avez-vous choisi de relater ce souvenir précis? Quelle est la relation entre grands-parents et petits-enfants? Est-elle différente de la relation avec les parents? En quoi?

12 ✏️ Après avoir passé une journée avec ses petits-enfants, Victor Hugo rédige une page de son journal intime. Imaginez que vous êtes Victor Hugo et écrivez son texte.

Un conte créole: Une drôle de tante (1985)

Jean Juraver est un écrivain, enseignant, journaliste, historien et poète français né le 4 mai 1945 à Pointe-à-Pitre en Guadeloupe. Il est membre de l'Union des Écrivains, Clan et Alliage. Pour écrire ses contes, il s'est inspiré du quotidien, des problèmes de la vie et de dictons.

Il y avait un petit garçon qui vivait seul avec sa tante, son père et sa mère étant morts lors d'un accident de la circulation. Il habitait dans les environs de la Porte d'Enfer, lieu où la mer atteint une violence inouïe et où les falaises sont tellement élevées qu'elles effraient même les plus courageux.

Ce petit garçon vivait donc avec sa tante depuis l'âge de quatre ans. On l'appelait Ti-Georges, car malgré ses quinze ans, il était resté très petit. Sa tante était très méchante et le battait pour un oui ou un non. Il était souvent triste et pleurait toute la journée.

Un jour qu'il en avait assez de recevoir des raclées, il se dit: «Il faut que cela cesse d'une manière ou d'une autre.» Aussi se mit-il à réfléchir; pendant plusieurs jours il resta plongé dans une méditation profonde. Il apprit alors par des voisins que sa tante était très superstitieuse. Le lendemain, il alla dans la forêt où il cueillit une feuille de malanga blanche sur laquelle il inscrivit: «Ne battez plus mon enfant, sinon vous mourrez.»

La nuit venue, pendant que la tante dormait, il mit la feuille dehors, par terre, bien à plat. Sur la feuille, il posa un balai qu'il avait pris dans la cuisine. Puis il alla dans le poulailler, prit le plus beau coq et l'attacha par les pattes au balai. Pour faire croire que le coq était mort, il l'endormit avec un peu d'éther. La feuille de malanga était maintenue par le balai, qui lui-même maintenait le coq endormi et, bien en évidence: «Ne battez plus mon enfant, sinon vous mourrez.»

Quand la tante se réveilla, comme à l'accoutumée, elle ouvrit grand la porte. Elle poussa un cri déchirant à la vue du balai et du coq. Les voisins accoururent et lui versèrent un seau d'eau froide sur la tête, car elle s'était évanouie. Quand elle revint à elle, ce fut pour crier de plus belle; puis, la curiosité aidant, elle voulut voir de plus près. Aussitôt, suivie par une meute de voisins, elle se dirigea vers les objets ensorcelés. Quand elle prit connaissance des mots écrits sur la feuille de malanga, elle se mit à pleurer à chaudes larmes.

Depuis, elle est devenue tellement gentille avec Ti-Georges qu'elle est méconnaissable. Les voisins se sont mis à l'apprécier et un jour ne passe pas sans que l'un ou l'autre ne vienne lui apporter une friandise, ou simplement parler avec elle.

Jean Juraver, Contes créoles

13 📖 Réfléchissez au type de texte qu'est le conte. Quel est son but? En existe-t-il dans toutes les langues?

Répondez aux questions suivantes.

1 Dans quel environnement le garçon vit-il?

2 Est-ce symbolique? Pourquoi?

3 Quel âge a le garçon au moment où commence le conte?

4 Est-ce qu'il a réfléchi longtemps?

5 À quel temps est le verbe «mourrez»?

6 Quelle expression signifie «une foule»?

7 Quelle est la morale du conte?

8 Selon vous, d'où viennent les superstitions? À quoi servent-elles?

14 Faites des recherches sur la signification du coq et du balai aux Antilles françaises. Partagez-en les résultats avec la classe.

Puis faites une recherche sur une superstition de votre pays ou région pour la présenter à votre classe.

15 Utilisez vos recherches sur une superstition et écrivez un discours dont vous imaginez qu'il sera prononcé le jour de la Fête des traditions du monde dans votre école.

La Gloire de mon père (1957)

Marcel Pagnol est un écrivain, dramaturge et cinéaste français, né le 28 février 1895 à Aubagne (Bouches-du-Rhône) et mort le 18 avril 1974 à Paris.

Il devient célèbre avec *Marius*, pièce représentée au théâtre en mars 1929. En 1934, il fonde à Marseille sa propre société de production et ses studios de cinéma, et réalise de nombreux films avec les grands acteurs de l'époque. En 1946, il est élu à l'Académie française. Après 1956, il s'éloigne du cinéma et du théâtre, et entreprend la rédaction de ses souvenirs d'enfance avec notamment *La Gloire de mon père* et *Le Château de ma mère*. Il publie enfin, en 1962, *L'Eau des collines*, roman en deux tomes: *Jean de Florette* et *Manon des Sources*, inspiré de son film *Manon des sources*, réalisé dix ans auparavant et interprété par son épouse Jacqueline Pagnol.

Mon père, qui s'appelait Joseph, était alors un jeune homme brun, de taille médiocre, sans être petit. Il avait un nez assez important, mais parfaitement droit, et fort heureusement raccourci aux deux bouts par sa moustache et ses lunettes, dont les verres ovales étaient cerclés d'un mince fil d'acier. Sa voix était grave et plaisante et ses cheveux, d'un noir bleuté, ondulaient naturellement les jours de pluie.

Il rencontra un dimanche une petite couturière brune qui s'appelait Augustine, et il la trouva si jolie qu'il l'épousa aussitôt.

Je n'ai jamais su comment ils s'étaient connus, car on ne parlait pas de ces choses-là à la maison. D'autre part, je ne leur ai jamais rien demandé à ce sujet, car je n'imaginais ni leur jeunesse ni leur enfance.

Ils étaient mon père et ma mère, de toute éternité, et pour toujours. L'âge de mon père, c'était vingt-cinq ans de plus que moi, et ça n'a jamais changé. L'âge d'Augustine, c'était le mien, parce que ma mère, c'était moi, et je pensais, dans mon enfance, que nous étions nés le même jour. De sa vie précédente, je sais seulement qu'elle fut éblouie par la rencontre de ce jeune homme à l'air sérieux, qui tirait si bien aux boules, et qui gagnait infailliblement cinquante-quatre francs par mois. Elle renonça donc à coudre pour les autres, et s'installa dans un appartement d'autant plus agréable qu'il touchait à l'école, et qu'on n'en payait pas le loyer.

Marcel Pagnol

16 📖 **Lisez le texte à la page précédente et répondez aux questions suivantes.**

1 Expliquez l'expression « de taille médiocre » dans le premier paragraphe.

2 Pourquoi l'auteur ne donne-t-il pas l'âge de son père?

3 Expliquez l'expression « ma mère, c'était moi ».

4 Pourquoi le logement est-il agréable? Le serait-il autant s'il n'était pas tout près de l'école et gratuit?

5 Que pensez-vous de cette description des parents?

6 Décrivez un membre de votre famille en suivant le modèle du premier paragraphe. Utilisez le plus d'adjectifs possible et expérimentez avec de nouveaux adjectifs.

17 💬 **Croyez-vous au « coup de foudre »? Expliquez vos raisons.**

18 ✏️ **« Il rencontra un dimanche une petite couturière brune qui s'appelait Augustine, et il la trouva si jolie qu'il l'épousa aussitôt. » Augustine écrit à son fils pour raconter sa rencontre avec le père de l'auteur. Imaginez le contenu de cette lettre.**

NIVEAU SUPÉRIEUR

Travail écrit

Pour le travail écrit que vous préparerez en deuxième année, vous devrez choisir l'un des deux ou les deux textes littéraires que vous aurez étudiés, puis vous rédigez un texte créatif de votre choix basé sur l'œuvre sélectionnée, par exemple la lettre d'un personnage à un autre, une page de journal intime ou bien la réécriture de la fin de l'œuvre.

Après avoir fait votre choix, parlez-en à votre professeur.

Donnez un titre à votre travail puis rédigez-le (entre 500 et 600 mots).

Maintenant le préambule. Dans celui-ci vous devez expliquer pour quelle raison vous avez décidé d'écrire un type de texte particulier, le but à atteindre et comment vous y êtes arrivé. Prévoyez aussi une phrase qui résume l'œuvre choisie. Vous écrirez entre 150 et 250 mots.

Regardez un film

Regardez l'adaptation au cinéma du livre *La Gloire de mon père*, puis faites un exposé à la classe, où vous allez comparer ce passage écrit à son traitement cinématographique.

UNITÉ **4**

L'éducation

I: Faire des études

- Exprimer ses opinions sur la valeur de l'enseignement aujourd'hui dans notre société
- Apprendre à utiliser des statistiques
- Expliquer la signification des mots et approfondir son vocabulaire

«Savoir par cœur n'est pas savoir. C'est tenir ce qu'on a donné en garde à sa mémoire.»
Michel de Montaigne (1533-1592)

«L'éducation est ce qui reste après qu'on a oublié ce qu'on a appris à l'école.»
Albert Einstein (1879-1955)

«Les vraies études sont celles qui apprennent les choses utiles à la vie humaine.»
Jacques Bénigne Bossuet (1627-1704)

«N'use pas de violence dans l'éducation des enfants, mais fais en sorte qu'ils s'instruisent en jouant: tu pourras par là mieux discerner les dispositions naturelles de chacun.» **Platon (428-348 av. J.-C.)**

«Tout homme reçoit deux sortes d'éducation: l'une qui lui est donnée par les autres, et l'autre, beaucoup plus importante, qu'il se donne à lui-même.»
Edward Gibbon (1737-1794)

Réfléchir

Expliquez ces proverbes et opinions avec vos propres mots.

«Enseigner, c'est apprendre deux fois.»
Joseph Joubert (1754-1824)

1 (V) **Faites correspondre les mots "une éducation" et "un enseignement" avec leur définition:**

1   conduite de la formation de l'enfant ou de l'adulte
2   action, manière de transmettre des connaissances

2 (V) **Écrivez votre propre définition pour les mots ou expressions suivantes:**

1   la scolarité
2   une bourse d'études
3   l'école maternelle
4   un diplômé
5   suivre une filière
6   faire des études supérieures
7   le brevet des collèges
8   la rentrée des classes
9   les fournitures scolaires
10   la laïcité

Un taux de réussite record

Créé en 1808, le baccalauréat est un diplôme du système éducatif français qui a la double particularité de sanctionner la fin des études secondaires et d'ouvrir l'accès à l'enseignement supérieur. Il constitue le premier grade universitaire.

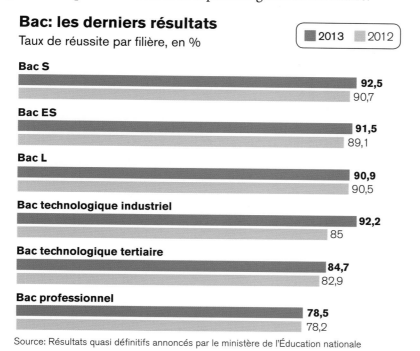

Bac: les derniers résultats
Taux de réussite par filière, en %

■ 2013   ■ 2012

Bac S
92,5
90,7

Bac ES
91,5
89,1

Bac L
90,9
90,5

Bac technologique industriel
92,2
85

Bac technologique tertiaire
84,7
82,9

Bac professionnel
78,5
78,2

Source: Résultats quasi définitifs annoncés par le ministère de l'Éducation nationale

3 🔵 **Utilisez les expressions utiles ci-contre pour analyser et discuter oralement des statistiques du graphe "Bac: les dernier résultats".**

Comment parler

Expressions pour comparer des données:

● Le nombre de… est égal à, est plus grand que, est plus petit que, équivaut à, correspond à, est différent de, est semblable à, est identique à, est inférieur à, est supérieur à, varie en fonction de

● Le pourcentage de… est en hausse, est en augmentation, est en progression, progresse régulièrement, s'est sensiblement élevé (accru), a doublé, a triplé, a connu un net accroissement, atteint un niveau record

● La proportion de… a légèrement fléchi, est en baisse, est tombée au-dessous de, a fortement diminué, est en chute libre, s'est effondrée, a atteint son niveau le plus bas (un niveau-plancher)

● Le nombre de… reste stable, est égal à celui/celle de, se maintient au même niveau, s'est stabilisé, stagne

À Clichy, « le bac, c'est une fierté »

Texte 1

Au lycée Alfred-Nobel, les élèves se destinent souvent à des filières techniques

Le bac n'est pour eux ni une formalité ni un passage obligé générationnel. Dans leurs familles, ils sont la première génération à le passer. Autour d'eux, beaucoup de leurs amis ne l'ont pas. Yassine, Imane, Mathieu et Fairouze sont en terminale au lycée Alfred-Nobel de Clichy-sous-Bois, en Seine-Saint-Denis. Ils ont grandi dans des quartiers où 70% de ceux que l'on appelle les jeunes adultes (18-29 ans) n'ont pas le niveau bac. Où le taux de chômage de ces mêmes jeunes dépasse les 40%. «Pour les Parisiens, c'est normal. Pour nous, le bac, c'est un symbole, une fierté. On mise plus sur notre réussite qu'eux», décrypte Imane, en terminale techno STG CGRH (communication et gestion ressources humaines). Elle ajoute: «Ça se ressent même chez les profs. Ici, ils ne nous parlent pas de compétition, mais on voit qu'ils se battent pour nous.» La jeune fille a remarqué cette différence lors de son passage en seconde dans un internat d'excellence: «J'ai pu côtoyer des enfants de la haute. Ils ne se posent pas la question d'arrêter l'école, alors qu'ici j'ai pas mal de copines qui ont arrêté.»

Clichy-sous-Bois

Pression. Mathieu, élève de terminale ES, pense qu'on peut aussi bien réussir à Clichy qu'à Neuilly, mais qu'il faut «avoir de l'ambition». Lui en a, il veut faire Sciences-Po. Et a passé les entretiens pour intégrer l'école de la rue Saint-Guillaume via la convention d'éducation prioritaire qu'a signée le lycée Alfred-Nobel en 2006. Elle permet aux élèves de quartiers défavorisés d'intégrer Sciences-Po sans passer le concours. Mathieu a la pression car, dans sa très grande fratrie (ils sont neuf, et il est l'avant-dernier), tout le monde a réussi.

Comme pour Imane, Fairouze et Yassine, les grands frères et sœurs sont leurs modèles. Plus souvent les sœurs d'ailleurs. De leur avis général, «plus autonomes», elles réussissent mieux. Yassine, en terminale STG marketing, a d'ailleurs décidé de suivre d'abord prudemment les traces de sa sœur aînée qui, après un BTS, travaille dans une banque à Chelles, en Seine-et-Marne. Alors que ses frères galèrent. Il a donc fait des dossiers pour des BTS «banque» ou «négociation et relations clients» dans plusieurs lycées de Seine-Saint-Denis. Mais c'est ailleurs qu'il se rêve plus tard. Au Qatar très précisément. Il y est allé en vacances et, depuis, est un peu obsédé par ce pays «magnifique» où «beaucoup de gens sont riches». [...]

Sportif. Plus tard, [Imane] aimerait être «avocate d'affaires», mais, surtout, «avoir son propre cabinet». «Gagner de l'argent» et revenir plus tard en Seine-Saint-Denis «aider ceux qui ne sont jamais défendus». L'an prochain, elle ira en fac de droit, «à la Sorbonne de préférence», car elle fera «tout pour éviter la fac de Saint-Denis». Ses profs de l'internat d'excellence conseillaient de préférer une université parisienne. «A l'étranger, quand on évoque la Sorbonne, cela a quelque chose de prestigieux, comme Harvard», dit-elle, prête à se coltiner trois heures de transports en commun par jour pour rejoindre le Quartier latin. Mathieu, qui s'est longtemps rêvé sportif professionnel, s'imagine aujourd'hui dans le commerce international. Il veut apprendre le chinois. Et voyager.

www.liberation.fr

Texte 2

"Quand on est caissière avec un bac +5, on apprend l'humilité!", par Marion

Depuis quelques années, les diplômés de niveau bac +5 sont de plus en plus nombreux à ne plus pouvoir obtenir un emploi correspondant à leur niveau de diplôme, comme le montre une enquête du Centre d'études et de recherches sur les qualifications (Céreq), sur l'insertion des jeunes en France, à paraître le 4 juillet. Ces résultats soulignent également que plus le niveau de formation est élevé, plus le risque de chômage est faible.

"Je suis titulaire d'un master pro environnement écologie, obtenu dans une école d'ingénieurs réputée. Tout le long de mes cinq années d'études, on nous a encouragés à faire des stages: pour se 'professionnaliser', on nous a sans cesse répété que l'environnement, c'était le métier de demain. Malheureusement ce n'est toujours pas celui d'aujourd'hui, on ne fait que parler d'environnement, mais en vérité, cela représente une contrainte pour tout le monde, ça coûte de l'argent et les postes sont donc rares. Pour des raisons personnelles, je suis allée vivre dans une agglomération de taille moyenne, et devant l'absence totale d'offres d'emploi dans mon domaine et les vaines candidatures spontanées, j'ai dû me résoudre à chercher un "petit" boulot... Petit boulot qui est peu à peu devenu MON boulot. Il faut bien vivre! (...) Quand on est caissière avec un bac +5, on apprend l'humilité! J'essaye de voir le positif, au moins je n'ai pas de responsabilités stressantes et ma vie personnelle s'en ressent forcément. Cependant, à 29 ans, je ne perds pas espoir qu'un jour ma vie professionnelle soit en accord avec mes aspirations!"

www.lemonde.fr

4 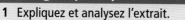 **Lisez les textes 1 et 2 et complétez les phrases ou répondez aux questions suivantes.**

Texte 1

1 Dans les phrases du premier paragraphe:
   a) "Le bac n'est pour eux ni une formalité…", "eux" se rapporte à ....
   b) "Autour d'eux, beaucoup de leurs amis ne l'ont pas", "l'" se rapporte à ....
   c) "…alors qu'ici j'ai pas mal de copines qui ont arrêté", "ici" se rapporte à ....

2 Qu'est-ce que "la convention d'éducation prioritaire"?

3 Ces phrases sont-elles vraies ou fausses? Justifiez votre réponse:
   a) Peu importe d'où l'on vient, tout élève peut réussir, selon Mathieu.
   b) Mathieu n'a rien à perdre puisqu'il n'a pas à passer de concours d'entrée.
   c) Les grands frères et les grandes sœurs sont des modèles de même importance dans les quartiers défavorisés.
   d) Mieux vaut faire un long trajet journalier jusqu'à la Sorbonne plutôt que d'aller à la fac Saint-Denis.

4 Comment justifier ce désir d'aller à la Sorbonne?

Texte 2

1 Que veut dire "bac +5"?

2 Quelles sont les raisons pour lesquelles Marion est caissière avec un bac +5?

3 Comment réagit-elle?

Le bac ne vaut-il plus rien?

«Le bac ne vaut plus rien», «tout le monde l'a», «il est donné»… Le diplôme phare de l'école française, censé ouvrir les portes du supérieur, n'est plus l'apanage d'une minorité. Avec la démocratisation du secondaire, on est passé de 30% d'une génération qui le décrochait en 1985 à plus de 76% l'année dernière. À côté des blasés, les bacheliers comme leurs parents, le bac reste pour toute une catégorie de jeunes un diplôme très symbolique, qui vient couronner des années d'efforts et marque une certaine ascension sociale.

www.liberation.fr

5 **En vous aidant des stratégies ci-dessous, discutez du contenu de cet extrait.**

Stratégies pour parler

1 Expliquez et analysez l'extrait.
2 Argumentez et illustrez vos idées sur le sujet.
3 Justifiez vos opinions logiquement.

NIVEAU SUPÉRIEUR

Production écrite: Épreuve 2 (Section B)

"Le bac, un symbole pour les uns, un sésame pour les autres."

Écrivez entre 150 et 250 mots.

II: L'éducation, un droit fondamental

● Utiliser les structures avec "si" pour exprimer ses idées sur le rôle de l'éducation en Afrique

● Écrire une lettre formelle

● Développer des stratégies d'auto-évaluation

Réfléchir

Abdou Moumouni dresse d'abord un bilan historique: il rappelle ce que fut le système d'éducation traditionnel et ce qu'il supposait d'humanisme spécifiquement africain. Il expose ensuite les données du système d'éducation tel qu'il fut appliqué sous le régime colonial. Il trace ensuite en détail les lignes d'un véritable système d'enseignement, qui tienne compte à la fois des caractères traditionnels africains et des nécessités urgentes de l'essor que doivent prendre les pays d'Afrique. En rédigeant ce plan immédiatement applicable, l'auteur apporte ainsi à la cause de l'indépendance africaine une contribution capitale.

L'éducation en Afrique, selon vous quels en sont les enjeux?

Éducation et formation en Afrique: quels enjeux? Quels nouveaux outils?

Établissement public au cœur du dispositif français de coopération, l'Agence Française de Développement (AFD) agit depuis soixante-dix ans pour lutter contre la pauvreté et favoriser le développement dans les pays du Sud et dans l'Outre-mer. Au moyen de subventions, de prêts, de fonds de garantie ou de contrats de désendettement et de développement, elle finance des projets, des programmes et des études et accompagne ses partenaires du Sud dans le renforcement de leurs capacités.

Le texte suivant provient d'un rapport de l'Agence Française de Développement sur l'éducation en Afrique subsaharienne.

Rappel

Aborder la lecture d'un long texte, page 41

En Afrique, les deux tiers de la population ont moins de 24 ans

L'éducation est à la fois un droit fondamental et l'une des clés du progrès social et du développement économique, essentielle à la lutte contre les inégalités. En Afrique, les deux tiers de la population a moins de 24 ans. Cette jeunesse est l'avenir du continent, son plus grand espoir, mais constitue aussi un énorme défi pour le développement puisque 20 % des jeunes sont actuellement au chômage. [...]

Éducation de base mais aussi formation professionnelle

[...] Face à ces défis, l'AFD au cours des dix dernières années a investi plus d'un milliard d'euros dans le secteur de l'éducation/formation, dont les deux tiers sur le continent africain. Et dans les trois prochaines années, ses financements dans l'éducation devraient s'élever à plus de 500 millions d'euros, toujours majoritairement sur le continent africain.

(Synthèse de l'intervention de Virginie Bleitrach)

L'effectif scolarisé a augmenté de 31 % en dix ans

Depuis une dizaine d'années, des progrès considérables ont été faits en termes d'accès à l'école primaire. L'Afrique subsaharienne a enregistré les résultats les plus importants ces dix dernières années.

En dépit de ces résultats, un quart des enfants qui devraient être à l'école n'est toujours pas scolarisé. C'est désormais aux autres cycles d'enseignement qu'il faut améliorer l'accès, notamment le cycle secondaire. Seuls 34 % des enfants y accèdent à l'heure actuelle.

Le défi de la qualité de l'enseignement

Actuellement, 47 millions de jeunes en Afrique subsaharienne ne disposent pas des compétences de base pour lire et écrire. L'AFD s'est attachée ces dernières années à soutenir les réformes nationales éducatives en appui avec les autres partenaires techniques et financiers.

(Synthèse de l'intervention de Marion Butigieg)

Faire correspondre l'offre et la demande sur le marché du travail

Il résulte des éléments précédemment énoncés qu'un grand nombre de jeunes en fin de cursus, bien qu'effectivement formés, ont un profil en inadéquation avec les besoins du marché du travail qu'il faut, par ailleurs, identifier et anticiper. La situation est difficile, mais reste cependant encourageante puisque de nombreux pays ont mis ce point à leur agenda politique. [...]

Revaloriser la formation aux métiers

Cette volonté se traduit par la mise en place de dispositifs de formations plus souples, courtes, orientées vers le métier, certifiées et reconnues et qui, de facto, vont bénéficier d'une image plus positive qu'elle ne l'est actuellement. En effet, dans ces pays, l'apprentissage ou la formation aux métiers est encore considéré comme peu valorisant par les parents et par les jeunes eux-mêmes.

Les NTIC*, une solution pour améliorer l'accès et la qualité de l'éducation et de la formation?

De manière générale, les problèmes identifiés ont trait à la qualité de l'éducation, au-delà de l'accès proprement dit, et à l'adéquation des formations avec les besoins des secteurs productifs. À l'AFD, nous sommes convaincus que les outils numériques sont tout à fait adaptés au développement et à l'amélioration de la qualité de l'éducation et de la formation en Afrique. Aujourd'hui, beaucoup de freins sont levés. Le taux de pénétration du téléphone mobile en dix ans est considérable. On était au début des années 2000 à 10% de taux de couverture géographique en Afrique subsaharienne. Aujourd'hui, nous sommes à 80%. Cela représente par ailleurs 30% de la population.

* NTIC Nouvelles technologies d'information et de communication

L'investissement dans les NTIC, un indicateur de performance des systèmes éducatifs?

L'OCDE élabore des études et tests de performances des élèves, le PISA (acronyme de "Programme for International Student Assessment "), en français, "Programme international pour le suivi des acquis des élèves". Celui-ci montre que les pays qui utilisent de manière poussée les outils numériques sont les plus performants. Les jeunes Finlandais qui bénéficient d'un ordinateur pour deux élèves au collège sont les premiers en maths au test PISA, les Sud-Coréens, très bien équipés également, sont seconds alors que les Français arrivent au 17ème rang parmi la soixantaine de pays évalués.

L'investissement dans les technologies joue un rôle déterminant dans les performances des élèves et donc des systèmes éducatifs. En Corée du Sud, pays qui a fortement investi pour ses technologies en éducation dès le début des années 90, les enseignants utilisent les TIC pour enseigner. Avec l'Agence universitaire de la Francophonie (AUF), nous mettons en place des programmes et des dispositifs pour accompagner et sensibiliser les enseignants à la prise des nouvelles technologies de l'information.

Trop de projets isolés, pas assez de coordination

Il existe aujourd'hui beaucoup de projets pilotes sans suite, sans écho du fait d'un manque de coordination entre les bailleurs de fonds et les programmes sectoriels de l'éducation mis en œuvre par les gouvernements. Cette coordination est pourtant une condition pour que ces projets puissent être déployés à l'échelle d'un pays ou d'un système éducatif.

L'AFD a donc réuni un groupe de travail avec des bailleurs de fonds, des utilisateurs du sud, des universitaires et des chercheurs pour essayer de formuler des propositions qui aideront à passer du stade de l'expérimentation des projets à leur mise en œuvre effective dans les systèmes éducatifs africains.

(Synthèse de l'intervention de Jean-Christophe Maurin) www.afd.fr

1 (V) **Répondez aux questions suivantes.**

    1 Transformez les verbes en noms.
      Exemple: lutter ⟶ la lutte

      a) défier   d) soutenir   g) sensibiliser
      b) croître   e) appuyer   h) déployer
      c) miser   f) freiner

    2 Trouvez les synonymes.

      a) un atout   i des capacités
      b) parvenir   ii un avantage
      c) obsolète   iii caduc (caduque)
      d) effectivement   iv arriver à
      e) des compétences   v octroyer
      f) allouer   vi réellement
      g) de manière poussée   vii de façon approfondie

    3 Faites correspondre les mots suivants avec leur définition.

      a) un effectif   i action d'ordonner des éléments en vue de leur utilisation et d'en commencer la réalisation
      b) un bailleur de fonds
      c) un projet pilote   ii ce qui sert de modèle expérimental ou d'exemple
      d) la mise en œuvre   iii nombre réel d'individus constituant un groupe
                    iv personne qui fournit des capitaux à un particulier ou à une société

2 (📖) **Répondez aux questions suivantes.**

    1 Pourquoi est-il si important pour les jeunes africains d'être éduqués?

    2 Comment s'assurer que ces jeunes africains puissent trouver du travail?

    3 Le défi de la scolarisation en Afrique a-t-il été résolu? Expliquez votre réponse.

    4 Quels problèmes restent-ils à adresser?

    5 Expliquez "considéré comme peu valorisant" dans le paragraphe "Revaloriser la formation aux métiers".

    6 Quel serait l'outil nécessaire pour résoudre les problèmes de l'accès et de la qualité de l'enseignement en Afrique? En a-t-on la preuve?

Grammaire

Les structures avec "si"

Les structures avec "si" sont utilisées pour exprimer une hypothèse.

1 Pour exprimer une probabilité ou une quasi-certitude:
  a) si + présent de l'indicatif, présent de l'indicatif
    S'ils veulent apprendre, ils peuvent.
  b) si + présent de l'indicatif, futur simple
    Si vous leur fournissez des ordinateurs, ils apprendront plus facilement.
  c) si + présent de l'indicatif, présent de l'impératif
    Si vous voulez réussir, étudiez!

2 Pour exprimer une hypothèse:
    si + imparfait, conditionnel présent
    S'il avait les moyens d'aller à l'école, il irait volontiers.

3 Pour exprimer une hypothèse non réalisée dans le passé:
  a) conséquence dans le présent:
    si + plus-que-parfait, conditionnel présent
    S'il avait reçu un enseignement adéquat, il serait qualifié pour la vie active.
  b) conséquence dans le passé:
    si + plus-que-parfait, conditionnel passé
    S'il avait été formé professionnellement, il aurait trouvé du travail.

Attention!

On peut aussi trouver la structure suivante: verbe 2, si + verbe 1.
Exemple: *Tu réussirais tes examens si tu travaillais mieux.*

3 **G** En vous basant sur le rapport de l'Agence Française de Développement sur l'éducation en Afrique subsaharienne (pages 66-67), écrivez au moins 10 phrases en utilisant les structures avec "si".

NIVEAU MOYEN

Travail écrit

Vous travaillez pour l'Agence Française de Développement. Vous écrivez une lettre au ministre de l'Éducation d'un pays d'Afrique subsaharienne de votre choix. Vous lui faites part du bilan de vos recherches, vous lui déployez vos idées et votre approche de mise en œuvre d'un plan d'action.

Écrivez un minimum de 300 mots.

Comment écrire

Une lettre formelle

1 Coordonnées de l'expéditeur
2 Coordonnées du destinataire
3 Références et objet de la lettre
4 Lieu et date
5 Formule d'appel/de salutation
6 Corps de la lettre
7 Formule de politesse/de prise de congé
8 Signature

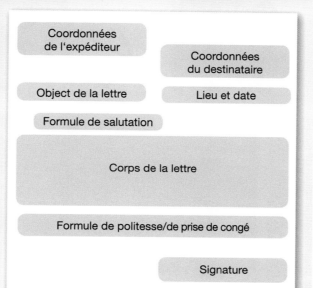

Commencer la lettre

Monsieur, Madame: si l'on ne connaît pas la personne ou si l'on entretient des relations purement formelles.

Cher Monsieur, Chère Madame: si on connaît déjà bien la personne.

Terminer la lettre

En vous remerciant par avance de l'attention que vous voudrez bien porter à cette lettre...

Dans l'attente de votre réponse,...

Dans l'espoir d'une réponse favorable,...

Assez neutre et formel:

Je vous prie d'agréer, Monsieur, mes salutations distinguées.

Veuillez, Monsieur, recevoir mes sincères/meilleures salutations.

Un peu plus amical, mais toujours formel:

Je vous prie d'agréer, Monsieur, l'assurance de mes sentiments distingués/l'expression de mes meilleurs sentiments.

Très respectueux:

Je vous prie d'agréer, Monsieur, l'assurance de ma respectueuse considération/l'assurance de mon profond respect.

Stratégies d'auto-évaluation

Ai-je respecté le rituel de la lettre formelle? Ai-je retrouvé les 8 parties constitutives de la lettre formelle?

Ai-je mis une majuscule au mois de la date? Si oui, je la supprime.

Mes phrases sont-elles simples? Sont-elles toutes compréhensibles?

Ai-je écrit des phrases trop longues?

Ai-je été suffisamment courtois(e)?

Ai-je vérifié l'orthographe des mots?

Ai-je accordé les mots correctement (en genre et en nombre)?

Ai-je mis les accents et ai-je correctement ponctué le corps de ma lettre?

Ai-je évité les expressions négatives et les mots dévalorisants: peut-être, je pense que...?

Ai-je varié ma formulation? N'ai-je pas trop répété le pronom personnel "je"?

N'ai-je pas trop répété le verbe être ou le verbe avoir: je suis, j'ai été...?

Ai-je repris la formule de salutation/le terme d'accroche utilisé pour introduire la lettre (Madame/Monsieur/chère Madame/cher Monsieur) dans la formule de politesse?

Ma lettre tient-elle sur une page?

III: La technologie au service de l'éducation

● Savoir écouter et utiliser des documents audio

● Exprimer ses idées et opinions sur l'utilisation des nouvelles technologies pour enseigner

● Utiliser les adjectifs qualificatifs

Réfléchir

● Quels sont les avantages à utiliser Facebook et Twitter dans la classe?
● Pourquoi est-il si important d'introduire les nouvelles technologies dans l'éducation?
● Comment les enseignants peuvent-ils mobiliser la puissance et la portée des réseaux sociaux pour améliorer les résultats scolaires?
● Que pensent les élèves et leurs parents de l'introduction des réseaux sociaux dans la classe?
● Est-ce une bonne ou une mauvaise idée?

Écoutez puis résumez les idées de Sreenath Sreenivasan, journaliste spécialiste des nouvelles technologies et professeur.

Piste 5

1 **(V) (🎧) Écoutez de nouveau l'extrait "Réseaux sociaux: un outil éducatif d'avenir?" et remplissez les blancs dans les phrases suivantes.**

1 Le monde va vite, de plus en plus vite, dopé par les .... technologiques. Mais qu'en est-il de l'éducation?

2 On pourrait dire que la .... et PowerPoint sont les deux dernières innovations dans l'éducation.

3 "Les enseignants doivent être .... aux réseaux sociaux, tout comme ils l'ont été à internet."

4 Pour le professeur Sreenivasan, les réseaux sociaux vont bientôt faire partie .... de la routine scolaire. Les parents doutent cependant de la .... des réseaux sociaux. Ils s'interrogent aussi sur la .... et le respect de la vie privée des mineurs.

5 Les cours du professeur Sreenivasan illustrent à la perfection sa conception des réseaux sociaux comme .... éducatifs.

6 Il est convaincu que les réseaux sociaux .... l'interactivité.

7 Pour lui, tous les enseignants devraient avoir des .... "tradigitales", c'est-à-dire .... les .... traditionnelles tout en y .... les outils ....

2 **(G) C'est quel adjectif? Ajoutez les mots qui manquent dans le texte suivant en les choisissant dans la liste proposée ci-dessous.**

Dans **1**.......... régions du Kenya, l'éducation est encore très **2**.......... et le décrochage scolaire très **3**.......... . Mais un projet **4**.......... a révélé que les tablettes **5**.......... et certaines applications pouvaient être une solution pour redonner l'envie d'apprendre aux élèves. E-limu signifie "éducation" en Swahili, et c'est aussi le nom d'une application destinée aux élèves. Imaginée par une équipe de développeurs de logiciels voulant s'engager dans l'une des communautés **6**.......... les plus **7**.......... , cette application a pour but de capter l'attention des élèves et de leur donner envie de s'instruire. Ici, près de la moitié des élèves quittent l'école à l'âge de 14 ans. Pour Nivi Mukherjee, une développeuse de logiciel à l'origine de ce projet pilote, un enseignement plus **8**.......... incite les jeunes à rester plus longtemps sur les bancs de l'école:

"Aujourd'hui, au lieu d'avoir seulement des livres **9**.......... , nous avons des animations, des jeux, des chansons, des vidéos, des quiz pour que l'apprentissage devienne **10**.......... , interactif et agréable."

http://fr.euronews.com

| certaines | numériques | pauvres | élevé | basique |
| ennuyeux | kenyanes | amusant | éducatif | interactif |

Observation!

Les Français parlent français à leurs amis français.

L'adjectif de nationalité prend une majuscule uniquement quand l'adjectif est employé comme nom pour désigner une personne. Dans tous les autres cas, on se passe de la majuscule.

Rappel

L'adjectif qualificatif, page 10

Théorie de la connaissance

Peut-on apprendre une langue vivante par le biais d'une tablette numérique?

Est-ce que les nouvelles technologies servent l'apprentissage des langues?

La salle de classe planétaire

Daphne Koller a une dent contre l'école. Enfant, cette Israélienne veut découvrir les équations du troisième degré et la danse, l'histoire de la Grèce antique et la poésie. Comme tous les élèves, elle doit subir le programme, rentrer dans les cases. Sa soif d'apprendre se cogne à l'éducation formatée. Elle abandonne l'école, avec le soutien de ses parents. Elle entre à l'université hébraïque de Jérusalem à 13 ans, obtient sa maîtrise à 18 ans.

Daphne Koller

À 21 ans, elle quitte Israël pour Stanford et un PhD en génie informatique. "Grâce à ma famille, j'ai pu contourner le cursus éducatif traditionnel et devenir moi-même. J'ai eu beaucoup de chance. Depuis, une question m'obsède: comment rendre cela possible pour tous?"

Daphne commence par devenir professeur. Avec son allure à la Joan Baez période 1968, elle enseigne à Stanford, anime un laboratoire de recherche sur le cancer, nourrit ses deux passions, le "machine learning" (l'"apprentissage autonome des machines") et la biologie. Elle veut résoudre les problèmes complexes à l'aide d'ordinateurs et de statistiques, et écrit plus de 180 articles scientifiques.

Devenue l'une des enseignantes les mieux notées de l'un des campus les plus réputés, l'ennui revient pourtant: "Passer ma vie à aller dans la même salle de classe, faire la même leçon, raconter les mêmes blagues, au même moment…, ce n'est pas une bonne utilisation de mon temps ni de celui des élèves." Avec d'autres, elle réfléchit à un moyen de rendre le travail en classe plus attractif. Morne plaine.

Temps passif et temps actif

Lors d'une conférence au Google Education Summit, cette petite brune à l'énergie adolescente assiste à une présentation de YouTube sur l'éducation. Elle bouscule ses voisins, sort en trombe. Elle tient son idée: jusqu'alors, l'élève écoute la leçon en classe (temps passif) et réalise des recherches, des devoirs à l'extérieur (temps actif). Mais si la leçon est disponible en vidéo, l'élève peut la visionner avant le cours et utiliser la classe pour la partie active (brainstorming, questions, cas).

C'est le concept de "flip education", le renversement des tempos et la revalorisation du professeur. Elle n'est pas la première à y penser, elle propose une expérimentation. Le corps professoral dégaine une salve d'a priori: que deviendra l'expérience du face-à-face? Ne transforme-t-on pas ainsi l'enseignement en marchandise? Ne va-t-on pas marginaliser un peu plus les Humanités?

Au même moment, à l'automne 2011, son collègue Andrew Ng met en ligne de façon gratuite un cursus entier (10 semaines) de Stanford sur l'intelligence artificielle. Un tour de force: 400 élèves dans l'amphithéâtre, 100 000 personnes en ligne. 14 000 élèves obtiennent le certificat officiel diplômant. Daphne et Andrew unissent leurs forces. "Les professeurs n'ont pas toujours envie de s'adapter, surtout qu'en général, ils sont bien notés. En revanche, si vous leur dites qu'avec le même cours, ils ne vont pas toucher 40, mais 100 000 personnes d'un coup, alors là, ils vous écoutent! On reçoit des courriels d'étudiants qui, grâce à ces cours, ont pu trouver du travail partout dans le monde, alors qu'ils n'avaient pas accès à la fac. Vous changez la vie en permettant d'apprendre. Un professeur, au fond, c'est fait pour cela."

Stanford embraye, débloque 150 000 dollars. Daphne et Andrew bâtissent une première plate-forme. Une partie des professeurs jouent le jeu, adaptent ses cours, découvrent un outil qui les libère du pensum de la leçon magistrale. L'enseignant revient au cœur de la partie: "De nos jours, il ne s'agit plus d'avoir la bonne réponse. Ce qu'il faut, c'est réfléchir ensemble et partager."

www.lemonde.fr

3 📖 **Lisez le texte "La salle de classe planétaire" et répondez aux questions suivantes.**

1 Selon la première phrase du texte, Daphne Koller:
   a) déteste l'école
   b) ne réussit pas ses études
   c) a eu un accident à l'école

2 En vous basant sur le troisième paragraphe, quelles sont ses deux passions dans la vie?

3 L'expression "en trombe" signifie:
   a) frustrée
   b) avec bonheur
   c) très vite
   d) en tombant

4 Expliquez ce qu'est "Flip education".

5 Comment ce concept de "flip education" a-t-il initialement été reçu par le corps professoral?
   a) avec enthousiasme
   b) avec réticence
   c) avec colère

6 Qu'est-ce qui va faire changer d'avis au corps professoral?

7 Selon le texte, enseigner aujourd'hui c'est:
   a) délivrer des connaissances
   b) faire apprendre par cœur
   c) stimuler les idées et opinions de chacun

4 ✏️ 💬 **Imaginez et rédigez le script d'une interview entre un journaliste défenseur de l'enseignement traditionnel et un professeur avant-gardiste.**

Puis jouez le jeu de rôle.

IV: Papier ou numérique?

- Développer une argumentation sur le sujet du papier vs le numérique
- Écrire un article de journal
- Utiliser les mots apparentés

Réfléchir

- Le livre numérique va-t-il supplanter le papier?
- La presse imprimée est-elle à l'article de la mort?
- Le manuel scolaire à l'heure du numérique est-il l'avenir de demain?
- Sous sa forme électronique, le texte doit-il bénéficier de la fixité, comme les livres de papier, ou peut-il s'ouvrir aux potentialités de l'anonymat et d'une multiplicité sans fin?
- Le livre n'a-t-il pas toujours assuré également une fonction sociale?
- Le livre électronique est-il vraiment plus écologique que son homologue en papier?

1 **Répondez aux questions suivantes.**

1 Regardez l'image ci-dessus puis écrivez une liste de mots.

2 Expliquez les mots suivants en utilisant vos propres mots:

a) la lecture sur support numérique

b) le livre dématerialisé

c) les habitudes de lecture

d) le développement des liseuses

e) une consommation du livre plus verte

f) le marché du livre numérique

g) un e-lecteur

h) une librairie virtuelle

i) un téléchargement d'e-book

j) le goût de la lecture

k) la dimension sociale du livre traditionnel

l) une couverture cornée et jaunie

2 **Pour travailler l'argumentation, répondez aux questions suivantes.**

1 Classer ces arguments selon le pour et le contre du livre numérique.

a) La radio lors de sa création aurait dû tuer la presse, puis la télévision la radio, puis Internet la télé, or tout le monde est encore là.

b) Une étude intéressante du baromètre Sofia/Sne/SGDL de mars 2013 révèle une tendance du lecteur de livres numériques à lire davantage, sans dépenser plus pour acheter des livres.

c) Qu'on le veuille ou non, ce livre numérique a des incidences: pas franchement pour les éditeurs, qui s'adaptent au marché, ni pour les auteurs, même si certains sont terrifiés par l'idée-même du piratage, mais encore et toujours pour les libraires.

d) Le bon côté des choses, c'est que des livres qui ne sont plus réédités depuis des décennies pourraient trouver là l'occasion d'une nouvelle vie.

e) On n'achète qu'une seule fois une liseuse numérique pour y stocker jusqu'à 200 livres numériques selon les modèles, alors qu'un Français achète environ 16 livres en papier par an.

f) Dans l'esprit de la dématérialisation des objets comme cela a été le cas avec le MP3 rendant nos vieux CD tout poussiéreux, le livre numérique avance un argument de poids en faveur de l'écologie: plus de papier, donc plus de déforestation.

g) En terme de production, on s'accorde à penser que la fabrication d'une liseuse numérique comme un Kindle, par exemple, coûte bien plus cher à l'environnement que l'impression d'un seul livre papier.

h) Si les lecteurs ne peuvent pas encore échanger leurs livres numériques, ils sont de plus en plus nombreux à échanger leurs avis sur la toile.

i) Un livre de papier, ce n'est pas seulement une couverture, des pages qui se cornent et jaunissent avec le temps. C'est également un bien matériel qui passe de main en main, suscite des discussions et des débats, crée du lien social.

j) Les lecteurs ne sont pas autorisés à vendre, louer, céder à bail, distribuer, diffuser, transférer ou céder leurs droits sur le contenu numérique à une tierce partie, donc l'héritage et l'échange resteraient des prérogatives réservées au papier.

2 Ordonnez et regroupez ces arguments.

3 Structurez ces arguments en utilisant des connecteurs logiques.

Comment écrire et parler

Comment structurer ses arguments

1 Tout d'abord, il s'agit de s'interroger sur (+nom)/sur le fait que...
2 Ensuite/dans un deuxième temps, j'aborderai le problème de...
3 Enfin/finalement, ne faudrait-il pas envisager la question de...?

Observation: attention au sens!

- D'un côté...d'un autre côté — d'une part...d'autre part
- En revanche/Par ailleurs
- De plus/D'ailleurs
- En effet/Certes

Théorie de la connaissance

Peut-on apprendre aussi bien sans avoir recours aux livres?

Apprenons-nous différemment aujourd'hui? Comment l'expliquer?

Le Bescherelle, ce centenaire vénérable

Inventé en 1843 par les frères Louis-Nicolas et Henri Bescherelle, auteurs non seulement d'un manuel de conjugaison mais aussi d'un dictionnaire de la langue française, le "petit livre rouge" est édité depuis 1913 par la maison Hatier et fête ses 100 ans cette année. Sa trilogie classique (conjugaison, grammaire, orthographe) a accompagné des générations d'écoliers. Et cela continue.

Le Bescherelle a vaillamment résisté aux outrages du temps et aux assauts des conjugueurs et correcteurs orthographiques de tout poil qui ont envahi la Toile, déclinant sa propre version en ligne et affichant une santé de fer sur papier avec un million d'exemplaires vendus dans la francophonie. Ce vénérable centenaire compte plus de 63 000 fans sur sa page Facebook.

Admirateur des frères Bescherelle, le linguiste Alain Rey explique combien leur travail et en particulier leur dictionnaire, baptisé "dictionnaire national", a été "une étape linguistique et politique importante pour la langue française, et comment il a préparé l'aspect moderne du dictionnaire Littré". Il ne s'explique toutefois pas vraiment le succès actuel du vénérable Bescherelle, "qui coexiste, selon lui, avec de nombreux autres manuels tout aussi bons". "C'est toute la question de la notoriété. Il a évolué normalement au fil des décennies, ni plus, ni moins qu'un autre. Avec Internet et les nouveaux modes de communication, l'usage de la langue parlée française est ailleurs, la linguistique est ailleurs", dit-il.

"Le pari de la diversification numérique"

En pariant sur la diversification numérique, Hatier souhaite conquérir un large public afin de contrer la concurrence. La maison d'édition a ainsi rendu plus ludiques ses classiques Ecole et Collège. *L'Orthographe pour tous* est abordée de façon plus pratique et s'intéresse à la nouvelle orthographe. *La Conjugaison pour tous* et *La Grammaire pour tous* donnent les clés pour trouver et orthographier toutes les formes des verbes français, alors qu'un nouvel opus du *Vocabulaire pour tous* est sorti le 19 juin. Sa trilogie classique se décline désormais en volumes papier de 200 à 300 pages ou numériques (e-book), recommandés à chaque rentrée par nombre d'enseignants.

Parallèlement, une série d'ouvrages (grammaire, vocabulaire, exercices) introduit aux langues étrangères (anglais, allemand, espagnol, italien, portugais, arabe, chinois, latin…). Hatier édite aussi "une méthode d'apprentissage de l'anglais interactive ainsi qu'un livre chronologique sur l'histoire de France" qui sortira fin août, détaille Véronique Tournier, directrice éditoriale. Une nouvelle gamme "Beaux Livres" a également été initiée il y a deux ans avec *Les Figures de style*, illustrées par Plantu. Mots périlleux, mots savoureux, destiné à éviter tous les pièges de la langue française, sortira lui en octobre.

Deux applications iPad et iPhone (conjugaison, synonymes) ont également été lancées. "Cela nous a permis de bien percer et nous allons continuer dès la rentrée avec des applications d'entraînement à la dictée pour les enfants grâce à un logiciel hors norme", ajoute la professionnelle. Ce logiciel permettra "la reconnaissance graphique de l'écriture de l'enfant, qui pourra écrire sur écran à l'aide de son doigt ou d'un stylet. L'enfant bénéficiera aussi d'un commentaire vocal dans sa dictée, lui indiquant ses erreurs et comment les rectifier", afin de favoriser son autonomie, explique Mme Tournier.

www.lemonde.fr

3 📖 **Répondez aux questions suivantes.**

1 Dans le premier paragraphe:
   a) Qu'appelle-t-on "Le petit livre rouge"?
   b) Pourquoi parle-t-on de "trilogie classique"?

2 Dans le deuxième paragraphe, quelles sont les deux explications données au fait que le Bescherelle a résisté aux outrages du temps?

3 Dans le troisième paragraphe, quel est le mot qui justifie le succès du Bescherelle?

4 Dans le quatrième paragraphe, trouvez les équivalent des mots suivants:
   a) misant
   b) s'opposer à
   c) apporter des solutions
   d) beaucoup

5 Quelles nouvelles applications vont être lancées dès la rentrée?

6 Comment celles-ci vont-elles être exploitées?

7 Que vont y gagner les enfants?

Qu'arrive-t-il à la presse écrite?

«La presse, c'est un peu la sidérurgie à la fin des années 1970», répètent les experts. Vu les plans sociaux qui s'accumulent dans le secteur depuis des mois aux États-Unis et en Europe, difficile de leur donner tort. Réaliser un dossier sur la presse, c'est un peu se promener sur le pont du Titanic. En France, *France-Soir* et *La Tribune* (version papier) ont déjà été emportés par la déferlante. Comme toujours en temps de crise, les premières victimes sont les plus fragiles. Les autres, en particulier dans la presse quotidienne, s'accrochent au bastingage. *Le Figaro* et *L'Equipe* lancent d'importants plans de départs volontaires. *Le Monde* tangue, *Libération* écope. Les newsmagazines (*Le Nouvel Obs*, *L'Express*…), longtemps préservés, commencent eux aussi à souffrir à des degrés divers.

Bref, le paquebot continue de s'enfoncer. Pour des raisons multiples: **1**.......... des ventes, effondrement des **2**.......... publicitaires, **3**.......... de fabrication et de **4**.......... élevés, **5**.......... du lectorat, **6**.......... des chaînes info, des gratuits et bien évidemment d'Internet. Comme pour l'industrie musicale il y a quelques années, le numérique bouleverse tout. Quotidiens et magazines s'adaptent tant bien que mal: augmentation du prix de leur édition papier, développement sur les tablettes type iPad et les smartphones. Le basculement sur le numérique est-il inéluctable?

www.telerama.fr

4 📖 **Répondez aux questions suivantes.**

1 À quelle image la presse écrite est-elle comparée dans ce premier paragraphe?
Faites une liste des mots qui le prouvent.

2 Placez les mots encadrés au bon endroit dans le texte.

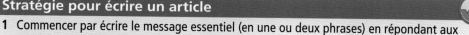

distribution	baisse	recettes
vieillissement	concurrence	coûts

3 Cherchez des mots clé. Comment la presse écrite essaie-t-elle de s'adapter?

5 ✏️ **Écrivez un article de journal: "Papier ou numérique? Où en est-on?".** **Écrivez entre 250 et 400 mots.**

Stratégie pour écrire un article

1 Commencer par écrire le message essentiel (en une ou deux phrases) en répondant aux questions: Qui? Quoi? Où? Quand? Pourquoi?

2 Soignez l'attaque, c'est-à-dire la première phrase de l'article. Ça peut être une question, une citation, un chiffre, une interjection… Il faut éveiller la curiosité du lecteur.

3 Soignez le titre de l'article: c'est un des premiers niveaux de lecture avec le chapeau et l'illustration. Rédigez-le en dernier. Un bon titre est souvent court. Il peut être informatif ou incitatif. Soyez créatif.

4 Utilisez un vocabulaire simple mais riche. Évitez l'utilisation répétée de verbes dits pauvres (faire, avoir, mettre…), les redondances et les phrases trop longues.

5 Soignez la chute, c'est-à-dire la dernière phrase de l'article. Vous pouvez par exemple poser une question pour inciter le lecteur à poursuivre la réflexion.

UNITÉ **5** La technologie

I: S K vous a v un portable?

● Maîtriser le vocabulaire qui vous permettra de vous exprimer facilement au sujet de la technologie

● Trouver des façons de comprendre et d'expliquer aux autres comment utiliser la technologie

● Envisager comment la technologie pourrait nous aider ou nous influencer à l'avenir

Réfléchir

Regardez cette photo et décrivez-la.

Discutez les questions suivantes en classe:
● Avez-vous un portable?
● Pourquoi avez-vous choisi le portable que vous avez?
● Comment est-ce que vous utilisez votre portable?
● Quel est l'importance du portable de nos jours?
● Comment est-ce que les gens utilisent leurs portables?

Le portable sème la zizanie dans les familles

1 📖 **Lisez le texte et répondez aux questions suivantes.**

Le téléphone portable pour les enfants, un achat voulu par les parents puis... regretté par les parents. Dans 61 % des cas, le père et la mère sont à l'initiative de l'achat du mobile de leur enfant et pour 61 % d'entre eux l'appareil a déjà été un sujet de dispute.

En 2012 le GSMA, une association qui étudie la distribution de téléphones portables, a établi que mondialement 45 % des 10–15 ans possèdent un smartphone.

Vocabulaire

appel (*m*)
appli(cation) (*f*)
écran (*m*)
fond (*m*) d'écran
heure (*f*)
icône (*f*)
logiciel (*m*)
réseau (*m*) social
texto (*m*)
touche (*f*)
utiliser

1   Pourquoi, à votre avis, est-ce que les parents veulent que leurs enfants aient un mobile?

Un sondage révèle que 61 % des parents estiment que le mobile de leur enfant a déjà été une source de conflit. Un pourcentage qui grimpe à 69 % lorsque l'enfant est équipé d'un smartphone, selon une enquête réalisée par TNS Sofres pour l'Unaf (Union nationale des associations familiales) et l'association Action Innocence auprès de 1000 parents d'enfants de 10 à 15 ans équipés d'un téléphone mobile.

À 10 ans, un tiers des enfants possédant un téléphone ont un smartphone, rappelle cette étude et les 10-15 ans équipés sont 45 % à posséder un smartphone. Une majorité des parents (61 %) considère d'ailleurs l'achat de cet appareil comme une fatalité.

2 Pourquoi est-ce que l'achat d'un smartphone pourrait être considéré comme une fatalité?

Du «téléphone-cadeau» au «téléphone-conflit»

Le «téléphone-cadeau» devient vite «téléphone-conflit», résume l'Unaf. Autre paradoxe: beaucoup de parents achètent un téléphone pour pouvoir rester en lien avec leur enfant mais n'arrivent pas toujours à les joindre quand ils le voudraient. «La principale raison d'achat devient la première source de conflit», souligne Elizabeth Sahel, responsable d'Action Innocence France.

La possession d'un téléphone portable entraîne aussi des risques: le vol et la perte bien entendu, mais aussi une «utilisation quand il ne faut pas» pour 39 % des sondés et un risque de dépendance pour 34 % d'entre eux. Selon une autre étude récente, les adolescents n'envoient pas moins de 83 textos par jour en moyenne! De facto, environ un quart des parents d'adolescents de 15 ans jugent leur utilisation trop importante. Des parents qui s'inquiètent et confient qu'ils ont du mal à faire respecter les règles qu'ils ont fixées.

«Le téléphone portable perturbe la relation parent/enfant et rend l'entrée dans l'adolescence plus précoce, analyse le président de l'Unaf, François Fondard. Pour passer ce 'cap' les parents ont besoin de parler entre eux afin de disposer de pratiques déjà testées. C'est justement ce que proposent les réseaux de soutien à la parentalité dans lesquels les associations familiales sont très mobilisées.»

3 Quels risques sont associés à l'achat d'un téléphone portable pour un enfant?

Gérer une «relation à trois»

À 10 ans, les enfants équipés d'un smartphone peuvent avoir accès à tout moment à Internet et seuls 7 % des parents utilisent un contrôle parental, rappelle enfin l'étude. Le risque pour les plus jeunes de tomber sur des contenus choquants est donc très présent.

«Il ne faut pas pour autant considérer le téléphone comme l'ennemi public numéro un, responsable de la crise d'adolescence ou des conflits familiaux, conseille Elizabeth Sahel. Les parents doivent apprendre à gérer une relation à trois entre eux, l'enfant et le téléphone. Ils doivent prendre le temps du dialogue et rester les référents de leur enfant en cas de problème. En diabolisant le portable, ils risquent de sortir du jeu.»

www.lefigaro.fr

2 📖 **Vous avez compris? Indiquez si les constatations suivantes sont vraies ou fausses. Expliquez vos réponses.**

1 Les parents ne sont pas toujours contents d'avoir offert un portable à leurs enfants.

2 Tous les enfants français ont un smartphone.

3 Les parents sont heureux d'arriver à contacter leurs enfants à tout moment.

4 69% des enfants ont un smartphone.

3 ✏️ **Essayez de faire le résumé de cet article en 50 mots.**

4 Ⓥ **Quel vocabulaire renforce l'idée que les portables ne sont pas toujours appréciés par les parents?**

5 Quels sont les deux côtés de cette situation? Complétez le tableau ci-dessous.

Les parents pensent que…	Les adolescents pensent que…

6 Écrivez un article pour le magazine de l'Unaf au cours duquel vous proposez des conseils aux parents perturbés. (N'oubliez pas de réfléchir au niveau de langue que vous utiliserez pour vous adresser aux adultes.)

7 Que pensez-vous de ce conflit? Est-ce que les adolescents ou les parents ont tort?

Stratégies pour parler

Avec un partenaire, mettez-vous dans les rôles de parent et d'adolescent respectivement et discutez le problème.

Grammaire

Le subjonctif

Le subjonctif nous permet de parler d'actions qui risquent de ne pas avoir lieu. Considérez cette phrase: «Je veux que vous ouvriez la fenêtre». La personne qui parle espère que son interlocuteur ouvrira la fenêtre, mais elle ne peut pas savoir si la personne le fera. Il y a un doute et le subjonctif nous permet de transmettre ce doute.

En français, le subjonctif s'utilise après certains verbes et expressions. La liste ci-dessous vous présente quelques-uns de ces verbes et expressions, mais il y en a beaucoup d'autres.

Le subjonctif s'utilise le plus souvent au présent et la conjugaison se forme ainsi:

Prenez la 3ème personne du pluriel du verbe au présent. Remplacez la terminaison "-ent" avec les terminaisons que vous voyez ci-dessous.

regarder

je regard**e**	nous regard**ions**
tu regard**es**	vous regard**iez**
il/elle/on regard**e**	ils/elles regard**ent**

Les expressions ci-dessous sont toujours suivies du subjonctif:

- accepter que
- aimer que
- attendre que
- craindre que (ne)
- permettre que
- sembler que
- souhaiter que
- tenir à ce que
- vouloir que
- afin que

- à moins que
- avant que
- il faut que
- pour que
- pourvu que
- quoi que
- quoique
- sans que (ne)
- ne pas penser que
- ne pas espérer que

Au présent du subjonctif, les verbes irréguliers se forment comme vous le voyez:

être

je sois	nous soyons
tu sois	vous soyez
il/elle/on soit	ils/elles soient

avoir

j'aie	nous ayons
tu aies	vous ayez
il/elle/on ait	ils/elles aient

- aller: que j'aille (que nous allions)
- boire: que je boive (que nous buvions)
- devoir: que je doive (que nous devions)
- dire: que je dise
- faire: que je fasse
- lire: que je lise
- mettre: que je mette
- pouvoir: que je puisse
- prendre: que je prenne (que nous prenions)
- savoir: que je sache
- venir: que je vienne (que nous venions)
- vouloir: que je veuille (que nous voulions)

8 Ⓖ **Complétez les phrases suivantes en écrivant le verbe entre parenthèses au présent du subjonctif ou de l'indicatif:**

1 Je veux que tu (*ouvrir*) la fenêtre.
2 Bien qu'il (*avoir*) un portable, il ne l'utilise pas.
3 Elle attend que le professeur (*lire*) cet article.
4 Pour que vous (*pouvoir*) contacter votre fils, je vous donnerai le téléphone.
5 Je crains qu'elle n'y (*aller*) pas.
6 Nous espérons que vous (*vouloir*) parler.
7 Pour qu'ils (*être*) heureux, j'ai réservé un voyage.
8 Pourvu que tu (*faire*) tes devoirs, nous pourrons aller au cinéma ce soir.

9 Ⓖ **Complétez le texte en écrivant les verbes entre parenthèses au subjonctif ou à l'indicatif.**

Mes parents **1** (*acheter*) un téléphone portable pour mon petit frère, Franck, à Noël l'année dernière. Mais maintenant ils **2** (*se disputer*) tout le temps. Mes parents veulent que Franck leur **3** (*dire*) toujours où il est. Franck n'aime pas qu'ils lui **4** (*poser*) toujours des questions. Il dit qu'ils **5** (*être*) énervants. Je crois qu'il **6** (*être*) irresponsable. Il faut qu'il **7** (*comprendre*) que mes parents **8** (*avoir*) peur. Ils ont toujours dit que pourvu qu'ils **9** (*savoir*) où nous sommes, ils accepteront que nous **10** (*rentrer*) tard.

10 ✎ **Écrivez un petit article pour votre blog personnel dans lequel vous expliquerez comment vous utilisez votre téléphone portable.**

Rappel

Comment écrire un blog, pages 20 et 27

II: La mort ou l'amour du papier?

- Apprendre comment écrire un mode d'emploi
- Identifier et considérer le langage utilisé dans le contexte de la technologie
- Réfléchir au fonctionnement de la parodie

Réfléchir

Nul ne pourrait nier que la technologie mette beaucoup de possibilités à notre disposition. Les tablettes, portables et ordinateurs nous donnent accès à des milliards de sources d'information. Plus besoin d'apprendre la classification périodique des éléments chimiques à l'école: j'ai mon ordi. La date de naissance de Molière? Consultons Wikipédia. Pas envie d'aller au supermarché? Eh bien, quelques clics et tout est livré chez vous. Même notre lecture peut être facilitée!

De nos jours, de plus en plus d'entre nous achetons une liseuse.
- Est-ce que vous en avez une?
- À votre avis, remplaceront-elles la lecture traditionnelle?
- Quels en sont les avantages?
- Comment est-ce que vous décririez une liseuse à vos arrière-grands-parents?
- Est-ce que vous aurez besoin de modifier le vocabulaire que vous voulez utiliser pour présenter ce concept à une personne d'une autre génération?

1 Écrivez un « mode d'emploi » qui expliquera comment télécharger et lire un roman sur une liseuse. Quels aspects de style devra-t-on envisager pour un tel exercice?

Comment écrire

Un mode d'emploi

Un mode d'emploi cherche à informer son lecteur de la façon dont il faut faire quelque chose — souvent pour la première fois. Prenons l'exemple d'un bricoleur qui veut construire un meuble. Il se servira d'un mode d'emploi pour être sûr de tout faire correctement. Il aurait tort de vouloir attacher les portes si la carcasse n'est pas finie! Et une personne qui veut installer un nouveau téléviseur ne verrait rien sans brancher l'appareil…

L'essentiel dans un mode d'emploi est de suivre une séquence d'activités logique. Souvent vous verrez des graphiques qui illustreront les explications et souvent les instructions données seront numérotées.

Les verbes seront à l'impératif et les textes les plus efficaces seront écrits en style concis. Et n'oubliez pas, pour la plupart ces textes s'adresseront à des lecteurs inconnus!

Remplacer le papier par le numérique: pour ou contre?

Je suis pour la presse numérique, c'est super pratique et écologique. Dans une tablette vous pouvez stocker tous les articles qui vous intéressent. Vous allez pas emmener avec vous 10 journaux, leur version numérique ne prend pas beaucoup de place et ils sont dispos à n'importe quel moment si vous voulez les consulter, dans un train, dans un avion ou dans la salle d'attente d'un médecin...   **Mathias**

Remplacer intégralement le papier par le numérique serait une grave erreur. Vous imaginez des écoliers d'ici deux ou trois générations qui ne sauraient même plus ce que c'est un livre? Certains naitront avec une liseuse d'ebooks dans le berceau si on continue comme ça. Et puis une liseuse ou une tablette tactile, ça peut se décharger, un livre ou un journal jamais.   **Constance**

Je pense que pour la presse quotidienne la version numérique est une très bonne solution qui fait en plus économiser les frais de distribution. Nous la lisons en principe que le jour même. Par contre les magazines et les livres je préfère sans doute la version papier. Même si une liseuse permet de tourner les pages c'est pas du tout le même plaisir de feuilleter en vrai.   **Sarah**

Je suis pour l'édition numérique de tous les journaux et livres. La tablette numérique se généralise de plus en plus et elle a une autonomie de batterie suffisante pour lire un journal en entier. C'est aussi super pratique pour les livres, en partant en vacances ou en week-end au lieu de se trimbaler avec des bouquins volumineux vous avez toute votre lecture dans la liseuse. Et je parle même pas de l'économie de papier et de l'écologie!   **Geoffroy**

J'ai rien contre le numérique au niveau de la presse quotidienne de toute façon une fois lu on jette le journal à la poubelle. Par contre en ce qui concerne les livres je préfère largement la version papier. Pour moi mes livres font partie de la déco de mon appartement. **Kylie**

Contre! Déjà, le tout numérique, ça veut dire passer des heures à l'écran, et ce n'est pas bon pour les yeux... attendez une génération et vous allez voir le nombre de porteurs de lunettes exploser.
Et puis, rien à faire, mais j'adore le papier, feuilleter, annoter, etc. **Cathadhaka**

Les ebooks j'adore c'est super pratique il y a de plus en plus de titres disponibles en version électronique et on peut les télécharger de n'importe où. Comme ça on est jamais à court de lecture. En plus les livres électroniques ne s'abiment pas, je déteste les livres avec les pages tachées, froissées et coins abimés.   **Steeve**

Je suis pour les journaux et les livres en version numérique. Car non seulement on a le même contenu qu'en version papier mais regardez les avantages. On utilise moins de papier, on peut les acheter de n'importe quel endroit au monde, ça prend pas de place et c'est aussi bon pour notre porte-monnaie car les versions électroniques sont presque toujours moins chères.   **Alain**

Je suis contre l'édition généralisée de toute la presse et de livres en numérique. Nous passons déjà pas mal de temps devant l'ordinateur alors ça fait du bien de laisser un peu reposer nos yeux. En plus c'est pas toujours évident d'emmener partout une tablette ou une liseuse. Le journal papier on peut le plier, feuilleter, gribouiller dessus, c'est bien plus pratique. Par exemple dans le train on peut lire le journal et le jeter après, une tablette il faut la trimbaler partout!   **Nathalie**

C'est bien le numérique, mais à petites doses! C'est formidable de recevoir ses factures, démarches administratives, etc... par mail, je les classe en un clic et je n'ai jamais de paperasse à trier. Mais j'aime tellement les livres, les magazines, ce ne serait pas pareil de lire tout ça sur une petite tablette, qui je l'accorde sont des bijoux de technologie mais j'apprécie vraiment d'avoir mon journal en papier dans le train, dans le lit, sur le canapé, partout:) Et pitié, la lettre d'amour numérique... Il faut garder l'authenticité de certaines choses!   **Marine**

http://debats.netoo.net

2 📖 **Les phrases ci-dessous représentent les avis des contributeurs au forum — mais lequel ou laquelle à chaque fois?**

1   On ne veut pas que les enfants ignorent les livres.

2   Ne perdons pas le romantisme du mot écrit!

3   Je préfère tourner les pages pour moi-même.

4   Les journaux électroniques nous permettent d'économiser.

5   Les livres sont de beaux objets.

6   Les liseuses sont plus propres que les livres.

7   La presse numérique nous donne accès à plus d'information.

8   Une liseuse est très compacte.

3 📖 Ⓥ **Lisez les définitions ci-dessous et ensuite trouvez un mot ou une expression dans les textes page 83 qui convient à chaque définition.**

1   tourner les pages d'un livre

2   (papier) endommagé

3   porter quelque chose d'encombrant avec vous

4   accessible tout le temps

5   acquérir un document numérique

6   papiers et documents qui traînent à la maison

4 💬 **Discutez le registre des textes avec les autres de votre groupe. Quelles expressions ou façons d'écrire sont caractéristiques d'une contribution à un cyber débat? Est-il possible d'identifier l'âge des contributeurs à partir de leur façon d'écrire? Vous pourriez considérer le choix des mots, la ponctuation, la construction des phrases…**

5 ✏️ **Écrivez votre propre contribution au débat et ensuite faites circuler vos textes en classe. Est-ce que vous réussissez à garder le bon registre?**

Observation!

Lorsqu'on contribue à un cyber débat on participe à un monde hyper-rapide. Les participants semblent essayer de poursuivre une conversation (qui est normalement quelque chose qui avance rapidement) mais à l'écrit (où normalement on choisirait bien ses mots et on avance moins vite). C'est une voie de communication hybride!

Afin de garder la vitesse de l'échange, il arrive que les interlocuteurs se servent d'abréviations ou même d'émoticons. En plus la grammaire n'est pas, pour une fois, de rigueur — le sens de la communication est beaucoup plus important que la forme — et vous verrez souvent que les contributions ne sont pas bien ponctuées.

Les contributeurs utilisent souvent des surnoms à la place de leurs noms. P'têt mieux s'ils écrivent si mal.

6 ✏️ **La direction de votre établissement scolaire fait une enquête pour savoir si les élèves bénéficieraient de l'acquisition de liseuses numériques à l'école. Écrivez une lettre à la direction dans laquelle vous donnez votre avis sur cet aspect de la technologie.**

Rappel

Comment écrire une lettre formelle, pages 14, 33 et 69

Comment écrire

N'oubliez pas de considérer la présentation de la page et d'utiliser un style formel pour cette lettre. Vous voulez convaincre vos lecteurs de votre point de vue alors considérez les expressions et la phrase suivantes:

- Monsieur le directeur/madame la directrice…
- Je me permets de vous signaler…
- Veuillez considérer…
- Suite à nos recherches…
- Veuillez agréer l'expression de mes sentiments les meilleurs…

7  Regardez ces dessins. Qu'en pensez-vous?

Choisissez l'un des deux dessins et expliquez de quoi il s'agit. Est-ce que vous pouvez expliquer à votre groupe pourquoi ces dessins sont drôles?

On appelle cet humour «parodie». Ces dessins nous montrent bien comment les gens se comportent quelquefois face aux innovations qui pourraient leur être utiles mais qu'ils ne connaissent pas. Il nous paraît ridicule de ne pas pouvoir comprendre comment utiliser un livre maintenant…mais est-ce qu'il y a des technologies aujourd'hui dont les gens ont peur?

8 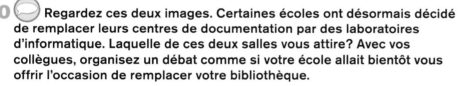 Évidemment il y aura toujours des gens qui se méfieront des avances technologiques du monde moderne. Regardez les plaintes contre le monde de la technologie ci-dessous. Qu'est-ce que ces gens regrettent et pourquoi? De quoi est-ce qu'ils se méfient?

1 J'aimais bien recevoir des cartes postales des quatre coins du monde. Maintenant mes petits-enfants ne m'envoient que des textos.

2 L'odeur d'encre de l'emballage d'un CD me manque.

3 On n'a pas assez de bonnes émissions pour la télé numérique.

4 Et où ira-t-on traîner lorsque les librairies ne seront plus là?

5 Non, mais personnellement je préfère voir mes amis en chair et en os!

6 La nanotechnologie — même si ça guérit des cancers, ce n'est pas naturel!

Une révolution technologique sans précédent !

9 Écrivez un article pour le journal de votre lycée dans lequel vous discutez des avantages et inconvénients des liseuses.

10 Regardez ces deux images. Certaines écoles ont désormais décidé de remplacer leurs centres de documentation par des laboratoires d'informatique. Laquelle de ces deux salles vous attire? Avec vos collègues, organisez un débat comme si votre école allait bientôt vous offrir l'occasion de remplacer votre bibliothèque.

Rappel

Comment écrire un article, page 17

III: Le cyber-monde est énorme mais n'est pas troublé par les distances...

- Apprendre à donner des instructions
- Considérer l'impact du monde numérique sur les rapports humains
- Discuter des stéréotypes dans les jeux vidéo

Réfléchir

La naissance d'Internet a complètement révolutionné notre façon de voir le monde. Des collaborations sont maintenant faciles et pour le travail et pour les loisirs. Ceci veut dire que nous nous croyons de plus en plus invincibles. Considérons les possibilités de la collaboration dans cette unité.

Les jeux vidéo deviennent de plus en plus impressionnants. Des cyber-mondes existent où nos avatars numériques se promènent, se rencontrent et dépensent de l'argent virtuel: ils nous permettent de vivre une double vie dans laquelle nous pourrions avoir des superpouvoirs, ou des physiques de dieux. Nous trouvons aussi complètement normal de tirer sur d'autres sans poser de questions et même de voler! Mais quels sont les avantages de ce monde virtuel, énorme mais si rétréci?

1 **Nous voyons que les gens apprécient beaucoup les jeux vidéo et en ligne mais est-ce qu'il faut les regarder de plus près? Les jeux vidéo sont-ils sexistes?**

Piste 6

Écoutez l'enregistrement puis répondez aux questions ci-dessous.

1 Pourquoi Sylvie se fâche-t-elle?
2 À son avis, quels sont les deux rôles accordés aux personnages féminins et masculins dans les jeux vidéo?
3 La plupart des «gameurs» sont des hommes: vrai ou faux?
4 Quelle explication est donnée pour ces stéréotypes?
5 Et quelle explication est donnée pour la persistance de ces stéréotypes?
6 Qu'apprenez-vous sur l'expérience des femmes qui veulent essayer de changer le *statu quo*?

Vocabulaire
clavier (*m*)
cliquer
coller
compte (*m*)
identifiant (*m*)
lancer
lien (*m*)
mot (*m*) de passe
navigateur (*m*)
page (*f*) d'accueil
souris (*f*)
télécharger

Un concert entre amis

Le navigateur Chrome vient de lancer une expérience: «Jam». Ce logiciel gratuit vous permet de vous connecter avec d'autres gens pour faire de la musique. D'abord, évidemment, vous devez installer le programme sur votre ordinateur: téléchargez d'abord Chrome, et ensuite le programme Jam. En tant que premier musicien à vous connecter, vous pouvez choisir votre instrument de préférence dans la liste donnée. Ensuite, invitez des amis à se connecter eux aussi et à choisir leurs instruments — même s'ils habitent à l'autre bout du monde. Et voilà, votre groupe est formé. Que la musique soit!

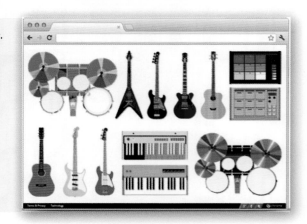

Grammaire

L'impératif: donner des instructions

Pour donner des instructions à quelqu'un, on utilise le mode impératif du verbe. La plupart du temps, on utilise le verbe sans pronom.

	tu	vous	nous
Verbes en -*er*	regarde*	regardez	regardons
Verbes en -*ir*	finis	finissez	finissons
Verbes en -*re*	attends	attendez	attendons

*Notez l'absence de la lettre « s » ici. Ceci est le cas lorsque la terminaison du verbe serait « es » au présent.

À noter aussi:

	tu	vous	nous
Avoir	aie	ayez	ayons
Être	sois	soyez	soyons
Savoir	sache	sachez	sachons
Aller	va	allez	allons

Exemples:

- Regardez ce livre!
- Finis tes devoirs!
- Mangeons ces biscuits!

La forme négative se forme avec « ne » et « pas »:

- **Ne** va **pas** dehors!
- **Ne** répondez **pas** à ses questions!

Et quand le verbe prend un pronom, celui-ci suit le verbe, sauf si la forme est négative:

- Amusons-**nous**!
- Assieds-**toi**!
- Ne **te** fais pas de mal!

L'infinitif pour donner des instructions

Vous verrez souvent l'utilisation de l'infinitif pour donner des instructions: surtout quand les instructions s'adressent à un public inconnu. Les recettes de cuisine et les modes d'emploi utilisent souvent cette forme. Ceci est plus formel.

Exemples:

- Éplucher 500g de carottes
- Faire fondre du beurre salé

La forme négative se forme comme vous le voyez:

- Ne pas fumer

---

2 **G** **Complétez les phrases suivantes avec la forme du verbe qui vous paraît la meilleure. Les verbes sont écrits à l'infinitif.**

1 (*Finir*) tes devoirs.
2 (*Être*) sage, les enfants.
3 (*Attendre*) dix minutes et ensuite partons sans lui.
4 (*Ajouter*) le lait à la farine petit à petit.
5 (*Aller*) voir si ton père arrive.

6 (*Regarder*) la tarte que j'ai faite!
7 (*Ne pas courir*) dans l'église.
8 (*Ne pas sortir*) seul la nuit.
9 (*Ne pas être*) stupides!
10 (*Ne pas oublier*) son anniversaire.

3 **Écrivez un petit texte qui explique à quelqu'un qui ne l'a jamais vu comment utiliser le logiciel Skype.**

4 **Internet nous permet de nous connecter pour collaborer et nous amuser avec d'autres internautes des quatre coins de la planète. Discutez en classe votre utilisation d'Internet pour communiquer ou collaborer avec d'autres gens.**

5 **Préparez une présentation pour votre groupe dans laquelle vous parlez des avantages et des inconvénients de la collaboration sur Internet.**

Théorie de la connaissance

Y a-t-il des risques liés à de telles collaborations?

Devrait-on surveiller les collaborations?

IV: La technologie de l'avenir/l'avenir de la technologie

- Réviser l'utilisation des verbes au temps futur
- Considérer les risques posés par le développement de la technologie
- Comparer la force de la raison et de l'émotion dans un débat

Réfléchir

Nous avons vu que les avances technologiques se multiplient très rapidement et nous ouvrent de nombreuses portes mais est-ce que nous pouvons imaginer jusqu'où ceci pourrait mener?

Regardez les photos.
- Que représentent les images?
- À quoi servent ces robots?
- Quels sont les avantages et les inconvénients de chaque robot?

Grammaire

Pour mettre les verbes au futur simple ou au conditionnel, rajoutez les terminaisons montrées à la racine du verbe.

Le futur simple

Verbes en -er, exemple regarder

je regarder**ai**	nous regarder**ons**
tu regarder**as**	vous regarder**ez**
il/elle/on regarder**a**	ils/elles regarder**ont**

Verbes en -ir, exemple finir

je finir**ai**	nous finir**ons**
tu finir**as**	vous finir**ez**
il/elle/on finir**a**	ils/elles finir**ont**

Verbes en -re, exemple perdre

je perdr**ai**	nous perdr**ons**
tu perdr**as**	vous perdr**ez**
il/elle/on perdr**a**	ils/elles perdr**ont**

Le conditionnel

Verbes en -er, exemple regarder

je regarder**ais**	nous regarder**ions**
tu regarder**ais**	vous regarder**iez**
il/elle/on regarder**ait**	ils/elles regarder**aient**

Verbes en -ir, exemple finir

je finir**ais**	nous finir**ions**
tu finir**ais**	vous finir**iez**
il/elle/on finir**ait**	ils/elles finir**aient**

Verbes en -re, exemple perdre

je perdr**ais**	nous perdr**ions**
tu perdr**ais**	vous perdr**iez**
il/elle/on perdr**ait**	ils/elles perdr**aient**

Attention aux racines de ces verbes:

Verbe	aller	être	faire	avoir	pouvoir	vouloir	savoir	venir	voir	falloir
Racine	ir-	ser-	fer-	aur-	pourr-	voudr-	saur-	viendr-	verr-	faudr-

1 🖊 **Utilisez les verbes au futur simple ou au conditionnel pour répondre à ces questions.**

1 Comment est-ce que les robots pourraient nous aider à la maison?

2 Est-ce que les robots remplaceront les forces militaires?

3 Comment est-ce que les robots pourront nous aider dans les recherches scientifiques?

4 Comment est-ce que les robots changeront l'enseignement?

Est-ce que la technologie nous fait toujours du bien?

Le hamburger devient artificiel

Le premier steak haché créé en laboratoire a été dégusté lundi 5 août à Londres. Le «frankenburger», comme le surnomme la presse britannique, est composé de fibres musculaires obtenues à partir de cellules souches, cultivées et reproduites par millions par un laboratoire de l'université de Maastricht.

Verdict des deux cobayes qui l'ont testé: le goût de la viande est «prononcé», mais il manque encore de «jus», de gras. La viande artificielle est encore trop maigre pour ressembler à un steak qui puisse rappeler au consommateur un véritable hamburger. Mais peu importe: certains prédisent déjà un grand avenir au «frankenburger», et notamment sa commercialisation à grande échelle (le projet a entre autres été financé par Serguëi Brin, un des fondateurs de Google). Cette méthode présente d'importants avantages écologiques, alors que l'humanité consomme de plus en plus de viande et que l'élevage mobilise 70% des terres agricoles de la planète.

Reste un problème: le coût de fabrication. Pour l'instant, produire un steak coûte 250 000 dollars – le prix au gramme équivaut à 50 fois celui de l'or. Et Mark Post, le chercheur qui a mené le projet, estime qu'il faudra entre dix et vingt ans pour faire baisser le coût de production au niveau de celui du bœuf. Il faudra donc attendre un peu pour commander un «frankenburger» au fast-food du coin.

www.courrierinternational.com

2 📖 **Lisez le texte ci-dessus et ensuite, en vous servant uniquement des informations données, répondez aux questions suivantes.**

1 Qu'est-ce qui a eu lieu le lundi 5 août?

2 Pourquoi est-ce que l'on a surnommé ce steak haché le « frankenburger »?

3 Comment est-ce que les personnes qui ont goûté le steak l'ont décrit?

4 Pourquoi est-ce que l'on pense que cette méthode de production de nourriture présente des avantages écologiques?

5 Qu'est-ce qui empêche la vente de cette viande pour l'instant?

3 Ⓥ **Quelles sont les connotations de ces mots selon leur usage dans le texte?**

1 frankenburger   2 fibres musculaires   3 cobaye

4 💬 **La technologie commence-t-elle à nous menacer? En classe, considérez les avantages et les inconvénients de la viande artificielle. Faut-il continuer à investir dans les recherches?**

5 🖊💬 **Regardez les images ci-contre.**

1 Comment est-ce que ces personnes verraient la possibilité de créer de la viande artificielle et pourquoi?

2 Faites une liste des arguments que ces personnes pourraient utiliser.

3 Lesquels des arguments sont-ils rationnels et lesquels viennent de l'émotion?

4 Imaginez-vous à la place de ces personnes et ensuite faites un débat en classe.

6 🖊 **Blog personnel. Écrivez un petit article pour votre blog dans lequel vous parlez de vos espoirs et craintes vis-à-vis de la technologie de l'avenir. Pensez aux enfants de l'avenir.**

UNITÉ **6**

La publicité et la propagande

I: La publicité traditionnelle

- Identifier les différentes sortes de publicité selon le public, le contexte, le message
- Considérer comment la publicité nous manipule
- Identifier comment la publicité fait appel aux secteurs différents du marché
- Considérer les liens entre les mots et les images de la publicité

Réfléchir

- Où voyons-nous des publicités? Faites une liste des endroits où nous avons l'habitude de voir/entendre de la publicité.
- Il semble que la publicité soit partout et existe pour attirer notre attention à un message ou un produit.
- Soyons honnêtes… qui n'a jamais acheté quelque chose à cause de la publicité? Mais quels aspects de la publicité nous ont poussés à dépenser nos sous? Est-ce que nous réagissons tous aux publicités de la même façon? Quelles publicités est-ce que vous avez appréciées? Et quelles sortes de publicité existent?

Le pouvoir des logos

1 Combien de logos de produits français est-ce que vous pourriez décrire? En classe, réfléchissez quelques minutes et ensuite essayez de décrire les logos aux autres sans nommer la compagnie. En un temps spécifié, qui arrive à en décrire le plus grand nombre?

2 Regardez cette image d'une voiture de Formule 1.

   1 Combien de compagnies ont sponsorisé cette équipe de Formule 1?

   2 Pourquoi est-ce que les équipes sportives veulent s'associer avec des sponsors?

   3 Pourquoi, à votre avis, est-ce que ces compagnies ont choisi de s'associer avec ce sport en particulier?

   4 Seriez-vous plus disposé(e) à utiliser une compagnie à cause de ses liens avec un sport en particulier?

Les publicités

3   **Regardez les publicités ci-dessous et considérez les questions.**

1 Quelques questions générales d'abord:
   a) Dans chaque cas, qui est le destinataire du message?
   b) Est-ce que les images vous font rire ou vous font peur?
   c) Est-ce que les publicités exploitent des stéréotypes?
   d) Est-ce que l'on pourrait publier ces publicités n'importe où dans le monde?

2 Et maintenant des questions spécifiques…

Pub numéro 1

   a) Quel est l'effet de l'apparence du chat?
   b) Quelle est l'importance des mots « santé » et « gâté »?

Pub numéro 2

   a) Quels aspects de la publicité reflètent le temps?
   b) Que signifie le mot « Cool »?

Pub numéro 3

a) Que pensez-vous de l'apparence physique de l'homme?
b) Comment voyez-vous sa situation familiale, et pourquoi?
c) Quelle est l'importance du mot « vôtres »?
d) Quelle est l'importance de l'expression « sans engagement »?

Pub numéro 4

a) Selon ce que vous voyez, pour quelles raisons est-ce que ce produit est censé être supérieur?
b) Cette publicité est destinée à qui?
c) Pensez-vous que cette publicité est sexiste?

Pub numéro 5

a) Comment est-ce que cette publicité diffère des autres dans cet exercice?
b) Que pensez-vous des informations données entre parenthèses?
c) Appréciez-vous cette sorte de publicité?
d) Pensez-vous que des gens arrêteraient de fumer après avoir vu une telle publicité?

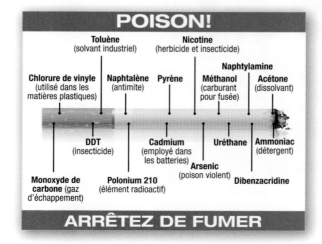

4 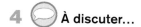 À discuter...

1 À quoi sert la publicité?

2 Que pensez-vous de la publicité pour les cigarettes?

3 Est-ce que la publicité peut nous être utile?

Vocabulaire

affiche (f)
campagne (f) publicitaire
logo (m)
slogan (m)
spot (m) publicitaire

5 ⬭ Choisissez un spot publicitaire que vous pouvez montrer à votre groupe et ensuite complétez les activités. Vous pourriez trouver des spots sur Internet.

6 Ⓥ Lesquels de ces mots pourraient être utilisés pour décrire les spots publicitaires que vous avez regardé ensemble en classe et la façon dont les messages nous sont communiqués?

soleil	coût	intelligence
regret	choc	horreur
envie	heureux	avertissement
peur	loisirs	été
routine	humour	style
beauté	machisme	séduction

Est-ce que les messages des publicités resteront longtemps avec le public ou changeront son comportement? Pourquoi?

7 ✏️ ⬭ Cherchez un spot publicitaire francophone qui a passé à la télévision et préparez une présentation pour votre groupe. Il y a beaucoup de sites web qui pourraient vous aider dans ces recherches. Expliquez comment les créateurs ont cherché à transmettre leur message et évaluez leur succès.

Théorie de la connaissance

Est-ce que nous avons un tronc commun de désirs ciblés par les annonceurs?

II: La publicité et la technologie

- Identifier les nouvelles sources de publicité
- Apprendre comment fonctionne la publicité sur Internet
- Vous familiariser avec le vocabulaire de la publicité

Réfléchir

Nous avons accepté aux pages précédentes que nous ne pouvons pas ignorer la présence de la publicité dans nos villes, dans nos magazines et à la télévision mais, de nos jours, il semble que les publicités nous ciblent même. Sans arrêt maintenant, lorsque nous surfons sur Internet nous ne pouvons pas éviter la publicité. La plupart des sites web sont ornés de bannières pour des compagnies qui cherchent à susciter notre affiliation et qui semblent nous connaître peut-être trop bien.

- Comment se fait-il que les boutiques en ligne arrivent à nous envoyer des suggestions aussi séduisantes pour nos futurs achats/vacances/besoins…?
- Comment est-ce qu'elles réussissent à cibler nos goûts musicaux ou nos préférences sportives?

Vocabulaire

annonce (f)

annonceur (m)

en ligne

moteur (m) de recherche

Données personnelles: gare aux cookies, rois de l'indigestion publicitaire

Petits logiciels invisibles qui se greffent sur l'ordinateur à chaque visite sur internet, les cookies ont pour mission de capter les **1**.......... personnelles des internautes à des fins de ciblage publicitaire, un usage de plus en plus controversé.

«Récemment, j'ai voulu organiser un week-end surprise avec ma copine à Bruxelles et j'ai regardé sur internet pour l'hôtel et la **2**.......... de voiture. Quelques jours plus tard, on était devant l'ordinateur tous les deux et on a vu apparaître des publicités sur la ville et sur Europcar. L'effet de surprise était complètement raté!», raconte Mathieu, jeune architecte d'intérieur parisien.

Comme lui, des millions d'internautes subissent chaque jour ce type de ciblage publicitaire, parfois vécu comme un matraquage ou une **3**.......... .

La Cnil demande des comptes à Google

Google, acteur omniprésent de la recherche sur internet qui tire l'essentiel de ses revenus de la publicité, est souvent montré du doigt. Le groupe est actuellement dans le collimateur de la Commission française de l'informatique et des libertés (Cnil), qui le somme de rendre plus lisible l'utilisation qu'il fait des cookies transitant par ses différents services (messagerie Gmail, réseau social Google+ ou navigateur Chrome…).

Le géant américain a jusqu'à vendredi pour préciser notamment à la Cnil combien de temps il conserve les données **4**.......... et dans quel but.

Depuis le mois d'avril, Google a inséré une courte explication au bas de sa page d'accueil stipulant que «les cookies jouent un rôle important», qu'il les utilise «à diverses fins», et que, sans eux, «l'utilisation du Web pourrait **5**.......... beaucoup plus frustrante».

Par ailleurs, dans un but pédagogique, la Cnil va rendre accessible cet automne au grand public un outil gratuit permettant de visualiser les cookies lors de chaque navigation.

«Il existe plusieurs sortes de cookies, ceux qui sont fonctionnels et permettent de se souvenir de la langue utilisée, et les autres, employés à des fins publicitaires», explique Stéphane Petitcolas, expert informatique à la Cnil.

Vos sites favoris sous surveillance

Ces cookies «permettent de connaître les sites sur lesquels vous avez 6.......... et de savoir votre âge, votre sexe, vos hobbies, etc. et renvoient ces informations à des régies publicitaires en ligne», résume-t-il.

L'outil développé par la Cnil montre par exemple qu'une visite sur un site de e-commerce français fait apparaître pas moins de vingt cookies avant même que la navigation ne commence.

«L'exploitation des cookies peut être faite à l'encontre de l'internaute. Un utilisateur qui se renseigne sur un vol pour Madrid et retourne ensuite sur le même site de voyages pourra se voir proposer un prix majoré artificiellement» pour l'inciter à réserver sans délai son billet au risque de voir les prix grimper davantage, indique David Fayon, auteur de plusieurs ouvrages sur internet.

«Mais il ne faut pas faire de confusion avec la NSA (l'agence de renseignement américaine) qui nous espionne et les cookies sur internet. C'est complètement un autre sujet, là, c'est juste de l'intrusion», relève Romain Gauthier, fondateur de la start-up française Tactads qui veut 7.......... sur le marché une solution originale de ciblage sans cookies.

«L'idéal ce serait un monde sans cookies, tout le monde y travaille mais il n'y a pas encore vraiment de modèle de substitution avéré», croit pourtant un acteur de la publicité sur internet qui souhaite rester anonyme.

Google développerait son propre système de traçage

Selon la presse américaine, même Google plancherait sur la question dans le but de développer son propre système de traçage à partir d'un identifiant rentré par l'internaute. Il évincerait ainsi de ses services les cookies dits «tiers», qui sont déposés par les régies publicitaires, des sites partenaires ou de mesure d'audience.

«Google, qui présente cette solution comme une liberté supplémentaire pour les gens, va en réalité se rendre indispensable pour l'industrie de la publicité. S'il supprime les cookies tiers, Google sera le seul à avoir dans sa main toute cette 8.......... », conclut Romain Gauthier.

www.leprogres.fr

---

1 📖 **Remplissez les blancs dans le texte ci-dessus avec le mot correct choisi dans l'encadré.**

location	intrusion	information	lancer
navigué	s'avérer	données	collectées

2 ✎ **Expliquez en 40 mots ce que sont les cookies.**

3 💬 **Pensez-vous que les utilisateurs d'ordinateurs comprennent les cookies?**

Comment Facebook multiplie-t-il ses sources de revenus?

Facebook fait émerger de nouveaux concepts de business models pour capitaliser sur ses revenus de epublicité.

Ce qu'a inventé Facebook c'est l'achat avec vos amis, le «social shopping».

Vous n'achetez plus seul en ligne, vous le faites en groupe avec votre cercle d'amis. Vous demandez l'avis de vos amis avant d'acheter en envoyant vos photos simulés de vos achats pour obtenir leur consentement: le «j'aime ou je n'aime pas» … ta tenue.

C'est aussi une façon de pouvoir effectuer via le modèle f-commerce un achat de bout en bout, un parcours client en ligne idéal: de la visualisation du produit, aux échanges d'avis, à la mise au panier et au paiement via la monnaie Facebook ou tout simplement grâce à votre carte bleue.

Pour les annonceurs une deuxième voie plus complète à leur site officiel: l'avis du groupe impacte l'achat et ainsi pour certains 20% de leur chiffre d'affaire provient du Facebook commerce. Outre l'aspect financier et CRM, ce que met en avant Facebook dans son applicatif en faveur des entreprises, c'est la possibilité d'essayer avant d'acheter et de demander l'avis des clients à ses «amis» connectés sur Facebook. Ainsi, Levi's a permis en installant une application spécifique de mettre en place des séries de jeans que l'on pouvait envoyer à ses amis pour savoir quelle coupe était la plus «in». C'est ce que l'on appelle l'intelligence sociale. Diesel va même plus loin en installant un miroir dans ses salles d'essayage, avec prise de photos renvoyées à Facebook dans ses magasins et permet d'envoyer les liens à ses amis sur Facebook pour connaitre leurs avis.

L'autre concept révolutionnaire de Facebook est d'avoir intégré les données de tout un chacun sur son mode de vie dans une base de données spécifiques appelée l'Opengraph Protocol. Une base de données gigantesque récupérant certes les inscriptions les plus communes de votre carte d'identité mais pouvant les modifier en temps réel et les répertorier entre différents sites amis liés à Facebook. Un système qui permet de tracer vos goûts même dans un autre site que celui de Facebook grâce aux boutons «j'aime» (ou pas) inscrits dans tous les sites commerciaux enclin à faire rentrer le social shopping dans leur processus de connaissance clients.

Dès que vous décidez d'aller voir un site marchand, que vous vous dites intéressé par une activité en particulier dans votre centre d'intérêt ou bien que vous aimiez un site spécifique: l'Opengraph l'enregistre et permet d'*updater* ses données et pousse les informations auprès de vos amis qui savent en direct quel type de produit a pu vous intéresser. Vous aimiez «Lady Gaga» il y a 6 mois, on vous pousse des «ads» de musique Pop, vous aimez actuellement «Muse», et la publicité sur le dernier concert de «Placebo» vient envahir votre page car il s'agit de la même catégorie de musique: le rock alternatif.

On comprend mieux pourquoi Facebook est valorisé aujourd'hui à plus 70 milliards de dollars (chiffre annoncé de juin 2011).

Facebook a généré en 2010 près de 2 000 millions de dollars soit 158% de plus qu'en 2009. La progression moyenne par année est de 120%. Spectaculaire en l'espace de 6 ans d'activité seulement!

Mais d'où proviennent les revenus de Facebook?

La publicité que vous retrouvez sur votre page (publicité à droite en colonne de votre page d'accueil) suivant vos centres d'intérêts et vos amis, un classique repris de Google. Lorsque vous décidez en tant qu'entreprise, communauté, service, auto-entrepreneur, de faire de la publicité sur Facebook, vous rentrez dans la rubrique *Facebook Ads*, introduisez avec exactitude la cible que vous souhaitez toucher: sexe, genre, âge, types d'intérêts, convictions philosophiques, politiques et configurez vous-même le message et le type de logo et/ou image que vous souhaitez voir apparaitre. Un jeu d'enfant. Une fois votre publicité créée, tous vos amis pourront alors voir apparaitre sur le côté droit la petite publicité réduite à sa plus simple description: une image, une phrase. Puis tous les amis de vos amis qui correspondent à la cible pré-décidée.

Les revenus publicitaires proviennent de plusieurs canaux d'alimentation. La mise en avant des publicités sur les jeux applicatifs spécifiques générés par les développeurs: voilà une autre source de revenu de Facebook. Tout un chacun peut développer des jeux dit «cool», d'utilité à débattre, mais qui permettent de passer le temps: tester votre QI, construire une ville ou une ferme, gagner des points cool. Vous jouez et vous voyez sur cette page deux types de publicités: l'une intégrée dans le jeu lui-même, l'autre à droite dans des liens commerciaux facilement reconnaissable qui engendrent des revenus directement pour Facebook. La publicité représente près de 90% du chiffre d'affaires de Facebook.

www.journaldunet.com

4 🗨 **Imaginez que vous avez lancé une nouvelle boisson gazeuse. Suite à la lecture des deux articles ci-dessus, discutez des possibilités pour faire de la publicité pour ce produit.**

5 📖 **Suite à votre lecture du texte «Comment Facebook multiplie-t-il ses sources de revenus?», répondez à ces questions.**

1 Quelles sortes d'informations est-ce que Facebook utilise pour décider quelles annonces vous présenter?

2 Quel est l'avantage pour Facebook de diffuser des pubs?

3 Que signifient les expressions «social shopping» et «l'intelligence sociale»?

4 Pourquoi est-ce que la publicité que vous voyez sur Facebook n'est pas comme la publicité que vous voyez à la télévision?

5 Comment peut-on modifier les sortes de publicités qui apparaissent?

6 Quel est le lien entre les applis et la publicité?

6 ✏️ **Écrivez un texte pour votre blog. Parlez de vos attitudes envers la publicité sur les réseaux sociaux.**

Rappel

Comment écrire un blog, pages 20 et 27

97

III: La propagande

- Analyser comment la propagande nous manipule
- Considérer les utilisations de la propagande
- Considérer la sémiologie – l'importance du signe

Réfléchir

Liée à la publicité, qui cherche pour la plupart à vendre un produit, est la propagande. Celle-ci cherche plutôt à disséminer un message quelconque. Que signifie pour vous le mot « propagande »?

Parmi les définitions proposées dans le Petit Robert pour le mot « propagande » se trouvent ces mots: « Action exercée sur l'opinion pour l'amener à avoir certaines idées politiques et sociales, à soutenir une politique, un gouvernement, un représentant. »

Que pensez-vous de cette définition?

Et comment réagissez-vous au message des deux citations suivantes?

« La propagande est aux démocraties ce que la violence est aux dictatures. » **Noam Chomsky**

« Toute propagande doit être populaire et placer son niveau spirituel dans la limite des facultés d'assimilation du plus borné parmi ceux auxquels elle doit s'adresser. » **Adolf Hitler**

Comment diriger une démocratie...

Considérons des utilisations de la propagande. En mai 1968 la révolte se répandait partout dans le monde et avait gagné, comme on pourrait s'y attendre, les étudiants européens. Des actions prises par la police contre des étudiants parisiens pour supprimer cet esprit de révolte, jugées excessivement violentes, ont aggravé l'atmosphère à Paris, et bientôt les étudiants et ouvriers manifestaient et faisaient grève partout en France. Les affiches que vous voyez ci-dessous datent de l'époque. Regardez-les et réfléchissez aux questions.

À considérer: Ferdinand de Saussure a étudié la linguistique et la sémiologie et a distingué deux faces pour un signe: le signifiant et le signifié. Le signifiant désigne la représentation mentale de la forme et de l'aspect matériel du signe et le signifié désigne la représentation mentale du concept associé au signe, c'est-à-dire l'interprétation par le récipient d'un message. Les signifiants sur les affiches ci-dessus comprennent des dessins et des mots.

1 📖 **Regardez les affiches en bas de la page précédente et répondez aux questions suivantes.**

1 Que pensez-vous des slogans écrits sur les affiches?

2 Qu'est-ce que vous comprenez par les mots « s'affiche » et « affichent »?

3 Que pensez-vous du verbe conjugué?

4 Quels rapports voyez-vous entre les mots et les dessins que vous voyez? Par exemple, que représentent les éléments des images que vous voyez?

5 Que pensez-vous de l'effet visuel des affiches? Pourquoi ont-elles ce style?

6 Que pensez-vous des couleurs des affiches?

7 À votre avis, est-ce que les définitions et citations que vous avez lues au début de cette section s'appliquent aux affiches de mai '68?

8 Quels sont les moyens de faire de la propagande disponibles aux manifestants de nos jours?

2 📖 **Si cette période de l'histoire française vous intéresse, consultez Fauré Christine, *Mai 68 jour et nuit*, Paris Gallimard, 1998.**

Pourquoi pas chercher d'autres affiches de l'époque!

Et si vous voulez étudier Saussure, vous trouverez son œuvre, *Cours de linguistique générale*, sur Internet. Cette œuvre a été traduite en plusieurs langues.

La propagande

3 📖 **Regardez ces affiches de propagande et répondez aux questions suivantes.**

1 Qui sont, d'après vous, les destinataires des affiches?

2 On ne réagit pas tous aux idées et images de la même façon.
   À votre avis, est-ce que tous les destinataires recevront le message voulu par les créateurs?

3 Parmi ces images, y en a-t-il que vous aimeriez interdire?

4 Que croyez-vous que les annonceurs veulent accomplir avec chaque affiche?

4 ✏️ **Choisissez l'une des deux affiches que vous n'appréciez pas. Écrivez une lettre au journal qui l'a publiée ou au maire de la ville qui l'a affichée. N'oubliez pas que ceci sera une lettre formelle.**

IV: Réseaux sociaux et messages politiques

- Considérer le pouvoir d'Internet pour transmettre des messages politiques
- Discuter les implications du contrôle des réseaux sociaux
- Développer vos capacités à reconnaître des nuances de références dans un texte

Réfléchir

La plupart d'entre nous utilisent les réseaux sociaux pour nous informer des activités de nos amis ou de notre famille. Les distances et les difficultés de distribution d'information sont minimales dans le monde numérique. Mais à ces avantages se joignent silencieusement des menaces de sécurité, des possibilités de surveillance et une transmission d'informations potentiellement dangereuses.

- Dans un monde qui favorise la liberté de l'expression, pensez-vous qu'il faut surveiller l'utilisation d'Internet?
- Et est-ce que le contrôle d'Internet serait possible?

Le contrôle des réseaux sociaux pour éviter les émeutes?

Les réseaux sociaux comme outil de coordination des émeutiers

Les réseaux sociaux sont un outil de coordination idéal pour des émeutiers dispersés et qui ne se connaissent pas forcément. Un exemple marquant est celui du Gang Initiation Day: depuis 2003, chaque dimanche de Pâques, des gangs rivaux se fixent rendez-vous à Times Square à New York pour un affrontement lors d'une sorte d'initiation des futurs membres. Les forces de l'ordre se déploient dans Manhattan pour éviter les confrontations liées à ce rituel annuel. Néanmoins, par des échanges de tweets, les gangs rivaux se communiquent les lieux de présence policière et se donnent de nouveaux lieux de rendez-vous pour s'affronter.

Le filtrage systématique des réseaux sociaux est coûteux

Pour mieux comprendre les émeutes londoniennes d'août 2011, le *Guardian* et la London School of Economics (LSE) ont réalisé une étude sur le rôle des réseaux sociaux dans le déclenchement et le déroulement de ces émeutes. Le 4 août 2011, un homme d'origine africaine de 29 ans résidant dans un quartier pauvre de Londres est abattu par les forces de l'ordre. Faisant suite à un problème similaire avec un jeune Brésilien non armé que la police avait pris pour un terroriste, l'information sur ce nouvel incident concernant un individu ordinaire, ni armé, ni menaçant se répand rapidement sur les réseaux sociaux. La jeunesse londonienne s'enflamme. Deux jours plus tard, les rues de Londres et d'autres villes britanniques sont inondées d'émeutiers qui créent l'anarchie et pillent les magasins.

L'étude souligne l'utilisation massive de Twitter et de Blackberry Messenger par les émeutiers. Les réseaux sociaux facilitent la constitution de flash mob, ou «foule éclair». Une fois constituée, cette «foule éclair» peut atteindre une ampleur telle qu'elle dissuade les forces antiémeutes d'intervenir. Cette étude révèle également un autre élément. Puisque les chercheurs ont eu accès au contenu des messages échangés par les émeutiers, les autorités auraient pu, elles aussi, utiliser ces informations pour contenir toute menace. Comment dès lors expliquer la relative inertie des forces de l'ordre lors de ces évènements?

Au vu des 200 millions de tweets qui sont échangés quotidiennement de par le monde, le coût de filtrage des messages et du traitement de l'information est prohibitif. Ainsi, à l'instar des hooligans se fixant des rendez-vous «éclairs» sans que la police ne <u>les</u> en dissuade, l'analyse coût-bénéfice de la part des autorités ne justifie pas un filtrage fin des échanges sur les réseaux sociaux pour prévenir ce type de pratiques.

Le blocage complet des réseaux sociaux...

Comme le filtrage sélectif des réseaux sociaux peut être trop complexe à mettre en place, une solution alternative est le blocage complet à certains moments critiques. <u>Une telle mesure</u> est globalement coûteuse pour le pays puisqu'elle gêne le commerce électronique, mais ce type de blocage se justifie par l'ampleur de la menace.

...n'est pas forcément efficace

Les sociologues Antonio Casilli et Paola Tubaro soutiennent que le blocage complet des réseaux sociaux augmente paradoxalement le niveau moyen de violence dans une société. Avec un contrôle plus lâche des réseaux sociaux, les expressions de violence seraient – à l'image d'une soupape – plus intenses, mais se produiraient moins souvent. À l'inverse, avec un contrôle plus prononcé des réseaux sociaux, les individus étant incapables de se regrouper, les réactions violentes seraient d'intensité moindre, mais d'une fréquence plus élevée. Au final, la suppression des moyens de coordination comme les réseaux sociaux ne résout pas le problème des émeutes.

Pour une démocratie, la forme et le niveau de contrôle des réseaux sociaux dépendent du type et de la sévérité de la menace. Le blocage complet semble inadapté pour des groupes de petite taille, surtout si leurs revendications n'inquiètent pas directement les autorités. À ce titre, dans la lutte entre les autorités et les émeutiers, la meilleure stratégie n'est pas le blocage de communication, mais la surveillance des communications. L'utilisation des réseaux sociaux pourrait dès lors être risquée pour les émeutiers. En effet, les réseaux sociaux facilitent <u>leur</u> coordination, mais augmentent leur visibilité.

Pour un régime autoritaire, le blocage complet des réseaux sociaux peut être la meilleure réponse des autorités face à une opposition massive, surtout lorsque cette coordination représente une menace pour la survie même du régime. La survie d'un régime autoritaire en Corée du Nord ou en Mongolie témoigne de l'efficacité de ces blocages. <u>Cette stratégie</u> est parfois insuffisante comme pour la révolution égyptienne où les autorités ont bloqué les réseaux sociaux sans pour autant contenir ces mouvements.

http://lecercle.lesechos.fr

1 (V) **Donnez des définitions pour les mots ou expressions suivants.**

1 un émeutier
2 un tweet
3 les réseaux sociaux
4 Blackberry Messenger
5 piller un magasin
6 le filtrage des messages

2 📖 **Répondez aux questions suivantes.**

1 Comment est-ce que les gangs utilisent les réseaux sociaux à New York?

2 Pourquoi est-ce que le *Guardian* et la London School of Economics ont étudié les réseaux sociaux?

3 Qu'est-ce qu'une « foule éclair »?

4 Pourquoi est-ce que les forces de l'ordre ne filtrent pas les messages circulés sur les réseaux sociaux?

5 Quelle est la solution alternative au filtrage des messages?

6 Pourquoi certains sociologues pensent-ils que le blocage des réseaux sociaux n'est pas une façon d'éviter des émeutes?

7 Quelles sont les attitudes différentes envers la surveillance de réseaux sociaux d'une démocratie et d'un régime autoritaire?

8 Quel exemple est cité pour illustrer l'efficacité des blocages complets?

3 📖 Ⓥ **Les mots ci-dessous sont soulignés dans le texte. Quel mot ou expression du texte signifient-ils?**

1 ce rituel annuel

2 les forces de l'ordre

3 les

4 une telle mesure

5 leur

6 cette stratégie

4 💬 **Dans quels sens les réseaux sociaux ont-ils changé l'efficacité de la propagande? Est-ce qu'on est aussi anonyme de nos jours?**

En classe, discutez ces constatations:

● Big Data permet aux autres d'obtenir beaucoup de renseignements sur moi.

● J'aime bien pouvoir contribuer à un forum.

● Internet permet la liberté d'expression.

5 ✏️ **Dessinez une affiche de propagande liée à la question du filtrage ou blocage de réseaux sociaux. Comparez votre affiche avec celles des autres de votre groupe et expliquez pourquoi vous avez utilisé les signes que vous avez choisis. Auriez-vous le courage d'ajouter votre affiche à votre blog?**

Le printemps arabe

6 Regardez l'image en bas de la page précédente. Certains disent qu'elle représente ce qui s'est passé pendant le printemps arabe. Pourquoi?

Mounir Bensalah: Le rôle des réseaux sociaux dans le printemps arabe a été très exagéré, notamment par les médias occidentaux. La révolution Facebook ou Twitter, tel que ces évènements ont été qualifiés, sont un mythe et un fantasme nés de raccourcis journalistiques. Ils ont indéniablement accompagné ce qu'on appelle les révolutions arabes, puisqu'ils ont servi à mobiliser, à informer et à s'informer. Voire à attiser la colère. Ils ont en outre permis d'attirer l'attention des médias étrangers, empêchés de travailler librement dans les pays fermés, et de les alimenter en images. Ils ont également aidé ceux que j'appelle les révoltés solitaires, qui se croyaient seuls au monde, à se regrouper en découvrant que d'autres personnes partageaient leurs sentiments.

Mais les populations des pays arabes ne sont pas descendues dans les rues grâce aux réseaux sociaux, mais elles ont plutôt été poussées à se révolter pour des raisons sociales et politiques. D'ailleurs peu de gens étaient réellement connectés, et beaucoup d'entre eux n'avaient même pas accès à un ordinateur. Le profil type du cyber-activiste utilisant les réseaux sociaux le démontre : il est jeune, âgé entre 18 et 40 ans, citadin, jouissant d'un niveau d'instruction élevé et sensibilisé aux valeurs démocratiques lors d'un passage en Occident. Ce qui exclut une grande partie de la population des pays arabes, maintenue dans la pauvreté par les régimes dictatoriaux.

www.france24.com

7 Dans l'article ci-dessus, Mounir Bensalah dit que le rôle des réseaux sociaux a été exagéré. En vous servant uniquement des informations données dans l'article, complétez l'exercice.

Le rôle des réseaux sociaux selon Mounir Bensalah:

8 Écrivez un article pour votre blog dans lequel vous parlez du pouvoir des réseaux sociaux. Faut-il se méfier de ces réseaux?

PRÉPARATION À L'ÉPREUVE 1

Niveaux moyen et supérieur

Pour l'épreuve 1 vous devez montrer votre compréhension de textes écrits: quatre textes au niveau moyen et cinq textes au niveau supérieur (dont l'un est un texte plus littéraire). L'épreuve 1 dure 1 heure 30 minutes.

Texte A: Les Français ne voient pas les stéréotypes

À quelques jours de la Journée internationale de la femme, un sondage du Laboratoire de l'Égalité et de Mediaprism met le doigt sur les clichés sexistes véhiculés dans la publicité et sur la perception qu'en ont les Français. Paradoxalement, alors qu'ils les réprouvent, ces derniers sont incapables de les déceler spontanément.

67%: c'est la [−**5**−] des Français qui affirment mettre «souvent» (32%) ou «de temps en temps» le doigt sur des stéréotypes sexistes dans les pages des magazines ou les déceler dans certaines campagnes de communication, selon un sondage du Laboratoire de l'Égalité et de Mediaprism, diffusé par le *Huffington Post*. Des clichés que les sondés sont 74% à réprouver alors que paradoxalement, rares sont ceux qui parviennent à identifier spontanément des éléments sexistes dans un message publicitaire montrant une femme nue sans raison apparente ou faisant du shopping, la cuisine ou le [−**6**−], par exemple.

Ainsi, devant une campagne de communication véhiculant des clichés sexistes, seuls 12% des personnes interrogées ont été immédiatement interpellées par les stéréotypes que cette dernière contenait. «Lorsqu'on leur a demandé de se pencher un peu plus sur la publicité et de dire s'ils remarquaient quelque chose de spécial, la proportion des personnes chez qui ça a fait «tilt» est montée à 20%», note le *Huffington Post*. Et d'ajouter: «enfin, quand Mediaprism leur a demandé s'ils voyaient une [−**7**−] sexiste, ils ont été seulement 37% à le repérer».

«Ces réactions spontanées montrent que les stéréotypes sont aujourd'hui banalisés et même intériorisés et qu'il faut tomber dans la caricature pour que cela interpelle spécifiquement», analyse l'étude. Pour Françoise Vouillot, psychologue et maîtresse de conférences à l'Institut national d'étude du travail et d'orientation professionnelle, cette incapacité à déceler les clichés est due à l'éducation. «Nous ne sommes pas sensibilisés à l'école ni ailleurs à repérer ces stéréotypes. Au contraire, on nous apprend les inégalités depuis tout petit: les petites filles sont autorisées à se plaindre alors qu'on apprend aux garçons à contenir leurs émotions. Et au final, on nous apprend que le masculin vaut plus que le féminin», analyse-t-elle.

www.terrafemina.com

En vous basant sur l'ensemble du texte, répondez aux questions suivantes.

1 **Dans le texte, trouvez des synonymes des mots ou expressions suivants.**

A une enquête

B stéréotypés

C identifier

D publié

E communiquant

F par contre

G dès l'enfance

H est plus important

2 **Lesquelles de ces phrases ne représentent pas le message du texte?**

  A Les Français ne reconnaissent pas toujours le sexisme dans la publicité.

  B Le gouvernement français veut abolir le sexisme dans la publicité.

  C Les Français pensent qu'ils sont capables de reconnaître le sexisme dans la publicité.

  D Les écoles renforcent les stéréotypes sexistes.

  E Les clichés aident à vendre des produits.

3 **À qui ou à quoi se réfère l'expression «ces derniers» dans le premier paragraphe?**

4 **Laquelle de ces expressions correspond le mieux à «ça a fait «tilt»» dans le troisième paragraphe?**

  A ça énerve

  B c'était déroutant

  C cela est devenu clair

  D c'était choquant

  E ils ont mal compris

Les questions 5 à 7 se réfèrent aux lignes 6 à 20 du texte. Ajoutez les mots qui manquent en les choisissant dans la liste proposée ci-dessous.

allusion	couple	numéro	personne
chiffres	ménage	part	sport

Texte B: Hadopi[1] souhaite faire de la propagande en introduisant dans le B2i les dangers du téléchargement

1 Quoi que puissent penser actuellement l'industrie culturelle et la Hadopi, aujourd'hui de nombreux internautes téléchargent et ne sont pas prêts à payer pour une offre n'apportant pas de valeur ajoutée, voire même des limitations dans la lecture des contenus, par rapport à des œuvres téléchargées sur le Net.

2 Comment faire pour modifier ces (mauvaises?) habitudes? Tenter de modifier les comportements de la génération qui est née avec la popularisation d'internet en intégrant un peu de propagande dans le Brevet informatique et internet, généralement passé au collège ou au lycée.

3 Ainsi la Hadopi a lancé un gros appel d'offres à 30 000 € (bah oui, c'est la crise après tout) portant sur «*l'étude des perceptions et des pratiques de consommation des «Digital Natives» en matière de biens culturels dématérialisés*».

4 Le but non avoué de cette étude? La réalisation d'un vieux projet de la Hadopi de faire de la propagande pour ces idées auprès des jeunes dès le collège: «*Comme il est essentiel de faire ressortir le lien entre création artistique et téléchargement, cette information aura lieu d'ordinaire dans le cadre de l'enseignement artistique. Les collégiens préparant le B2i, Brevet informatique et internet, recevront également, de la part d'enseignants préalablement sensibilisés, une information sur les dangers du téléchargement et de la mise à disposition illicites d'œuvres culturelles pour la création, et sur l'existence de l'offre légale.*»

5   Qu'est-ce que j'aurais aimé avoir des cours d'histoire de l'art ou d'art plastique avec des enseignements comme quoi *télécharger, c'est pas bien*, le tout avec des lectures publiques interdites dans la bibliothèque du collège sous peine de dommages et intérêts reversés aux ayant droit…

6   On essaie de nous faire accepter dès le plus jeune âge le fait que la culture doit être contrôlée par de puissantes entreprises privées, capables des pires bassesses, de détourner les systèmes de lutte contre le téléchargement pour censurer les critiques négatives des albums de musique et en utilisant certaines œuvres comme des brevets.

7   Il n'y a que moi qui arrive à prédire que ce genre de projet est voué à coup sûr vers un échec certain?

www.nikopik.com

[1] Acronyme de la Haute Autorité pour la diffusion des œuvres et la protection des droits sur internet

Parmi les affirmations dans la colonne de droite, choisissez celle qui résume le mieux chaque paragraphe du texte. Indiquez les lettres correspondantes dans les cases.

Exemple: *Paragraphe 1*   [A]

1	**Paragraphe 2**	☐
2	**Paragraphe 4**	☐
3	**Paragraphe 6**	☐
4	**Paragraphe 7**	☐

> A   *Télécharger légalement coûte cher.*
> B   Télécharger des informations est la meilleure façon de faire des recherches.
> C   Ce projet ne réussira pas.
> D   Il ne sera pas facile de changer l'attitude des jeunes qui maîtrisent la technologie.
> E   Hadopi cherche à souligner la nécessité de reconnaître les droits d'auteur et les effets néfastes du piratage.
> F   Les gens n'hésitent pas à télécharger sans payer.
> G   On peut être puni si on télécharge des informations illégales.
> H   Hadopi est en charge des bibliothèques scolaires.
> I   Les idées de Hadopi mènent au contrôle de la culture.

En vous basant sur l'ensemble du texte, répondez aux questions suivantes.

5   **Quelle expression du paragraphe 5 exprime le mieux le message de « propagande » dont parle l'auteur?**

6   **Les phrases « bah oui, c'est la crise après tout », au paragraphe 3, et « Le but non avoué de cette étude? », au paragraphe 4, expriment l'attitude de l'auteur. Lequel de ces adjectifs décrit le mieux son attitude?**

   A   déçue   D   optimiste

   B   inquiète   E   agressive

   C   sarcastique

7   **Qu'est-ce que le B2i (paragraphe 4)?**

   A   un logiciel   C   une loi

   B   un diplôme   D   un ordinateur

Texte C: Twitter: L'action démarre en fanfare

L'action Twitter a bondi de près de 80% par rapport à son cours d'introduction dans les minutes suivant son début de cotation à New York. Le titre était échangé à 46,44 dollars à 15h52 GMT, soit un [−2−] de 78,62% comparé au prix de 26 dollars qui avait été fixé mercredi soir.

Cette entrée en Bourse était la plus [−3−] aux États-Unis depuis celle l'an dernier de son plus grand concurrent Facebook. Twitter a introduit jeudi 70 millions d'actions sur le New York Stock Exchange (NYSE) où elles s'échangent sous le symbole «TWTR».

1,82 milliard de dollars levés

L'opération a permis à Twitter de lever 1,82 milliard, un montant qui pourra monter jusqu'à 2,1 milliards en cas d'exercice d'une option de surallocation valable 30 jours et portant sur 10,5 millions de titres supplémentaires.

C'est loin des 16 milliards de dollars levés en mai 2012 par Facebook, qui détient le record de la plus grosse introduction en Bourse dans le secteur [−4−] aux États-Unis.

Au niveau de Google

Mais Twitter fait jeu à peu près égal avec le [−5−] de l'internet Google qui occupe pour l'instant la deuxième place avec 1,92 milliard de dollars récoltés en août 2004, selon des données du [−6−] de recherche Dealogic.

www.ouest-france.fr

1 De quel genre de texte s'agit-il?

A un rapport présenté aux employés de Twitter

B un article de la section financière d'un journal

C un texte pour encourager des gens à acheter des actions

D un texte qui critique l'importance des réseaux sociaux

Les questions 2 à 6 se réfèrent à l'ensemble du texte. Ajoutez les mots qui manquent dans le texte en les choisissant dans la liste proposée ci-dessous.

attendue	cabinet	compagnie	logiciel	technologique
bond	commerce	géant	réseau	vendue

Les affirmations suivantes sont soit vraies soit fausses. Cochez la réponse correcte. Justifiez vos réponses en utilisant des mots du texte.

	VRAI	FAUX
7 Beaucoup de gens s'intéressaient à la vente des actions Twitter. *Justification:* _____	☐	☐
8 L'action de Twitter s'est mieux vendue que prévu. *Justification:* _____	☐	☐
9 Twitter a gagné plus d'argent que Facebook. *Justification:* _____	☐	☐
10 Twitter vaut beaucoup plus que Google. *Justification:* _____	☐	☐
11 Entre Twitter, Google et Facebook, Google est l'entreprise la mieux cotée. *Justification:* _____	☐	☐

Texte D: Acide sulfurique

1 *Dernier avatar de la téléréalité, l'émission «Concentration» scandalise les journaux et affole l'Audimat. Son contenu: dans un camp, des anonymes jouent le rôle de kapo et font subir les pires outrages, jusqu'à la mort, à d'autres inconnus. Au sein de ces arènes modernes, la très sadique kapo Zdena est fascinée par une belle prisonnière, une certaine Pannonique, devenue CKZ 114. L'avenir du petit écran imaginé par Amélie Nothomb.*

2 Ce matin-là, Pannonique était partie se promener au Jardin des Plantes. Les organisateurs vinrent et passèrent le parc au peigne fin. La jeune fille se retrouva dans un camion.

3 C'était avant la première émission: les gens ne savaient pas encore ce qui allait leur arriver. Ils s'indignaient. A la gare, on les entassa dans un wagon à bestiaux. Pannonique vit qu'on les filmait: plusieurs caméras les escortaient qui ne perdaient pas une miette de leur angoisse.

4 Elle comprit alors que leur révolte non seulement ne servirait à rien, mais serait télégénique. Elle resta donc de marbre pendant le long voyage. Autour d'elle pleuraient des enfants, grondaient des adultes, suffoquaient des vieillards.

5 On les débarqua dans un camp semblable à ceux pas si anciens des déportations nazies, à une notoire exception près: des caméras de surveillance étaient installées partout.

6 Aucune qualification n'était nécessaire pour être organisateur. Les chefs faisaient défiler les candidats et retenaient ceux qui avaient «les visages les plus significatifs». Il fallait ensuite répondre à des questionnaires de comportement.

7 Zdena fut reçue, qui n'avait jamais réussi aucun examen de sa vie. Elle en conçut une grande fierté. Désormais, elle pourrait dire qu'elle travaillait à la télévision. A vingt ans, sans études, un premier emploi: son entourage allait enfin cesser de se moquer d'elle. On lui expliqua les principes de l'émission. Les responsables lui demandèrent si cela la choquait.

– Non. C'est fort, répondit-elle.

Pensif, le chasseur de têtes lui dit que c'était exactement ça.

– C'est ce que veulent les gens, ajouta-t-il. Le chiqué, le mièvre, c'est fini.

8 Elle satisfit à d'autres tests où elle prouva qu'elle était capable de frapper des inconnus, de hurler des insultes gratuites, d'imposer son autorité, de ne pas se laisser émouvoir par des plaintes.

– Ce qui compte, c'est le respect du public, dit un responsable. Aucun spectateur ne mérite notre mépris.

9 Zdena approuva.

Le poste de kapo lui fut attribué.

– On vous appellera la kapo Zdena, lui dit-on. Le terme militaire lui plut.

– Tu as de la gueule, kapo Zdena, lança-t-elle à son reflet dans le miroir.

Elle ne remarquait déjà plus qu'elle était filmée.

10 Les journaux ne parlèrent plus que de cela. Les éditoriaux flambèrent, les grandes consciences tempêtèrent.

Le public, lui, en redemanda, dès la première diffusion. L'émission, qui s'appelait sobrement «Concentration», obtint une audience record. Jamais on n'avait eu prise si directe sur l'horreur. «Il se passe quelque chose», disaient les gens.

Ce texte est extrait d'Acide sulfurique d'Amélie Nothomb.
© Albin Michel

Choisissez la définition qui convient le mieux.

1 **Que signifie le mot « sadique » dans le premier paragraphe?**

A vaniteuse

B qui aime faire souffrir les autres

C triste

D qui aime étudier les gens

2 **Que signifie le mot « télégénique » dans le quatrième paragraphe?**

A qui n'a encore jamais été diffusé

B qui passe bien à la télévision

C dont la diffusion est interdite

D qui est typiquement diffusé à la télévision

3 Que signifie l'expression «avoir de la gueule» dans le neuvième paragraphe?

A être laid

B avoir de l'allure

C être courageux

D être intelligent

Cherchez dans le texte les expressions utilisées pour les idées suivantes.

4 Ils ont minutieusement cherché dans le parc.

5 Les caméras ont tout filmé.

6 Zdena espère qu'elle sera enfin respectée.

7 On parlait beaucoup de l'émission dans les journaux.

8 Ceci est un moment important dans l'histoire.

Répondez aux questions suivantes.

9 Que signifie «CKZ 114»?

10 Comment les organisateurs ont-ils été sélectionnés?

11 Pourquoi est-ce que Zdena était fière?

12 Qu'est-ce qui est le plus important selon le responsable (paragraphe 8)?

PRÉPARATION À L'ÉPREUVE 2

Les étudiants du niveau moyen doivent compléter uniquement une rédaction de la section A. Les étudiants du niveau supérieur doivent compléter une rédaction de la section A et une rédaction de la section B.

Niveau moyen: Section A

Choisissez *une* des tâches suivantes. Écrivez entre 250 et 400 mots.

1 **Sciences et technologie**

Votre école a décidé de distribuer une tablette à tous les élèves afin de les aider en classe. Écrivez une lettre du directeur de l'établissement aux parents d'élèves pour présenter cette idée.

2 **Loisirs**

L'une de vos camarades de classe utilise un réseau social pour intimider une autre élève. Sur votre blog, donnez votre avis à ce sujet.

Niveau supérieur: Section B

Pour l'épreuve 2, vous répondrez à une question seulement, mais dans ce livre, nous vous proposons plusieurs questions pour vous aider à vous préparer.

Exprimez votre opinion personnelle sur les thèmes suivants, et justifiez votre avis. Choisissez un des types de texte étudiés en classe. Écrivez entre 150 et 250 mots.

● «Nous avons besoin de la publicité pour nous informer.»

● «Les réseaux sociaux nous empêchent d'avoir de vraies amitiés.»

● «Nous sommes victimes des médias.»

● «La téléréalité»

LITTÉRATURE

Kiffe Kiffe demain (2004)

Faïza Guène est une auteure et réalisatrice française. Née en 1985 à Bobigny en région parisienne de parents d'origine maghrébine, elle est surtout connue pour ses deux romans à succès: *Kiffe Kiffe demain* et *Du rêve pour les oufs*. Elle réalisa également plusieurs courts-métrages mais ce fut après avoir obtenu une subvention du Centre national du cinéma à 18 ans qu'elle réalisa *Rien que des mots* en 2004, dans lequel elle fera même jouer sa mère.

Elle grandit à Pantin, dans la banlieue Nord-est de Paris dit sensible. Enfant précoce et douée, elle est éduquée au collège Jean Jaurès puis au lycée Marcelin Berthelot. Elle commença à étudier la sociologie à l'université Paris VII à Saint-Denis qu'elle abandonna pour se lancer dans l'écriture à plein temps.

C'est alors qu'elle commence à écrire *Kiffe Kiffe demain*, écriture qu'elle considère de loisir, rédigé «au stylo plume sur des feuilles de classeur». Elle le montre au professeur de français responsable de l'atelier d'écriture, qui l'envoie à la maison d'édition Hachette Livre sans en avertir l'auteure.

Kiffe Kiffe demain est publié en 2004 alors que Guène n'a que 19 ans. Ce livre a été vendu à plus de 200 000 exemplaires et a été traduit dans 22 langues différentes. Son deuxième livre *Du rêve pour les oufs* est sorti en août 2006.

Le livre

L'auteure reste toujours très proche de ses héroïnes: mêmes origines, même génération, même style, ce qui a beaucoup intrigué. Pourtant, il s'agit bel et bien d'une œuvre de fiction qui cherche à représenter une réalité sociale plus que tout.

Kiffe Kiffe demain n'est guère qu'une simple œuvre d'observation, c'est une œuvre de plume et une talentueuse narration. Voilà pourquoi ce livre est aujourd'hui au programme de certains cours de français.

Ses protagonistes nous font toucher du doigt une réalité, la réalité de vivre dans une cité. Une vie à la fois tendre mais aussi sans concessions. L'écriture est maîtrisée, la construction parfaite, les mots sonnent juste dans un langage qui est le sien et le message passe.

C'est lundi et comme tous les lundis, je suis allée chez Mme Burlaud. Mme Burlaud, elle est vieille, elle est moche et elle sent le Parapoux. Elle est inoffensive mais quelquefois, elle m'inquiète vraiment. Aujourd'hui, elle m'a sorti de son tiroir du bas une collection d'images bizarres, des grosses taches qui ressemblaient à du vomi séché. Elle m'a demandé à quoi ça me faisait penser. Je lui ai dit et elle m'a fixée de ses yeux globuleux en remuant la tête comme les petits chiens mécaniques à l'arrière des voitures.

C'est le lycée qui m'a envoyée chez elle. Les profs, entre deux grèves, se sont dit que j'avais besoin de voir quelqu'un parce qu'ils me trouvaient renfermée… Peut-être qu'ils ont raison, je m'en fous, j'y vais. C'est remboursé par la Sécu.

Je crois que je suis comme ça depuis que mon père est parti. Il est parti loin. Il est retourné au Maroc épouser une autre femme sûrement plus jeune et plus féconde que ma mère. Après moi, Maman n'a plus réussi à avoir d'enfant. Pourtant, elle a essayé longtemps. Quand je pense qu'il y a des filles qui font pas exprès de tomber enceintes du premier coup… Papa, il voulait un fils. Pour sa fierté, son nom, l'honneur de la famille et je suppose encore plein d'autres raisons stupides. Mais il n'a eu qu'un enfant et c'était une fille. Moi. Disons que je correspondais pas tout à fait au désir du client. Et le problème, c'est que ça se passe pas comme à Carrefour: y a pas de service après-vente. Alors un jour, le barbu, il a dû se rendre compte que ça servait à rien d'essayer avec ma mère et il s'est cassé. Comme ça, sans prévenir. Tout ce dont je me souviens, c'est que je regardais un épisode de la saison 4 de *X-Files* que j'avais loué au vidéo club d'en bas de ma rue. La porte a claqué. À la fenêtre, j'ai vu un taxi gris qui s'en allait. C'est tout. Ça fait plus de six mois maintenant. Elle doit déjà être enceinte la paysanne qu'il a épousée. Ensuite, je sais exactement comment ça va se passer: sept jours après l'accouchement, ils vont célébrer le baptême et y inviter tout le village. Un orchestre de vieux cheikhs avec leurs tambours en peau de chameau viendra spécialement pour l'occasion. À lui, ça va lui coûter une vraie fortune – tout l'argent de sa retraite d'ouvrier chez Renault. Et puis, ils égorgeront un énorme mouton pour donner un prénom au bébé. Ce sera Mohamed. Dix contre un.

Quand Mme Burlaud me demande si mon père me manque, je réponds «non» mais elle me croit pas. Elle est perspicace comme meuf. De toute façon, c'est pas grave, ma mère est là. Enfin, elle est présente physiquement. Parce que dans sa tête, elle est ailleurs, encore plus loin que mon père.

Faïza Guène

1 **Lisez le texte ci-dessus et répondez aux questions suivantes.**

1 Que pensez-vous du style de l'écriture?
2 Trouvez une expression familière qui signifie:
   a) il est parti
   b) femme
3 Qui est Mme Burlaud? Justifiez votre réponse.
4 Pourquoi le père est-il parti?
5 D'après vous, comment le vit l'héroïne, qui s'appelle Doria? Justifiez votre réponse.
6 Qui sont «le barbu» et «la paysanne»? Pourquoi les appelle-t-elle ainsi?
7 Quelle relation la jeune fille a-t-elle avec sa mère?
8 Qu'est-ce que ce premier chapitre nous apprend sur les familles marocaines traditionnelles?
9 Pouvez-vous imaginez la mère de Doria? Quel genre de mère est-elle?
10 En vous basant sur cet extrait, expliquez comment Doria voit l'avenir.

2 **Discussion: Pensez-vous que la vie de famille de Doria reflète une vie de famille «traditionnelle»?**

3 **Rédigez le compte-rendu que Mme Burlaud doit écrire au lycée au sujet de sa séance avec Doria. Mme Burlaud doit décrire l'état psychologique de Doria et expliquer son comportement.**

Écrivez un compte-rendu d'au moins 200 mots.

Comment rédiger un compte-rendu

1 Titre
   • votre identité: nom, prénom
   • la date de la réunion, du débat, de la conférence, etc.
   • le nom de la personne à qui s'adresse ce compte-rendu
   • le titre ou le sujet de l'intervention

2 L'introduction
   • Quel est le problème abordé?
   • Qui est concerné?
   • Où?
   • Quand?
   • Que s'est-il passé précédemment à ce sujet?
   • Pourquoi ce sujet est-il abordé?

3 Le développement
   • Il retrace les faits dans l'ordre chronologique.
   • Il résume tous les arguments et tous les échanges entre les intervenants.
   • Il doit être objectif.

4 La conclusion
   • la décision finale (s'il y en a une) de la réunion
   • l'heure de la fin de la réunion
   • les suites éventuelles qui sont prévues

Prose du Transsibérien[1] et de la petite Jehanne de France[2] (1913)

Blaise Cendrars (1887-1961) est un écrivain français d'origine suisse. Dans sa jeunesse, il a voyagé en Russie, en Chine, en Inde et au Brésil. Il a exercé plusieurs métiers littéraires: poète, romancier, reporter de guerre, et son œuvre est définie par le voyage, l'aventure et la découverte du monde moderne, le tout dans un style rêveur et surréaliste.

1   En ce temps-là j'étais en mon adolescence
J'avais à peine seize ans et je ne me souvenais
déjà plus de mon enfance
J'étais à 16.000 lieues du lieu de ma naissance
J'étais à Moscou, dans la ville des mille et trois
clochers et des sept gares
Et je n'avais pas assez des sept gares et des mille
et trois tours
Car mon adolescence était si ardente et si folle
Que mon cœur, tour à tour, brûlait comme le
temple d'Éphèse[3] ou comme la Place Rouge de
Moscou
Quand le soleil se couche.
Et mes yeux éclairaient des voies anciennes.
Et j'étais déjà si mauvais poète
Que je ne savais pas aller jusqu'au bout.

2   Le Kremlin était comme un immense gâteau
tartare
Croustillé d'or,
Avec les grandes amandes des cathédrales toutes
blanches
Et l'or mielleux des cloches…

3   Un vieux moine me lisait la légende de Novgorode
J'avais soif
Et je déchiffrais des caractères cunéiformes
Puis, tout à coup, les pigeons du Saint-Esprit
s'envolaient sur la place
Et mes mains s'envolaient aussi, avec des
bruissements d'albatros
Et ceci, c'était les dernières réminiscences du
dernier jour

Du tout dernier voyage
Et de la mer.

4   Pourtant, j'étais fort mauvais poète.
Je ne savais pas aller jusqu'au bout.
J'avais faim
Et tous les jours et toutes les femmes dans les
cafés et tous les verres
J'aurais voulu les boire et les casser
Et toutes les vitrines et toutes les rues
Et toutes les maisons et toutes les vies
Et toutes les roues des fiacres qui tournaient en
tourbillon sur les mauvais pavés
J'aurais voulu les plonger dans une fournaise[4] de
glaives[5]
Et j'aurais voulu broyer tous les os
Et arracher toutes les langues
Et liquéfier tous ces grands corps étranges et nus
sous les vêtements qui m'affolent…
Je pressentais la venue du grand Christ rouge de la
révolution russe…
Et le soleil était une mauvaise plaie
Qui s'ouvrait comme un brasier […]

[1] train qui relie Moscou à Vladivostok sur 9 288 kilomètres
[2] Jeanne d'Arc
[3] une des plus anciennes et plus importantes cités byzantines; le temple d'Éphèse, dédié à Artémis, comptait parmi les Sept merveilles du monde avant sa destruction par le feu en 356 av.J.-C.
[4] un incendie violent
[5] une épée courte et large

4   📖 **Lisez le texte ci-dessus et répondez aux questions suivantes.**

1   En quoi consiste la contradiction entre le premier mot du titre et son contenu? Quel est l'effet de cette contradiction?

2   Quels sont les deux adjectifs employés par l'auteur pour décrire son adolescence?

3   Que pense le jeune poète de son propre talent poétique?

4 Quel mot dans la deuxième strophe signifie «relatif à un peuple d'Asie centrale»?

5 Quel mot dans la troisième strophe signifie «conte»?

6 Dans cette strophe, à quoi se réfèrent «des caractères cunéiformes»?

7 Dans la quatrième strophe, quel est l'effet de la répétition du mot «toutes»?

8 Dans cette strophe, quels sont les quatre verbes à l'infinitif qui décrivent les actes de violence imaginés par l'auteur?

9 Que veut dire «Je pressentais la venue du grand Christ rouge de la révolution russe…»?
   a) L'auteur voulait provoquer une révolution en Russie.
   b) L'auteur devinait qu'il y aurait une révolution en Russie.
   c) L'auteur prévoyait l'arrivée de Jésus-Christ en Russie.

10 Décrivez votre réaction personnelle devant la dernière image de ce poème.

5 Analysez ce poème avec un(e) partenaire en considérant les éléments suivants:
- le «je» poétique
- les chiffres
- les mots de couleur
- les jeux de mots
- le rythme
- les images vives et violentes
- le message
- le style filmique
- les thèmes (le voyage et l'adolescence)

NIVEAU SUPÉRIEUR

Travail écrit

Vous aussi, vous êtes allé(e) en Russie et vous y avez rencontré ce poète adolescent si plein d'ardeur et d'exaltation. Il vous a décrit sa vision de Moscou ainsi que ses idées sur la poésie. Ceci vous a fait une forte impression. En rentrant chez vous ce jour-là, vous écrivez une page dans votre journal intime. Vous y racontez votre expérience et votre réaction à cette rencontre.

Comment écrire

Un journal intime

Un journal intime exprime des sentiments personnels, donc le récit peut comporter du langage vif et expressif, pour faire savoir vos émotions du cœur. Mais n'oubliez pas les éléments habituels tels que la date, le dialogue interne et les mots en majuscules ou soulignés.

L'environnement

I: Les écosystèmes en danger

- Adapter et manipuler la langue
- Exprimer un souhait et faire des suggestions
- Écrire une page de site Internet

Réfléchir

Un quiz sur les écosystèmes:

1 Un écosystème, c'est…
- **a)** le complexe dynamique formé d'êtres vivants et de leurs environnements respectifs
- **b)** le complexe dynamique formé de végétaux et de forêts tropicales
- **c)** le complexe dynamique formé d'espèces aquatiques et d'océans

2 Le terme écosystème a été utilisé pour la première fois en…
- **a)** 1935
- **b)** 1945
- **c)** 1965

3 L'ensemble des êtres vivants d'un écosystème est appelé…
- **a)** le biotope
- **b)** la biocénose
- **c)** la biodiversité

4 Les écosystèmes permettent de…
- **a)** détruire la pollution atmosphérique générée par les activités humaines
- **b)** produire de l'énergie nucléaire
- **c)** maintenir l'équilibre écologique des milieux naturels

5 Le pourcentage de récifs coralliens des Caraïbes qui pourraient disparaître d'ici 2060 est de…
- **a)** 10 %
- **b)** 50 %
- **c)** 80 %

6 Selon vous, quelles sont aujourd'hui les menaces qui pèsent sur les écosystèmes?

Les écosystèmes les plus menacés

Tous les milieux ne sont pas exposés aux mêmes dangers: certains ont été profondément bouleversés par l'homme, voire détruits, alors que d'autres ne subissent que des perturbations marginales.

Péril dans la demeure

Aucun milieu naturel n'échappe entièrement à l'action de l'homme. Certains écosystèmes sont particulièrement menacés parce qu'ils sont très convoités ou parce que leur capacité à se régénérer est faible. Une biodiversité importante ne confère pas nécessairement au milieu un intérêt économique, mais ce sont malheureusement souvent les milieux les plus riches qui subissent les plus grands dommages. Il en est ainsi des forêts tropicales: exploitées pour l'exportation des bois précieux et défrichées par les paysans, elles ne parviennent pas à se reconstituer spontanément une fois détruites.

Les coraux et la vie d'eau douce en danger

Les récifs coralliens sont victimes du pillage (pêche à la dynamite et au cyanure, notamment) et frappés par des maladies destructrices, vraisemblablement liées en partie aux rejets polluants (le corail ne tolère que les eaux cristallines) et au réchauffement mondial des océans. La plus connue est le blanchiment. Depuis quinze ans, ce phénomène s'amplifie sur les récifs du monde entier; ceux des Caraïbes sont déjà touchés à 60%! De même, la vie en eau douce souffre des comportements de l'homme. Divers déchets plus ou moins toxiques sont simplement déversés dans les courants; le ruissellement des pluies emporte dans les cours d'eau les substances résiduelles de l'agriculture moderne (pesticides, engrais, effluents d'élevage). Or, la capacité de dilution des fleuves, des rivières et des lacs est très limitée.

Les écosystèmes des zones humides sont aussi vulnérables: à la limite entre le milieu terrestre et aquatique (tourbières, marécages, mangroves…), elles sont souvent considérées comme stériles et insalubres, alors qu'elles hébergent beaucoup d'espèces et jouent un rôle écologique essentiel dans la régulation des flux. On tend à les convertir en « zones productives »: drainées ou comblées, elles forment des parcelles agricoles ou industrielles. Les inondations récentes en Europe ne sont peut-être pas étrangères à ces pratiques.

Les mangroves sont des forêts amphibies côtières dont le rôle de pouponnière est primordial pour les poissons, crustacés et mollusques, aux premiers stades de leur existence.

Les zones polaires ne sont pas épargnées

La biodiversité spécifique y est certes particulièrement basse; néanmoins, on trouve dans ces régions de grands mammifères (ours polaires, phoques, morses et cétacés divers), des invertébrés aquatiques, beaucoup d'oiseaux et de poissons. Or la pêche industrielle et la pollution atmosphérique générée par l'activité industrielle (dioxines, mercure…) qui parvient à gagner ces territoires créent de sérieux dégâts. Et le réchauffement climatique global a déjà de graves incidences: les populations de manchots empereurs de l'Antarctique ont ainsi diminué de plus de 50% durant les vingt-cinq dernières années à la suite du réchauffement de l'océan Austral.

Les ours polaires, comme tous les grands carnivores situés au sommet de la pyramide alimentaire, concentrent dans leur organisme beaucoup de polluants résultant des activités humaines (dioxines, mercure, pesticides…).

Forêts et plantations

Il y a sur la planète plus d'un million de kilomètres carrés de plantations forestières, qui sont généralement des alignements d'arbres d'une même variété, à croissance rapide (eucalyptus et pins principalement, peupliers…). Certes, ces plantations s'acquittent de tâches écologiques (régulation de l'eau, fixation des sols, stockage du carbone…), fournissent du bois à l'industrie et soulagent les forêts anciennes d'une partie de la pression économique qui s'exerce sur elles. Mais leur biodiversité est très inférieure à celle des forêts qu'elles remplacent.

www.editions-larousse.fr

1 **Lisez le texte et faites une liste de vocabulaire clé.**

Réécrivez votre propre texte en réutilisant le vocabulaire clé.

2 **Traduisez les phrases ci-dessous dans votre langue.**

1   Il aurait fallu limiter les quotas de pêche.

2   Les responsables politiques mondiaux auraient pu endoctriner l'opinion publique plus énergiquement.

3   Toute pollution générée par l'activité humaine aurait dû être taxée lourdement depuis des années.

4   Il faudrait s'unir au niveau planétaire pour protéger toutes les espèces en voie de disparition.

5   Nous pourrions être exposés quotidiennement aux conséquences de la destruction des écosystèmes.

6   Les écologistes devraient se mobiliser pour promouvoir une action commune.

Grammaire

Falloir

"Falloir" est un verbe impersonnel, c'est à dire qu'il ne se conjugue qu'à la 3ème personne du singulier.
Il peut être suivi d'un infinitif, d'un subjonctif ou d'un nom.

Quand "falloir" est suivi d'un infinitif ou d'un nom, il peut être utilisé avec un pronom d'objet indirect pour indiquer qui ou quoi:

Il leur aurait fallu être plus vigilants.

À quoi ressemblerait un supermarché sans les abeilles?

Vous avez des pommes, des courgettes, des oignons et des carottes sur votre liste pour le prochain saut au supermarché? Perdu, repassez plus tard. Dans une campagne repérée par *The Huffington Post*, la chaîne de distribution américaine Whole Foods, en partenariat avec l'organisme de protection des animaux The Xerces Society, rappelle à notre bon souvenir que sans les abeilles sur terre, nous n'aurions plus grand-chose à nous mettre sous la dent.

Plus de fruits, de légumes, ni de café

En réalité un tiers de notre nourriture dépend des abeilles. Cela concerne trois catégories: les fruits, les légumes et les stimulants (café, cacao).

Sauf que depuis quelques années, elles ont eu la mauvaise idée de mourir un peu aux quatre coins de la planète, les abeilles. Aux États-Unis, le site Quartz titrait en mai dernier que l'Amérique était «à un mauvais hiver du désastre alimentaire, la faute aux abeilles qui meurent». D'après le journaliste Todd Woody, le déclin des abeilles pourrait coûter 30 milliards de dollars au pays.

Polliniser à la main

En Chine on est riche… En main d'œuvre. C'est pourquoi la situation n'inquiète pas franchement. **X**........., dans certaines régions de l'Empire du Milieu, il n'y a plus une seule abeille qui survit. **Y**........., les paysans emploient des petites mains bien patientes pour polliniser les fleurs. **Z**........., ils louent des ruches qu'ils posent quelques heures dans leurs champs. Mais on sait déjà que tout cela ne suffira pas.

En Europe, on légifère. La classe de pesticides accusés depuis les années 1990 de trucider les abeilles, les néonicotinoïdes, ont été bannis par l'UE en avril dernier, et ce pour au moins deux ans.

Les scientifiques s'activent et tentent de trouver des solutions, comme créer une banque de sperme pour abeilles. Mais un monde sans abeilles semble se dessiner malgré tout.

Sachez qu'à notre petite échelle d'humain, tout n'est pas perdu. Le site Share The Buzz vous dit quoi faire en 9 points… Au hasard:
- Choisir des marques qui financent la préservation des abeilles
- Planter des fleurs que les abeilles aiment bien dans son jardin (et surtout différentes sortes, par exemple: colza, tournesol, luzerne)
- N'utilisez pas de pesticides
- Soyez la babysitter d'une ruche au fond de votre jardin.

www.slate.fr

3 📖 **Lisez le texte et répondez aux questions.**

1 Le ton de cet article se veut:
   a) rassurant
   b) humoristique
   c) sérieux
   d) je m'en foutiste

2 Dans le premier paragraphe, trouvez les expressions qui signifient:
   a) une rapide visite à venir dans une grande surface
   b) fait remarquer poliment
   c) plus rien d'intéressant à consommer

3 Qu'est-ce qui pourrait définitivement disparaître de notre alimentation si les abeilles venaient à cesser d'exister complètement?

4 Dans le premier paragraphe de la section "Polliniser à la main", faites correspondre X, Y et Z avec les expressions suivantes:
   a) à défaut
   b) du coup
   c) pourtant

5 Expliquez avec vos propres mots ce que vous comprenez par "En Europe, on légifère".

6 Comment les scientifiques comptent-ils enrayer le problème?

7 Comment pouvons-nous aider à notre niveau selon l'article?

4 ✏️ **Vous travaillez pour écosystèmes.fr. Il vous faut créer un site web qui appelle à l'action et promeut l'aide aux écosystèmes.**

Pour vous aider vous pouvez vous référer au lien:
www.eco-systemes.fr/recyclage-les-telephones-portables.php.

Théorie de la connaissance

Peut-on croire tout ce qu'on lit? Comment évaluer la véracité de nos lectures?

Est-ce important quand on apprend?

II: Le changement climatique, une réalité?

- Comprendre et utiliser la langue pour exprimer ses opinions sur le thème du changement climatique
- S'entraîner à lire pour comprendre le message principal
- Exprimer le doute et utiliser le subjonctif

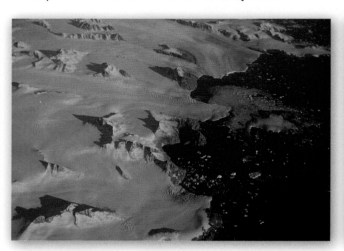

Réfléchir

Trouvez l'intrus!

1 Les changements climatiques sont mesurés par les changements dans une gamme d'indicateurs du climat:
   a) vent
   b) précipitations
   c) horaire

2 Durant la plus grande partie de l'histoire de la Terre, les périodes de changement climatique étaient dues à des processus naturels:
   a) les gaz à effet de serre
   b) l'activité volcanique
   c) l'intensité des rayons du soleil

3 L'activité humaine est maintenant devenue la principale cause des récents changements climatiques:
   a) le brûlage de combustibles fossiles
   b) la canicule
   c) le déboisement

4 Les concentrations atmosphériques des principaux gaz à effet de serre, comme…
   a) le dioxyde de carbone
   b) le méthane
   c) le pétrole
   …ont considérablement augmenté par suite de l'activité humaine.

www.climatechange.gc.ca

1 📖 Ⓥ **Complétez les paragraphes suivants en utilisant les mots dans les encadrés.**

> glissements   incendies   réchauffement   ruisseaux

1   Dans la région pacifique du Canada, le **a)**.......... de l'air pourrait entraîner des sécheresses dans les zones méridionales côtières et intérieures, causer des **b)**.......... de terrain, réduire le débit des rivières et des **c)**.......... , rendre les forêts plus sèches et plus vulnérables aux insectes ravageurs, aux maladies et aux **d)**.......... , en plus de menacer les espèces sauvages terrestres et marines.

> feux de forêt   hausse   mortelles   écosystème

2   Dans la région de la forêt boréale du Canada, un temps plus chaud et plus sec pourrait modifier l' **a)**.......... , prolongeant de plusieurs semaines la saison des **b)**.......... , déclenchant des « incendies monstres » fréquents et graves, et doublant la superficie détruite chaque année. La **c)**.......... des températures pourrait donner lieu à des attaques plus fréquentes et **d)**.......... d'insectes ravageurs.

> épaisseur   espèces   climatologistes   glace

3   Dans la région de l'océan Arctique du Canada, à mesure que les températures augmenteront, les **a)**.......... prévoient non seulement le rétrécissement de la toundra arctique, mais aussi le rétrécissement de la glace marine de l'Arctique. Cette plate-forme gelée fait partie intégrante de la vie d'une grande diversité d'**b)**.......... comme le morse, le phoque et l'ours blanc qui se nourrissent, voyagent et se reproduisent sur cette vaste étendue. Les algues qui vivent sous la **c)**.......... marine constituent la base du réseau trophique marin polaire qui nourrit le plancton, les copépodes, les poissons, les oiseaux de mer et les mammifères. L'**d)**.......... moyenne de la glace marine a diminué de 40 % au cours des trois dernières décennies, mettant en danger l'avenir de ce réseau de vie.

www.cwf-fcf.org

2 Ⓥ **Six des expressions suivantes sont correctes. Lesquelles?**

1   faire planer un doute
2   insinuer le doute en quelqu'un
3   douter à quelque chose
4   ne faire aucun doute
5   donner le bénéfice du doute
6   il n'y a pas l'ombre d'un doute
7   cesser d'un doute
8   être saisi d'un doute
9   se laisser envahir par le doute
10 être noirci dans le doute

3 ⒼComplétez les phrases suivantes. Faut-il utiliser le subjonctif?

1 Je doute fortement que…

2 Je suis certain(e) que…

3 Je ne suis pas sûr(e) que…

4 Je ne crois vraiment pas que…

5 Je sais que…

6 Je me doute bien que…

7 Il ne me semble pas que…

8 Il est fort probable que…

4 ⒼComplétez les phrases suivantes en choisissant le verbe qui convient.

1 Nous ne doutons pas qu'elle (peut | peuve | puisse) y arriver.

2 Pour y arriver, il faut que tu le (veuilles | veut | voudrais).

3 Appelle-nous pour que nous le (faisons | faisions | fassions) ensemble.

4 Je ne suis pas convaincue qu'il (doit | doive | devait) accepter cette offre.

5 Je ne pense pas qu'elle (sache | save | sait) le convaincre.

Grammaire

Tout verbe qui implique le doute, l'incertitude ou l'incrédulité est suivi du subjonctif.

Rappel

Subjonctif, pages 50, 80-81

Observation!

Notez la différence de signification entre "je doute que" et "je me doute que". "Douter" signifie "avoir des doutes" alors que "se douter" signifie "supposer". Employé avec "bien", "se douter" signifie "être certain".

Les enjeux des changements climatiques en Afrique

Depuis 2008, les pays d'Afrique intensifient leurs efforts visant à former une coalition pour les négociations en cours sur le changement climatique. A Copenhague, en ce moment même, ils s'efforcent de faire valoir leur point de vue, leurs préoccupations et leurs attentes.

L'Afrique est très vulnérable. Les bouleversements climatiques compromettent les conditions de vie des populations sur un continent déjà victime de la pauvreté, de la dégradation des écosystèmes et des troubles civils et sociaux. Plus de 40% des Africains vivent dans l'extrême pauvreté et, parmi eux, 70% vivent dans les zones rurales, subsistant essentiellement grâce à l'agriculture. Les changements climatiques touchent les agriculteurs, du Sahel jusqu'aux hautes terres du Lesotho. Ils pourraient provoquer l'apparition de nouvelles épidémies propagées par les moustiques dans des pays comme le Kenya et l'Ouganda. La fréquence des tempêtes et des inondations pourrait entraîner la destruction des infrastructures de base et des habitations à Madagascar, au Mozambique et dans de nombreuses autres régions côtières.

Tout projet d'accord global sur les questions climatiques doit comporter des dispositions favorisant le développement des pays africains et d'autres régions en développement. Il est également acquis que le développement économique et humain du continent africain ne peut plus être envisagé sur le modèle des pays déjà développés, fortement émetteurs de gaz à effet de serre.

Un accord comme celui-ci doit également permettre d'évaluer la manière dont le continent peut lui-même contribuer à la solution de ses problèmes. L'Afrique n'est pas la cause des changements climatiques car elle ne produit que 3,8 % de la totalité des émissions de gaz à effet de serre dans le monde, et ce depuis très peu de temps seulement. En outre, sa capacité à participer à la lutte contre les changements climatiques est généralement ignorée ou sous-estimée. Sa couverture forestière, par exemple, retient 20 % de la totalité du gaz carbonique absorbé par les arbres dans le monde. Quant aux sols fertiles du continent, ils contiennent une part tout aussi élevée du CO_2 mondial produit par l'agriculture.

L'Afrique tient donc une place essentielle dans la réalisation des objectifs de Copenhague. Les accords qui remplaceront le protocole de Kyoto, en 2012, devraient inclure le transfert de nouveaux capitaux aux pays en développement, ce qui constituerait une source majeure de développement. Par conséquent, la gestion des changements climatiques offre aux pays africains une chance unique de gagner sur tous les terrains: atténuation des effets du réchauffement, adaptation et développement avec un accès plus vaste à l'énergie, une sécurité alimentaire plus solide et une meilleure prévention des crises et des conflits.

Compte tenu du fait que plus de 70 % des émissions de gaz à effet de serre proviennent des comportements et des investissements réalisés au niveau local, le rôle des collectivités territoriales est déterminant. Leurs stratégies devront s'articuler avec celles des gouvernements nationaux. Dans cette perspective, l'établissement d'un fonds destiné à renforcer les capacités des pays en développement pour qu'ils élaborent eux-mêmes et mettent en œuvre des mesures d'atténuation et d'adaptation constitue l'une des premières priorités à Copenhague.

Tegegnework Gettu est directeur du bureau régional pour l'Afrique du programme des Nations unies pour le développement.

www.lemonde.fr

5 📖 **Lisez attentivement l'éditorial ci-dessus de Tegegnework Gettu. Résumez-en les idées principales sous forme de notes. Pour débuter:**
- **Les pays d'Afrique essaient de s'unifier dans leur lutte contre les problèmes environnementaux.**
- **Les changements climatiques affectent profondément un continent déjà défavorisé.**

6 ✏️ **Vous êtes journaliste au journal *Le Monde*. Votre mission est de couvrir les négociations entreprises à Copenhague au sujet du réchauffement climatique en Afrique. Vous interviewez Tegegnework Gettu, directeur du bureau régional pour l'Afrique. Écrivez 400 mots.**

Rappel

Comment écrire une interview, page 17

III: Le nucléaire

- S'entraîner à la compréhension orale et utiliser des documents audio
- Analyser un texte
- Argumenter un débat

Réfléchir

EDF, premier électricien nucléaire mondial, gère en France un parc de production nucléaire composé de 58 unités de production réparties sur 19 sites. Le parc produit en moyenne 410 milliards de kWh par an et assure plus de 87 % de la production d'électricité d'EDF qui propose ainsi à ses clients un kWh parmi les plus compétitifs d'Europe.

La France est la deuxième puissance électro-nucléaire au monde derrière les États-Unis.
- Peut-on se passer de l'énergie nucléaire?
- Le nucléaire est-il sûr?

1 **(V)** **Ces noms sont-ils féminins ou masculins?**

production	sûreté	conception	norme
déchet	centrale	rejet	sécurité
radioactivité	uranium	coût	déconstruction
réacteur	maintenance	stockage	autorité de sûreté nucléaire

2 **(🎧)** **Écoutez le passage «Tout savoir sur le nucléaire» puis répondez aux** **Piste 7** **questions suivantes.**

1 Comment fonctionne une centrale nucléaire?

2 Combien de centrales nucléaires y a-t-il en France?

3 Quels sont les autres moyens pour produire de l'électricité?

4 Pourquoi la France utilise-t-elle majoritairement le nucléaire pour produire de l'électricité?

5 Est-il possible de se passer complètement du nucléaire?

6 Est-il dangereux de vivre à proximité d'une centrale nucléaire?

L'énergie nucléaire est-elle nécessaire?

Un système centralisé

Pourquoi gardons-nous le nucléaire en France et dans d'autres pays, vu que le nucléaire ne représente qu'une partie très minoritaire de l'énergie mondiale consommée? Même en augmentant significativement cette proportion, cela ne changera pas grand chose sur la production de gaz carbonique. Plusieurs facteurs expliquent notre attitude vis-à-vis du nucléaire: il est évident que pour la France, toute l'énergie d'origine nucléaire produite remplace avantageusement le pétrole ou le gaz que l'on aurait dû importer à grand frais avec en plus les risques d'embargo pour une raison ou une autre. L'industrie du nucléaire est de haute technologie, elle permet à des grands groupes d'avoir un monopole sur ce segment industriel. La France a un système politique, administratif et industriel très centralisé. Notre balance commerciale a besoin de grands groupes pour assurer nos revenus à l'exportation tels que l'automobile, l'aviation, l'espace, l'agriculture, les TGV, etc.

Peut-on sortir du nucléaire en France? Certainement oui, l'Allemagne est en train de le faire, et a mis toutes ses forces pour réussir. Ce pays est maintenant exportateur net d'électricité! La France peut faire de même, mais cela prendra plusieurs décennies. C'est un choix politique et industriel.

Une catastrophe nucléaire peut-elle se produire en France? Evidemment oui, bien que cela soit très peu probable. Quand l'accident de Three Miles Island s'est produit, personne ne pensait que cela pouvait se produire, pas plus qu'à Tchernobyl ou au Japon. Comme dans tout accident, il se produit quelque chose d'imprévu: une faute de conception ou une erreur humaine. Par exemple depuis plus de cent ans les trains circulent en France, et on connaît bien tous les risques d'accidents possibles, et pourtant il s'en produit encore, bien que très rarement. Quand les centrales nucléaires ont été construites, on a calculé que la probabilité de la chute d'un gros avion sur une centrale était quasi négligeable. Cela était et est toujours vrai, sauf qu'en 2001, on a vu que des terroristes pouvaient très bien intentionnellement diriger un avion sur une centrale. À ce jour, aucune centrale n'est capable de résister à un tel choc.

La seule question que l'on peut se poser est de savoir si nous acceptons ce risque, avec ses avantages et ses inconvénients.

Jean-Paul Biberian, maître de conférences de physique à l'Université d'Aix-Marseille

www.lemonde.fr

3 📖 **Lisez le texte ci-dessus et classez les idées recueillies en Pour ou Contre le nucléaire.**

Mettez en ordre d'importance les arguments pour ou contre le nucléaire tirés du texte:

D'un côté...   *D'un autre côté...*

Puis structurez ces arguments de façon cohérente.

De l'acide chlorhydrique dans la Moselle après une fuite à la centrale de Cattenom

Plusieurs dizaines de mètres cubes d'acide chlorhydrique se sont déversés dans le sol de la centrale nucléaire de Cattenom, puis ont été rejetés dans la Moselle du fait d'un tuyau d'évacuation manquant, a-t-on appris vendredi 16 août d'EDF.

Une importante fuite d'un robinet est à l'origine de l'incident, qui s'est déroulé le 23 juillet. Environ 58 m^3 d'acide chlorhydrique ont été recueillis dans une rétention, avant d'être évacués vers le réfrigérant atmosphérique d'un réacteur par une tuyauterie.

"Mais l'exploitant de la centrale, EDF, a constaté qu'il manquait le tronçon final de cette tuyauterie. En conséquence, l'acide chlorhydrique, au lieu d'être transféré vers le réfrigérant atmosphérique, s'est infiltré dans le sol", a constaté l'Autorité de sûreté nucléaire (ASN), qui a mené une inspection le 6 août, au terme de laquelle elle a pointé un "écart notable".

"Une partie de l'acide rejeté a été récupérée dans les eaux souterraines puis rejetée dans la Moselle par les voies de rejet normales de l'installation", a encore indiqué l'Autorité dans un communiqué diffusé sur son site.

"Pas d'impact sur l'environnement externe", selon EDF

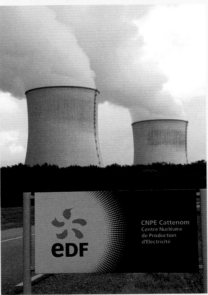

Sollicitée par l'Agence France-presse, la direction de la centrale s'est refusée à tout commentaire et à toute explication quant à l'absence du tronçon de tuyauterie. Selon EDF, "ces effluents correspondent à moins de 1 % de l'autorisation annuelle de rejets et n'ont pas eu d'impact sur l'environnement externe".

L'acide chlorhydrique, un "produit corrosif non toxique", selon l'ASN, permet de traiter l'eau du circuit de refroidissement, correspondant à la partie non nucléaire des installations, contre la formation de tartre. L'"écart" correspond au niveau 0 sur l'échelle internationale des événements nucléaires, l'ASN ayant notamment souligné que l'incident ne concernait "ni la sûreté de l'installation ni la radioprotection".

Avec ses quatre réacteurs de 1 300 mégawatts, mis en service entre 1986 et 1992, Cattenom est la septième centrale au monde en puissance installée, et la deuxième en France pour sa production d'électricité. Implantée à 5 km de Thionville, elle emploie 1 200 salariés et 300 prestataires permanents.

www.lemonde.fr

4 📖 **Lisez le texte à la page précédente puis analysez-le en répondant aux questions suivantes.**

1 De quel genre de texte s'agit-il? Justifiez votre réponse.

2 À quelle audience ce texte s'adresse-t-il? Justifiez votre réponse.

3 Dans quel but ce texte a-t-il été écrit?

4 Quel est le registre de ce texte? Et pourquoi l'auteur a-t-il choisi ce registre?

5 Quel impact le style de ce texte a-t-il sur le lecteur? Expliquez votre réponse.

6 Quel est le message de ce texte?

5 💬 **Débat: Pour ou contre le nucléaire?**

Stratégies pour parler

Débattre
1 Donnez votre opinion.
2 Illustrez vos arguments.
3 Exprimez une objection.
4 Concluez votre argumentation.

Comment parler pour débattre

- Quant à moi, je crois que…
- …me fournit l'occasion d'exprimer…
- Ce n'est pas la première fois que ce sujet est débattu et cela a toujours ressemblé à…
- À première vue…
- A priori…
- Je commencerai par…
- Si je vous ai bien compris,…
- Il est insensé d'affirmer une telle chose.
- Il faut bien se rendre à l'évidence.
- Ma conclusion se résume en deux points…
- Tout au long de ce débat, j'ai clairement démontré que…
- Dire que…et que…, j'ai prouvé le contraire.

IV: Changer les habitudes

- Développer des stratégies pour la lecture chronométrée et l'auto-évaluation
- Résumer un texte efficacement

Agissons pour le développement durable!

Bougez autrement! Semaine Européenne de la mobilité

Jardiniers amateurs: les pesticides apprenons à nous en passer.

Bien choisir son poisson, c'est bon pour la mer.

Respirez mieux, l'étiquette vous guide!

Réglage de température...ne refusons pas les saisons!

Réfléchir

- Expliquez les slogans ci-dessus.
- Inventez d'autres slogans publicitaires.
- Selon vous, ces journées d'action sont-elles vraiment efficaces?

1 Lisez les trois textes extraits du journal *Le Monde* en 20 minutes. Résumez les idées principales de chacun de ces textes en 100 mots.

Rappel

Stratégies pour lire — Comment aborder un long texte, page 41

Stratégies pour écrire

La technique du résumé

Il faut réécrire avec ses propres mots le texte de départ, en préservant l'essentiel de l'information qu'il véhicule, tout en le condensant à environ 25% de son volume original.

1 **La compréhension:** avant de pouvoir résumer un texte, il faut l'avoir bien compris.
2 **L'analyse:** pour résumer, il faut extraire du texte les idées principales.
3 **La synthèse et la rigueur:** pour bien résumer, il faut distinguer l'essentiel du secondaire et du superflu, et l'exprimer de manière concise sans toutefois en dénaturer le sens.
4 **Le sens de l'équilibre:** un bon résumé reflète fidèlement l'importance des divers éléments du texte d'origine.
5 **Le sens de l'organisation et de l'articulation:** un bon résumé doit montrer de façon très claire et très efficace comment les idées ou les arguments s'enchaînent.
6 **La manipulation du langage:** le résumé doit exprimer les idées d'un texte sans se limiter à fournir un collage de phrases qui en sont extraites. Il doit être à la fois original dans la forme, et conforme dans le fond.

Se chauffer grâce à l'énergie des serveurs informatiques

Chauffer des bâtiments grâce aux ordinateurs. L'idée émerge face au développement rapide des data centers, ces usines du numérique dont les puissants serveurs informatiques émettent tellement de chaleur que leurs opérateurs peinent à s'en débarrasser. À l'échelle européenne, la Commission estimait en 2008 que les centres de données consommaient 56 milliards de kilowatts, dont la moitié pour refroidir les bâtiments.

Jusqu'ici, cette énergie était tout simplement évacuée dans l'air au moyen de différents systèmes de climatisation. Mais depuis quelques années, des initiatives de récupération et réutilisation de ces calories sont mises en place pour chauffer des logements, des bureaux, des usines, des piscines ou même des serres végétales.

C'est le cas, à petite échelle, à Amsterdam, aux Pays-Bas, où l'université a accès à de l'eau chaude gratuite provenant du data center de l'opérateur Equinix, qui partage son campus. En France, à Roubaix (Nord), les cinq centres de données d'OVH, le leader français de l'hébergement, chauffent aussi gratuitement les bureaux de l'entreprise, ainsi que quelques firmes voisines. Le data center de l'opérateur britannique Global Switch alimente également une serre tropicale dédiée à la production des fleurs de la ville de Clichy (Hauts-de-Seine). Autre exemple: à Uitikon, en Suisse, une piscine publique est chauffée avec un centre de données d'IBM.

Réseau de chauffage urbain

Mais l'expérience la plus large, en Europe, se déroule dans le parc d'activités de Val d'Europe, à Marne-La-Vallée (Seine-et-Marne), tout près du parc Eurodisney, une zone en développement d'une surface prévue de 180 hectares (dont 40 ha aujourd'hui bâtis).

Depuis septembre, la chaleur émise par le data center voisin de la banque Natixis est récupérée pour alimenter un réseau de chauffage urbain. Comment? L'eau chaude des condenseurs des systèmes de climatisation est récupérée par des échangeurs thermiques, puis distribuée sur le réseau via une centrale de production d'énergie. Au final, ce système fait circuler une eau à 55 °C dans un réseau de 4 km de canalisations, auquel doivent être raccordés différents bâtiments.

Pour l'instant, un centre aquatique et une pépinière d'une quinzaine d'entreprises s'y sont connectés. "On est aussi en train de raccorder deux hôtels près du parc Eurodisney. D'ici à deux ou trois ans, une centaine de logements locatifs devraient faire de même", indique Jean-Philippe Buisson, directeur Ile-de-France de Dalkia, filiale de Veolia Environnement et EDF, à l'origine de l'expérimentation.

5 400 tonnes de CO_2 économisées

À terme, le data center fournira 26 millions de kilowattheures par an, à même d'alimenter en chauffage et en eau chaude sanitaire 600 000 m² de bâtiments. "Cela permettra d'économiser annuellement le rejet de 5 400 tonnes de CO_2, soit les émissions entraînées par 5 000 voitures chaque année", se félicite Jean-Philippe Buisson.

Contrairement aux autres expériences menées à plus petite échelle ailleurs en Europe, ce chauffage n'est pas gratuit. "Nous avons investi 4 millions d'euros dans le projet, justifie M. Buisson. Ce chauffage revient aux clients 8 centimes le kWh, soit un prix inférieur au chauffage électrique, mais un peu supérieur à une installation au gaz ou au fioul. C'est toutefois une énergie décarbonée, dont le prix n'augmentera pas plus que l'inflation, contrairement au gaz."

www.lemonde.fr

La première éolienne à voile inaugurée en France

Des voiles qui se creusent et se tendent au gré des vents. Il ne s'agit pas d'un bateau, mais du premier prototype d'éolienne à voile, inauguré samedi 15 juin à Grande-Synthe, près de Dunkerque (Nord), tout près du littoral de la mer du Nord. Installée dans le jardin du Stadium de la ville, cette éolienne lui permettra de devenir le "premier stade de France à énergie positive", selon le maire.

Le principe est simple: un axe vertical de 20 mètres, sur lequel sont accrochées douze voiles en forme de deltas, à géométrie variable, qui offrent une surface totale de prise au vent de 200 m².

"Comme un marin sur son bateau", l'exploitant adapte la surface de la voile et donne l'angle nécessaire pour mieux prendre le vent, raconte à l'AFP Charles Sarrazin, ingénieur-mécanicien de formation, aujourd'hui président du bureau d'études VoiléO, qui développe le concept depuis cinq ans en partenariat avec l'École des mines de Douai, l'École nationale supérieure des arts et industries textiles de Roubaix et l'université de Lille-I.

Limiter la pollution visuelle

Parmi les avantages: sa faible hauteur la dispense d'un permis de construire (les éoliennes classiques mesurent entre 100 et 150 mètres) et est censée limiter la pollution visuelle; sa construction n'a pas besoin de béton et elle est facile à transporter. Ses voiles en toile doivent également réduire les nuisances sonores par rapport aux pales. Son coût, de 180 000 euros, est lui aussi moins important que celui des éoliennes classiques (environ 2 millions d'euros).

Reste un argument de taille, qui empêche pour l'instant de la comparer totalement aux grandes éoliennes: sa capacité de production, de 75 kilowatts (kW), s'avère 30 à 40 fois inférieure à celle des turbines classiques (entre 2 et 3 mégawatts – MW). Les futurs modèles pourraient toutefois monter jusqu'à 300 kW, espère VoiléO. Principaux clients visés: les collectivités locales, les entreprises, les agriculteurs ou même des industriels qui veulent produire l'électricité pour la revendre.

"Il est encourageant de voir que le secteur de l'énergie éolienne produit de nouvelles techniques régulièrement. Mais ce prototype est pour l'instant davantage en concurrence avec les éoliennes domestiques [d'une puissance comprise entre 100 watts et 50 kW] que les grandes turbines, prévient Marion Lettry, chargée de l'éolien au Syndicat des énergies renouvelables. Il faut aussi voir combien d'années les voiles pourront tenir, et leur résistance aux forts vents."

www.lemonde.fr

GiraDora, la machine à laver à pédale qui change la vie

Économiser du temps, de l'argent et de l'eau tout en améliorant le confort et la santé, tel est le défi auquel répond GiraDora, une machine à laver portable qui fonctionne à l'huile de genou.

Son prix? Quarante dollars. Une opportunité dans les pays les plus pauvres!

Un engin malin

Conçue par deux étudiants en design, Alex Cabunoc et Ji A You, la GiraDora permet de laver et d'essorer le linge par simple activation d'une pédale. Il suffit de remplir ce tube en plastique d'eau et de savon, de le recouvrir d'un couvercle sur lequel on s'assoit pour ensuite l'activer avec son pied.

Dans les pays en développement, le manque d'électricité et de moyens rendent cette tâche ménagère horriblement longue (jusqu'à six heures par jour, trois à cinq jours par semaine) et pénible (il faut laver chaque vêtement un à un, souvent dans une position rude pour le dos).

Ainsi, on évite le mal de dos et de poignets et on a les mains libres pour faire autre chose! Les vêtements sont lavés en un seul et même chargement, et cela ouvre même de nouvelles opportunités - comme la possibilité de vendre des services de blanchisserie, ou de louer la machine.

De belles perspectives

Actuellement le produit est testé au Pérou.

Si les expériences se révèlent concluantes, Alex Cabunoc et Ji A You pensent que leur machine pourra être diffusée plus largement en Amérique du Sud, puis peut-être ensuite en Inde. En cinq ans, ils espèrent aider 150 000 personnes, leur objectif ultime étant d'atteindre le million d'usagers.

L'innovation a déjà remporté le Défi de l'innovation sociale lancé par Dell et le prix de l'International Design Excellence Awards.

http://alternatives.blog.lemonde.fr

2 En groupe, discutez des trois textes ci-dessus et échangez vos opinions personnelles.

Pour vous guider:

- **Quelle est votre réaction à de telles innovations?**
- **Comment pensez-vous que ces innovations vont être reçues en général?**
- **Réagiriez-vous différemment si vous habitiez une autre partie du globe?**
- **Pensez-vous que ces innovations sont réellement viables?**
- **Selon vous, quel est le meilleur moyen de sensibiliser l'opinion publique?**

NIVEAU SUPÉRIEUR

Production écrite (Épreuve 2: section B)

Exprimez et justifiez votre opinion personnelle sur la réflexion ci-dessous.

Choisissez un des types de texte étudiés en classe. Écrivez entre 150 et 250 mots.

«Tous les petits gestes comptent», on nous le répète suffisamment.

L'action individuelle est-elle réellement efficace?

UNITÉ **8**

Les droits et les responsabilités

I: Les droits de l'homme

● Considérer l'importance et les implications des droits de l'homme

● Développer vos capacités pour le débat

● Vous informer sur les inégalités dans le monde

> **Réfléchir**
>
>
>
> Avant d'aller plus loin, selon vous, quels sont les droits les plus importants? Discutez les droits en classe et essayez de donner des exemples de situations où ces droits ne sont pas respectés.
>
> Suite aux atrocités de la Seconde Guerre mondiale, l'Organisation des Nations Unies a été fondée en 1945. Le 10 décembre 1948, au Palais de Chaillot à Paris, les 58 États Membres des Nations Unies ont adopté la Déclaration universelle des droits de l'homme. Cette déclaration était censée assurer que les horreurs vécues par des millions de gens pendant la guerre ne pourraient jamais se reproduire.

La Déclaration des droits de l'homme

1 (**V**) **Tous les mots nécessaires sont ici pour formuler l'Article premier de la Déclaration des droits de l'homme. Est-ce que vous pouvez le reconstruire?**

> Tous de les humains fraternité libres doivent et égaux autres en dignité et en. Ils doués de raison et conscience naissent et agir les uns sont envers les dans droits un esprit de êtres.

2 Ayant reconstitué l'article, discutez-le en classe. Est-ce que l'article décrit la situation de tous les habitants du monde?

3 Consultez les trente articles de la Déclaration universelle des droits de l'homme sur le site web des Nations Unies (*www.un.org/fr/documents/ udhr/index2.shtml*), puis discutez les quatre cas en haut de la page suivante.

● **Est-ce que les situations des personnes mentionnées sont conformes à la déclaration?**

● **Quels droits sont en question ici?**

● **Quels conseils donneriez-vous à ces personnes?**

Faites des jeux de rôles en classe pour explorer ces situations. Pour vous aider, regardez les expressions données dans l'encadré "Comment présenter vos arguments" à la page suivante.

1 Marie et Mohammed travaillent à la caisse dans un supermarché. Ils ont commencé le même jour et ils ont le même âge. Marie vient d'apprendre que Mohammed est payé 50 centimes de plus qu'elle de l'heure. Son patron lui dit qu'il ne changera rien.

2 Micha habite à Paris mais sans papiers. Hier soir on lui a volé son sac à main qui contenait tout l'argent qu'elle avait gagné en espèces en travaillant comme femme de ménage pour plusieurs familles riches. La police ne veut pas l'aider.

3 À l'université la direction a annoncé qu'elle n'autorisera plus de réunions de groupes religieux sur le campus. Beaucoup d'étudiants organisent une manifestation pour protester mais la direction l'interdit.

4 Annie est handicapée et doit se servir d'un fauteuil roulant. Elle a posé sa candidature pour étudier l'histoire à l'université de «x» mais la section d'histoire est au troisième étage et il n'y a pas d'ascenseur dans le bâtiment, classé historique, de la fac. L'université rejette alors sa candidature.

Comment présenter vos arguments

Pour contredire

- Au contraire
- Pas du tout
- Je ne suis pas d'accord
- Mais non…
- C'est ridicule
- Ceci dit…
- Néanmoins
- Cependant
- Pourtant
- Ce n'est pas le cas
- On ne peut pas dire ça, parce que
- Vous avez tort

Pour proposer une idée

- À mon avis
- Je pense que
- Je trouve que
- Il me semble que
- Selon…
- On voit bien que…

Pour renforcer une idée

- En plus
- En outre
- De plus
- Je cite en exemple
- N'oublions pas que…
- Par ailleurs
- Pour apporter de l'eau à mon moulin…
- Pour illustrer…

4 Imaginez que vous êtes l'une des victimes des scénarios ci-dessus. Écrivez une page de votre journal intime où vous parlez de votre situation.

L'ONU

L'Organisation des Nations Unies a été fondée en 1945, après la Seconde Guerre mondiale, par 51 pays déterminés à maintenir la paix et la sécurité internationales. Pour ce faire, les pays ont décidé d'une Charte qu'ils ont signée le 26 juin 1945. En voici le Préambule:

NOUS, PEUPLES DES NATIONS UNIES, RÉSOLUS

- à préserver les générations futures du fléau de la guerre qui deux fois en l'espace d'une vie humaine a infligé à l'humanité d'indicibles souffrances,
- à proclamer à nouveau notre foi dans les droits fondamentaux de l'homme, dans la dignité et la valeur de la personne humaine, dans l'égalité de droits des hommes et des femmes, ainsi que des nations, grandes et petites,
- à créer les conditions nécessaires au maintien de la justice et du respect des obligations nées des traités et autres sources du droit international,

- à favoriser le progrès social et instaurer de meilleures conditions de vie dans une liberté plus grande,
  ET À CES FINS
- à pratiquer la tolérance, à vivre en paix l'un avec l'autre dans un esprit de bon voisinage,
- à unir nos forces pour maintenir la paix et la sécurité internationales,
- à accepter des principes et instituer des méthodes garantissant qu'il ne sera pas fait usage de la force des armes, sauf dans l'intérêt commun,
- à recourir aux institutions internationales pour favoriser le progrès économique et social de tous les peuples,
  AVONS DÉCIDÉ D'ASSOCIER NOS EFFORTS POUR RÉALISER CES DESSEINS
- En conséquence, nos gouvernements respectifs, par l'intermédiaire de leurs représentants, réunis en la ville de San Francisco, et munis de pleins pouvoirs reconnus en bonne et due forme, ont adopté la présente Charte des Nations Unies et établissent par les présentes une organisation internationale qui prendra le nom de Nations Unies.

26 juin 1945

5 📖 **Trouvez dans le document l'équivalent des expressions suivantes.**

1 la calamité d'un conflit
2 la conservation de la légalité
3 un sentiment de bonnes relations de proximité
4 pour satisfaire ces buts

Grammaire

Le passif

Le passif se forme avec *être* et un *participe passé*. Le temps de la phrase est indiqué par l'auxiliaire *être*:

- *Nos gouvernements respectifs **ont adopté** la présente Charte.*

  (Phrase active au passé composé, avec l'auxiliaire avoir)

- *La présente Charte **a été** adopt**ée** par nos gouvernements respectifs.*

  (Phrase passive avec être au passé composé + participe passé du verbe cible, qui doit s'accorder si nécessaire)

---

6 Ⓖ **Transformez ces phrases actives en phrases passives (observez bien à quel temps est le verbe original).**

1 Les Romains ont fondé la ville de Lugdunum au premier siècle avant J.-C.
2 On a découvert les ruines de monuments romains dans les années 30.
3 On peut toujours visiter le théâtre gallo-romain.
4 En 15 avant J.-C. l'empereur Auguste construit le théâtre gallo-romain.
5 Le restaurant sert les repas entre midi et quinze heures.
6 Le technicien réparera les ordinateurs.

7 ✏️ **Écrivez dans le style du Préambule, une charte concernant les élèves de l'école, le comportement, les attentes, etc. Choisissez six conseils pour le bon fonctionnement de votre établissement.**

8 📖 Lisez l'article ci-dessous qui est tiré d'un blog du *Nouvel Observateur*. Ensuite, faites les exercices.

BRETAGNE. Deux enfants de 3 et 5 ans en centre de rétention administrative: François Hollande où est passée votre promesse?

Mercredi matin, une quarantaine de migrants qui squattaient l'ancienne église du Quizac, à Brest (Finistère), ont été évacués par les forces de l'ordre.

A la suite de cette évacuation une famille tchétchène, avec deux enfants de 3 et 5 ans, a été placée au centre de rétention administrative (CRA) de Rennes-Vezin (Ille-et-Vilaine): une famille qui est désormais menacée d'expulsion vers la Pologne, pays par lequel elle a transité, rapporte Ouest France.

Les associations "Réseau Education sans frontières" (RESF 35), "Mouvement contre le racisme et pour l'amitié des peuples" (MRAP 35) et "Un toit, c'est un droit" ont appelé à manifester ce jeudi à midi, pour protester contre le placement de ces deux enfants en CRA.

Des associations qui rappellent dans un communiqué que François Hollande, candidat à la présidence de la République avait adressé une lettre, le 20 février 2012, dans laquelle il avait pris l'engagement, s'il était élu président de la République, "de mettre fin dès mai 2012 à la rétention des enfants et donc des familles avec enfants".

Un engagement électoral qui n'a donc toujours pas été tenu!

Monsieur le Président de la République, le changement c'est pour quand?

Vous aussi, vous seriez donc adepte de cette phrase cynique: "Les promesses n'engagent que ceux qui les reçoivent…"?

Ouest France

---

9 📖 Est-ce que les déclarations suivantes reflètent le contenu du texte que vous venez de lire? Indiquez si les déclarations sont vraies ou fausses. Si elles sont fausses, expliquez pourquoi.

1 La famille placée au centre de rétention est polonaise.

2 Deux associations ont appelé à manifester.

3 La manifestation aura lieu parce que la police a évacué les migrants.

4 François Hollande a promis de mettre fin à la rétention des enfants.

10 Ⓥ Trouvez des mots dans le texte qui sont les équivalents des mots donnés:

1 occupaient

2 la police

3 après

4 passé

5 un logement

6 contester

7 des organisations

8 il avait promis

9 enthousiaste

10 s'appliquent

11 Ⓥ Suite à votre lecture des idées exprimées dans cet article et de la Déclaration universelle des droits de l'homme, pourquoi, à votre avis, est-ce que les gens critiquent François Hollande? Choisissez lesquelles des phrases ci-dessous représentent la situation racontée et justifiez votre choix.

1 La famille est innocente.

2 On ne peut pas détenir des enfants.

3 On ne devrait pas détenir des innocents.

4 On ne devrait pas incarcérer des familles.

5 Les migrants sont victimes des forces de l'ordre.

6 François Hollande a refusé de tenir ses promesses.

7 François Hollande n'a pas agi suffisamment vite.

8 Souvent les politiciens ne peuvent pas tenir leurs promesses.

II: Les œuvres caritatives

- Considérer le travail d'organisations caritatives
- Vous informer sur la vie des réfugiés
- Considérer les registres utilisés selon des contextes différents

---

Réfléchir

Souvent les souffrances et inégalités dans le monde sont prises en charge par des organisations caritatives ou institutions charitables.
- Quelles institutions du monde francophone connaissez-vous et dans quels domaines est-ce qu'elles travaillent?

Médecins Sans Frontières

Une institution connue partout dans le monde pour son travail humanitaire est « Médecins Sans Frontières » (MSF). Les textes ci-dessous présentent certains aspects du travail de ceux qui soutiennent le travail humanitaire et courageux de cet organisme.

Texte A

Depuis la création de MSF, les conflits armés et leurs conséquences sur les civils représentent la majorité de nos raisons d'intervention sur le terrain.

Selon les situations, MSF assure de la chirurgie d'urgence, s'investit dans des hôpitaux et des centres de santé, déploie des équipes mobiles pour fournir des consultations médicales, intervient dans les camps de déplacés ou de réfugiés, assure des soins spécifiques, notamment aux enfants, en cas de crise nutritionnelle...

MSF peut également être amenée à témoigner de violences commises par les parties au conflit envers les populations civiles.

Enfin, même après la signature d'un accord de paix, parce que le système de santé reste déstructuré, ou parce que la violence perdure dans certaines zones, MSF peut décider de prolonger sa présence.

Texte B

Les maladies infectieuses sont les premières causes de décès dans les pays en développement. En situation épidémique, il faut vacciner contre la fièvre jaune, la rougeole, ou encore la méningite par exemple, ainsi que soigner avec des médicaments efficaces ceux qui sont déjà malades et en danger de mort.

Parce qu'ils sont pauvres, des dizaines de millions de malades des pays du Sud souffrant du sida, de la tuberculose ou du paludisme sont privés des traitements susceptibles de leur sauver la vie. Des millions de patients souffrent de pathologies encore plus négligées comme la maladie de Chagas ou encore la leishmaniose viscérale pour lesquelles des traitements satisfaisants n'existent pas ou ne sont pas accessibles.

Enfin, hors contexte de conflit, MSF intervient aussi sur de gros foyers de malnutrition aiguë occasionnant une mortalité infantile importante.

Texte C

Après un tremblement de terre, un cyclone, ou encore des inondations, MSF peut apporter des soins médicaux aux blessés, mais aussi fournir des abris, de l'eau, des couvertures, des kits d'hygiène, des biens de première nécessité ou encore distribuer de la nourriture aux rescapés.

Dans un second temps, une intervention psychologique auprès de ceux qui ont survécu mais ont tout perdu s'avère souvent nécessaire.

Les interventions post catastrophes naturelles de MSF relèvent de l'urgence et non de la reconstruction.

Texte D

Dans de nombreux pays, y compris en France, des groupes vulnérables et marginalisés tels que les étrangers illégaux, les enfants abandonnés, les personnes âgées… sont privés de soins vitaux en raison de politiques d'exclusion à leur égard.

Les interventions de MSF en faveur de ces groupes représentent une part modeste de nos activités car si MSF peut effectivement apporter une aide utile aux personnes qu'elle parvient à toucher, nous doutons de la légitimité et de la capacité d'une organisation humanitaire à impulser des changements à long terme sur des problématiques politiques.

www.msf.fr

Vocabulaire

chirurgie (*f*)
méningite (*f*)
paludisme (*m*)
rougeole (*f*)
sida (*m*)
soins (*m pl*)

1 Lequel de ces titres convient à chaque texte?

1 Épidémies, endémies, pandémies
2 Catastrophes naturelles
3 Exclusion des soins
4 Populations victimes de conflits

2 Suite à votre lecture des textes, répondez aux questions ci-dessous.

Texte A

1 Comment est-ce que MSF aide dans les zones de conflit?
2 Est-ce que MSF se retire d'une région tout de suite à une déclaration de paix?

Texte B

3 Quelles interventions sont nécessaires dans les pays en développement?

Texte C

4 À part les soins médicaux, quelle assistance est-ce que MSF apporte aux gens suite à un tremblement de terre ou à un ouragan?

Texte D

5 Qui sont les personnes aidées par MSF en France, par exemple?
6 Pourquoi est-ce que ces personnes ont besoin de l'assistance de MSF?

3 Expliquez le sentiment du dernier paragraphe du texte D. Êtes-vous d'accord avec ce sentiment?

Une histoire vraie

Le document ci-dessous est tiré du site web de MSF et raconte l'histoire d'un jeune Syrien.

Récit de réfugiés – L'exode syrien atteint Athènes

Lawand Deek a 21 ans, il est originaire de la province de Ar-Raqqah, il tient un journal sur son départ de la Syrie. Lorsqu'il était enfant, Lawand rêvait de se rendre au Canada pour y faire des études, mais après que sa demande de visa a été refusée il s'est résigné et s'est inscrit comme étudiant à Damas où il a appris l'anglais. Lorsque la guerre civile s'est déclarée, il a dû fuir la province d'Ar-Raqqah en raison des violents affrontements. Il n'a pas attendu longtemps pour quitter le pays. Il savait qu'il ne voulait pas se retrouver dans l'un des camps de réfugiés qui se trouvent près de la frontière.

«J'ai traversé la frontière turque et je suis passé par plusieurs villes avant d'arriver à Istanbul», dit-il. Il a pris contact avec un passeur qui a accepté de le conduire en Europe.

Il faisait partie d'un groupe de 25 Syriens et s'est rendu à Izmir, une ville sur la côte ouest de la Turquie. À Izmir, ils sont montés dans une petite embarcation et ont traversé la mer Égée en route vers l'île grecque de Lesbos. «Nous avions essayé de le faire quatre fois, dit-il. Cette fois, c'était la première fois que nous y réussissions. Il y avait deux enfants avec nous. J'étais un peu effrayé car c'était la nuit et que le bateau était vraiment petit. C'était très dangereux.»

Le garde-côte grec a vu le bateau et il est venu aider les migrants à atteindre le rivage.

En 2012, environ 8 000 Syriens sont entrés en Grèce par des voies illégales, et déjà 1 709 sont arrivés durant les quatre premiers mois de cette année, selon les données de la police grecque. La plupart des migrants et des refugiés passaient habituellement par la frontière séparant la Turquie de la Grèce en Evros, dans le nord du pays, mais depuis l'été 2012 les autorités grecques ont construit un mur et ont déployé une force de sécurité de 2 000 hommes pour stopper le flux des nouveaux arrivants, d'où l'utilisation de cette nouvelle route par les îles de la mer Égée. L'année dernière, MSF a mis en place des activités aussi bien à Evros que dans les îles de la mer Égée afin d'aider les migrants; certains parmi eux ont été maintenus en détention pendant plusieurs mois. Environ 1 500 des migrants pris en charge par MSF étaient des Syriens.

Depuis le mois d'avril 2013, les Syriens qui peuvent prouver leur nationalité ne sont plus détenus lors de leur arrivée – les lois grecques établissent la détention des migrants venant de pays autres que la Syrie jusqu'à 18 mois. Lawand et ses compagnons de voyage ont passé une nuit dans le port de Lesbos retenus par les gardes-côtes et une autre nuit dans un poste de police. La police leur a délivré les documents leur permettant de rester en Grèce pendant 6 mois. Après ce laps de temps ils devront faire une demande de renouvellement, ou alors ils devront quitter le pays.

Avec ses papiers en poche, Lawand a acheté un billet de ferry pour se rendre à la capitale grecque, Athènes. «Je n'ai pas de mots pour expliquer ce sentiment. Je me sens libre et heureux d'avoir quitté la Syrie», dit-il. Le ferry est arrivé dans le port du Pirée, près d'Athènes, au lever du jour. Fasciné, Lawand a fait ses premiers pas sur le continent, en Grèce, et il a été surpris lorsque deux policiers l'ont attrapé de chaque côté par les bras. Il a été détenu pendant quelques heures et interrogé par l'agence de l'Union européenne qui assure la sécurité des frontières extérieures (Frontex), avant d'être relâché. «Ils savaient que je parlais anglais. Je leur ai dit tout ce que je savais et ils m'ont laissé partir», explique-t-il.

Ce ne sont pas les seuls obstacles que rencontrent les migrants lorsqu'ils arrivent en Grèce, en provenance de Syrie ou d'ailleurs. «La majorité a versé tout l'argent qu'ils avaient aux passeurs, précise Kotsioni, et une fois ici, ils ne reçoivent aucune aide de l'État grec.» La plupart viennent de pays en proie à des conflits, tels que l'Afghanistan, l'Irak et la Syrie. Non seulement les nouveaux arrivés en Europe ont peu de chances de recevoir un accueil chaleureux, mais beaucoup d'entre eux sont en outre la cible d'attaques racistes.

Pour de nombreux migrants, la capitale grecque n'est qu'un point de transit. «Je ne pensais pas qu'Athènes serait comme cela, dit Lawand, qui n'avait jamais quitté la Syrie auparavant. J'imaginais que cela serait comme en Europe – comme les villes allemandes ou britanniques.» Lawand n'est à Athènes que depuis une seule journée et il a l'air fatigué. Il ne sait pas encore ce qu'il va faire, soit aller au Canada ou au Royaume-Uni pour finir ses études, soit chercher un emploi dans la capitale grecque.

www.msf.fr

4 Ayant lu ce texte, préparez des questions pour Lawand selon les circonstances données.

- Considérez le registre des questions posées par les personnes que rencontre Lawand.
- Comment est-ce que les registres utilisés refléteraient les circonstances? Qui tiendrait compte des émotions de Lawand?

5 Écrivez cinq questions pour chaque scénario ci-dessous en utilisant le registre pertinent.

Scénario numéro 1: Vous travaillez pour la police des frontières grecque et Lawand vient de débarquer au port.

Scénario numéro 2: Vous travaillez pour MSF en Grèce et Lawand vient d'arriver dans votre camp.

Scénario numéro 3: Ayant réussi à s'installer en France, Lawand vient de commencer dans votre classe au lycée et vous parlez de ses expériences.

Comment parler

Regardez ces questions. La réponse à chaque question est le nom de Lawand mais qui pourrait être l'interrogateur…?

- Comment t'appelles-tu?
- Nom?
- Vous vous appelez comment?
- Votre nom?
- Qui êtes-vous?
- Vous voulez bien me dire votre nom?
- T'es qui?

Grammaire

Comment poser des questions

Vous pouvez utiliser plusieurs structures grammaticales pour poser des questions.
1 L'intonation peut souvent vous aider:
   Vous venez de Paris?
2 Ou bien vous pouvez renverser l'ordre du verbe et du sujet:
   Aimez-vous Paris?
   A-t-elle lu le livre? (le «t» ici facilite la prononciation)
3 Ou bien vous pouvez précéder une phrase avec "est-ce que" ou "qu'est-ce que":
   Qu'est-ce que vous aimez manger?
   Est-ce que vous avez vu le dernier film de Luc Besson?
4 Ou bien vous pouvez utiliser un mot interrogatif:
   Où est votre livre?
   Qui aime ma robe?
   Comment allez-vous?

6 Le paragraphe du texte en caractères gras parle du voyage de Lawand par Izmir. Mettez-vous à sa place et écrivez la page de son journal intime qui raconte ses expériences.

Qui sont les travailleurs humanitaires?

7  **Écoutez ces deux clips qui présentent des personnes qui travaillent pour des œuvres humanitaires. Ensuite répondez aux questions.**

Piste 8

1 Portrait d'Aline, coordinatrice logistique en Haïti
   a) Quand est-ce qu'Aline a commencé son travail avec cet organisme?
   b) Aline a participé à combien de missions?
   c) Qu'est-ce qu'elle a fait pour préparer le programme d'alimentation?
   d) Est-ce que Aline a toujours voulu travaillé dans l'humanitaire?
   e) Pourquoi est-ce que Aline dit que son travail est «intense»?
   f) Quels aspects de son travail font plaisir à Aline?

2 Portrait de Robert, médecin généraliste au Pakistan.
   a) Depuis quand Robert a-t-il voulu travailler dans l'humanitaire?
   b) Pourquoi a-t-il voulu faire ce genre de travail?
   c) Pourquoi est-ce que Robert trouve-t-il la question de l'accessibilité choquante?
   d) À part aider les gens, qu'est-ce que Robert attendait de la médicine humanitaire?
   e) Quels conseils est-ce que Robert donne à ceux qui pensent faire ce travail?

Aide humanitaire en Syrie

Syrie: des milliers de patients souffrant de symptômes neurotoxiques soignés dans les hôpitaux soutenus par MSF

Trois hôpitaux situés dans le gouvernorat de Damas et soutenus par Médecins Sans Frontières (MSF) ont reçu, en moins de trois heures le mercredi matin 21 août, environ 3 600 patients présentant des symptômes neurotoxiques. 355 d'entre eux sont morts.

Depuis 2012, MSF a construit une collaboration solide et fiable dans le gouvernorat de Damas avec des réseaux médicaux, des hôpitaux et des postes de santé auxquels elle fournit des médicaments, du matériel médical et un appui technique. En raison des importants risques sécuritaires, aucun personnel MSF n'a pu à ce jour se rendre dans ces hôpitaux.

«Le personnel médical de ces hôpitaux a donné des informations précises aux médecins MSF à propos d'un grand nombre de patients arrivés en présentant des symptômes tels que les convulsions, l'hypersalivation, les pupilles contractées, la vision trouble et la détresse respiratoire», indique le Dr Bart Janssens, directeur des opérations à MSF.

Les patients ont été soignés avec de l'atropine, un médicament fourni par MSF et utilisé pour traiter les symptômes neurotoxiques. MSF s'efforce maintenant de reconstituer les stocks épuisés des hôpitaux.

«MSF ne peut pas confirmer scientifiquement la cause de ces symptômes ni établir la responsabilité de cette attaque, insiste le Dr Bart Janssens. Toutefois, les symptômes qui nous ont été rapportés, le schéma épidémiologique de cet événement - caractérisé par l'afflux massif de patients dans un laps de temps très court, la provenance des patients et la contamination des secouristes et du personnel ayant fourni les premiers soins - suggèrent fortement l'exposition massive à un agent neurotoxique. Ceci constituerait une violation du droit international humanitaire qui interdit formellement l'utilisation d'armes chimiques et biologiques.»

Outre les 1 600 ampoules d'atropine fournies ces derniers mois, MSF vient d'expédier 7 000 doses supplémentaires aux hôpitaux de la zone. Le traitement des patients neurotoxiques est désormais complètement intégré aux stratégies médicales MSF dans tous ses programmes en Syrie.

«MSF souhaite qu'un accès immédiat soit donné à des enquêteurs indépendants pour faire la lumière sur ce qui s'est passé, déclare Christopher Stokes, directeur général de MSF. Cette dernière attaque et les besoins médicaux massifs qui en sont la conséquence viennent s'ajouter à une situation humanitaire déjà catastrophique, caractérisée par une violence extrême et la destruction délibérée des structures de santé. Dans ce contexte de violations extrêmes du droit international humanitaire, l'aide n'est plus efficace et perd tout son sens.»

www.msf.fr

8 📖 Ⓥ **Cherchez les phrases dans le texte qui correspondent aux idées données ci-dessous.**

1 Le gouvernement de Damas accepte de travailler avec MSF.

2 Au moment où l'on a écrit l'article, MSF n'a pas d'information de première main.

3 MSF essaye de fournir les médicaments nécessaires dans les centres médicaux.

4 Des gens qui ont essayé d'aider les victimes ont été touchés eux-mêmes.

5 On veut pouvoir apprendre ce qui s'est passé.

9 🗨 **À discuter: que pensez-vous de la dernière phrase de l'article?**

10 ✏ **Suite à votre lecture de l'article, faites la description du rôle de MSF par rapport à cette situation. Écrivez un article pour le site web de votre école pour présenter leur travail dans cette situation.**

11 ✏ **Le monde autour de nous... Pourriez-vous contribuer à une œuvre caritative avec vos camarades? Vous pourriez raconter vos progrès dans votre blog personnel.**

III : La pauvreté mondiale

- Définir la pauvreté et distinguer entre la pauvreté absolue et la pauvreté relative
- Délibérer les causes et les solutions possibles de la pauvreté dans le monde
- Faire un discours persuasif avec des recommandations pour lutter contre la pauvreté
- Considérer le rôle de l'émotion quand on aborde des sujets délicats

Réfléchir

- Qu'est-ce que c'est que la pauvreté ? Essayez de définir ce phenomène.
- Que comprenez-vous par les termes "pauvreté absolue" et "pauvreté relative" ? Regardez dans une encyclopédie française ou sur Internet pour vérifier votre définition de chaque terme.
- Quelle sorte de pauvreté – absolue et relative – existe dans votre pays ou sur votre continent ?
- "La pauvreté n'est pas naturelle, ce sont les hommes qui la créent et la tolèrent, et ce sont les hommes qui la vaincront. Vaincre la pauvreté n'est pas un acte de charité, c'est un acte de justice." (Nelson Mandela). Êtes-vous d'accord avec cette affirmation ? Pourquoi (pas) ?
- Regardez l'image ci-dessous et considérez l'importance de chacun des facteurs de la pauvreté mentionné, et leur corrélation.
- Comment casser ce "cercle vicieux" ? Y a-t-il un maillon faible ?

Le cercle vicieux de la pauvreté

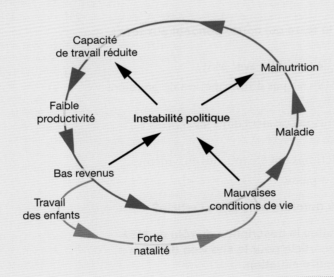

140

Oxfam veut réduire la pauvreté en éliminant l'ultra richesse

L'organisation humanitaire Oxfam se rappelle au bon souvenir des puissants de la planète. A la veille de l'ouverture du sommet de Davos où se retrouvent grands patrons et politiques du monde entier, l'ONG a lancé un appel: il suffirait que les 100 personnes les plus riches de la planète donnent le quart de leur argent pour faire disparaître la grande pauvreté.

C'est un beau raccourci que l'ONG utilise pour insister sur un fait incontestable et quasiment universel: très discrètement mais sûrement les riches sont devenus au cours des vingt dernières années de plus en plus riches. Le revenu des 1% les mieux lotis a augmenté de 60%. Sans que la pauvreté recule dans les mêmes proportions pendant cette période. Cela donne des situations d'inégalités record. Y compris dans des pays dits émergents. En Chine, par exemple, où jamais les écarts n'ont été aussi criants: les 10% les plus nantis captent 60% du revenu national. Une situation comparable à celle de l'Afrique du Sud, où le non partage des richesses est revenu au même niveau qu'à l'époque de l'apartheid. Et cette ultra richesse est contre productive: à partir d'un certain niveau de revenu, elle n'est plus réinvestie en consommation. D'où la proposition d'Oxfam: éradiquer l'extrême richesse d'ici 2025; cela rappelle les OMD, les Objectifs du Millénaire pour le développement, quand les Nations unies en 2000 se sont donné pour ambition de réduire la pauvreté d'ici 2015.

www.rfi.fr

Vocabulaire

se rappeler au bon souvenir de quelqu'un

ONG – organisation non gouvernementale

1 📖 Ⓥ **Trouvez dans le texte des synonymes pour les mots et les expressions ci-dessous.**

1 proposition
2 les puissants
3 éradiquer
4 nantis
5 extrême

2 💬 **Voici d'autres idées pour récolter l'excès d'argent tenu par les ultra-riches du monde. Lesquelles vous paraissent les plus réalisables et efficaces? Discutez en groupe.**

- augmenter les impôts
- mieux collecter l'impôt
- éliminer les paradis fiscaux
- lutter contre la concurrence fiscale entre États
- traquer l'évasion fiscale et la fraude

Madagascar: maîtriser sa croissance démographique pour sortir de la pauvreté

Améliorer la planification familiale pour sortir de la pauvreté. C'est une des voies à suivre pour Madagascar, selon le dernier rapport sur la population mondiale que vient de publier le FNUAP, le Fonds des Nations unies pour la population. Malgré ses efforts, la Grande île peine à maîtriser sa croissance démographique. Près d'une femme sur cinq voudrait espacer ou limiter ses grossesses sans y parvenir.

Les femmes malgaches ont en moyenne 4 à 5 enfants au cours de leur période de fécondité. Des naissances pas toujours désirées pour 19% d'entre elles, faute de recours à une méthode contraceptive moderne, mais aussi à une abstinence pas toujours maîtrisée. Alain-Pierre Randrianjohary est le présentateur du rapport: «Ici on utilise moins les plantes et tout ça» et surtout, il s'est avéré que parmi les femmes témoins de l'enquête, seulement «une femme sur deux connaît ses périodes de fécondité. Le risque d'être enceinte est donc de un sur deux.»

Au rythme actuel de la croissance démographique, la population malgache, 22 millions d'habitants, aura doublé d'ici 25 ans. Pour améliorer la planification familiale, il faut élargir les cibles selon Agathe Lawson, représentante du FNUAP à Madagascar. «Si on est à ce jour à seulement 29% de taux de prévalence contraceptive à Madagascar, c'est que l'on n'a pas intégré les hommes, les jeunes, les femmes non mariées aux programmes qui existent déjà.» Elle pointe notamment le rôle que doivent jouer les hommes car parfois, les femmes ne peuvent avoir recours à la contraception «parce que simplement le mari ne veut pas.»

Autre recommandation, augmenter les financements consacrés au planning familial. Ils représentent pour l'instant moins de 1% du budget de la santé.

www.rfi.fr

3 **Répondez aux questions suivantes.**

1 Qu'est-ce que Madagascar trouve difficile, selon le premier paragraphe?
   a) de sortir de la pauvreté
   b) de contrôler la hausse de sa population
   c) de satisfaire aux exigences du FNUAP

2 À la ligne 5, à quoi se rapporte le mot "y"?

3 Dans le deuxième paragraphe, comment explique-t-on le fait que 19% des naissances ne sont pas désirées?
   a) On manque de contraceptifs modernes et on trouve difficile de s'abstenir de rapports sexuels.
   b) 50% des femmes ne connaissent pas leur période de fécondité.
   c) Les femmes malgaches ont beaucoup d'enfants.

4 Dans le troisième paragraphe, quelle est la recommandation d'Agathe Lawson pour réformer le planning familial sur Madagascar?
   a) de conseiller aux gens malgaches de se marier
   b) de distribuer des contraceptifs
   c) d'intégrer les hommes aux programmes de contraception

5 Dans la dernière ligne de l'article, à quoi se rapporte le mot "Ils"?

Grammaire

L'infinitif

Remarquez l'utilisation de l'infinitif dans l'article à la page précédente.

1 Comme sujet d'une phrase:
Améliorer la planification familiale pour sortir de la pauvreté
augmenter les financements consacrés au planning familial

2 Après un verbe (par exemple, vouloir, venir, aller, pouvoir, devoir, falloir):
*Près d'une femme sur cinq **voudrait espacer** ou **limiter** ses grossesses sans y parvenir*
*Pour améliorer la planification familiale, **il faut élargir** les cibles*
*le rôle que **doivent jouer** les hommes*

3 Après une préposition:
*C'est une des voies **à suivre***

4 Après un verbe suivi d'une préposition:
*la Grande île **peine à maîtriser***

Autres utilisations de l'infinitif

5 Après les verbes de perception (écouter, entendre, regarder, voir, sentir):
*Elle **regardait les footballeurs jouer** dans le parc.*

6 Les conjonctions qui prennent le subjonctif (sans que, pour que, afin que, de peur que, de crainte que, en attendant que) deviennent des prépositions suivies de l'infinitif. On remplace la conjonction "que" par la préposition "de", sauf avec "sans" et "pour".
*J'ai pris le colis **sans savoir** que ce n'était pas le mien.*
*Je me taisais **de peur d'offenser** quelqu'un.*

7 Pour exprimer l'impératif:
*Pour plus de renseignements, **voir** page 135.*
***Ne pas marcher** sur la pelouse.*

8 Pour les exclamations et les questions:
*Moi, **m'excuser** auprès d'elle? Jamais!*
*Que **faire**? Comment **trouver** un compromis?*

4 **G** Traduisez les phrases suivantes dans votre langue.

1 Fumer nuit gravement à la santé.

2 Réduire les taux d'intérêt est toujours une démarche populaire.

3 Le passager est venu chercher sa valise.

4 Pourriez-vous me dire comment aller au bureau de poste?

5 Je suis toujours le dernier à savoir les ragots.

6 Il est difficile de sympathiser avec de telles gens.

7 Elles cherchent une auberge où passer la nuit.

8 Il a besoin d'un partenaire avec qui apprendre à danser.

9 Nous avons tenté de traverser la rivière à la nage.

10 Avez-vous entendu les alouettes chanter haut dans le ciel?

11 J'ai vu les gamins chiper des pommes dans le verger.

12 Elle est venue ici afin de s'excuser pour son comportement.

13 Nous n'avons pas répondu à sa lettre, de crainte d'aggraver la situation.

14 Peler les oignons à l'avance.

15 Garder les animaux à la maison.

16 Comment maigrir sans faire de régime?

17 Lui, admettre son tort? Impossible!

5 Rédigez le texte d'un discours persuasif que vous allez faire lors d'un débat ouvert à votre école. La grande question de ce débat sera: «Comment éliminer la pauvreté globale?»

Vous pouvez prendre inspiration des deux articles précédents: *Oxfam veut réduire la pauvreté en éliminant l'ultra richesse* et *Madagascar: maîtriser sa croissance démographique pour sortir de la pauvreté*. Écrivez entre 250 et 400 mots en français.

Stratégies pour faire un discours persuasif

- Saluez vos auditeurs; tentez d'établir un lien avec eux.
- Présentez-vous et expliquez les grandes lignes de votre discours.
- Utilisez les procédés rhétoriques (l'apostrophe, la répétition, l'emphase, les parallélismes de structures, les questions rhétoriques).
- Servez-vous d'exemples concrets.
- Votre conclusion doit être passionnée et convaincante.
- Lorsque vous rédigez le texte de votre discours, utilisez des mots en italique, en caractères gras ou soulignés ainsi que la ponctuation pour indiquer les gestes oratoires que vous allez faire.

Théorie de la connaissance

Regardez cette photo.

- Quelles émotions sont suscitées par la photo?
- Comparez vos réactions avec celles de vos camarades de classe.
- Dans quelle mesure sommes-nous influencés par nos émotions lorsque nous parlons de la pauvreté et d'autres questions qui peuvent nous émouvoir?

6 🎧 **Écoutez cet extrait d'un communiqué de presse et faites les exercices suivants.**

Piste 9

1 Dans chaque phrase ci-dessous, choisissez le mot ou l'expression qui convient pour compléter la phrase.
   a) L'EAPN est une organisation européenne qui lutte contre (Bruxelles | la pauvreté | les programmes de réforme).
   b) Le 25 septembre 2013 a été marqué par (la publication | l'annulation | l'aggravation) de l'évaluation de l'EAPN des Programmes nationaux de réforme.
   c) Dans ce rapport on parle d'une (amélioration | absolution | aggravation) des déséquilibres sociaux en Europe.
   d) On y trouve aussi des recommandations sur la façon de (remédier à | réaliser | revendiquer) ces déséquilibres.

2 Répondez aux questions.
   a) Combien de réseaux nationaux et européens d'EAPN ont contribué à ce rapport?
   b) Selon ce rapport, est-ce que l'Union européenne tient ses promesses sur la pauvreté? Expliquez votre réponse.
   c) Quel autre facteur est cité dans le rapport comme une influence négative sur la société européenne?
   d) Est-ce que le chômage, la pauvreté et les inégalités sont en hausse ou en baisse?

3 Choisissez la phrase qui résume le mieux l'opinion de Sérgio Aires, Président d'EAPN, exprimée dans la dernière partie de ce communiqué.
   a) Les gouvernements d'Europe ne sont pas conscients des problèmes sociaux qui existent dans la zone européenne.
   b) De nouvelles idées politiques, économiques et sociales sont nécessaires pour inverser les tendances actuelles en ce qui concerne la pauvreté et les inégalités.
   c) La crise sociale en Europe est de la faute des économistes néo-libéraux dans les pays du Nord.

IV: La langue et la culture: notre identité?

- En tenant compte de vos réponses aux questions dans l'introduction de ce livre, réanalyser les éléments qui définissent notre identité
- Considérer le rôle encore vivant de la participation religieuse dans la vie des peuples
- S'entraîner à écrire un rapport
- Ajouter un article à votre blog

Réfléchir

Un facteur qui contribue à l'identité de millions de personnes dans le monde est la foi religieuse. Dans l'introduction de ce livre (page 6), on vous a posé les questions suivantes:
- Qui êtes-vous?
- Qu'est-ce qui contribue à notre identité?
- Comment est-ce que nous communiquons notre identité aux autres?

Maintenant, regardez vos réponses à ces questions. Est-ce que vous avez mentionné les facteurs ci-dessous? Si oui, lesquels? Si non, pourquoi pas?
- la foi
- la religion
- la vie spirituelle
- les croyances
- les superstitions
- les convictions morales

Comment déterminer l'identité d'une personne dans le monde moderne? Quels sont les facteurs les plus importants dans la liste ci-dessous?
- la langue
- le sexe
- la nationalité
- l'ethnie
- le milieu social
- la religion
- les vues politiques
- l'activité bienveillante
- l'apparence physique
- l'éducation
- l'âge

Croyez-vous que les éléments qui forment notre identité aient changé au fil des dernières années? Si oui, comment? Sinon, pourquoi pas?

Y a-t-il encore un rôle pour les grandes religions monothéistes dans la vie des jeunes?

Le pape François est un des nôtres!

À Buenos Aires, ceux qui croient au Ciel comme ceux qui n'y croient pas célèbrent l'arrivée de l'archevêque de la capitale argentine sur le trône de Pierre. Ce prélat des pauvres bouscule l'Église et bouleverse le monde.

Le 13 mars, à Buenos Aires, il y a eu ceux qui riaient et ceux qui pleuraient. Ceux qui riaient s'étaient rassemblés sur les marches de la cathédrale dès qu'ils avaient appris la nouvelle incroyable: «Francisco», le pape qui venait d'être élu, était leur évêque, Mgr Bergoglio. Mieux qu'un Argentin, un Porteño. <u>Celui qui préférait vivre</u> dans une cellule à l'ombre de la cathédrale, plutôt que dans le confort de la résidence épiscopale, était devenu le 266<u>e successeur</u> de saint Pierre.

A «Che! Nous avions Guevara et Maradona, nous avons Lionel Messi et le pape», répètent ceux qui rient aux caméras de télévision et aux micros des journalistes. Et ceux qui pleurent? Chacho Mendoza,

immigré clandestin bolivien, et Maria Esther Picallo, 86 ans, qui lui préparait un maté* bien amer et bien fort, <u>comme il l'aimait</u>, dès qu'il arrivait, se lamentent: ils savent que désormais, ils ne recevront plus la visite de Mgr Bergoglio, dans leur <u>bidonville</u> Villa 31, le plus dangereux sans doute de Buenos Aires.

B Mgr Bergoglio avait quitté Buenos Aires le 26 février avec une petite valise et un billet de retour pour le 23 mars. Il ne voulait pas quitter Buenos Aires ni son peuple. De Buenos Aires, il aimait tout, le tango et le football. Il était né dans ce quartier de Flores qu'il chérissait parce que dans son église de San Jose, il avait trouvé sa vocation et son inspiration. Pourtant, il y avait eu un signe curieux: lors de la messe qu'il célébrait dans l'église de l'Immaculée-Conception, le 11 février dernier, des fidèles s'étaient levés et lui avaient crié: «Tu vas être pape!» <u>Il en avait une sainte terreur</u>. Depuis plus d'un an, il attendait que Benoît XVI lui signifie sa retraite effective, puisqu'il avait passé le cap des 75 ans.

C Mgr Bergoglio récite des poésies d'Hölderlin; il a un amour pour les ouvrages de théologie de Romano Guardini, d'Urs von Balthazar et pour l'œuvre de Dostoïevski. De ses racines italiennes, et de ses parents, il lui est resté un penchant pour le bel canto, les films néoréalistes italiens et le jeu de l'actrice Anna Magnani. Son film préféré reste Le Festin de Babette. Il a un sens de l'humour bien trempé. S'il déteste la vanité, il aime la <u>bienveillance</u> et, par-dessus tout, la joie. À son propos, il évoque souvent la phrase de sainte Thérèse: «Un saint triste est un triste saint. »

D Son nom de pape vient du saint François d'Assise, <u>dont il regardait le portrait</u> tous les jours dans le long couloir par où il pénétrait dans son ministère. De François, il louait le sacrifice personnel, l'humilité et la simplicité. Point de longs discours chez lui, mais des actes directs et discrets. Cet art d'aller vers les gens, ils sont des centaines à en témoigner, <u>et parmi eux</u>, tous les <u>desperados</u> des bidonvilles. L'évêque s'éclipsait l'après-midi, empruntant les transports en commun, pour rendre visite aux prisonniers les plus futés du pays, aux enfants hospitalisés et au quart-monde <u>entassé</u> dans ses camps de briques.

E Pendant la Noche de la Caridad, cette liturgie de la charité qu'il a mise en place au plus dur de la crise argentine de 2001 et qui continue encore, toutes les nuits, quelque part dans la capitale argentine, des jeunes gens parcourent un quartier et distribuent les repas qu'ils ont cuisinés, leur aide, leurs conseils. «Cette façon missionnaire, dit le père José San Martin, d'ouvrir l'église, de la pousser sur le chemin, d'aller chercher le contact avec ceux qui ne viennent plus à la messe, c'est la révolution de Mgr Bergoglio.»

F On vous parlera de ses engagements dans sa lutte contre la traite des personnes et l'esclavagisme du travail. Chaque année, il célébrait une messe place de la Constitution en mémoire des prostituées, prenait sous son aile les plus fragiles, les plus exposés. «Nous ne sommes pas catholiques, reconnaît Lucas Manjon, le chef de file de l'association La Alameda. Plutôt le contraire. Mais Jorge a fait de nous des bergoglistes convaincus!» Aujourd'hui, l'avenue du 8 de Julio est ornementée aux couleurs du Vatican. Les écrans géants diffusent le film de Francisco à Saint-Pierre. Et ces images piratées se multiplient sous les formes les plus diverses - calendriers, souvenirs, aimants, cartes postales -, qu'on vend à la sauvette aux esquinas de la capitale. Dans ce pays si prompt à affubler les personnalités d'un pseudonyme, Mgr Bergoglio est resté ce qu'il a toujours été pour lui – le prélat des pauvres. Et chez les plus humbles, celui qui dénonçait le désenchantement, comme un mal moral qui corrode le monde et l'Église, a déjà sa légende dorée.

* Le maté est une boisson stimulante, contenant de la caféine, faite de feuilles de houx, un arbre d'Amérique du Sud, à fleurs blanches et à baies rouges.

www.lefigaro.fr

1 (V) **Reliez les mots suivants avec leurs définitions.**

1	croire	a)	aimer tendrement
2	trône (*m*)	b)	dignitaire ecclésiastique
3	prélat (*m*)	c)	durci
4	cellule (*f*)	d)	faire allusion à
5	chérir	e)	faire l'éloge de
6	trempé	f)	petite chambre confinée
7	évoquer	g)	s'en aller furtivement
8	louer	h)	siège de luxe
9	s'éclipser	i)	système social fondé sur l'esclavage
10	emprunter	j)	tenir pour vrai
11	parcourir	k)	traverser
12	esclavagisme (*m*)	l)	utiliser

2 (📖) **Parmi les propositions ci-dessous 1 à 8, choisissez celle qui pourra servir de titre pour les paragraphes A à F du texte. Attention: il y a plus de propositions que de paragraphes. Un exemple vous est donné.**

Exemple: **C**, 6

1 « Nous ne sommes pas catholiques, mais des bergoglistes convaincus! »

2 Il a déclenché beaucoup de vocations de prêtre au sein de la jeune génération

3 « Cette façon missionnaire, c'est la révolution de Mgr Bergoglio »

4 Personne n'envisageait sérieusement cette élection

5 Des accusations virulentes de corruption politique

6 *Ceux qui partageaient sa vie se lamentent: il ne reviendra pa*s

7 Un engouement sans faille pour Dostoïevski

8 L'art d'aller vers les gens

3 (V) **Reliez chacun des mots du texte figurant dans la colonne de gauche avec son équivalent qui se trouve dans la colonne de droite. Attention: il y a plus de mots proposés que de réponses possibles. Un exemple vous est donné.**

Exemple: **bouscule (paragraphe 1, *C*)**

1	successeur	a)	aggloméré
2	bidonville	b)	allié
3	bienveillance	c)	*balaie*
4	desperados	d)	misérables
5	entassé	e)	remplaçant
		f)	bonté
		g)	catholicisme
		h)	quartier de baraques

4 Ⓖ En vous basant sur le texte pages 145 et 146, complétez le tableau suivant en indiquant à qui ou à quoi se rapportent les mots en gras. Un exemple vous est donné.

Dans la phrase…	le mot…	se rapporte à…
Exemple: **Celui** qui préférait vivre	Celui	*Mgr Bergoglio*
1 comme il **l'**aimait (paragraphe A)	l'	
2 il **en** avait une sainte terreur (paragraphe B)	en	
3 **dont** il regardait le portrait (paragraphe D)	dont	
4 et parmi **eux** (paragraphe D)	eux	

5 📖 Vrai ou faux? Lisez les propositions ci-dessous et décidez si elles sont vraies ou fausses. Pour les propositions fausses, justifiez votre réponse en écrivant une courte phrase en français. Un exemple vous est donné.

Exemple: **Tous les habitants de Buenos Aires ont eu de exactement la même réaction à l'élection du nouveau pape.**

Faux. Les habitants de Buenos Aires ont eu de différentes réactions à l'élection – certains riaient, d'autres pleuraient.

1 Mgr Bergoglio vivait dans l'attente de devenir pape.

2 Les intérêts de Mgr Bergoglio sont éclectiques.

3 L'évêque a toujours aimé se mettre en vedette.

4 La « façon missionnaire » de Mgr Bergoglio avait pour but de continuer les activités de l'église en dehors de son bâtiment physique.

5 L'héritage spirituel de Mgr Bergoglio à Buenos Aires est garanti.

Grammaire

Le plus-que-parfait

Le plus-que-parfait permet d'exprimer des faits qui se situent avant une autre action passée exprimée à l'imparfait, au passé composé ou au passé simple.

● *Ceux qui riaient* **s'étaient rassemblés** *sur les marches de la cathédrale dès qu'ils avaient appris la nouvelle.*

● *Celui qui préférait vivre dans une cellule…* **était devenu** *le 266ᵉ successeur de saint Pierre.*

● *Mgr Bergoglio* **avait quitté** *Buenos Aires le 26 février.*

● *Il* **était né** *dans ce quartier.*

● *Il* **avait trouvé** *sa vocation et son inspiration.*

● *Il y avait eu* *un signe curieux, des fidèles s'étaient levés et lui avaient crié.*

---

6 Ⓖ Donnez la forme correcte du verbe entre parenthèses au plus-que-parfait.

1 Tu m'(*promettre*) que tout serait décidé avant la fin de l'année.

2 Si j'(*savoir*), je serais parti plus tôt.

3 Vous auriez été déçu si vous (*accepter*) de travailler dans cette entreprise.

4 Avant de sortir, il lui (*demander*) de téléphoner à l'hôpital.

5 Je lui (*dire*) d'apporter son sac à dos.

6 L'année précédente je l'(*rencontrer*) ailleurs.

7 Avant de la rencontrer je m'(*se demander*) si ce que je faisais était rationnel.

7 À part le catholicisme, quels sont les autres éléments mentionnés dans le texte qui sont utilisés par les gens pour s'identifier?

Pourquoi l'élection d'un pape provoque-t-elle tant d'intérêt dans le monde?

Quel devrait être le rapport entre la religion et la politique de nos jours?

Est-ce que les jeunes gens d'aujourd'hui consacrent assez de temps à leur vie spirituelle?

8 Faites un sondage dans votre classe de français pour déterminer le rôle de la religion et des questions spirituelles dans la vie de la jeune génération. Rédigez vos résultats et écrivez un rapport pour partager vos découvertes.

9 Ajoutez un article à votre blog pour expliquer le rôle de la vie spirituelle dans votre vie.

Comment écrire

Un rapport

Vous devez inclure les éléments suivants:
- le sujet du rapport
- une introduction
- la date à laquelle vous avez fait vos recherches
- le nombre de participants et leur noms
- des faits ou des informations
- des exemples

Utilisez le passé composé et l'imparfait. Le ton du rapport est modéré et la langue est soutenue.

Théorie de la connaissance

Le philosophe anglais Alain de Botton affirme que la religion est tellement belle, tellement joyeuse, que même les athées et les agnostiques devraient y participer, afin d'apprendre des leçons essentielles au bien-être. Êtes-vous d'accord avec cette proposition? Les non-croyants ont-ils droit aux services de l'Église (mariage, baptêmes, enterrements), comme les croyants?

La politique et l'histoire en France; l'Europe

I: La politique

- Débattre sur ce qu'est la politique et sa place parmi les jeunes
- Comprendre le paysage politique en France
- Réfléchir sur l'engagement civique

Delacroix: La Liberté guidant le peuple

Réfléchir

- Est-ce que les politiciens (-ennes) sont utiles ou suffit-il d'avoir du bon sens pour s'occuper des affaires de sa communauté?
- Est-ce que la politique devrait être un métier?
- La solidarité planétaire est-elle indispensable?
- Les jeunes s'intéressent-ils à la politique de nos jours? Pourquoi/Pourquoi pas?
- Pourquoi est-ce que nous attachons tant d'importance à la démocratie dans notre société?
- Avons-nous tous les mêmes droits?
- Comment définiriez-vous la notion de devoir?

La politique, qu'est-ce que c'est?

1 **(V)** **Répondez aux questions suivantes. Attention, quelquefois plusieurs réponses sont possibles.**

1 Au début, les hommes se sont organisés:
   a) pour pouvoir élire un chef
   b) pour chasser
   c) pour ne pas s'ennuyer tout seul

2 Le mot « politique » vient:
   a) du grec
   b) du gaulois
   c) du latin

3 En Grèce, au Vème siècle avant J.-C., une ville avait un régime presque démocratique:
   a) Olympie
   b) Sparte
   c) Athènes

4 Pour entrer en politique,
   a) il faut obligatoirement avoir fait de longues études
   b) il faut être allé dans des écoles spéciales
   c) il n'est pas nécessaire d'avoir fait des études

5 Un « serviteur de l'État », c'est:
   a) quelqu'un qui travaille pour le président de la République
   b) un fonctionnaire
   c) un ministre, un président, quelqu'un qui a des responsabilités politiques

6 Le maire:
   a) s'occupe seulement des mariages
   b) est seulement chargé de faire des discours
   c) exécute les décisions du conseil municipal et représente l'État

7 Lesquels, parmi ces pays, ont eu un empire colonial?
   a) la France
   b) le Royaume-Uni
   c) l'Espagne

8 Les femmes en France ont le droit de vote depuis:
   a) la révolution de 1789
   b) la révolution de 1848
   c) 1945

9 Si on ne vote pas:
   a) c'est bien fait pour les politiciens (-ennes)!
   b) on n'a pas le droit, après, de se plaindre du gouvernement
   c) on perd sa carte d'électeur

10 La «langue de bois», c'est:
   a) le langage difficile à comprendre des personnalités politiques
   b) l'argot des menuisiers
   c) ce qu'on a quand on a trop bu

2 (V) Reliez les mots suivants à leurs définitions.

1 la société
2 la communauté
3 la multiplicité
4 le pouvoir
5 la gestion
6 la constitution

a) une grande quantité
b) l'action d'organiser
c) le mode de vie propre à l'homme, ainsi qu'à certains animaux, caractérisé par une association organisée
d) l'autorité
e) un groupe de personnes ayant un but commun
f) l'ensemble des textes de lois établissant les bases du système politique

Définir la politique

- Le premier sens du mot «politique» est celui qui se rapporte au mot grec «politikos», c'est-à-dire qui concerne la structure d'une société organisée et développée.
- Le mot «politique» est aussi à rattacher au mot grec «politeia» donc au fonctionnement de la société en tant que communauté organisée ainsi que ses liens avec d'autres communautés. Qui dit politique dit collectif et collectivité.
- Le mot «politique» ou «politikè» peut aussi signifier de façon plus restreinte le pouvoir ainsi que les représentants, hommes ou femmes, de celui-ci. Les différents partis politiques sont aussi représentés par cette notion de la politique.

3 (V) En vous basant sur le texte ci-dessus, répondez aux questions suivantes.

1 Quel mot signifie «avancée»?
2 Quel mot signifie «commun»?
3 Quel mot signifie «relier»?
4 Quel mot signifie «limitée»?

La politique, à quoi ça sert?

4 (🎧) Écoutez le débat entre des francophones du Maroc: un auteur et la fondatrice du média électronique *Qandisha* (magazine collaboratif féminin sur le Web).   `Piste 10`

Qui a dit ça?

1 La politique est fondamentale.
2 Certaines choses ne sont pas prises au sérieux à notre époque.
3 La politique, c'est pouvoir communiquer avec autrui.
4 On est impliqué politiquement quand on parle de ce qui touche au quotidien.

5 🎧 Réécoutez le débat et choisissez les phrases vraies.

Exemple: Même si la politique s'est développée grâce aux médias, elle n'intéresse pas forcément plus.	*Vrai*
Est-ce que la politique peut changer la vie de tous les jours?	
La politique défend toujours le commun des mortels.	
Les gens ne s'intéressent absolument pas au pouvoir.	
La politique est capable du pire.	

Grammaire

Les adverbes

Observation: L'adverbe se situe en général après le verbe dans une phrase. Il donne de la précision au verbe.

> Cet athlète court **vite**.

L'adverbe est invariable, c'est-à-dire qu'il ne change jamais de forme (pas de féminin, pluriel, etc.)

Rappel

Les adverbes, page 282

6 Ⓖ **Trouvez l'adverbe fabriqué à partir des adjectifs suivants, puis triez la liste en quatre groupes selon leur formation.**

1	culturel	10	académique
2	essentiel	11	apparent
3	forcé	12	courant
4	utile	13	parfait
5	social	14	méchant
6	quotidien	15	prudent
7	visible	16	patient
8	durable	17	absolu
9	différent	18	libre

7 Ⓖ **Trouvez maintenant le contraire de ces adverbes très courants.**

1 bien   4 peu
2 vite   5 rarement
3 jamais

8 ✏️ **Vous êtes passionné(e) par l'engagement politique et vous pensez qu'il est vraiment important de prendre des décisions *en toute connaissance de cause**. Vous allez écrire un éditorial pour le magazine de votre lycée; vous allez essayer de convaincre vos camarades de la valeur de votre engagement.**

* en toute connaissance de cause = en ayant tous les éléments pour comprendre

Comment écrire

Un éditorial

Un éditorial est un article que l'on trouve généralement au début d'un journal ou d'un magazine; il est généralement écrit par le rédacteur ou la rédactrice en chef. Une seule opinion est exprimée – la vôtre. Vous devrez structurer votre texte et vous pouvez utiliser des éléments du discours: répétitions, questions rhétoriques, etc. Pour avoir un exemple d'éditorial sous les yeux, reportez-vous à n'importe quel magazine français.

La politique et les jeunes

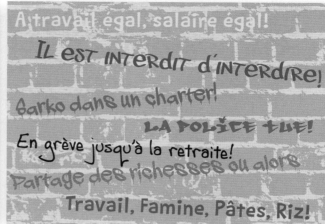

A travail égal, salaire égal!

IL EST INTERDIT d'INTERDIRE!

Sarko dans un charter!

LA POLICE TUE!

En grève jusqu'à la retraite!

Partage des richesses ou alors

Travail, Famine, Pâtes, Riz!

9 📖 **Quel slogan convient à chaque thème?**

1   La réforme du système de retraite
2   Les bavures policières
3   La liberté d'expression
4   La parité des salaires
5   De meilleures conditions de vie
6   Les expulsions d'étrangers

La dernière fois que la jeunesse française a protesté en masse est à la fin des années soixante. On appelle cette période en France, mai 68. Mais la jeunesse était en révolte à travers le monde à cette époque. Ses revendications: plus de libertés individuelles, contre la société traditionnelle, le capitalisme, l'impérialisme, pour la fin de la guerre du Vietnam (États-Unis), etc.

Les jeunes Québécois se foutent de la politique!

De belles valeurs, du sexe, ou les deux? Notre sondage sur ce que serait un Québec peuplé de 18-30 ans donne un portrait éclairant et parfois contradictoire sur ce que pensent les jeunes de la relève. Et pas seulement sur leur vie privée: les médias, la langue, l'environnement, la politique, tout passe sous la loupe. Et les résultats ne sont pas toujours <u>ceux</u> qu'on attend. Si le Québec avait moins de 30 ans, l'argent prendrait moins de place, mais pas la vie de famille. Ni la fidélité. Mais pour la religion, pas vraiment plus d'engouement que pour les parents.

Les jeunes Québécois risquent d'être nombreux à bouder le scrutin du 14 octobre. Soixante pour cent d'entre eux se foutent de la politique révèle un sondage exclusif Segma-La Presse-Groupe Gesca portant sur les 18-30 ans et dont les résultats seront dévoilés dans notre édition de demain.

Autre révélation: ce sont les jeunes de droite qui démontrent **1**.......... le plus d'intérêt **2**.......... les affaires de l'État. «Les 18-30 ans qui veulent des baisses d'impôts, qui privilégient le développement économique **3**.......... que la protection de l'environnement et qui se disent religieux s'intéressent **4**.......... à la politique que les autres jeunes, explique le président de Segma-Unimarketing, Raynald Harvey. **5**.......... des années d'adoption de politiques plus à gauche, je crois que les jeunes de droite souhaitent **6**.......... exercer un retour du balancier.»

Pour la majorité des jeunes sondés, le politicien idéal serait âgé entre 25 et 30 ans. «Ce décalage avec la réalité est probablement une bonne piste pour expliquer le peu d'intérêt des jeunes, reprend M. Harvey. C'est prouvé que les gens votent pour des politiciens qui leur ressemblent. Avec tous ces vieux routiers en politique, il est normal que les jeunes aient de la misère à se retrouver en eux.»

Si 40% des jeunes sont «peu intéressés» et 20% «pas du tout intéressés» par les affaires publiques, c'est en partie la faute aux politiciens, croit Frédérick Gagnon, professeur de sciences politiques à l'Université du Québec à Montréal. «Il n'y a pas vraiment de leaders inspirants dans lesquels les jeunes peuvent se reconnaître en ce moment. Le Québec n'a pas de Barack Obama ni même d'Hilary Clinton», explique-t-il. «Le cynisme envers la classe politique n'est pas quelque chose de nouveau, poursuit-il. Mais avec les scandales récents, les jeunes ont peut-être tendance à mettre les politiciens tous dans le même paquet.»

Même si la jeune génération peut sembler cynique, elle valorise l'honnêteté chez ses dirigeants. Intégrité et vision sont les principales qualités recherchées chez un bon politicien. Chez les *allophones** et les anglophones, il doit aussi être bon communicateur (…)

«Je pense que les jeunes sont plus intéressés par la politique que ce sondage ne le laisse entendre (…) C'est vrai qu'ils ont de la misère à se reconnaître dans les politiciens et qu'ils sont plus difficiles à mobiliser, mais lorsqu'on leur demande leur avis sur le réchauffement climatique ou la coopération internationale, ils se sentent rapidement interpellés.»

Selon Élections Canada, 25 % des 18-24 ont exercé leur droit de vote aux élections fédérales de 2000 contre 80 % chez les électeurs de plus de 58 ans. Chez les 25-30 ans, environ 45 % des électeurs se *rendent aux urnes***.

www.lapresse.ca

* *allophone* = personne ayant une autre langue maternelle que celle du pays où elle se trouve

** *se rendre aux urnes* = aller voter

10 📖 **Quel titre pourriez-vous donner au premier paragraphe?**

1 Pas de religion pour les jeunes

2 Plus de vie de famille

3 Les jeunes s'expriment sur une variété de thèmes

11 📖 **Répondez aux questions suivantes.**

1 Dans le premier paragraphe, à quoi se réfère le mot « ceux »?

2 Dans le deuxième paragraphe, quelle expression signifie « ne pas s'occuper des élections »?

3 « Les jeunes se foutent » veut dire:
   a) Les jeunes se désintéressent.
   b) Les jeunes sont passionnés.
   c) Les jeunes ne vont pas.

4 Replacez les mots suivants dans le troisième paragraphe:

   | actuellement | après | davantage | envers | maintenant | plutôt |

5 Dans le cinquième paragraphe, quelle expression signifie « tous pareils »?

6 Selon le sixième paragraphe, pourquoi est-il fait référence aux anglophones?

7 Selon le septième paragraphe, pourquoi dit-on que les jeunes sont probablement plus intéressés qu'il n'y paraît?

Grammaire

Les constructions avec *si*

Les constructions avec *si* suivent des règles d'utilisation des temps bien établies peu importe où est placée la section avec *si* (on peut avoir la section avec *si* en deuxième position dans la phrase sans changer le sens):

Je serais plus au courant des actualités, si je lisais plus souvent le journal. = Si je lisais plus souvent le journal, je serais plus au courant des actualités.

Règles d'utilisation des temps:

- **si + présent, futur**

  *Si **je vais** à l'université, **j'aurai** un meilleur emploi.*

- **si + imparfait, conditionnel présent**

  *Si **je travaillais** plus, **j'aurais** de meilleures notes.*

- **si + plus-que-parfait, conditionnel passé**

  *Si **j'avais eu** plus de temps, **j'aurais amélioré** ma présentation.*

12 **Reliez les phrases suivantes:**

1 Si je m'intéressais plus à la politique…
2 Si je vote aux prochaines élections…
3 Si on m'avait prévenu des risques…
4 Si vous aviez le temps…
5 Si elle reçoit un héritage…

a) …je ne l'aurais pas fait.
b) …elle ne travaillera plus.
c) …je pourrai avoir le sentiment de participer.
d) …je serais plus au courant des affaires du pays.
e) …vous feriez du bénévolat.

Être impliqué?

13 Ⓥ **Reliez les phrases suivantes:**

1 Dans une démocratie…
2 Dans un système anarchique…
3 Dans une monarchie constitutionnelle…
4 Dans une dictature…

a) …l'État et toute contrainte sur les individus sont supprimés.
b) …le chef de l'État est un roi ou une reine mais une constitution limite ses pouvoirs.
c) …tous les pouvoirs sont concentrés entre les mains d'un individu.
d) …la souveraineté appartient à tous les citoyens.

Beaucoup pensent qu'être impliqué c'est être citoyen et vice versa. Voici quelques témoignages qui montrent des façons d'être impliqué dans la vie de sa communauté. Lisez-les puis faites l'activité écrite qui suit.

Frédéric V., 25 ans, est électricien et pompier volontaire. Il est également administrateur de l'association FJRCA (fédération jeunesse de la région Chaudière-Appalaches). Depuis son tout jeune âge, il démontre un intérêt marqué pour sa région. Frédéric est aussi conseiller municipal, membre du conseil d'établissement de l'école primaire locale et impliqué au sein d'une organisation politique provinciale. On peut décidément affirmer que Frédéric est un jeune homme d'action.

Quelles sont les formes de participation civique que vous privilégiez le plus?

La participation civique commence par une éducation solide. Le scoutisme, mouvement d'éducation non-formelle, offre aux jeunes un apprentissage diversifié et par l'action. En parallèle à l'éducation formelle, il faut encourager l'éducation non-formelle pour diversifier la base du citoyen engagé! *Nhattan*

Comment faire en sorte que les enjeux jeunesse occupent davantage de place dans les débats sociaux ainsi que sur les plans économiques et politiques?

Il faut intéresser les jeunes à s'impliquer dans des projets qui les touchent et où ils sentent qu'ils peuvent faire une différence. Quand on sent qu'on n'est pas concerné et qu'on ne peut pas faire de différence, l'envie de prendre sa place n'y est pas. Il faut également prendre les jeunes au sérieux et leur faire confiance. *Sophie*

14 ✎ **Choisissez une campagne qui vous est importante, de la liste ci-dessous ou d'ailleurs:**

- le besoin urgent d'une rocade pour un village près de chez vous
- une réduction du nombre d'élèves par classe dans les établissements scolaires secondaires
- la menace de fermeture permanente de la bibliothèque de votre ville

Vous allez écrire une lettre formelle à la rédaction d'un journal local ou bien au maire de votre commune.

> **Rappel**
>
> Comment écrire une lettre formelle, pages 14, 33 et 69

II: L'Europe

- Découvrir l'Europe
- S'intéresser à un pays européen francophone – la Belgique

Réfléchir

Voici un dessin humoristique sur la construction de l'Europe selon Plantu (dessinateur de presse et caricaturiste français).
- Quels sont les grands moments historiques représentés ici (les trois premières vignettes)?
- Selon ce dessin, essayez de deviner pourquoi il était important de créer un espace européen.

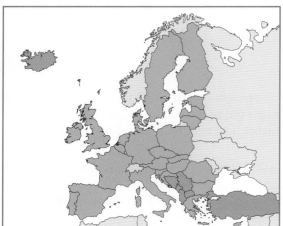

1 Ⓥ **Quels sont les États membres de l'Union européenne? Voici leurs noms et leurs drapeaux. Retrouvez-les sur la carte ci-dessus.**

Drapeau	État	Drapeau	État	Drapeau	État	Drapeau	État
	Allemagne (*f*)		Espagne (*f*)		Italie (*f*)		Portugal (*m*)
	Autriche (*f*)		Estonie (*f*)		Lettonie (*f*)		République (*f*) tchèque
	Belgique (*f*)		Finlande (*f*)		Lituanie (*f*)		Roumanie (*f*)
	Bulgarie (*f*)		France (*f*)		Luxembourg (*m*)		Royaume-Uni (*m*)
	Chypre		Grèce (*f*)		Malte		Slovaquie (*f*)
	Croatie (*f*)		Hongrie (*f*)		Pays-Bas (*m pl*)		Slovénie (*f*)
	Danemark (*m*)		Irlande (*f*)		Pologne (*f*)		Suède (*f*)

Grammaire

Prépositions à utiliser avec des pays, des villes et des régions

Observation: La plupart des noms de pays sont féminins.

	Lieu où l'on est, où l'on va		Lieu d'où l'on vient	
Noms masculins commençant par une consonne	au	aller au Pérou	du	venir du Pérou
Noms pluriels	aux	aller aux États-Unis	des	venir des États-Unis
Noms féminins (pays et grandes îles d'Europe)	en	aller en Bolivie	de	venir de Bolivie
		aller en Sardaigne	de	venir de Sardaigne
		aller en Corse	de	venir de Corse
Noms masculins commençant par une voyelle	en	aller en Irak	d'	venir d'Irak
Noms de petites îles lointaines	à la	aller à la Réunion	de la	venir de la Réunion
Noms de petites îles d'Europe	à	aller à Malte	de	venir de Malte
Noms masculins de grandes îles lointaines	à	aller à Madagascar	de	venir de Madagascar
Noms à initiale consonantique qui ne prennent pas d'article	à	aller à Bahrein	de	venir de Bahrein
		aller à Porto Rico		venir de Porto Rico

Devant les noms de villes, grandes ou petites, et villages, on utilise toujours *à*.

2 **G** **Utilisez la bonne préposition dans les phrases suivantes.**

1 Grégoire voudrait aller .... Italie.

2 Danielle veut rester .... San Francisco avec ses amis.

3 Moya a décidé d'aller .... Lisbonne.

4 Elle adore voyager .... Portugal.

5 Micha va faire un tour .... Chine.

6 Nous autres, nous avons décidé de rester .... Pays-Bas car nous n'aimons pas voyager.

Une Europe unie

L'idée d'une Europe unie n'est pas nouvelle. Victor Hugo a fréquemment défendu l'idée de la création des *États-Unis d'Europe*. Ainsi, dès 1849, au congrès de la paix, il lance:

«Un jour viendra où vous France, vous Russie, vous Italie, vous Angleterre, vous Allemagne, vous **1**.......... , nations du continent, sans perdre vos qualités **2**.......... et votre glorieuse individualité, vous vous fondrez **3**.......... dans une unité supérieure, et vous constituerez la **4**.......... européenne, absolument comme la Normandie, la Bretagne, la Bourgogne, la Lorraine, l'Alsace, toutes nos provinces, se sont fondues dans la France. Un jour viendra où il n'y **5**.......... plus d'autres champs de bataille que les marchés s'ouvrant au **6**.......... et les esprits s'ouvrant aux **7**.......... - Un jour viendra où les boulets et les bombes seront remplacés par les **8**.......... , par le suffrage **9**.......... des peuples, par le vénérable arbitrage d'un grand sénat **10**.......... qui sera à l'Europe ce que le parlement est à l'Angleterre, ce que la diète est à l'Allemagne, ce que l'Assemblée législative est à la France!»

Victor Hugo

Victor Hugo conçoit une Europe axée sur le Rhin, lieu d'échanges culturels et commerciaux entre la France et l'Allemagne qui serait le noyau central de ces États-Unis d'Europe. Il présente une Europe des peuples par opposition à l'Europe des rois, sous forme d'une confédération d'États avec des peuples unis par le suffrage universel et l'abolition de la peine de mort.

3 **Replacez dans le texte de Victor Hugo les mots manquants.**

aura	distinctes	fraternité	souverain	universel
commerce	étroitement	idées	toutes	votes

4 Dans l'extrait du discours de Victor Hugo page 157, trouvez les éléments stylistiques suivants et expliquez leurs utilisations et leurs effets:
- des répétitions
- de la ponctuation
- des exemples
- des comparaisons

L'Europe, ça a commencé comment?

Voici une lettre (imaginaire) de Robert Schuman (un des fondateurs de l'Europe – 1886-1963) à ses petits-enfants.

> Anne et Hervé Schuman
> 44 boulevard de l'Avenir
> 69000 Lyon
> Paris, le 23 mars 1957
>
> Chers petits-enfants,
> C'est aujourd'hui un jour historique. Ça y est, le traité de Rome a été signé. Que de chemin parcouru depuis ma déclaration de 1950! Et bien plus encore depuis la fin de la Seconde Guerre mondiale en 1945! Je vais essayer de vous expliquer ce que nous avons voulu faire.
> Les pays européens sont sortis exsangues d'un conflit destructeur. Heureusement que certaines personnes éclairées ont eu l'idée d'une union entre les pays d'Europe qui permettrait au vieux continent de recouvrer son rang sur la scène mondiale. La guerre froide n'a fait que renforcer cette idée, évidemment. L'heure était vraiment à la reconstruction et à la réconciliation. Plusieurs camps se sont affrontés à l'époque, bien sûr; mais finalement mon ami Jean Monnet a su imposer sa vision graduelle et pragmatique qui a eu les effets les plus remarquables: de la mise en commun du charbon et de l'acier entre les six pays fondateurs (France, Allemagne, Bénélux, Italie) est née la forme la plus achevée d'intégration pacifique.
> Ce fameux traité de Rome dont je vous ai parlé au début de ma lettre crée enfin une Communauté économique européenne qui renforcera les fondements de l'union entre les peuples européens. Ce dont nous ne voulons pas, c'est d'une autre guerre. Quoi de mieux que les échanges économiques et culturels pour s'entendre.
> Ce sera à votre génération, mes chers petits-enfants, d'élargir cette union qui ne peut que bénéficier de plus de membres. Et pourquoi pas, peut-être un jour verrons-nous la Grande-Bretagne se joindre à notre entreprise quand elle en comprendra les bénéfices.
> Je vous laisse et embrassez très fort vos parents. À bientôt.
> Votre grand-père qui vous aime.
> Robert Schuman

5 Lisez la lettre et faites correspondre un titre à chaque section:
1 une création
2 un souhait
3 une idée
4 une mise en contexte

6 Relisez la lettre et décidez si les affirmations suivantes sont vraies ou fausses.
1 La lettre est écrite le jour de la signature du traité de Rome.
2 Robert Schuman essaye d'être didactique.
3 Personne n'avait jamais eu l'idée d'une union entre pays européens.
4 Les pays fondateurs ont commencé à mettre en commun des ressources.
5 Une nouvelle guerre serait la bienvenue économiquement.
6 Il faudra en faire bénéficier d'autres pays.

Mini-guide du citoyen européen

Des droits et des libertés. Les citoyens européens peuvent vivre, travailler et étudier dans un autre pays faisant partie de l'Europe.

Le droit de vote. Un Français qui habite en Allemagne, par exemple, peut voter dans ce pays aux élections municipales (locales) et européennes. Il peut également se présenter comme candidat à ces élections.

Demander justice en Europe. Depuis 1997, les citoyens européens peuvent « saisir » la Cour de justice européenne. Cela signifie qu'un habitant d'un pays membre, qui pense avoir été traité injustement, peut se plaindre devant cette Cour.

Le projet Comenius. Il concerne les écoles maternelles, primaires, les collèges et les lycées. Des élèves de différents pays peuvent ainsi travailler ensemble grâce à Internet ou à la vidéo.

Erasmus. Le programme permet chaque année à 200 000 étudiants d'étudier et de faire un stage à l'étranger. Il finance en outre la coopération entre établissements d'enseignement supérieur dans toute l'Europe.

Lingua. Programme qui a pour objet la promotion des langues des États européens grâce à des projets transnationaux.

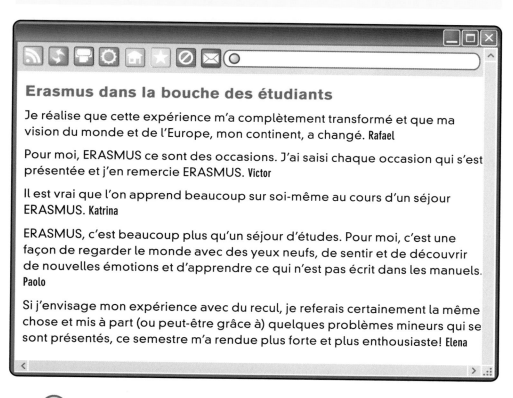

Erasmus dans la bouche des étudiants

Je réalise que cette expérience m'a complètement transformé et que ma vision du monde et de l'Europe, mon continent, a changé. Rafael

Pour moi, ERASMUS ce sont des occasions. J'ai saisi chaque occasion qui s'est présentée et j'en remercie ERASMUS. Victor

Il est vrai que l'on apprend beaucoup sur soi-même au cours d'un séjour ERASMUS. Katrina

ERASMUS, c'est beaucoup plus qu'un séjour d'études. Pour moi, c'est une façon de regarder le monde avec des yeux neufs, de sentir et de découvrir de nouvelles émotions et d'apprendre ce qui n'est pas écrit dans les manuels. Paolo

Si j'envisage mon expérience avec du recul, je referais certainement la même chose et mis à part (ou peut-être grâce à) quelques problèmes mineurs qui se sont présentés, ce semestre m'a rendue plus forte et plus enthousiaste! Elena

7 Qui a dit ça? Reliez les phrases suivantes aux étudiants dans le texte ci-dessus.

1 Pour moi l'important c'est de sortir des sentiers battus.

2 J'ai voulu faire l'expérience de tout.

3 Mon opinion sur ce qui m'entoure a changé.

4 Cela m'a permis de me ressourcer.

5 Si c'était à recommencer, je ne changerais rien.

Connaissez-vous la Belgique?

8 **Reliez les noms aux descriptions 1 à 6.**

Des Belges célèbres

René Magritte (1898-1967)

Georges Simenon (1903-1989)

Adolphe Sax (1814-1894)

Eddy Merckx

Hergé (1907-1983)

Kirsten Flipkens

1 Facteur d'instrument de musique qui créa les saxophones.

2 Peintre, adepte du surréalisme.

3 Joueuse de tennis. Elle atteint les demi-finales à Wimbledon en 2013 pour être battue par Marion Bartoli.

4 L'un des maîtres de l'école belge de la BD.

5 Le seul athlète belge à avoir été nommé sportif mondial de l'année à trois reprises.

6 Auteur, créateur du célèbre commissaire Maigret.

9 **V** **Trouvez les mots manquants.**

Verbes	Noms
accueillir	
	un habitant
s'élever	
	la descendance, un descendant
	une colonie
se constituer	

Des infos sur la Belgique

- Capitale: Bruxelles.
- Accueille les principales institutions européennes – le Parlement européen, le Conseil de l'Union européenne, la Commission européenne – ainsi que le siège de l'OTAN.
- Superficie: 30 528 km²
- Habitants: 11 millions
- Langues: néerlandais (flamand), français, allemand
- Régime: monarchie constitutionnelle (dirigée par le roi des Belges).
- Trois grandes régions et dix provinces: Flandre occidentale, Flandre orientale, Anvers, Limbourg, Liège, Luxembourg, Namur, Hainaut, Brabant, Wavre.

- Relief peu élevé; une façade littorale (mer du Nord).
- Climat océanique tempéré.
- La plus grande communauté d'origine étrangère et leurs descendants en Belgique sont les Marocains.
- Le pays se détache des Pays-Bas en 1830 pour se constituer librement en Royaume de Belgique en 1831.
- La présence coloniale belge en Afrique s'arrête en 1960 avec la souveraineté du Congo.
- Il existe un profond désaccord entre la communauté néerlandophone (Flamands) qui réclame l'indépendance et la communauté francophone (Wallons). Seule la région de Bruxelles-capitale est officiellement bilingue — néerlandais/français.

10 G Choisissez la bonne question.

1 Oui, je pars en vacances au ski pour Noël.
   a) Est-ce que tu pars en vacances pour Noël?
   b) Qu'est-ce que tu fais pendant les vacances de Noël?

2 Non, je n'ai pas rencontré les nouveaux étudiants.
   a) Qui est-ce que tu as rencontré?
   b) Est-ce que tu as rencontré les nouveaux étudiants?
   c) Qu'est-ce que tu as rencontré?

11 G Choisissez la bonne réponse.

1 Que fais-tu pendant les vacances?
   a) Non, je ne vais jamais faire de ski à Noël.
   b) Oui, je vais au ski avec mes amis.
   c) Je vais au ski avec mes amis.

2 Où vas-tu pendant les vacances de Noël?
   a) Je pars avec ma famille.
   b) Je pars faire du ski dans les Alpes.
   c) Oui, j'adore aller au ski à Noël!

3 Qu'est-ce que tu aimes à Noël?
   a) J'aime l'ambiance festive de Noël.
   b) Non, je n'aime pas Noël.

Grammaire

Poser des questions

Il est possible de poser des questions de différentes façons. Il existe trois formes d'interrogation:

- **l'intonation** (langage courant)
  Vous parlez français?
- **est-ce que** (langage courant)
  Est-ce que vous parlez français?
- **l'inversion** (langage soutenu)
  Parlez-vous français?

On peut aussi utiliser un **mot interrogatif** comme:

- qui (à qui, de qui, avec qui, pour qui…)
- que
- quoi (à quoi, de quoi, avec quoi…)
- où (par où, d'où…)
- quand
- comment
- pourquoi
- combien

---

12 Après avoir lu les infos sur la Belgique, vous allez écrire l'interview d'un Belge sur son pays. Choisissez un Belge célèbre si vous voulez et faites de plus amples recherches si nécessaire. Le but de cette activité sera de vous entraîner à poser des questions ainsi que de savoir utiliser des informations sans copier des pans de texte.

13 Écoutez ce reportage sur le dernier discours d'Albert II, roi des Belges. Choisissez la bonne réponse en fonction du document oral.

Piste 11

1 Le roi a parlé de l'emploi:
   a) il y a 20 ans
   b) il y a 30 ans
   c) il y a un an

2 Le roi s'est attaqué:
   a) aux faibles
   b) à la solidarité
   c) à toutes les formes d'égoïsme

3 Aujourd'hui, il souhaite que la Belgique:
   a) reste unie
   b) se divise
   c) soit autonome

4 Il insiste pour que:
   a) la Belgique sorte de l'Europe
   b) la Belgique soit un moteur européen
   c) la Belgique reconquière des colonies

5 Est-ce que le roi va se désintéresser complètement des affaires de la Belgique?

6 Comment Albert II décrit-il le nouveau roi?

14 Débat: pour ou contre la royauté (voir page 125, pour les caractéristiques du débat).

Rappel

Comment écrire une interview, page 17

Vocabulaire

abdication (*f*)
abdiquer
décennie (*f*)
le plus âgé/la plus âgée
prince (*m*)
princesse (*f*)
régime (*m*)
règne (*m*)
régner
reine (*f*)
roi (*m*)
siècle (*m*)
souverain (*m*)
souveraine (*f*)
tradition (*f*)
traditionnel(le)

III: La mondialisation – citoyens du monde?

● Observer et réfléchir sur la mondialisation, les alternatives et les institutions internationales

Réfléchir

● Faites une liste des produits étrangers et des marques étrangères que vous utilisez. En connaissez-vous le pays d'origine?
● Comparez votre liste avec les autres. Que pensez-vous du phénomène de la mondialisation? Quels en sont les avantages et les inconvénients?

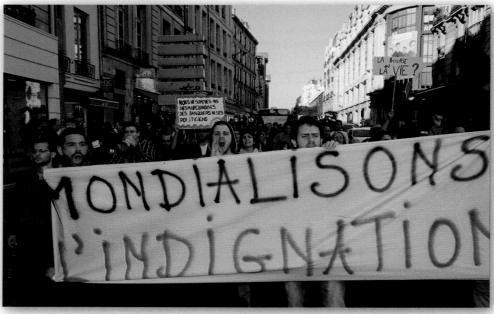

Le terme de **mondialisation** désigne l'expansion et l'articulation tantôt harmonieuse, tantôt conflictuelle à l'échelle mondiale, des échanges, des liens d'interdépendance entre activités humaines, nations et systèmes politiques et sociaux. Ce phénomène touche un nombre croissant de personnes dans la plupart des domaines.

1 Décrivez cette photo et faites des commentaires.

Souvenez-vous que la description que vous ferez portera d'abord sur ce que vous voyez (voir Unité 1 page 20).

Les sommets politiques

G7, G8, G20: à quoi servent tous ces «G»?

G7, G8, G20: chacun de ces sommets concentre en un point du globe l'attention des médias pendant quelques heures ou quelques jours. Tous ces "G" sont des groupes de discussion informels des grandes puissances, qui se réunissent hors du cadre des organismes internationaux, comme le FMI ou les Nations Unies.

Pour comprendre la différence entre G7, G8 et G20, de petits rappels historiques s'imposent…

1 Le G7 était d'abord un G6 et les États membres du G20 ne sont que 19

Le G7 était à l'origine… un G6: créé en 1975 à l'initiative de Valéry Giscard d'Estaing, il regroupait la France, l'Allemagne de l'Ouest, les États-Unis, l'Italie, le Japon, le Royaume-Uni. Le Canada l'a rejoint en 1976.

En 1998, la Russie vient se greffer au G7, qui devient un G8.

L'année suivante, en 1999, est créé un autre groupement, qui associe 11 pays supplémentaires, majoritairement des pays émergents, à ceux du G8: l'Afrique du Sud, l'Arabie Saoudite, l'Argentine, l'Australie, le Brésil, la Chine, la Corée du Sud, l'Inde, l'Indonésie, le Mexique et la Turquie. Le 20e membre du G20 n'est pas un pays mais l'Union européenne.

Sommet de Londres, 1977

- Les États membres du G20 ne sont pas les 19 États les plus riches au monde. Par exemple, l'Afrique du Sud ne se situe qu'au 29e rang mondial. D'autres pays, comme l'Espagne ou les Pays-Bas, sont plus riches qu'elle mais ne disposent que du statut de pays invité au G20. Ce ne sont pas des puissances régionales de la même ampleur.
- Les membres du G8 ont choisi ceux qui les ont rejoints au sein du G20 en fonction de leur poids économique et de leur représentation géographique.

La décision d'associer les pays émergents aux discussions sur les grandes orientations de la politique mondiale a suivi les crises financières qui les ont touchés à la fin des années 1990.

Le G20 représente aujourd'hui 85% du PIB mondial et deux-tiers de la population de la planète.

2 Ils parlent d'économie… mais pas seulement

Le G20 ne se substitue pas au G8, il s'y ajoute: le G8 continue à se réunir une fois par an. Les démocraties occidentales ne sont pas mécontentes de pouvoir aborder certains sujets politiques "entre elles" (malgré la présence de la Russie) plutôt que dans le cadre plus large du G20.

À l'origine, le G7 avait été créé pour parler économie, dans le contexte de la crise entraînée par le premier choc pétrolier. Initialement, il n'était prévu que pour les ministres des Finances et les gouverneurs de banques centrales des pays industrialisés et des pays émergents.

Aujourd'hui, les G8 et G20 réunissent aussi les chefs d'État et de gouvernement et abordent des thèmes plus variés: émissions de gaz à effet de serre, aide au développement, lutte contre l'immigration illégale ou la corruption, prix des matières premières… Depuis 2008, les pays émergents ont poussé pour que le G20 ne soit uniquement consacré à la crise économique des pays développés.

Sommet de Saint-Pétersbourg, 2013

http://quoi.info

2 📖 **Dites si l'affirmation est vraie ou fausse et justifiez votre réponse en citant un passage du texte.**

1 Les différents sommets durent plusieurs semaines.

2 Le G20 regroupe des pays qui se sont développés économiquement dans les derniers temps.

3 L'Afrique du Sud fait partie du G20 parce que c'est un grand pays.

4 La réunion du G8 est bisannuelle.

5 Le G8 reste un sommet plus intime.

6 Les sommets du G8 et G20 traitent de sujets divers.

Tous les ans, j'entends parler de Davos, mais qu'est-ce que c'est exactement?

Il était une fois une station des Alpes suisses qui s'appelait Davos. Malgré ces nombreux touristes tous les ans, cette station est devenue célèbre grâce à la réunion annuelle du Forum Économique mondial. Ce Forum est une fondation à but non lucratif qui réunit des dirigeants d'entreprises, des responsables politiques du monde entier ainsi que des intellectuels et des journalistes, afin de débattre les problèmes les plus urgents de la planète, y compris dans les domaines de la santé et de l'environnement. L'aspect non lucratif de la fondation veut dire qu'elle ne défend aucun intérêt politique, partisan ou national et qu'elle s'est donnée pour mission d' «améliorer l'état du monde». Le profil type de l'entreprise membre est une multinationale réalisant un chiffre d'affaires supérieur à environ 3,7 milliard d'euros.

En 2007, le Forum a ouvert des pages sur des plates-formes de réseau social invitant le public à prendre part et à s'informer.

En 2005, le Forum a fondé la communauté des *Young Global Leaders*. Cette communauté regroupe plus de 750 dirigeants du monde entier âgés de moins de 40 ans, issus de disciplines et de secteurs très variés. Ses membres s'investissent dans la *2030 Initiative*, c'est-à-dire l'établissement d'un plan d'action permettant de définir ce que sera le monde en 2030.

Depuis la Réunion Annuelle en janvier 2003, un Open Forum Davos est organisé parallèlement à la réunion principale afin d'ouvrir au public le débat sur la mondialisation. Réunissant personnalités politiques et dirigeants d'entreprise, l'*Open Forum* se tient chaque année dans l'enceinte de l'école locale. Le public peut assister gratuitement à tous les débats. La Réunion Annuelle a en outre été décriée pour son «déploiement de fastes et de platitudes». Ses détracteurs lui reprochent de s'éloigner des grandes questions économiques et de fournir des résultats peu probants, en particulier depuis la présence toujours plus importante d'ONG peu compétentes en matière d'économie. Selon eux, Davos se penche sur des questions politiques du moment, très prisées des médias (réchauffement climatique, sida en Afrique, etc.), au lieu de débattre de l'économie mondiale en présence d'experts renommés, de grands dirigeants économiques et d'acteurs politiques clés.

3 Ⓥ 📖 **Expliquez les expressions suivantes avec vos propres mots.**

1 «Une fondation à but non lucratif»

2 «ne défend aucun intérêt politique, partisan ou national»

3 «son déploiement de fastes et de platitudes»

4 «fournir des résultats peu probants»

4 ✏️ **Choisissez un réseau social de votre choix et exprimez-vous sur le sujet de votre choix comme si vous vouliez participer au Forum de Davos.**

IV: L'histoire

- S'informer sur les événements coloniaux depuis la Seconde Guerre mondiale
- S'informer sur le monde colonial

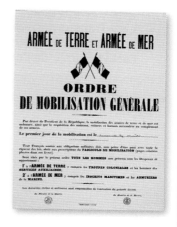

Réfléchir

Le choc de l'Occupation de la France
- Qu'est-ce que vous savez de l'Occupation en France?
- Qui-est-ce, Pétain?
- Quelle partie du pays était occupée en juin 1940?
- Où se trouvait le général de Gaulle pendant la guerre?

Voici une petite chronologie de la Seconde Guerre mondiale—bien sûr ceci n'est qu'une sélection et vous pouvez imaginer qu'il s'est passé bien plus d'événements.

Chronologie

septembre 39	invasion de la Pologne, début de la guerre
mai 40	invasion et occupation de la Belgique et de la France
mai/juin 40	défaite de la France
17 juin 40	Pétain demande l'armistice
18 juin 40	appel du général de Gaulle
11 novembre 40	1er acte de résistance
juin 41	les communistes entrent dans la résistance
22 juin 41	attaque allemande en URSS
07 décembre 41	attaque japonaise sur Pearl Harbor
juin 42	batailles de la mer de Corail et de Midway (Pacifique)
juin 42	annonce de la relève des prisonniers par des travailleurs volontaires
juillet 42	rafle du Vél d'Hiv à Paris
octobre 42	victoire d'El Alamein
	Afrique du Nord libérée
novembre 42	les Américains débarquent en Afrique du Nord
	Hitler envahit la zone libre française
hiver 42-43	bataille de Stalingrad
02 février 43	la Wehrmacht capitule à Stalingrad
février 43	Service du travail obligatoire (STO)
1943	des jeunes refusent le STO, rejoignent le maquis
06 juin 44	débarquement allié en Normandie
15 août 44	débarquement allié en Provence
19 août 44	la population parisienne se soulève à l'approche des Alliés
30 avril 45	suicide d'Hitler
08 mai 45	capitulation allemande – victoire des Alliés en Europe
août 45	bombes atomiques sur le Japon (6: Hiroshima, 9: Nagasaki)
02 septembre 45	capitulation japonaise – victoire des Alliés en Asie

1 (V) Transformez ces noms en verbes. (Vous pourrez ensuite vous référer au tableau pour l'activité orale de l'exercice 4 ci-dessous.)

Noms	Verbes
invasion (f)	
occupation (f)	
défaite (f)	
appel (m)	
résistance (f)	
attaque (f)	
annonce (f)	
relève (f)	
rafle (f)	
débarquement (m)	
victoire (f)	
refus (m)	
soulèvement (m)	
approche (f)	
capitulation (f)	

Grammaire

Le passé simple

Quand on parle de faits historiques, on peut utiliser soit le présent de narration, soit le passé simple. Ce qui importe, c'est d'être cohérent. Le passé simple est aussi beaucoup utilisé en littérature. En fait, il est utilisé à la place du passé composé et pour les mêmes raisons (actions terminées dans le passé). Il n'est donc jamais utilisé à l'oral.

Pour former le passé simple des verbes réguliers, il faut enlever la terminaison de l'infinitif et ajouter les terminaisons suivantes:

Verbes réguliers -er		Verbes réguliers -ir et -re	
-ai	-âmes	-is	-îmes
-as	-âtes	-is	-îtes
-a	-èrent	-it	-irent

Quand un verbe est irrégulier, au présent par exemple, il sera aussi irrégulier au passé simple (aller, sortir, etc). Les formes d'avoir et d'être sont aussi irrégulières; l'intérêt est pour vous de pouvoir les reconnaître plutôt que de les utiliser.

avoir

j'eus	nous eûmes
tu eus	vous eûtes
il/elle/on eut	ils/elles eurent

être

je fus	nous fûmes
tu fus	vous fûtes
il/elle/on fut	ils/elles furent

2 (G) Repérez et faites une liste des verbes au passé simple puis retrouvez les infinitifs. N'oubliez pas d'inclure dans votre liste de verbes à l'infinitif le pronom personnel des verbes pronominaux.

Les échos s'emparèrent du bruit et en firent un fracas. Le grondement devint monstrueux. Il réveilla Georgette. Elle souleva un peu la tête, dressa le doigt, écouta et dit: "Boum!" Le bruit cessa. Tout rentra dans le silence. Georgette remit sa tête sur l'oreiller. Puis elle se rendormit. Mermoz décolla doucement. Il fit un long palier près du sol et, d'un seul coup, monta en chandelle. Il réussit à tirer du vieil appareil une voltige étincelante. Puis il atterrit. Il sortit de la carlingue, descendit sur la piste et attendit les compliments.

3 (G) Réécrivez le texte ci-dessus en mettant les verbes au passé composé.

4 Utilisez la chronologie qui figure au début de cette section page 165, et racontez les événements à la classe: vous utiliserez soit le présent de narration, soit le passé composé.

La résistance

Le 18 juin 1940, le général de Gaulle prononce, depuis Londres sur les ondes de la BBC, un appel à la résistance invitant les Français à refuser la capitulation, à résister et à combattre.

«Les chefs qui, depuis de nombreuses années, sont à la tête des armées françaises, ont formé un gouvernement.

Ce gouvernement, alléguant la défaite de nos armées, s'est mis en rapport avec l'ennemi pour cesser le combat.

Certes, nous avons été, nous sommes, submergés par la force mécanique, terrestre et aérienne, de l'ennemi.

Infiniment plus que leur nombre, ce sont les chars, les avions, la tactique des Allemands qui nous font reculer. Ce sont les chars, les avions, la tactique des Allemands qui ont surpris nos chefs au point de les amener là où ils en sont aujourd'hui.

Mais le dernier mot est-il dit? L'espérance doit-elle disparaître? La défaite est-elle définitive? Non!

Croyez-moi, moi qui vous parle en connaissance de cause et vous dis que rien n'est perdu pour la France. Les mêmes moyens qui nous ont vaincus peuvent faire venir un jour la victoire.

Car la France n'est pas seule! Elle n'est pas seule! Elle n'est pas seule! Elle a un vaste Empire derrière elle. Elle peut faire bloc avec l'Empire britannique qui tient la mer et continue la lutte. Elle peut, comme l'Angleterre, utiliser sans limites l'immense industrie des États-Unis.

Cette guerre n'est pas limitée au territoire malheureux de notre pays. Cette guerre n'est pas tranchée par la bataille de France. Cette guerre est une guerre mondiale. Toutes les fautes, tous les retards, toutes les souffrances, n'empêchent pas qu'il y a, dans l'univers, tous les moyens nécessaires pour écraser un jour nos ennemis. Foudroyés aujourd'hui par la force mécanique, nous pourrons vaincre dans l'avenir par une force mécanique supérieure. Le destin du monde est là.

Moi, Général de Gaulle, actuellement à Londres, j'invite les officiers et les soldats français qui se trouvent en territoire britannique ou qui viendraient à s'y trouver, avec leurs armes ou sans leurs armes, j'invite les ingénieurs et les ouvriers spécialistes des industries d'armement qui se trouvent en territoire britannique ou qui viendraient à s'y trouver, à se mettre en rapport avec moi.

Quoi qu'il arrive, la flamme de la résistance française ne doit pas s'éteindre et ne s'éteindra pas.

Demain, comme aujourd'hui, je parlerai à la Radio de Londres.»

5 Lisez le texte ci-dessus et répondez aux questions suivantes.

1 Quelle est la fonction du document?
   a) faire de la publicité
   b) présenter une situation
   c) appeler les Français à la résistance

2 Où se trouve celui qui parle?

3 Qu'a fait le nouveau gouvernement?
   a) Il a demandé un armistice pour arrêter de se battre.
   b) Il est parti en vacances.
   c) Il continue de lutter.

4 Comment l'ennemi a-t-il vaincu la France? Donnez deux exemples.

5 Pourquoi y a-t-il des répétitions dans ce document?

6 À quel empire fait-il référence?

7 De Gaulle invite qui à se mettre en rapport avec lui?
   a) n'importe qui
   b) seulement les gens qui habitent en Angleterre
   c) tous ceux qui veulent résister

La lettre du résistant Guy Môquet à sa mère et sa famille

En 1941, date de cette lettre, la France est occupée par les Nazis depuis 1940. Guy Môquet en tant que jeune militant communiste (17 ans) a été arrêté par l'armée d'occupation pour ses activités de résistant et passe ses derniers moments en prison avant d'être fusillé.

22 octobre 1941

« Ma petite maman chérie,

mon tout petit frère adoré

mon petit papa aimé »

Je vais mourir! Ce que je vous demande, toi, en particulier ma petite maman, c'est d'être courageuse. Je le suis et je veux l'être autant que ceux qui sont passés avant moi.

Certes, j'aurais voulu vivre. Mais ce que je souhaite de tout mon cœur, c'est que ma mort serve à quelque chose. Je n'ai pas eu le temps d'embrasser Jean. J'ai embrassé mes deux frères Roger et Rino. Quant au véritable je ne peux le faire hélas! J'espère que toutes mes affaires te seront renvoyées, elles pourront servir à Serge, qui je l'escompte sera fier de les porter un jour. A toi petit papa, si je t'ai fait ainsi qu'à ma petite maman, bien des peines, je te salue une dernière fois. Sache que j'ai fait de mon mieux pour suivre la voie que tu m'as tracée.

Un dernier adieu à tous mes amis, à mon frère que j'aime beaucoup. Qu'il étudie bien pour être plus tard un homme.

17 ans et demi, ma vie a été courte, je n'ai aucun regret, si ce n'est de vous quitter tous. Je vais mourir avec Tintin, Michels. Maman, ce que je te demande, ce que je veux que tu me promettes, c'est d'être courageuse et de surmonter ta peine.

Je ne peux en mettre davantage. Je vous quitte tous, toutes, toi maman, Serge, papa, en vous embrassant de tout mon cœur d'enfant. Courage!

Votre Guy qui vous aime

Guy

6 **Après avoir lu la lettre, répondez aux questions suivantes.**

1 Pourquoi cette lettre est-elle très courte?

2 Est-ce que Roger et Rino sont les frères de Guy? Qui sont-ils?

3 Combien a-t-il de frères? Comment le savez-vous?

4 Qui sont Tintin et Michels?

Le monde colonial français et la décolonisation

7 **Quiz de culture générale. Répondez aux questions suivantes.**

1 Pour la France, quel territoire conquis en 1830 est colonie de peuplement?
   a) le Maroc
   b) l'Algérie
   c) la Tunisie
   d) le Liban
   e) l'Indochine

2 C'est le territoire le plus convoité d'Afrique pour ses richesses minières et agricoles et c'est la propriété personnelle du roi des Belges jusqu'en 1960 (autre indice: Tintin y passa sa seconde aventure)?
   a) le Congo
   b) la Côte d'Ivoire
   c) Madagascar
   d) l'Égypte
   e) le Soudan

3 Qui appelle-t-on les « pieds-noirs » en Algérie?

a) les musulmans   **d)** les soldats indigènes de l'armée française

b) les colons français   **e)** les chefs de tribus aux ordres des colons

c) les missionnaires

4 Quel courant politique manifestera toujours de l'hostilité à la colonisation en France?

a) le royalisme   **d)** le communisme

b) le socialisme   **e)** l'extrême-droite

c) le radicalisme

8 Ⓥ **Faites des recherches géographiques et placez sur la carte les pays/ régions suivants.**

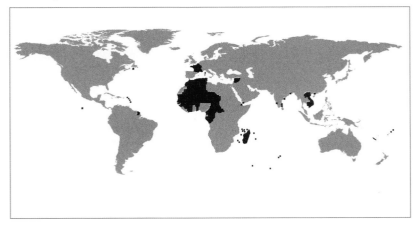

Saint-Pierre-et-Miquelon	Algérie
Guadeloupe	Djibouti
Tunisie	Nouvelle-Calédonie
Indochine	Territoires sur la route des Indes
Madagascar	Wallis-et-Futuna
Tahiti	Liban
Maroc	l'Afrique Occidentale Française
Guyane	l'Afrique Équatoriale Française
Réunion	
Martinique	

Territoires français 1919-1939

La guerre d'Indochine

1946	23 novembre – Bombardements français sur Haiphong
1946	19 décembre – Début de la guerre d'Indochine
1949	septembre – Proclamation d'indépendance de l'État du Vietnam
1954	7 mai – La chute de Diên Biên Phu
1954	21 juillet – Fin de la guerre d'Indochine

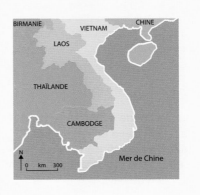

9 🎧 **Écoutez l'enregistrement et ensuite décidez si les affirmations suivantes sont vraies ou fausses.**   Piste 12

1 Il habite au Maroc.

2 Il est parti en Indochine quand il avait 19 ans.

3 Il a fait deux séjours en Indochine.

4 Il n'est pas marié.

5 Il n'y avait pas beaucoup d'hélicoptères en Indochine à l'époque.

6 Le voyage entre Marseille et Saïgon durait une trentaine de jours.

10 Ⓖ Complétez les phrases avec le verbe donné, à l'imparfait:

1 Quand j'(*habiter*) en Indochine, je (*rêver*) de devenir médecin.
2 On ne (*se plaindre*) pas de cette situation.
3 Quand on nous (*donner*) ces ordres, il (*falloir*) les exécuter.
4 En Indochine, à l'époque, il (*devoir*) y avoir deux ou trois hélicoptères.
5 J'ai fait un voyage à bord du bateau qui (*s'appeler*) le *Pasteur*.

La guerre d'Algérie

La guerre d'Algérie a longtemps été une "guerre sans nom". Ce conflit qui a été qualifié de "maintien de l'ordre", est sans doute le plus âpre des conflits de décolonisation. Par la violence de ses affrontements, elle contribue à opposer durablement Français et Musulmans mais aussi à diviser profondément l'opinion publique, même encore de nos jours. Si les Américains ont fait leur introspection de la guerre du Vietnam à travers de nombreux films par exemple, ce n'est pas le cas de la France vis-à-vis de l'Algérie.

La torture a été la face la plus sombre de cette guerre qui ne voulait pas dire son nom. Les nouveaux témoignages de victimes, les aveux de généraux, qui ont couvert l'inavouable, et "l'appel des douze" viennent de rouvrir, après des années de silence, le dossier noir de la torture. On ose désormais évoquer la torture, un sujet qui est resté tabou longtemps malgré quelques dénonciations isolées.

Dans cette guerre qui fut longtemps appelée "maintien d'ordre dans les territoires algériens", l'opinion publique française est très divisée. Alors qu'après la Libération, la France vivait dans l'euphorie de la liberté de la presse retrouvée, la guerre remet à la page la censure et le contrôle de l'information. Dénonçant le combat mené en Algérie, des voix isolées s'élèvent pour secouer une opinion gagnée par l'apathie. Dans cette "lutte contre l'État", la guerre révèle une mobilisation comparable à celle qu'avait connue la France de l'affaire Dreyfus.

Le 19 mars 1962, à midi, le cessez-le-feu met fin aux "opérations de maintien d'ordre en Algérie". Ainsi s'achève une guerre de 92 mois dont le bilan se révèle bien lourd de part et d'autre. En Algérie, le conflit a causé des centaines de milliers de morts, occasionné le déplacement de millions de paysans, déstructuré durablement l'économie. En France, si les victimes ont été beaucoup moins nombreuses, le traumatisme n'en a pas été moins puissant.

Vocabulaire

FLN
Le Front de Libération Nationale a été fondé à l'automne 1954 par une poignée d'Algériens qui pensaient qu'il était nécessaire de passer par une lutte armée pour obtenir l'indépendance de leur pays. Il s'est imposé face aux autres mouvements algériens, au besoin par la force, et a mené la guerre contre l'armée française jusqu'en 1962. Il a alors pris la direction du pays.

GPRA
Le gouvernement provisoire de la République algérienne a été fondé en septembre 1958. C'est lui qui a mené avec le gouvernement français les négociations qui ont conduit à l'indépendance de l'Algérie. Étroitement contrôlé par le FLN; il a été écarté au profit de celui-ci dans le courant de l'été 1962.

Harkis
Les Algériens qui se sont battus au côté de l'armée française contre le front de libération nationale étaient surnommés les Harkis. Au moment de l'indépendance en 1962, certains ont pu rejoindre la France mais beaucoup d'autres ont été massacrés par leurs compatriotes pour trahison.

Grammaire

L'imparfait

L'imparfait s'emploie pour indiquer une habitude dans le passé, pour décrire des faits du passé et décrire, pour parler de la météo en général dans le passé, pour donner des sentiments:

*Quand **j'allais** à l'école primaire, j'y **allais** toujours à pied.*

*Il **était** une fois un jeune homme qui **s'appelait** Henri.*

*À cette époque, il **pleuvait** souvent.*

***J'étais** si contente de la retrouver.*

L'imparfait se forme sur le radical que nous indique la forme *nous* au présent:

- *Nous faisons* – on enlève la terminaison et on la remplace par une autre.
- Voici les terminaisons à employer: -*ais*, -*ais*, -*ait*, -*ions*, -*iez*, -*aient*.

OAS

L'Organisation Armée Secrète a été constituée en février 1961 par des défenseurs acharnés de l'Algérie française qui craignaient que le pays finisse par obtenir l'indépendance. De nombreux membres de l'organisation étaient militaires. L'OAS s'est illustrée par un grand nombre d'attentats aussi bien en Algérie qu'en métropole.

Pieds-noirs

C'est le surnom que se sont donné les Européens d'Algérie au cours de la guerre, notamment lorsqu'ils ont quitté le pays nouvellement indépendant pour rejoindre la France.

Appel des 12

Le quotidien communiste *L'Humanité* a publié, le 31 octobre 2000, un "appel à la condamnation de la torture durant la guerre d'Algérie", signé par douze intellectuels, parmi lesquels Henri Alleg, auteur de *La Question*, et les historiens Madeleine Rebérioux, Pierre Vidal-Naquet et Jean-Pierre Vernant. Les signataires demandent au président de la République, Jacques Chirac, et au premier ministre, Lionel Jospin, "de condamner ces pratiques par une déclaration publique".

Putsch

Coup d'État ou soulèvement organisé par un groupe armé en vue de s'emparer du pouvoir.

Paras

Surnom donné aux parachutistes du général Massu qui pratiquèrent la torture.

Louisette Ighilahriz

Elle fut l'une des premières victimes à témoigner. Son récent témoignage fut le réel déclic d'un débat longtemps oublié, la torture pendant la guerre d'Algérie.

http://guerredalgerie.free.fr/members.htm

11 📖 **Décidez si les affirmations suivantes sont vraies ou fausses.**

1 La guerre d'Algérie a tout de suite été connue comme telle.

2 Le conflit a engendré deux camps.

3 Les débordements ont été censurés et ne commencent à apparaître que maintenant.

4 L'opinion publique de l'époque était plutôt engagée.

5 En Algérie, le conflit a désorganisé le pays de façon durable.

12 Ⓥ **Dans chaque phrase, remplacez le mot ou l'expression en gras par un synonyme.**

1 La guerre d'Algérie est un conflit qui **n'a pas été nommé** pendant très longtemps.

2 Ce conflit est sans doute le plus **âpre** des conflits de décolonisation.

3 La torture a été la face la plus **sombre** de cette guerre.

4 On ose désormais **évoquer** la torture.

5 Des voix isolées s'élèvent pour **secouer** une opinion gagnée par l'apathie.

PRÉPARATION À L'ÉPREUVE 1

Niveau moyen

Exercices de lecture interactive portant sur quatre textes écrits qui se rapportent au tronc commun.

Texte A: Les bougies et encens les plus toxiques devraient être interdits

Dans le cadre du *"plan d'actions sur la qualité de l'air intérieur"*, le ministère de l'écologie envisage d'interdire les bougies et encens qui dégagent le plus de substances toxiques pour la santé.

"Des études sont en cours pour décider quels produits sont les plus émissifs, et des arrêtés d'interdiction sont à attendre dans les prochains mois", précise le ministère. Il est toutefois d'ores et déjà acquis que *"les produits les plus polluants, par exemple les encens, qui émettent plus de 2 microgrammes par m³ de benzène, seront interdits"*.

Dans un récent rapport, l'Institut national de l'environnement industriel et des risques (Ineris) pointait déjà du doigt les risques de certains encens.

"Les encens sont beaucoup plus émissifs que les bougies, et leur utilisation semble présenter des risques même dans le cas d'un usage mensuel. L'utilisation d'encens pourrait présenter des risques aigus, chroniques et cancérogènes."

Les principales substances toxiques émises par l'encens sont les particules, le benzène, le formaldéhyde et l'acétaldéhyde. Pour les bougies, il s'agit de l'acroléine, des particules et du formaldéhyde.

Dix à quarante milliards d'euros par an

Dans un document conjoint des ministères de l'écologie, de la santé et du logement, ces produits sont à l'origine de la pollution de l'air intérieur qui est une *"préoccupation de santé publique"*. Au final, le coût de cette pollution est estimé entre *"10 et 40 milliards d'euros par an, dont un milliard pour le remboursement des médicaments anti-asthmatiques"*, qui concerne 3,5 millions de personnes en France.

Pour prévenir le grand public, le plan d'action du gouvernement prévoit de lancer une campagne d'information afin de développer l'étiquetage pour les produits susceptibles d'émettre des polluants, ou encore à *"préparer les évolutions règlementaires"* dans la filière du bâtiment.

La loi Grenelle 2 a rendu obligatoire la surveillance de la qualité de l'air intérieur au 1er janvier 2015 pour les crèches et les écoles maternelles, au 1er janvier 2018 pour les écoles élémentaires, au 1er janvier 2020 pour les centres de loisirs et les collèges et lycées, et au 1er janvier 2023 pour les autres établissements, comme les hôpitaux.

www.lemonde.fr

Les affirmations suivantes, basées sur l'introduction et le paragraphe 1 de l'article ci-dessus, sont-elles correctes? Cochez la bonne réponse. Justifiez vos réponses en utilisant des mots du texte.

	VRAI	FAUX
1 Les bougies et encens vont être retirés du marché à cause des risques d'incendie qu'ils présentent. *Justification:* _____	☐	☐
2 Des deux, les encens sont les plus nocifs. *Justification:* _____	☐	☐
3 Les encens seraient à l'origine de certaines maladies chroniques. *Justification:* _____	☐	☐
4 Les encens et les bougies dégagent des substances chimiques comme l'acroléine. *Justification:* _____	☐	☐

Voici un résumé de la seconde partie du texte. Ajoutez les mots qui manquent dans le résumé en les choisissant dans la liste proposée ci-dessous.

Dans un document [– 5 –] des ministères de l'écologie, de la santé et du logement, ces produits [– 6 –] la pollution de l'air intérieur qui est un [– 7 –] de santé publique. Au final, le coût de cette pollution est [– 8 –] entre 10 et 40 milliards d'euros par an. Le gouvernement [– 9 –] de [– 10 –] le grand public en [– 11 –] les libellés de ces produits.

causent	modifiant
commun	sensibiliser
envisage	souci
évalué	

12 Selon les experts, pourquoi les bougies et l'encens devraient-ils être interdits?
13 Expliquez comment le plan d'action du gouvernement va « préparer les évolutions règlementaires » dans le bâtiment.

Niveaux moyen et supérieur

Texte B: Mobiles de recyclage

Hier adolescente pendue au bout du fil, aujourd'hui adulte, un sans-fil à la patte. Mon compagnon immobile est passé de mode tandis que mon mobile est en mode dépassé: *"Ton bigo, M'man, c'est un fossile de la téléphonie mobile."*

Mon téléphone portable aurait sans doute sa place au grenier aux côtés de mon *"ancien téléphone kaki année 1980 avec le fameux écouteur supplémentaire"*, vendu 12 euros sur Leboncoin.fr. Mettre mon vieil ami sur la touche ou l'écouler au plus offrant pour quelques malheureux deniers?

Gourmand en énergie

Il ne pèse pas plus de 100 grammes et, pourtant, *"de sa fabrication à sa destruction en passant par son utilisation, un téléphone portable épuise autant de matières premières que l'extraction de 7,4 kg de cuivre, consomme autant d'énergie qu'un avion volant sur 57 km, dégage autant d'effet de serre qu'une voiture moyenne qui parcourt 85 km"*, peut-on lire sur le site Materre.fr.

Que faire de ces petits bijoux de technologie en fin de course pour réduire leur impact sur l'environnement? Les rapporter *"au bon endroit pour qu'ils soient recyclés"*, indique le site Materre.fr: bacs de collecte en magasin, déchetteries, *"la règle du 1 pour 1"* – l'ancien produit est repris par le magasin qui vend le nouveau produit – ou encore réseaux solidaires et mairies.

Une douzaine de sites français se sont spécialisés dans le rachat et le recyclage de téléphones portables, *"mais beaucoup reste à faire"*, estime le comparateur gratuit Rachatdemobile.com. Avec 66,3 millions d'abonnés mobiles, la France est une petite joueuse, loin derrière la Chine (986 millions), selon le Journal du Net.

Les greniers des Français

Mais les greniers et tiroirs des Français renferment tout de même 130 millions de mobiles. Quelque *"16% des téléphones mobiles ont été recyclés en 2010*, estime RachatdeMobile.com. *Pourtant, 80% des composants des mobiles peuvent être recyclés"*.

Prenons ce BlackBerry Curve 3G 9300, 299 euros les 104 grammes, à sa sortie en août 2010. Fonctionnel, il trouve repreneur à 22 euros, contre 10 euros hors service, ou encore 0 euro pour un don aux Ateliers du Bocage (Emmaüs). *"Cinq Français sur cent jettent leur ancien téléphone*, rappelle Materre.fr. *20% le donnent à un proche, 25% le revendent, 40% le conservent quand seulement 10% le recyclent."*

Recycler, c'est simple comme un coup de fil.

www.lemonde.fr

Répondez aux questions suivantes.

1 **Parmi les affirmations suivantes, choisissez les trois qui résument le mieux le texte.**

   A   Comment se débarrasser au mieux d'un téléphone portable antédiluvien.

   B   À quoi bon se préoccuper de ce vieil engin: jetez-le à la poubelle!

   C   Le téléphone portable, un gouffre d'énergie!

   D   Attention, le mobile pollue autant qu'un avion à réaction!

   E   N'oubliez pas de l'échanger pour un nouveau modèle.

   F   Le recyclage, ce serait aussi pour les portables?

   G   Les Français au goût du jour.

2 **Choisissez l'explication la plus pertinente.**

   A   Hier adolescente pendue au bout du fil, aujourd'hui adulte, un sans-fil à la patte.

   　　i)   Du téléphone fixe au téléphone portable

   　　ii) L'utilité du téléphone pour les ados

   B   Mon compagnon immobile est passé de mode tandis que mon mobile est en mode dépassé.

   　　i)   Les générations s'informatisent

   　　ii) Une société de plus en plus matérialiste

3 **Le recyclage des portables en France est-il devenu un réflexe « protection de l'environnement »? Justifiez votre réponse en citant le texte.**

4 **Selon le dernier conseil, recycler son portable est aussi facile que…**

   A   de téléphoner à quelqu'un.

   B   de boire un verre.

   C   de jeter quelque chose à la poubelle.

Niveaux moyen et supérieur

Texte C: Quand Hollande signait une pétition pour le travail du dimanche

1 Jean Cremer, le responsable de l'entreprise familiale qui détient la grande droguerie Zola Color située dans le 15e arrondissement de Paris se souvient encore de cette pétition signée par ses clients en 2010 pour que son magasin puisse continuer à ouvrir le dimanche. Mille cinq cents signatures en une semaine dont celle de… François Hollande, habitant du 15e et client régulier de cette institution du quartier Charles-Michels depuis les années 1950. Il y avait mis à côté de sa signature un «en accord avec les salariés». *«Il s'arrêtait régulièrement en voiture chez nous pour acheter beaucoup de journaux»*, se souvient M. Cremer.

2 Il a d'ailleurs conservé la photo où celui qui était alors premier secrétaire du PS posait avec ses employés pour défendre le travail du dimanche. D'autres personnalités ont signé, la totalité de ses employés aussi, mais il a dû quand même fermer rideau le dimanche.

"On a l'impression d'être des voleurs ou des assassins"

3 M. Cremer ne sait pas par où l'affaire a commencé, et s'il a été dénoncé par un concurrent, mais il se souvient qu'un beau jour, et alors que le commerce était

ouvert depuis des années, trois heures le dimanche matin et ses employés tous volontaires, une jeune femme de l'inspection du travail a débarqué dans son magasin. *«Et elle nous a dit "vous n'avez pas le droit d'ouvrir le dimanche"»*, raconte-t-il. Assignation en justice, pétitions, puis condamnation en 2011. *«C'était très désagréable, on a l'impression d'être des voleurs ou des assassins»*, explique M. Cremer.

4 Son magasin employait alors entre 8 à 13 personnes le dimanche, contre près de 40 en semaine. Des gens qui ont perdu en niveau de vie, souligne-t-il, car *«ils étaient payés triple ce jour-là.»* Lui aussi a beaucoup perdu: le magasin faisait à l'époque 8 millions d'euros de chiffre d'affaires par an dont 700 000 euros les dimanches. Mais surtout, il dénonce l'absurdité du système qui autorise le travail dominical pour certains et pas pour d'autres, et le militantisme à outrance de ceux *«qui se pensent représentants des personnels de vente sans considération de ceux qui veulent travailler le week-end»*.

5 *«On a été condamné à verser à l'administration 150 euros d'amende par employé*, se souvient M. Cremer. *Les syndicats CFDT, FO et CGT se sont portés partie civile pour en remettre une couche en nous demandant des dédommagements de 200 000 euros par syndicat, alors qu'aucun de nos employés n'est syndiqué»*. L'affaire, en appel, n'a toujours pas été tranchée.

www.lemonde.fr

Répondez aux questions suivantes.

1 Quel mot du paragraphe 1 signifie « se remémorer »?
2 Quelle expression du paragraphe 2 indique que les magasins n'ont pas pu ouvrir le dimanche?
3 Quelle autre expression du paragraphe 4 désigne le travail du dimanche?
4 En vous basant sur le paragraphe 4, citez deux inconvénients à ne plus travailler le dimanche.
5 Pourquoi M. Cremer juge-t-il le système « absurde »?
6 Qu'est-ce que la justice demande à M. Cremer à la suite du procès?

Niveau supérieur

Texte D: Leonarda: info, politique et téléréalité

1 L'histoire de Leonarda Dibrani, collégienne de 15 ans expulsée de Pontarlier (Doubs) vers le Kosovo, s'est muée en saga politique, qui rappelle le pire des émissions de téléréalité, avec un mélange d'émotion bon marché, de renversements de situation, de confessions devant les caméras, d'indignations publiques, et même de mise en scène dramatique, jusqu'au plus haut sommet de l'État.

2 Un peu interloqués, les habitants de Mitrovica, une ville du Kosovo, qui était en guerre [−1−] moins de quinze ans, et [−2−] l'atmosphère reste très tendue, ont vu débarquer des dizaines de journalistes français [−3−] ce petit pavillon du centre-ville où la famille Dibrani est hébergée. Journalistes − [−4−] compris l'auteur de ces lignes − et caméras s'empressent [−5−] faire réagir les membres de la famille expulsée aux différents soubresauts du microcosme politique français, avec un mélange de voyeurisme et de gêne.

3 Jeudi 17 octobre, les journalistes se précipitent pour poser leurs questions à Leonarda et à sa famille, qui répondent avec un mélange ambigu de répulsion devant le flux incessant de reporters qui arrivent les uns après les autres, et d'attraction devant les caméras, avec le sentiment que cette médiatisation servira leur cause.

Du drame familial à la polémique politique

4   Ils écoutent sur le portable d'un journaliste l'allocution du président de la République, qui annonce que l'expulsion est confirmée, mais que Leonarda peut rentrer "*seule*". Les deux réalités télévisées se télescopent. Le drame d'une famille expulsée qui commence à perdre une partie de la sympathie qu'elle avait suscitée. Et le psychodrame politique. On peut ironiser sur le voyeurisme des journalistes, mais cela ne permet pas de comprendre la folie médiatique qui s'est emparée du pays autour du symbole des Roms qu'est devenue Leonarda. La famille Dibrani se soude au moment où l'on expose ses zones d'ombre, tandis que la famille de la gauche se déchire, de façon pas toujours rationnelle. La situation, ubuesque, atteint son paroxysme quand la compagne du président, Valérie Trierweiler, intervient dans le débat pour défendre Leonarda. Le couple présidentiel s'immisce dans le drame familial de Mitrovica.

5   La famille Dibrani écoute religieusement l'intervention solennelle, qui mêle le registre de l'émotion (*"Leonarda"*) et celui de l'autorité de l'État (*"la force de la loi"*). Les Dibrani comprennent qu'ils peuvent redéfaire les valises. Ils critiquent en direct l'intervention du président, expliquent leur déception et leur colère. Leonarda, 15 ans, dialogue à distance avec le président de la République.

6   Puis ils rentrent chez eux. Les journalistes rangent leur matériel et commencent à quitter Mitrovica. C'est à Paris que la polémique reprend et se décuple. L'intervention de François Hollande est critiquée de tous côtés, aussi bien par les partisans de la compassion que par ceux de la fermeté.

www.lemonde.fr

Les questions 1 à 5 se réfèrent au paragraphe 2. Ajoutez les mots qui manquent en les choisissant dans la liste proposée ci-dessous.

devant	il y a	où	pour	y

6   **À qui ou à quoi se réfère « qui » dans « qui était en guerre » (paragraphe 2)?**

7   **À qui ou à quoi se réfère « leur » dans « servira leur cause » (paragraphe 3)?**

8   **À qui ou à quoi se réfère « ceux » dans « ceux de la fermeté » (paragraphe 6)?**

9   **Quel mot décrit le mieux la situation évoquée dans ce texte?**

  A   dramatique

  B   euphorique

  C   divertissante

  D   démesurée

10 **Citez le passage du texte qui montre que cet évènement est comparé à un roman-photo.**

11 **Qu'apprend-on sur Leonarda et sa famille dans le paragraphe 3?**

12 **Citez une phrase du texte qui explique que « la famille de la gauche se déchire ».**

PRÉPARATION À L'ÉPREUVE 2

Niveau supérieur: Section B

Exprimez et justifiez votre opinion personnelle sur la remarque ci-dessous. Choisissez un des types de texte étudiés en classe. Écrivez entre 150 et 250 mots.

Le gaspillage alimentaire atteint d'inquiétantes proportions – un milliard trois cents millions de tonnes de nourriture chaque année, soit un tiers de la production mondiale(!), dont deux cent vingt-deux millions dans les pays occidentaux, si l'on en croit les estimations de l'ONU.

Pour ou contre faire payer aux clients des restaurateurs leur surconsommation alimentaire?

Exprimez et justifiez votre opinion personnelle sur la remarque ci-dessous. Choisissez un des types de texte étudiés en classe. Écrivez entre 150 et 250 mots.

Des millions de bénévoles donnent de leur temps aux autres sans être payés pour le faire, que ce soit en aidant des personnes dans le besoin, en prêtant main-forte à l'école de leur enfant, en travaillant dans une banque d'alimentation ou un autre organisme de bienfaisance, ou en encourageant les nouveaux arrivants à s'intégrer. Le bénévolat est un excellent moyen d'acquérir des compétences utiles et de se faire des amis et des relations.

Le bénévolat est-il une mode?

Exprimez et justifiez votre opinion personnelle sur la remarque ci-dessous. Choisissez un des types de texte étudiés en classe. Écrivez entre 150 et 250 mots.

À nous laisser aller à l'idée que les hommes et les femmes politiques puissent être des super-héros, nous ne pouvons qu'engendrer notre propre insatisfaction.

Qu'en pensez-vous?

Évaluation interne

Activité orale interactive

1 **Débat**

    « Il est trop tard pour sauver la planète! »

2 **Jeu de rôle**

    Discussion entre un responsable administratif et un sans-papiers.

3 **Journal télévisé**

    « Les Français veulent des réponses. Le gouvernement se met à table. »

LITTÉRATURE

La Mare au diable (1846)

George Sand (1804-1876) est le pseudonyme d'Aurore Dupin, plus tard baronne Dudevant, romancière, auteur dramatique et critique littéraire française. Personnalité controversée à son époque, elle s'intéressait aux questions sociales et politiques, surtout au statut des femmes, et ses premiers romans ont divisé l'opinion publique aussi bien que l'élite littéraire. De nos jours, elle est connue surtout pour ses romans champêtres idéalisés tels que *La Mare au diable*, *La Petite Fadette* et *François le Champi*, qui dépeignent le calme et la beauté de la campagne française.

Chapitre II. Le labour

Je venais de regarder longtemps et avec une profonde mélancolie le laboureur d'Holbein[1], et je me promenais dans la campagne, rêvant à la vie des champs et à la destinée du cultivateur. Sans doute il est lugubre[2] de consumer ses forces et ses jours à fendre le sein de cette terre jalouse, qui se fait arracher les trésors de sa fécondité, lorsqu'un morceau de pain le plus noir et le plus grossier est, à la fin de la journée, l'unique récompense et l'unique profit attachés à un si dur labeur. Ces richesses qui couvrent le sol, ces moissons[3], ces fruits, ces bestiaux[4] orgueilleux[5] qui s'engraissent dans les longues herbes, sont la propriété de quelques-uns et les instruments de la fatigue et de l'esclavage du plus grand nombre. L'homme de loisir n'aime en général pour eux-mêmes, ni les champs, ni les prairies, ni le spectacle de la nature, ni les animaux superbes qui doivent se convertir en pièces d'or pour son usage. L'homme de loisir vient chercher un peu d'air et de santé dans le séjour de la campagne, puis il retourne dépenser dans les grandes villes le fruit du travail de ses vassaux[6].

De son côté, l'homme du travail est trop accablé, trop malheureux, et trop effrayé de l'avenir, pour jouir de la beauté des campagnes et des charmes de la vie rustique. Pour lui aussi les champs dorés, les belles prairies, les animaux superbes, représentent des sacs d'écus dont il n'aura qu'une faible part, insuffisante à ses besoins, et que, pourtant, il faut remplir, chaque année, ces sacs maudits, pour satisfaire le maître et payer le droit de vivre parcimonieusement et misérablement sur son domaine.

Et pourtant, la nature est éternellement jeune, belle et généreuse. Elle verse la poésie et la beauté à tous les êtres, à toutes les plantes, qu'on laisse s'y développer à souhait. Elle possède le secret du bonheur, et nul n'a su le lui ravir. Le plus heureux des hommes serait celui qui, possédant la science de son labeur, et travaillant de ses mains, puisant le bien-être et la liberté dans l'exercice de sa force intelligente, aurait le temps de vivre par le cœur et par le cerveau, de comprendre son œuvre et d'aimer celle de Dieu. L'artiste a des jouissances de ce genre, dans la contemplation et la reproduction des beautés de la nature; mais, en voyant la douleur des hommes qui peuplent ce paradis de la terre, l'artiste au cœur droit et humain est troublé au milieu de sa jouissance. Le bonheur serait là où l'esprit, le cœur et les bras, travaillant de concert sous l'œil de la Providence, une sainte harmonie existerait entre la munificence de Dieu et les ravissements de l'âme humaine. C'est alors qu'au lieu de la piteuse et affreuse mort, marchant dans son sillon[7], le fouet[8] à la main, le peintre d'allégories pourrait placer à ses côtés un ange radieux, semant à pleines mains le blé béni sur le sillon fumant. [...]

George Sand

[1] Hans Holbein le Jeune (1497-1543) est un peintre et graveur allemand.

[2] sinistre

[3] ce qui est récolté

[4] animaux de ferme, bétail

[5] fier

[6] vassal (*m*) – sujet d'un seigneur

[7] trace de labour

[8] lanière de cuir pour frapper

1 📖 Lisez le texte page 178 et répondez aux questions suivantes.

1 Faites correspondre les personnes avec les phrases (plusieurs phrases par personne).
   a) l'homme de loisir
   b) le cultivateur
   c) l'artiste
   d) la nature
   e) l'auteure

   i) est consciente des problèmes des hommes
   ii) vient à la campagne pour se détendre
   iii) se sent en pleine forme après son séjour à la campagne
   iv) n'apprécie pas la splendeur de son environnement
   v) regarde le laboureur d'Holbein
   vi) ne tire pas grand profit de son travail
   vii) vit pauvrement
   viii) se promène dans la nature
   ix) rêve à la vie des champs
   x) voudrait bien, dans son œuvre, remplacer la mort par un ange
   xi) un morceau de pain est son unique récompense
   xii) n'aime pas la campagne pour elle-même
   xiii) adore contempler et reproduire les beautés de la nature
   xiv) garde les secrets du bonheur
   xv) est éternellement magnifique

2 À qui ou à quoi se réfèrent « quelques-uns » (milieu du premier paragraphe)?

3 À qui ou à quoi se réfère « du plus grand nombre » (milieu du premier paragraphe)?

4 À qui ou à quoi se réfère « y » (début du troisième paragraphe)?

Stratégies pour lire

Ce texte est difficile à lire en raison de la longueur de ses phrases. Nous vous conseillons de lire tout l'extrait d'une seule traite, sans vous arrêter, pour en saisir le message global, puis de revenir au début pour une deuxième lecture plus lente et plus approfondie. L'auteure se sert souvent de la répétition pour souligner ses idées: faites attention aux effets de cette technique pour le déroulement du texte.

Voyage au bout de la nuit (1932)

Louis-Ferdinand Céline (1894-1961) est un médecin et écrivain français dont l'œuvre a été traduite et diffusée dans le monde entier. Il a vu de ses propres yeux les horreurs de la Première Guerre mondiale, ce qui explique son pacifisme, son pessimisme et enfin son nihilisme. Pendant l'Occupation, il a écrit des pamphlets antisémites et a exprimé des sympathies pour l'idéologie nazie. Mais ceci n'empêche pas son inclusion dans la liste des plus grands novateurs de la littérature française. Son style est très personnel, avec de nombreuses phrases argotiques qui évoquent la langue populaire.

– Oh! Vous êtes donc tout à fait lâche, Ferdinand! Vous êtes répugnant comme un rat…

– Oui, tout à fait lâche, Lola, je refuse la guerre et tout ce qu'il y a dedans… Je ne la déplore pas moi… Je ne me résigne pas moi… Je ne pleurniche pas dessus moi… Je la refuse tout net, avec tous les hommes qu'elle contient, je ne veux rien avoir à faire <u>avec eux, avec elle</u>. Seraient-ils neuf cent quatre-vingt-quinze millions et moi tout seul, c'est eux qui ont tort, Lola, et c'est moi qui ai raison, parce que je suis le seul à savoir ce que je veux: je ne veux plus mourir.

– Mais c'est impossible de refuser la guerre, Ferdinand! Il n'y a que les fous et les lâches qui refusent la guerre quand leur Patrie est en danger…

– Alors vivent les fous et les lâches! Ou plutôt survivent les fous et les lâches! Vous souvenez-vous d'un seul nom par exemple, Lola, d'un de ces soldats tués pendant la guerre de Cent ans? … Avez-vous jamais cherché à en connaître un seul de ces noms? … Non, n'est-ce pas? … Vous n'avez jamais cherché? Ils vous sont aussi anonymes, indifférents et plus inconnus que le dernier atome de ce presse-papiers devant nous, que votre crotte du matin… Voyez donc bien qu'ils sont morts pour rien, Lola! Pour absolument rien du tout, ces crétins! Je vous l'affirme! La preuve est faite! Il n'y a que la vie qui compte. Dans dix mille ans d'ici, je vous fais le pari que cette guerre, si remarquable qu'elle nous paraisse à présent, sera complètement oubliée… À peine si une douzaine d'érudits se chamailleront[1] encore par-ci, par-là, à son occasion et à propos des dates des principales hécatombes dont elle fut illustrée… C'est tout ce que les hommes ont réussi jusqu'ici à trouver de mémorable au sujet les uns des autres à quelques siècles, à quelques années et même à quelques heures de distance… Je ne crois pas à l'avenir, Lola…

Louis-Ferdinand Céline
[1] se chamailler – se disputer

2 📖 **Lisez le texte ci-dessus et répondez aux questions suivantes.**

1 Quels mots ou expressions signifient:
   a) peureux
   b) méprisable
   c) lamente
   d) nation
   e) affirmation
   f) massacres

2 Au deuxième paragraphe, dans l'expression « avec eux, avec elle », à qui ou à quoi se réfèrent « eux » et « elle »?

3 Pourquoi Céline est-il sûr d'avoir raison?
   a) parce qu'il refuse la guerre
   b) parce que les neuf cent quatre-vingt-quinze millions ont tort
   c) parce qu'il ne veut pas mourir

4 Choisissez les affirmations qui sont correctes, d'après Céline.
   a) Les noms des soldats tués pendant la guerre seront oubliés.
   b) On peut trouver les noms des soldats tués dans le presse-papiers.
   c) Les soldats tués pendant la guerre sont morts pour sauver leur patrie.
   d) Dans dix mille ans tout le monde se souviendra de cette guerre.
   e) Les érudits de l'avenir connaîtront les lieux et les dates des massacres de cette guerre.

Stratégies pour lire

Cet extrait contient plusieurs expressions argotiques. Cherchez-les dans un dictionnaire. Quel est l'effet de l'inclusion de l'argot dans ce texte?

3 ⬭ Discutez des questions suivantes en classe.

1 Quelles sont les impressions suggérées par le titre de ce roman? Quelles sont les images évoquées?

2 Quels sont les éléments de ce texte qui indiquent qu'il s'agit d'un dialogue?

3 Lola a-t-elle raison de comparer Ferdinand à un rat?

4 Que pensez-vous des arguments de Ferdinand contre la participation à la guerre?

5 Que pensez-vous de l'avis de Lola («Il n'y a que les fous et les lâches qui refusent la guerre quand leur Patrie est en danger...»)?

6 Êtes-vous d'accord avec l'affirmation de Ferdinand que la guerre est toujours vite oubliée?

NIVEAU SUPÉRIEUR

Travail écrit

Récrivez le contenu de ce dialogue du point de vue d'un tiers, comme scène supplémentaire qu'on pourrait ajouter à ce roman.

Stratégies pour le travail écrit

Vous êtes un témoin anonyme et neutre de cette scène entre Lola et Ferdinand. Vous devez reproduire leurs arguments mais aussi décrire leur apparence, leur position, leurs gestes, leurs expressions et leur intonation lors de cette conversation. Vous avez le droit de citer quelques-unes de leurs phrases, mais faites attention de ne pas en copier trop: c'est votre description de ce dialogue qui compte.

Le dormeur du val (1870)

Arthur Rimbaud est un poète français du 19ème siècle, né le 20 octobre 1854 à Charleville et mort le 10 novembre à Marseille. Il écrit ses premiers poèmes à 15 ans et renonce à l'écriture à l'âge de 20 ans. Il choisit une vie aventureuse allant du Yémen à l'Éthiopie et devient même négociant. Malgré sa courte carrière poétique, il reste un auteur très prolifique et l'un des poètes les plus aimés de la langue française. On peut dire que Rimbaud a créé un style moderne loin de la poésie traditionnelle et de son lyrisme.

Ce poème est parmi les plus célèbres de Rimbaud. Il a été écrit en pleine guerre franco-prussienne. Le poème se construit comme une devinette et maintient l'illusion d'un moment paisible. La chute appartient à l'art du sonnet.

C'est un trou de verdure où chante une rivière
Accrochant follement aux herbes des haillons[1]
D'argent; où le soleil, de la montagne fière,
Luit: c'est un petit val qui mousse de rayons.

Un soldat jeune, bouche ouverte, tête nue,
Et la nuque baignant dans le frais cresson bleu,
Dort; il est étendu dans l'herbe, sous la nue[2],
Pâle dans son lit vert où la lumière pleut.
Les pieds dans les glaïeuls, il dort. Souriant comme

Sourirait un enfant malade, il fait un somme:
Nature, berce-le chaudement: il a froid.

Les parfums ne font pas frissonner sa narine;
Il dort dans le soleil, la main sur sa poitrine
Tranquille. Il a deux trous rouges au côté droit.

Rimbaud
[1] morceaux de vêtements
[2] les nuages

4 Avant de travailler avec le poème, faites quelques recherches sur cette guerre franco-prussienne mentionnée ci-dessus.

5 Après avoir lu le poème, répondez aux questions suivantes.

1 Quelle forme traditionnelle ce poème adopte-t-il?

2 Observez la description du paysage. Qu'est-ce qui fait de cette description un tableau idyllique?

3 Dites comment la nature est ici personnifiée.

4 Selon quel mouvement se développe la vision du corps du soldat (pensez au cinéma)?

5 Expliquez l'utilisation d'expressions comme « il dort », « il fait un somme », « il a froid » dans le premier tercet.

6 Commentez l'effet de surprise violent du dernier vers.

7 Relisez le poème et relevez les indices de la mort qui apparaissent, en fait, dans tout le poème. Relevez tout le vocabulaire entretenant l'ambiguïté et le double sens.

6 Discutez l'efficacité de cette dénonciation de la guerre. Connaissez-vous d'autres textes similaires qui dénoncent la guerre? Préférez-vous que la guerre soit dénoncée de façon simple et calme ou bien sous forme de caricature?

Voici un extrait d'un poème de Victor Hugo:

Souvenir de la nuit du 4

L'enfant avait reçu deux balles dans la tête.
Le logis était propre, humble, paisible, honnête;
On voyait un rameau bénit sur un portrait.
Une vieille grand-mère était là qui pleurait.
Nous le déshabillions en silence. Sa bouche,
Pâle, s'ouvrait; la mort noyait son œil farouche;
Ses bras pendants semblaient demander des appuis.
Il avait dans sa poche une toupie en buis.

Victor Hugo, Les châtiments, Livre II (1853)

NIVEAU SUPÉRIEUR

Travail écrit

Vous allez imaginer que le personnage (le soldat) du poème a écrit une page de journal intime pendant les dernières heures de sa vie. Vous écrirez cette page. Quelles ont été ses dernières pensées? Était-il révolté contre la guerre? A-t-il pensé à sa famille? etc. Pensez bien au registre que vous allez utiliser.

Écrivez entre 250 et 400 mots pour la page de journal puis vous écrirez un préambule (une explication de votre travail) entre 100 et 150 mots. (Cette activité se rapproche du travail écrit niveau supérieur qui concerne la littérature, bien que plus courte.)

UNITÉ 10 — Les coutumes et les traditions

I: La religion, pour quoi faire?

● Faire un tour d'horizon de la place des religions dans le monde et comprendre pourquoi les humains ont besoin de croire

Réfléchir

«Le troisième millénaire sera religieux ou ne sera pas.»
André Malraux
● Quelle est l'importance de l'art dans la société?
● Est-ce qu'il est utile?
● Y a-t-il un avenir pour la religion?

La religion au 3ème millénaire

1 Décrivez la photo ci-contre. Pensez à la place de la religion dans la société, à la place des traditions et n'oubliez pas de donner votre avis.

La religion pour quoi faire?

Depuis toujours, l'homme s'interroge sur le monde qui l'entoure. Autrefois le monde paraissait plus mystérieux encore. La science a apporté des explications à beaucoup de questions, mais des interrogations essentielles demeurent: Qui a créé le monde? Comment et pourquoi la vie a-t-elle commencé? Pourquoi y a-t-il des hommes?

La peur de la mort entraîne de nombreuses questions; l'une d'entre elles et non des moindres: la vie a-t-elle un sens? On peut y répondre de façon philosophique mais aussi religieuse en pensant que la vie sur terre n'est pas une fin en soi.

Extrait de «L'Encyclopédie Larousse des 6/9 ans: Les religions»

Malgré la persistance de certaines traditions religieuses et l'organisation du calendrier français autour de nombreuses dates d'origine religieuse, l'Église en France a subi de très grands changements dans la deuxième moitié du XXème siècle.

2 (**V**) **Complétez les phrases suivantes en choisissant la bonne réponse (une seule par phrase). Vous obtiendrez ainsi des informations sur la France et la religion.**

1 La France est traditionnellement un pays à majorité…
   a) …catholique.
   b) …protestante.
   c) …bouddhiste.

2 De nos jours, on voit toujours sur les calendriers français les noms des saints et certaines fêtes religieuses sont aussi…
   a) …des jours fériés.
   b) …protestantes.
   c) …païennes.

3 À une époque beaucoup de Français étaient pratiquants, mais de nos jours…
   a) …de plus en plus de gens vont à la messe.
   b) …on préfère regarder la télé.
   c) …il y a de moins en moins de fidèles dans les églises.

4 Même si on n'est pas vraiment pratiquant, on va à l'église…
   a) …pour les mariages et certains événements familiaux.
   b) …par obligation.
   c) …pour voir les décorations.

5 De plus en plus de jeunes…
   a) …n'ont jamais entendu parler de la Bible.
   b) …connaissent peu la Bible.
   c) …pensent que la Bible est un roman.

6 La France est un pays laïque depuis 1905, ce qui signifie que…
   a) …50% des Français sont pratiquants.
   b) …la religion et l'État sont séparés.
   c) …on a interdit la religion complètement.

7 Les autres religions représentées en France sont…
   a) …l'hindouisme et le confucianisme.
   b) …l'islam.
   c) …le protestantisme, l'islam et le judaïsme.

8 À l'école, les étudiants ont de plus en plus de mal à comprendre les références religieuses dans la littérature et l'art par exemple, donc l'Éducation Nationale…
   a) …subventionne aussi les écoles privées.
   b) …a décidé que le christianisme serait étudié.
   c) …continuent à aller au catéchisme.

9 De nos jours les églises sont ouvertes régulièrement comme…
   a) …salles de concert et monuments à visiter.
   b) …discothèques.
   c) …cinémas.

10 Beaucoup se sont détournés du catholicisme et de la religion, parce que…
   a) …ils veulent habiter ailleurs.
   b) …à leurs yeux, l'Église ne s'est pas assez modernisée en ce qui concerne la sexualité par exemple.
   c) …ils n'ont pas le temps.

3 (✎) **Faites des recherches, si nécessaire, sur la religion dans votre pays (ou dans un autre pays de votre choix) puis préparez un quiz.**

La religion pour mieux vivre?

L'Histoire de Pi de Yann Martel

Le sens de la vie

Après avoir écrit des œuvres boudées par le grand public, voilà que Yann Martel rebondit avec une œuvre très médiatisée. Le rayonnement dépasse largement les frontières des langues qui ont présidé à son éducation. Ce succès est d'autant plus surprenant que ce fils de diplomate a écrit une œuvre qui rebute habituellement. Pourtant *L'Histoire de Pi* est à la tête des palmarès même s'il présente une vision chrétienne de l'humanité.

Ce roman se divise en trois parties. La première est consacrée à l'enfance du héros à Pondichéry, où son père était le directeur d'un zoo. Déjà en bas âge, Piscine Patel, le héros, est attiré par des questions métaphysiques, dont les réponses ne peuvent être que d'ordre divin. À cause de son prénom, le jeune garçon a évité le sobriquet de «pisse» en se baptisant lui-même Pi, inspiré de la célèbre formule mathématique. Dans la seconde partie, la famille veut immigrer au Canada à cause des politiques de Mme Gandhi. Comme le bateau fait naufrage, le héros se retrouve seul dans une chaloupe de sauvetage avec un tigre du Bengale pendant 227 jours. Enfin, des enquêteurs japonais rencontrent l'ado, rescapé au Mexique, afin d'établir les indemnités à payer aux héritiers des victimes.

Ce roman peut s'interpréter au premier degré. Il s'agit de l'histoire d'un naufragé aux prises avec un passager malcommode. Vu sous cet angle, il captivera tous les aventuriers passionnés par les exploits de ceux qui mettent leur vie en péril. Comment un ado de 16 ans se débrouille-t-il en pleine mer avec un animal féroce comme compagnon de survie? Heureusement, les connaissances acquises au zoo de son père lui seront d'une grande utilité. Pour le reste, il se fie à son imagination et à Dieu pour affronter la situation. Pendant 200 pages, on suit un cours d'initiation à la vie pélagique[1], capable de faire pâlir *Thalassa* ou *National Geographic*. Dans ce roman, c'est une question de vie ou de mort, qui ne ménage pas les cœurs sensibles. On peut aussi envisager cette œuvre sous son angle allégorique. Si l'histoire raconte la traversée de l'océan, on peut imaginer le vécu du héros comme faisant partie de l'océan de la vie, tantôt caressant, tantôt périlleux.

C'est une œuvre qui fait une énorme confiance en l'homme. Elle le place dans la nature, au centre de l'univers. On le sent quand Pi parvient à dompter le tigre qui l'accompagne dans ce périple involontaire. La vie n'est pas présentée comme une épreuve, malgré les circonstances. On peut vaincre les difficultés si l'on s'appuie sur l'amour de Dieu. Ce ne sont pas les propos naïfs du nouvel âge ou la répétition d'un mantra pour se convaincre de l'importance de la vie. L'auteur s'inspire davantage de la doctrine péripatéticienne[2] pour composer un univers tournant autour de l'unité des êtres vivants. «Abattons les murs», dit-il, en attirant aussi l'attention sur les mirages qui garantissent le bonheur. Quand Pi trouve une île, il se rend vite compte que les oasis de paix, vendues à prix fort par les profiteurs, sont plutôt des germes de mort. «La mort est jalouse de la vie». Elle multiplie ses efforts pour détourner les vivants du but qu'ils doivent poursuivre: cette union avec le Créateur à travers sa création. Elle est possible surtout si on se laisse accompagner de rituels qui la facilitent comme le dit Amélie Nothomb: «Sans la grandiloquence des rites, on n'aurait de force pour rien.» Quand on sait que l'auteur est un bénévole dans les centres palliatifs, on comprend mieux cette œuvre ouverte sur la vie comme la chanson de Jean Ferrat.

Parallèlement au double contenu est distillée une somme de connaissances intéressantes sur l'univers animal et marin. Les anthropomorphistes fronceront les sourcils, les autres s'enrichiront des recherches effectuées par l'auteur pour soutenir cette belle histoire racontée avec une plume dense, maîtrisée et à la fois toute simple et humoristique.

Paul-André Proulx, www.critiqueslibres.com

[1] qui concerne la haute mer

[2] qui concerne la doctrine philosophique d'Aristote

4 Lisez le texte et répondez aux questions suivantes.

1 Dans les deux premiers paragraphes, trouvez l'équivalent des mots suivants.
   a) décourage
   b) compensations
   c) ignorées
   d) abstraites
   e) diffusion (*f*)

2 Trouvez les affirmations vraies parmi les suivantes (troisième paragraphe).
   a) Le roman peut s'expliquer de différentes façons.
   b) Ce roman ne peut intéresser que les aventuriers.
   c) Le héros ne connaît rien en matière zoologique.
   d) La religion lui est d'un grand secours pour la vie en pleine mer.

3 Transformez les verbes suivants en noms (reste du texte).

Verbe	Nom
éprouver	
présenter	
proposer	
répéter	
composer	
détourner	
ouvrir	

Croyants ou non, les jeunes veulent vivre la religion autrement

«Quelles valeurs partagent les jeunes? Comment évoluent-elles depuis 30 ans?». Telles ont été les questions posées mardi 4 juin lors d'une conférence-débat organisée par l'INJEP (Institut national de la jeunesse et de l'éducation populaire) à la Maison des sciences de l'homme (Paris 13e). Parmi les thèmes abordés, il a été question de l'appartenance et de la pratique religieuse chez les jeunes générations. Les jeunes Français et ceux issus de l'immigration seraient enclins à relativiser leur religion et leur spiritualité.

Les jeunes Français sont-ils moins croyants? «*La tendance dominante est à la sécularisation de la population. On constate une perte de prégnance des croyances religieuses chez les jeunes*», remarque Pierre Bréchon, enseignant-chercheur à Sciences Po Grenoble. «*Mais les croyances ne disparaissent pas pour autant,* tempère-t-il. *On va plutôt vers une relativisation de la religion. Les jeunes gardent une sorte d'espoir psycho-religieux*». Ils croiraient encore en une possible vie après la mort. Autre remarque: les jeunes s'ouvrent au spirituel, à la sérénité et à l'esprit zen […].

La religion suivant les générations

«*7% des Français ont cité la religion comme élément saillant de leur identité*», révèle Patrick Simon, s'appuyant sur l'enquête «Trajectoires et origines» réalisée par l'INSEE et l'Ined*. Mais ce chiffre varie en fonction de l'appartenance religieuse. Seulement 8% des catholiques considèrent leur religion comme déterminante. Ils sont en revanche plus nombreux chez les juifs (45%) et chez les musulmans (33%). «*À noter cependant qu'il existe des disparités entre les nationalités d'origine,* précise Patrick Simon: *par exemple les Algériens sont plus distanciés par rapport à l'Islam*» […].

Quelle est la place de la religion?

Mais appartenir à un groupe religieux ne signifie pas tout. Un autre critère à prendre en compte est la religiosité, à savoir l'importance de la religion dans la vie des individus. «*Elle est très forte dans les populations originaires du Maghreb, d'Afrique subsaharienne et de Turquie, et reste faible dans la population majoritaire ainsi que dans les populations immigrées d'origine européenne*», remarque Patrick Simon.

En la détaillant par groupe religieux, la religiosité concerne 25% des catholiques, contre 75% en ce qui concerne les juifs et les musulmans. Des chiffres qu'il faut toutefois observer plus attentivement, comme le fait remarquer le chercheur de l'Ined: «*La religiosité dépend du contexte urbain. En prenant l'exemple des catholiques, on constate que la sensibilité religieuse est plus forte dans les îlots de population à forte concentration d'immigrés*».

Les jeunes musulmans plus religieux

Le choix du conjoint est toujours lié à l'appartenance religieuse. 80% des musulmans ont des conjoints musulmans. «*Ceci dit, ce taux est le même chez les catholiques et chez les personnes sans religion. La mixité se traduit plutôt en fonction des pays d'origine*», relève-t-il.

A noter, l'homophilie religieuse est plus faible chez les musulmans que chez les autres. Cela signifie que les jeunes musulmans fréquentent plus de jeunes pratiquant une autre religion que ne le font les catholiques. «*Un constat assez logique, puisque les jeunes d'origine musulmane fréquentent des individus de toutes origines dans la vie quotidienne*», explique Patrick Simon.

* Cette enquête a été réalisée auprès de 22 000 personnes entre septembre 2008 et février 2009.

www.lemondedesreligions.fr

5 📖 ✏️ **Lisez l'article et faites la synthèse des chiffres en les présentant de façon visuelle (utilisez un graphique, par exemple). Puis écrivez des phrases pour commenter votre graphique. N'oubliez pas de donner votre avis. Écrivez 250 mots.**

II: La situation des religions dans le monde

● Continuer à faire un tour d'horizon de la place des religions dans le monde

Réfléchir

- ● Combien de religions différentes connaissez-vous?
- ● Quels sont leurs grands principes?

Les principales religions dans le monde

1 Ⓥ **Retrouvez les religions correspondant aux définitions suivantes.**

1 religion chrétienne d'Orient séparée de l'autorité romaine

2 philosophie orientale

3 religion qui n'a pas de fondateur et trouve ses origines aux débuts mêmes de l'histoire de l'Inde

4 religion monothéiste, fondée, selon la Bible, par Abraham

5 religion chrétienne issue de la Réforme: le luthéranisme, le calvinisme, etc.

6 la religion de la nature au Japon, consistant en la vénération des éléments naturels, de certains animaux et de certaines plantes

7 religion et représentation du monde selon lesquelles tous les êtres vivants, tous les objets inanimés et phénomènes naturels possèdent une âme, s'appuyant sur la notion de force vitale

8 principale religion chrétienne, dont le pape est le chef spirituel

9 religion fondée par Mahomet, qui se veut à la fois mode et système de gouvernement ainsi que règle de vie quotidienne

10 doctrine et éthique philosophiques, prônant l'effort constant pour rechercher la sagesse et la vertu individuelle et établir l'harmonie dans la société

a) protestante
b) catholique
c) orthodoxe
d) musulmane
e) hindouiste

f) bouddhiste
g) confucianiste
h) shintoïste
i) animiste
j) juive

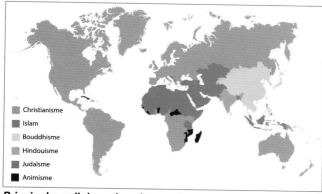

Christianisme
Islam
Bouddhisme
Hindouisme
Judaïsme
Animisme

Principales religions dans le monde

2 ◯ **Commentez le graphique ci-dessus. Voyez les recommandations ci-dessous.**

Comment commenter une carte

Veiller à bien identifier le document:
- ● l'espace concerné
- ● le thème abordé: reprendre le titre
- ● les éléments de ce thème: reprendre les éléments essentiels de la légende
- ● la date et les sources

Il faut analyser le contenu du document. Pour ce faire, il faut:
- ● décrire le document:
  - – d'abord dégager les phénomènes majeurs les plus frappants (observation générale) puis secondaires (observation détaillée); ne jamais se perdre dans les détails
  - – repérer ensuite les espaces homogènes, les localiser, les nommer (*il est important de savoir reconnaître les états du monde, les grands ensembles économiques et géopolitiques*), les caractériser; ceci doit être fait selon une hiérarchie: du plus important au moins important
- ● donner les éléments d'explication qui permettent de comprendre la répartition générale du phénomène et les cas particuliers; éventuellement en considérer les implications

Vivre sa religion au quotidien

3 🎧 **Écoutez le document sonore et répondez aux questions suivantes.** | Piste 13

Grammaire

Les pronoms relatifs

Les pronoms relatifs servent à relier deux phrases pour n'en faire qu'une: *qui* remplace le sujet, *que* remplace un complément d'objet direct:

*Elle attend ses parents. **Ils** rentrent de voyage.*

⟶ *Elle attend ses parents **qui** rentrent de voyage.*

*Je t'ai prêté un livre. Tu as lu **ce livre**?*

⟶ *Tu as lu le livre **que** je t'ai prêté?*

1 Combien d'hindous y a-t-il au Québec?
2 Quand sont-ils arrivés?
3 Est-ce qu'il fait froid?
4 Pourquoi la dévotion a-t-elle été interrompue vers 1 heure du matin?
5 Combien y a-t-il de temples hindous à Montréal?
6 Est-ce que les enfants du couple s'intéressent à la religion? Pourquoi?
7 Qu'est-ce qu'ils font concrètement?
8 Faites une liste des différences entre la pratique en Inde et celle au Québec.

4 Ⓖ **Choisissez la phrase correcte.**

1 a) J'ai un canari que j'adore.
   b) J'ai un canari qui j'adore.
2 a) Marie est la fille que tu veux rencontrer.
   b) Marie est la fille qui tu veux rencontrer.
3 a) J'adore les photos qui tu fais.
   b) J'adore les photos que tu fais.

5 Ⓖ **Utilisez *qui* ou *que* pour relier les deux phrases et n'en faire qu'une. Attention: l'ordre des mots/blocs de phrases pourrait changer.**

1 La communauté hindoue a réussi à faire sa place à Montréal. Elle compte 24 000 membres au Québec.
2 Ses temples accueillent chaque année de nouveaux adeptes. Ils viennent de l'Inde, du Sri Lanka et des Caraïbes.
3 Nous pratiquons la religion hindoue. Celle-ci est adaptée aux conditions de vie au Québec.
4 Les jeunes sont fidèles à la culture tamoule. J'ai observé ces jeunes pour mon enquête.

Les musulmans en Suisse

Le nombre des musulmans qui résident dans ce pays est d'environ 200 000, soit 2,9 % de la population suisse. Il est actuellement difficile d'être précis quant au dénombrement des musulmans en Suisse. La grande majorité de la communauté musulmane est représentée par des Turcs (90 000 personnes soit environ 57 %), suivis des Yougoslaves dont 18 % se déclarent musulmans, soit environ 40 000 personnes (22 %). La communauté arabe qui compte environ 30 000 personnes (réfugiés politiques y compris) ne représente que 18 % de l'ensemble de la communauté musulmane.

Les musulmans d'origine suisse sont estimés au nombre de 8000 personnes, soit 4 % de la communauté.

Source des chiffres: Journal "24 heures" Lausanne et revue hebdomadaire "Construire" de la Société commerciale Migros.

La population musulmane en Suisse a évolué grandement: elle est passée de 3000 personnes en 1960 à 30 000 personnes en 1975, et arrive aujourd'hui à 200 000 (trois fois plus de musulmans en dix ans de 1980 à 1990). De ce fait, les musulmans représentent la 3ème religion en Suisse, après les protestants et avant les juifs. Peu de choses à l'échelle des 15 millions de musulmans en Europe Occidentale.

La communauté musulmane de Suisse est composée de plusieurs nationalités, ce qui est caractéristique d'une Suisse au carrefour de l'Europe. Deux raisons expliquent pourquoi la Suisse ne connaît pas la même "question sociale de l'immigration musulmane" qu'en France. Tout d'abord le fait frappant et l'originalité de l'Islam en Suisse est une forte concentration de diplomates et d'hommes d'affaires musulmans à Genève. Ensuite, les musulmans ne comptent environ que trois habitants sur cent; ils sont donc minoritaires en Suisse par rapport à la France et à l'Allemagne où un habitant sur 25 est musulman.

www.femme-musulmane.ch

6 📖 **Lisez le texte et répondez aux questions suivantes.**

1 Trouvez un titre au texte.
2 Reformulez les expressions suivantes.
   a) une Suisse au carrefour de l'Europe
   b) le fait frappant
   c) une forte concentration

7 ✏️ **Utilisez la structure de ce texte pour présenter les chiffres concernant une population particulière là où vous habitez. Faites des recherches si nécessaire.**

Juifs du Maroc: témoignages

Tout près de la synagogue "Talmud Torah", se trouve le quartier El Mellah à Rabat. Cet ancien secteur encerclé de murs, aux multiples accès était autrefois réservé aux juifs, jusqu'à ce qu'ils désertent la ville. Une sorte d'enclave ayant son propre cachet.

"Nous les juifs nous étions les rois du Mellah mais tout a changé et nous ne sommes aujourd'hui que deux familles", regrette Menahem Dahan, rabbin de la synagogue du Mellah.

Suspicieux au départ, il nous ouvre finalement la porte de sa maison. Des ornements et des photos de rabbins couvrent les murs.

Au centre d'une table est posée une Torah richement enluminée. La fatma (aide domestique), les meubles, les corbeilles de fruits sur les tables du salon sont autant de preuves d'un niveau de vie aisé.

S'installant confortablement sur un canapé arabe, il commence à raconter son histoire. Natif de Mekhnès, Dahan poursuit ses études universitaires en France avant de se rendre en Israël où il décroche un diplôme.

Pourtant il décide de rentrer dans son pays natal, laissant derrière lui son père et ses frères qui ont émigré en Israël dans les années 1960. "La vie en Israël n'était pas facile à cette époque. C'est pourquoi j'ai préféré rester tout seul dans mon pays où j'ai enseigné l'hébreu dans les écoles", explique le rabbin.

L'exode

La communauté juive marocaine s'est réduite avec les années et compte aujourd'hui moins de 5 000 personnes, dont moins de 200 à Rabat, selon les chiffres du Conseil des Communautés israélites du Maroc.

Le quinquagénaire David Toledano, secrétaire général de la communauté hébraïque de Rabat, explique qu'avant les années 1940, la population juive comptait près de 280 000 âmes.

Aujourd'hui, ce sont surtout les contraintes économiques qui poussent à l'immigration. "Je ne peux pas dire à un jeune de s'attacher à son pays natal s'il a trouvé mieux ailleurs", déplore Berdugo dont le fils s'est établi en France.

Après le baccalauréat, les juifs marocains partent étudier à l'étranger, adoptent de nouvelles cultures et ne rentrent au Maroc que pour visiter leurs proches.

Contraintes politico-économiques

Et pourtant, certains reviennent, comme ces jeunes trop attachés à leur vie aisée, ou d'autres n'ayant pu s'intégrer dans une société nouvelle.

Léa, trentenaire, secrétaire, révèle qu'une fois diplômée en France, elle est retournée au Maroc par nostalgie. Mme Azuelos (épouse du plus grand bijoutier du Maroc), elle, a envoyé ses deux fils, Serge et Patrick, en France pour qu'ils poursuivent leurs études.

Une fois leurs diplômes en poche, ils sont revenus au pays pour gérer la fortune familiale. Ainsi, certains ont des liens affectifs comme Esther et Léa, d'autres une certaine fierté comme Dahan, ou encore sont attachés à une vie de luxe comme la famille Azuelos. D'autres enfin restent pour perpétuer leur nom sur le territoire de leurs ancêtres.

Liberté de culte unique

Les Marocains évoquent avec fierté la liberté de culte qui règne dans leur pays. Ils se flattent d'être les seuls Arabes à avoir cohabité en paix avec les Juifs, les considérant comme des Ahl El-Ketab (les gens du Livre), en référence à une religion et non une race.

"Je suis fier d'être marocain juif. Le Maroc est un cas unique pour avoir su maintenir et consolider, malgré les vicissitudes continuelles, une coexistence sereine et mutuellement respectueuse entre citoyens juifs et musulmans", affirme pour sa part André Azoulay, conseiller du roi Mohammed VI.

Pourtant pour Mohammed Ben Alaoui, commerçant au Mellah de Rabat, l'assimilation de plus en plus courante entre le judaïsme et le sionisme inquiète la population juive et la pousse au départ.

C'est ce que confirme Mikaël, élève de 15 ans au lycée Maimonide. "Je suis marocain et citoyen arabe avant d'être juif, le Maroc est mon pays que j'aime tant, mais si je sens que ma sécurité est en danger je ne voudrais pas y rester", confie-t-il, kippa sur la tête, assis dans la cour de l'école en compagnie de trois camarades musulmans.

Quant à Berdugo, il rétorque que le racisme existe partout dans le monde, même à l'intérieur d'Israël, dont la création avait pour but initial de rassembler et protéger les juifs et leur offrir une sécurité durable.

La paix?

Pour les juifs marocains, la politique de l'État hébreu affecte leur vie, et leur sécurité est tributaire du processus de paix israélo-arabe.

Dahan souligne que leurs craintes grandissent lorsqu'ils constatent que les attentats antijuifs ne sont pas suffisamment médiatisés, contrairement à ceux perpétrés contre les Palestiniens dont des extraits passent en boucle une vingtaine de fois par jour. "C'est à ce moment-là que les regards des musulmans marocains font peur", reconnaît le rabbin.

Azoulay prévoit qu'un jour la paix s'établira au Proche-Orient et qu'Israël n'aura pas d'autre alternative que d'embrasser la culture du monde arabe. Alors, les Israéliens d'origine marocaine serviront de passerelle entre les Juifs occidentaux et orientaux.

Jerusalem Post

8 **Qui a dit?**

	Menahem Dahan	David Toledano	André Azoulay	Mohammed Ben Alaoui	Mikaël	Berdugo
1 Tous les types d'attentats ne sont pas traités de la même façon.						
2 On peut trouver de la discrimination partout.						
3 J'ai préféré être utile chez moi.						
4 La culture arabe sera un jour reconnue.						
5 Je devrai partir si je me sens menacé.						
6 Le Maroc fait figure de cas unique dans le monde arabe.						
7 Les jeunes partent pour trouver un meilleur travail ailleurs.						

9 Utilisez les informations fournies dans les témoignages et imaginez une page du journal intime de l'une des personnes.

III: Les autres croyances

- Comprendre ce qu'est une secte et ce qui peut en être les attractions
- Explorer la subsistance des superstitions dans un monde qui se veut de plus en plus moderne et rationnel

Réfléchir

Lisez le texte ci-dessous, puis faites des commentaires.

Les caractéristiques des sectes

Mode de fonctionnement des sectes

1 Rejet du monde extérieur
   Difficultés pour quitter le groupe
2 Structure organisée sur un mode autoritaire
3 Adhésion inconditionnelle
   Contributions financières excessives

4 Contrôle mutuel des membres
   Disponibilité toujours plus importante
5 Endoctrinement des enfants
6 Prosélytisme abusif

Le terme de *secte* a pris une dimension polémique, et désigne de nos jours un groupe ou une organisation, le plus souvent à connotation religieuse, dont les croyances ou le comportement sont jugés obscurs ou malveillants par le reste de la société. Généralement, les responsables de ces groupes sont accusés d'une part de brimer les libertés individuelles au sein du groupe ou de manipuler mentalement leurs disciples, afin de s'approprier leurs biens et de les maintenir sous contrôle, et d'autre part d'être une menace pour l'ordre social.

Les sectes dans notre société

1 🎧 **Donnez un titre à chaque paragraphe que vous écoutez.**   `Piste 14`
   1 Le spirituel en baisse
   2 Appréhension face aux sectes
   3 Attitude à trouver par rapport aux sectes
   4 Déception de la vie moderne

2 🎧 **Répondez aux questions suivantes.**
   1 Pourquoi les sectes font-elles peur? Citez au moins deux raisons.
   2 Pourquoi font-elles envie?
   3 Quelles sont les raisons pour lesquelles la culture moderne peut désorienter?
   4 Dans le contexte de la source, expliquez l'expression « Il ne faut pas imposer une chasse aux sorcières ».

Les superstitions en France

Un Français sur dix dit avoir déjà consulté un médium; les horoscopes figurent parmi les pages les plus lues dans la presse; les livres des voyants sont de grands succès d'édition. Les Français seraient-ils de plus en plus nombreux à se réfugier dans l'irrationnel et le paranormal dès que peines de cœur, problèmes de santé ou doutes professionnels assombrissent leur quotidien?

3 Regardez bien cette image et essayez de trouver quelles sont les superstitions françaises qui y sont illustrées. Diffèrent-elles des superstitions dans votre pays? Pourquoi les superstitions existent-elles partout?

Le mariage à Madagascar

Le mariage à Madagascar est très codifié et se doit de suivre certaines étapes incontournables:
- Fiantranoana: Le prétendant rencontre la famille de celle qu'il aime et demande la permission d'obtenir sa main en mariage.
- Fisehoana: Il s'agit de la rencontre entre les deux familles.
- Fanapahan-draharaha: Les familles se retrouvent à nouveau pour décider de la date, l'organisation et la répartition des dépenses.
- Fanateram-bodiondry: Il s'agit des fiançailles du couple:
  - Le futur marié doit alors se présenter à pied au domicile de sa future épouse afin de lui demander sa main par l'intermédiaire d'un orateur.
  - Vodiondry: La famille de la mariée remet alors la dot à celle du futur marié dans une enveloppe.
  - Le futur marié offre aux parents de la mariée un mouton pour marquer son respect, et à certains membres de la famille des enveloppes contenant de l'argent: au minimum de trois, elles sont destinées à compenser le départ de la mariée du foyer, où elle ne pourra plus aider ses proches dans l'accomplissement des tâches quotidiennes.
  - Le marié offre à l'élue de son cœur un cadeau, fréquemment une alliance en or jaune pour symboliser leur union.
- Hanim-pitoloha: Il s'agit d'un repas en plein air entre les deux familles pour célébrer l'union.
- Enfin, le gâteau de mariage est un symbole important qui devra impressionner les invités par sa couleur et sa forme, à choisir en fonction de sa signification.

www.mariage.mg

4 C'est quelle étape? Lisez les descriptions puis reliez-les à des étapes en fonction du sens.

1 C'est le moment de se restaurer.

2 L'homme rencontre sa future belle-famille pour demander son accord.

3 Les proches de la femme remettent à l'autre famille ce qui lui est dû.

4 Les deux familles font connaissance.

5 C'est une décision quant à l'organisation.

5 Y a-t-il une coutume, des superstitions concernant le mariage dans votre région? Expliquez à votre classe, par étapes, comment se passe le mariage tel que vous le connaissez.

Superstitions régionales françaises

La danse de la brioche – Vendée

La danse de la brioche a lieu sur les coups de minuit, après le repas, lorsque les mariés offrent une grosse brioche ronde aux invités, présentée sur un plateau. Sur fond de musique rythmée, les invités se mettent à danser et passent en dessous de la brioche, tenue à bout de bras par les mariés sur un grand plateau ou une civière. Ensuite, les membres de la famille des mariés viennent les relayer, puis les invités, jusqu'à ce que tout le monde soit passé en dessous. Enfin, après avoir découpé le cœur, la mariée, la mère de la mariée puis sa belle-mère montent, à tour de rôle, au centre de la brioche. Pour finir, la brioche est découpée, et servie à tout le monde.

La danse du parapluie – Bretagne et Pays de la Loire

Les mariés doivent danser un slow sous un grand parapluie (ou une ombrelle, plus élégante et appréciée des plus superstitieux), tenu par le marié, pendant que les invités leur jettent des serpentins qui leur auront été préalablement distribués.

Le paquito – Pays basque

Les invités s'assoient les uns derrière les autres sur le sol et se balancent d'avant en arrière sur le rythme de la musique, jouée de préférence par un orchestre. Les participants vont alors se faire porter à bout de bras horizontalement les uns après les autres tout au long de la file humaine.

Le jeu de la brouette – Nord

Tous les invités doivent amener au mariage une boîte de conserve en ayant pris soin d'enlever l'étiquette entourant la boîte. En début de soirée, les mariés passent parmi les invités avec une brouette et chacun d'entre eux y dépose sa boîte de conserve pour qu'ils aient de quoi s'alimenter de plats surprise pendant les mois suivant leur mariage.

www.mariages.net

6 Trouvez dans le texte les mots correspondant aux définitions suivantes.
1 caisse montée sur une roue et comportant deux bras, servant à transporter
2 une pâtisserie
3 petit rouleau de papier que l'on jette en le déroulant
4 suite de personnes les unes derrière les autres
5 toile tendue servant à transporter

7 Résumez chacune des superstitions régionales avec vos propres mots (travail individuel).

Ensuite lisez vos résumés à un(e) partenaire et faites deviner de quelle superstition vous parlez.

8 Il existe des superstitions régionales dans tous les pays. Vous travaillez pour l'office du tourisme de votre pays, qui vous a chargé d'écrire une brochure de vacances sur le thème des superstitions régionales.

IV: La culture

● Comprendre ce qu'est la culture

Réfléchir

Essayez de définir le mot *culture* sans consulter un dictionnaire. Ensuite partagez votre définition avec celles du reste de la classe. Est-elle similaire?

Qu'est-ce que la culture?

La culture régit chaque aspect de notre vie et, comme la plupart des gens, nous n'en sommes pas vraiment **1**.......... . Si on vous demandait de la définir, vous avanceriez probablement la musique, la littérature, les arts visuels, l'architecture ou le **2**.......... et vous n'auriez pas tort. Cependant, vous n'auriez pas entièrement raison non plus. En effet, les produits **3**.......... que nous percevons avec nos cinq sens ne sont que les manifestations de ce que signifie vraiment la culture — ce que nous faisons, pensons et ressentons. La culture est **4**.........., acquise et partagée — il n'existe pas une culture propre à chacun. Et pourtant, la culture n'est pas **5**.......... — les personnes existent différemment au sein d'une culture. Elle est en fait **6**.......... . La signification est attribuée aux comportements, aux mots et aux **7**.......... , et cette signification est objectivement arbitraire, et subjectivement logique et **8**.......... Une «maison», par exemple, est une structure physique, un **9**.......... familial et une référence morale, **10**.......... selon la culture.

La culture est cruciale, car elle permet à ceux qui partagent une culture semblable de communiquer les uns avec les autres sans avoir besoin de discuter de la signification des choses à tout instant. La culture s'acquiert et s'oublie, aussi, malgré son importance, nous sommes généralement inconscients de son influence sur la façon dont nous percevons le monde et dont nous interagissons dans <u>celui-ci</u>. La culture est importante, car lorsque nous travaillons avec les autres, elle est à la fois un recours et un frein dans notre capacité de travailler avec les autres et de les comprendre.

www.international.gc.ca

1 📖 **Lisez le texte et répondez aux questions suivantes.**

   1   Replacez les mots suivants dans les espaces du premier paragraphe.

culturels	conscients	enseignée	monolithique	rationnelle
concept	distincte	langage	objets	symbolique

   2   Donnez des exemples concrets de culture enseignée. Faites de même pour la culture acquise et celle qui est partagée.

   3   Expliquez l'adjectif « monolithique ». Cet adjectif est composé de deux mots. Comment pourriez-vous le décomposer? Que signifient « mégalithique » et « monothéiste »?

   4   Dans le deuxième paragraphe, à quoi se réfère le mot « celui-ci »?

   5   Expliquez la dernière phrase du texte.
       Maintenant comparez-la à votre définition.

Théorie de la connaissance

Pourquoi est-il si difficile de définir le mot « culture »? Notre origine nous donne-t-elle des points de vue différents?

Les Francofolies de Montréal

2 Décrivez et commentez cette photo. À votre avis, qu'est-ce qu'elle promeut? Comment le savez-vous?

3 Écoutez cette interview et faites les activités suivantes. **Piste 15**

1 Vrai ou faux (trois premières parties)?
  a) New York a été la première ville suggérée pour le festival.
  b) L'endroit le plus propice était pourtant Montréal.
  c) L'organisation du festival a pour mission d'encourager la chanson dans toutes les langues.
  d) La chanson est très prisée au Québec.
  e) On doit payer tous les concerts.

2 Répondez aux questions suivantes (reste de l'interview).
  a) Quel genre de musique la chanson francophone utilise-t-elle le plus?
  b) Comment est décrite Montréal?
  c) Comment est l'ambiance du festival?

Le succès grandissant des festivals de musique français

Les festivals en France: 1 200 000 spectateurs pour 3 000 spectacles!

Les festivals en France se portent plutôt bien. Festivals de rock, de jazz ou de musique classique: les festivals français – tous styles confondus – enregistrent presque tous de nouveaux records de fréquentation d'une année à l'autre. D'après France Festivals – la fédération regroupant l'ensemble des festivals français de musique – les festivals français en 2010 ont accueilli 1 200 000 spectateurs. Ces chiffres représentent une augmentation de la fréquentation de 20% par rapport à 2009 et de presque 40% par rapport à 2004!

Rappelons que les festivals en France sont une véritable institution. Les festivals, ce sont en tout chaque année 3 000 spectacles, quelque 30 000 artistes présents (avec parmi eux une grande majorité d'artistes français) et enfin 50 millions d'euros de recettes. Et c'est bien sûr pendant la belle saison que se déroulent les plus grands festivals en France: on estime en effet que les 30 plus grands festivals d'été accueillent à eux seuls 1 million de spectateurs! Cette année encore, les prévisions optimistes des festivaliers semblent témoigner de la bonne santé des festivals français et du rayonnement culturel français. Pas de doute, la culture demeure le premier facteur d'attractivité culturelle en France et le succès des festivals en est le premier témoin.

http://blogfr.communes.com

4 **V** Trouvez dans le texte l'équivalent des expressions et mots suivants.

1 l'été
2 l'étendue
3 une hausse
4 d'argent gagné
5 qui participe à un festival
6 pas trop mal
7 quelque chose d'incontournable

UNITÉ 10 Les coutumes et les traditions

195

5 📖 Après avoir lu le texte page 195, répondez aux questions suivantes en utilisant vos propres mots.

1 Comment définiriez-vous l'état des festivals en France?

2 De combien la fréquentation a-t-elle augmenté depuis 2004?

3 Combien les festivals gagnent-ils chaque année?

4 De quelle origine sont la plupart des artistes?

5 À quelle saison les festivals se déroulent-ils?

6 Qu'est-ce qui attire dans les festivals?

6 💬 Quels grands festivals de musique connaissez-vous dans votre pays? Y avez-vous déjà participé?

7 ✏️ Vous venez de rentrer d'un festival de musique et vous avez décidé de partager vos impressions avec un(e) ami(e) en lui écrivant une lettre.

La BD à Bruxelles

8 🗨️ Décrivez la photo ci-dessus. Faites des recherches sur ce qu'est la BD et imaginez pour quelles raisons autant de personnes l'aiment.

Fête de la BD

Où? Place des Palais et partout à Bruxelles
Quand? Les 6, 7 & 8 septembre 2013
Web? www.fetedelabd.be

Les Schtroumpfs ont envahi New York, Tintin joue la vedette à Hollywood et nous en sommes très fiers. Tous les héros de BD bruxellois et belges vont se déchaîner et mettre une ambiance du tonnerre à Bruxelles pour saluer ces beaux succès.

La fête de la BD, c'est le rendez-vous incontournable des amoureux du 9ème art. Bruxelles va vivre un week-end de délire bédéesque sur la Place des Palais et partout dans Bruxelles avec des visites guidées BD gratuites, des expos BD dans les lieux dédiés à la Bande Dessinée, en particulier au Centre Belge de la Bande Dessinée et au Palais des Beaux-Arts (BOZAR).

Cette année, les activités se multiplient avec des projections de films d'animation, des dîners à thème, des nocturnes…

Son et lumière

Vendredi 6 septembre dès 22h30 et le samedi 7 septembre à 21h30, un spectacle son & lumière décoiffant transformera la Place Royale en une planche BD vivante. Des lasers, des effets sonores et un feu d'artifice, vous découvrirez vos personnages de BD préférés dans un spectacle monumental. A ne manquer sous aucun prétexte!

Balloon's Day Parade

Samedi, dès 15h30, la Balloon's Day Parade et ses gentils géants gonflés se mettront en marche pour un défilé en fanfare dans les rues du centre de Bruxelles.

Rallye de voitures

Le dimanche 8 septembre, un rallye de voitures du Journal Tintin démarrera de la Place des Palais à 10h. Une quarantaine de voitures et motos anciennes représentées dans les planches de différentes bandes dessinées du Journal Tintin suivront un itinéraire qui passera par différents lieux mythiques de la Bande Dessinée à Bruxelles et par le Musée Hergé.

www.brusselslife.be

9 📖 **Lisez le texte et répondez aux questions suivantes.**

1 Vrai ou faux?
   a) La fête ne se passe que dans un quartier de Bruxelles.
   b) Les spectateurs ne pourront voir que des héros de BD de Belgique.
   c) On désigne aussi la BD comme le 9ème art.
   d) Il faut payer les visites accompagnées.
   e) On ne pourra voir des spectacles que pendant la journée.
   f) Le spectacle son et lumière promet d'être extraordinaire.

2 Associez ces expressions du texte avec leurs explications.
   a) se déchaîner
   b) une ambiance du tonnerre
   c) le rendez-vous incontournable
   d) bédéesque
   e) un spectacle décoiffant
   i) un rassemblement immanquable
   ii) faire la fête
   iii) qui concerne la BD
   iv) une ambiance de fête incroyable
   v) une représentation époustouflante

La BD qu'est-ce que c'est?

Souvent définie comme le 9e art, la BD ou bande dessinée consiste en une histoire illustrée. La façon d'illustrer varie selon les pays et les époques. Au niveau des pays francophones, la BD est très présente en Belgique et en France. Vous connaissez **1**.........., par exemple, Tintin ou Astérix.

L'école franco-belge à ses débuts

En 1929, c'est la naissance de Tintin, qui connaîtra un succès international. Hergé va énormément influencer la bande dessinée européenne, **2**.......... au niveau graphique et narratif. **3**............, il va amener deux éléments fondamentaux:

- le scénario bâti de bout en bout
- la documentation

En 1938 naissent Spirou et son journal, qui sera une pépinière d'auteurs de premier plan: Franquin (Gaston Lagaffe), Morris (Lucky Luke), Peyo (les Schtroumpfs), Roba (Boule et Bill), et bien d'autres.

Le journal de Tintin naît en 1946 et va lui **4**.......... publier des auteurs et des séries phares de la bande dessinée: Jacobs (Blake et Mortimer), Martin (Alix), etc.

Notons que «Spirou» et «Tintin», ces deux grands journaux de BD pour enfants, sont belges. Un autre grand hebdomadaire de bande dessinée existe en France: Vaillant, qui deviendra Pif Gadget. Il publie lui aussi de grandes signatures. Cette production **5**.......... riche laissera moins de traces dans l'histoire de la bande dessinée qu'elle ne l'aurait mérité, **6**.......... à cause d'une politique de production d'albums quasi inexistante.

http://ybocquel.free.fr

10 📖 **Replacez les connecteurs dans leurs espaces logiques (attention il y a plus de mots proposés que d'espaces).**

à la fois	mais	peut-être	sans doute
aussi	néanmoins	pourtant	surtout

11 Ⓥ **Reliez les mots à leurs définitions.**

1 une bulle

2 une planche

3 un idéogramme

4 le plan panoramique

5 le gros plan

6 une vignette

7 la typographie

a) icône, symbole ou petit dessin exprimant une pensée ou un sentiment

b) forme variable qui, dans une vignette, contient les paroles ou pensées des personnages reproduites au style direct

c) manière dont le texte est imprimé: caractères, forme, épaisseur, disposition

d) image d'une bande dessinée délimitée par un cadre

e) page entière de BD, composée de plusieurs bandes

f) le décor disparaît; il cadre en général le visage et fait ressortir les jeux de physionomie

g) vue d'ensemble, de très loin; prédominance du décor; détails et personnages très réduits

Parcours BD à Bruxelles

Le parcours BD de Bruxelles est constitué d'un ensemble de peintures murales qui célèbrent les grands auteurs de la bande dessinée belge. Ce circuit de fresques géantes permet de découvrir la ville au travers des héros de la BD immortalisés sur près de 50 pignons urbains.

12 ✏️ **Faites des recherches en ligne sur le parcours BD à Bruxelles. Utilisez les informations recueillies pour produire une brochure visant spécifiquement les touristes.**

Comment écrire pour persuader

Comment faire un dépliant touristique

Voici les quatre questions clés:

1 Qui est le public/lectorat visé? Ici un public de vacanciers potentiels.
2 Quoi? Quel est mon message? Il faut identifier les idées essentielles afin d'être original par rapport aux concurrents.
3 Pourquoi est-ce que je veux produire un dépliant touristique? De quoi est-ce que je veux faire la promotion?
4 Comment encourager mon public ciblé à me choisir par rapport aux autres?

Utilisez la bonne structure informative ainsi que le langage approprié à la tâche.

Dans le cas d'un dépliant, vous pouvez commencer par un croquis de votre document (même pendant l'épreuve 2) en mettant en page vos informations principales.

Allez à l'essentiel. Utilisez de la précision dans la langue ainsi que des titres courts pour ne pas perdre l'intérêt du public.

Faites usage de langue accrocheuse pour séduire les lecteurs (mais attention de ne pas être mensonger!).

Faites comprendre quels sont vos points forts.

Utilisez des questions rhétoriques. Cela attirera l'attention.

UNITÉ **11** Les loisirs

I: Le tourisme et les voyages

- Établir la différence entre le tourisme et les voyages
- Réfléchir à la valeur du tourisme et des voyages pour le développement personnel ainsi que pour l'économie globale
- Évaluer les différences entre les destinations touristiques du monde
- Rédiger une publicité pour une destination touristique

Réfléchir

- Pourquoi aimons-nous partir en vacances?
- Quelle est la différence entre le tourisme et les vacances?
- Regardez la liste des destinations touristiques les plus populaires, à la page suivante. Lesquels de ces pays avez-vous visités? Quel était le but de votre visite, pour chacun de ces pays?
- Quelle a été votre expérience de ces pays? Avez-vous l'intention d'y retourner?
- Pourquoi ces pays sont-ils particulièrement prisés des touristes?
- Quelle est la valeur du tourisme pour l'économie d'un pays ou d'un continent?
- Quelle est la valeur des visites à l'étranger pour l'éducation/le moral du voyageur?
- Que pensez-vous des publicités des stations touristiques à la télé et des dépliants touristiques que vous voyez dans les agences de voyage?

Principales destinations touristiques mondiales en 2012

Rang	Pays	Nombre de touristes	Rang	Pays	Nombre de touristes
1	France	83 millions	11	Autriche	23 millions
2	États-Unis	63,3 millions	12	Russie	22,6 millions
3	Espagne	58,7 millions	13	Hong Kong	22,3 millions
4	Chine	58,6 millions	14	Ukraine	21,4 millions
5	Italie	46,1 millions	15	Thaïlande	19 millions
6	Turquie	36,7 millions	16	Canada	18,2 millions
7	Royaume-Uni	29,2 millions	17	Arabie Saoudite	17,6 millions
8	Allemagne	28,4 millions	18	Grèce	14,4 millions
9	Malaisie	24,1 millions	19	Pologne	13,3 millions
10	Mexique	23,4 millions	20	Macao	12,9 millions

Tourisme: la France est-elle un pays de passage?

Comment expliquer la popularité de la France auprès des visiteurs étrangers? Voici un article pour mieux comprendre la prééminence de la France dans le domaine du tourisme.

Si l'Hexagone reste la première destination mondiale, elle le doit beaucoup aux visiteurs d'Europe du Nord qui la traversent avant de rejoindre un autre pays.

Avec 83 millions de touristes étrangers accueillis en 2012, la France garde sa première place de destination touristique mondiale. Mais beaucoup de vacanciers, Allemands, Belges, Néerlandais... ne sont que de passage dans l'Hexagone pour rejoindre leur vraie destination finale, en l'occurrence l'Espagne ou le Portugal.

Qu'est-ce qu'un touriste?

Selon l'Organisation Mondiale du Tourisme (OMT), la méthodologie pour calculer la présence d'un touriste est la même dans tous les États du monde. Il faut passer au moins une nuit dans un pays pour être comptabilisé. Pour Didier Arino, responsable du cabinet Protourisme:

"Il est très difficile, pour ne pas dire impossible, d'avoir des chiffres fiables dans la méthodologie de l'OMT. Si la France a 83 millions de touristes par an, nous considérons qu'en réalité le vrai chiffre de touristes ayant séjourné au moins trois nuits est plus proche de la moitié, ce qui est déjà très bien. Cela explique les différences de chiffres d'affaires entre les pays, qui éloigne la France des premiers rangs mondiaux en matière de revenu généré par le tourisme."

Un touriste dépense en moyenne 700 euros pendant son séjour en France alors qu'il dépensera 1.200€ pour une même durée en Espagne, ou même en Thaïlande. L'Espagne passe ainsi largement devant la France en matière de recettes, 60 milliards *vs* 50 milliards.

On est venu, mais sans revenu

Deux exemples de touristes comptabilisés mais qui ne génèrent quasiment pas de revenus.

Hans est allemand. Il va en Espagne avec sa famille. Il a dépensé 83 euros d'autoroute, s'est arrêté trois fois pour changer de volant avec son épouse, a dormi sur une aire de repos près de Lyon. Enfin, Hans a dépensé 165 euros d'essence et 40 euros en petits déjeuners et friandises pour ses deux enfants. Soit moins de 300 euros.

Yumi est japonaise. Elle est venue en voyage organisé à Euro Disney, avant de repartir, en Italie pour la suite de son périple. Elle passera deux jours à Euro Disney et visitera Paris en quelques heures dans le bus du tour-opérateur.

De ces exemples, on peut aisément y ajouter les séjours dits non marchands: famille, amis, connaissances ou simple réservation de lit sur des sites dédiés. Difficile de prendre en compte tous ces paramètres. "Le seul critère qui vaille est celui des recettes et, dans ce cas, les États-Unis sont en tête devant l'Espagne, la France n'arrive qu'en 3ème position pour les recettes", explique Didier Arino.

http://tempsreel.nouvelobs.com

1 (V) **Reliez les mots suivants avec leurs définitions.**

1 rejoindre
2 en l'occurrence
3 comptabilisé
4 fiable
5 séjourner
6 friandise
7 périple
8 aisément

a) voyage
b) compté
c) se rendre dans
d) bonbon
e) sérieux, crédible
f) dans le cas présent
g) rester
h) facilement

2 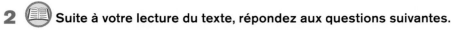 **Suite à votre lecture du texte, répondez aux questions suivantes.**

   1   Selon cet article, qu'est-ce qui explique le fait que la France occupe la première place en tant que destination touristique mondiale?

   2   Quelle est la définition d'un touriste, selon l'OMT?

   3   Pour Didier Arino, cette définition est-elle fiable?

   4   Didier Arno laisse de côté le nombre de visiteurs par an en France et suggère une autre donnée – laquelle?

   5   Décrivez les deux catégories de « touristes » dont la visite n'apporte pas de gros bénéfices pour la France, selon l'article.

3   **Dans l'article page 201 nous avons vu deux façons différentes d'évaluer la popularité touristique d'un pays: le nombre de visiteurs par an, et le revenu généré par les touristes. Ni l'une ni l'autre de ces méthodes n'est idéale. Quels sont les autres méthodes possibles pour calculer l'attractivité touristique d'un pays en termes de visiteurs?**

Les touristes chinois à Paris, rois du shopping malgré des séjours express

1 Qu'ils viennent de Chine continentale, de Singapour, Hong Kong ou Taïwan, les touristes chinois sont chaque année plus nombreux en France, et malgré des styles de voyages différents, ils sont depuis 2009 les nouveaux rois du shopping. À Paris, dans les grands magasins ou sur les Champs-Elysées, des centaines de visiteurs chinois patientent en file indienne devant les enseignes de luxe, pour acheter le dernier sac ou accessoire, avant d'être reçus par des vendeuses s'exprimant en mandarin.

2 Le panier moyen des Chinois (montant dépensé dans un même magasin le même jour) a atteint 1.470 euros en 2011 (1.500 pour les Chinois de Hong Kong) alors qu'il était de 1.300 euros en 2010 et 650 euros en 2005, selon les données collectées dans les magasins partenaires de Global Blue, société de services spécialisée dans la détaxe touristique. Ils devancent le Brésil (680 euros), la Russie (1.000) ou l'Inde (765) mais sont devancés par les touristes d'Arabie Saoudite dont le panier est de 6.100 euros avec des achats record en joaillerie. "Pour les Chinois, la France, on pourrait même dire Paris, est la destination préférée en Europe pour le shopping", affirme Lucie Delahaye, directrice marketing à Global Blue France.

3 Conscient de la montée en puissance de cette clientèle dans la capitale, le groupe Figaro a lancé en 2011 *Paris Chic*, un trimestriel gratuit haut de gamme en mandarin, distribué gratuitement en France et en Chine partout où les voyageurs chinois séjournent. Selon des clients interrogés par l'AFP [Agence France Presse], l'achat en France d'un produit de luxe est une bonne affaire, entre 30% et 40% de moins pour un sac Chanel vendu 3.100 euros à Paris, car les taxes sur les produits de luxe sont lourdes en Chine. Et il y a des soldes en France, chose rare en Chine.

4 En dehors des achats, les Chinois se divisent en deux groupes de tailles différentes, souligne Paul Ping, gérant de l'agence de tourisme MT Voyage à Paris. Les moins nombreux viennent de Singapour, Hong Kong ou Taïwan, qui entrent en France sans visa, parlent bien anglais, vont dans de grands hôtels, voyagent souvent en individuel et prennent souvent le temps de visiter. "Et puis, il y a la majorité venant de Chine continentale, appartenant à la classe moyenne supérieure, qui vient avec des agences chinoises. Ces dernières s'occupent des visas, fournissent le guide qui accompagne le groupe depuis la Chine, le transport en car et réservent des hôtels bon marché", affirme M. Ping. "Ils adorent la formule 'cinq pays en dix jours', qui comprend la France, la Belgique, la Hollande, l'Allemagne, la Suisse. Ils restent deux jours à Paris: ils veulent voir la Tour Eiffel, la place de l'Étoile et le château de Versailles. Ils sont surtout intéressés par le shopping", poursuit-il.

5 Et cette clientèle ne fait pas le bonheur des restaurants chinois de Paris: "Ils n'ont pas le temps de passer à Belleville, ils mangent à toute vitesse dans des restaurants réservés aux groupes où la marge bénéficiaire est très petite, ils logent dans des hôtels pas cher en banlieue, ce n'est pas une clientèle intéressante pour nous", explique Alexandre Xu, patron du restaurant Wen Zhou à Belleville. "Toutefois, lorsqu'ils font un second voyage, ils partent en groupes plus petits, quatre ou cinq personnes, et restent plus longtemps dans un ou deux pays", affirme Mme Delahaye.

6 Le potentiel de ce réservoir de touristes est considérable. Selon l'Organisation Mondiale du Tourisme, plus de 2 millions de Chinois visiteront la France en 2020, contre 600.000 en 2009.

http://tempsreel.nouvelobs.com

4 (V) **Reliez les mots suivants avec leurs définitions.**

1	en file indienne	a)	chef
2	enseigne	b)	arriver à
3	vendeuse	c)	total, somme
4	montant	d)	en faisant la queue
5	atteindre	e)	femme chargée de la vente des produits
6	trimestriel	f)	procurer
7	soldes	g)	vente à prix réduits
8	gérant	h)	magazine qui sort tous les trois mois
9	fournir	i)	emblème d'un magasin

Observation!

Belleville – quartier de Paris, situé dans le 20ème arrondissement, qui se distingue par son importante communauté asiatique avec ses restaurants et ses associations, ainsi que des magasins de produits chinois.

5 (V) **Trouvez dans le texte les mots ou expressions qui sont des synonymes des expressions suivantes.**

Paragraphe 1
1 arrivent
2 abondants
3 accueillis
4 parlant

Paragraphe 2
5 s'est élevé à
6 renseignements
7 dépassent
8 bijouterie

Paragraphe 3
9 hausse
10 pouvoir
11 inauguré
12 acquisition

6 **En faisant référence au paragraphe 4, complétez la grille avez les phrases ci-dessous pour décrire les deux catégories de touristes chinois qui visitent la France.**

Ceux qui viennent de Singapour, Hong Kong ou Taïwan	Ceux qui viennent de Chine continentale

1 Ils fréquentent des hôtels modestes.
2 Ils font partie de la classe moyenne.
3 Ils parlent une langue étrangère.
4 Ils ne sont pas pressés pendant leur visite.
5 Ils se dépêchent pour tout voir avant de repartir.
6 Ils ont des guides professionnels.
7 Ils descendent dans les hôtels cinq étoiles.
8 Ils n'ont pas besoin de visa.

Grammaire

L'utilisation du participe présent au lieu d'une proposition avec «qui»

Exemples tirés de l'article précédent:
s'exprimant en mandarin (paragraphe 1), *venant* et *appartenant* (paragraphe 4).

Dans ces trois cas, on pourrait également former la phrase avec «qui» + verbe au présent:
- s'exprimant → qui s'expriment
- venant → qui vient
- appartenant → qui appartient

Formation du participe présent:
- Prenez le radical de la forme avec «nous» au présent.
- Remplacez *-ons* par *-ant*.

Formes régulières

Infinitif	Forme avec «nous»	Participe présent
manger	mangeons	mangeant
finir	finissons	finissant
courir	courons	courant

Trois exceptions:
- avoir → ayant
- être → étant
- savoir → sachant

7 **G** **Dans les phrases suivantes, remplacez la proposition en gras par le participe présent.**

1 J'ai vu Christine **qui sortait** de chez elle.

2 Mes cousins, **qui dormaient** dans une tente dans le jardin, ne se sont pas réveillés.

3 Une vieille femme, **qui lisait** un journal, était assise en face de moi.

4 À Paris on trouve des milliers de touristes **qui viennent** d'Asie.

5 Je préférerais consulter un médecin **qui parle** français.

6 Nous avons remarqué un paysan **qui portait** un sac de blé.

8 ✎ **En faisant référence à l'article «Les touristes chinois à Paris, rois du shopping malgré des séjours express», imaginez que vous êtes propriétaire d'une entreprise asiatique située à Belleville. Rédigez une brochure publicitaire pour attirer de nouveaux clients dans votre établissement.**

> **Stratégies pour écrire**
>
> Votre brochure doit bien cibler la clientèle telle qu'elle est décrite dans l'article et les exercices de compréhension.

Théorie de la connaissance

«Le voyage n'est nécessaire qu'aux imaginations courtes.» (Colette)

Que comprenez-vous par cette citation? Êtes-vous d'accord? Pourquoi (pas)?

9 🎧 **Vacances: où vont les Français cet été? Écoutez l'enregistrement et répondez aux questions suivantes.** **Piste 16**

1 Où iront les Français en vacances cet été?

2 Selon Patrice Cochet, quelle est la raison pour ce changement de destination?
   a) la météo
   b) la position financière
   c) la mauvaise humeur des Français

3 Lesquelles des phrases ci-dessous ne sera pas une caractéristique de cette saison vacancière?
   a) les destinations plus proches de la maison
   b) des formules tout-compris
   c) des budgets illimités

4 Complétez la phrase: "112 euros par jour et par famille représente…
   a) …la réduction dans le budget vacances cette année."
   b) …le budget vacances cette année."
   c) …le coût des transports pour partir en vacances."

5 Dites si les phrases sont vraies ou fausses.
   a) 50 % des Français vont rester à la maison cet été.
   b) Les destinations balnéaires sont plus populaires que jamais.
   c) Le nombre de visiteurs dans la Dordogne va diminuer.

6 Complétez chaque phrase en choisissant le mot correct.
   a) Cette année la plupart des touristes français qui partent à l'étranger choisissent les destinations (européennes | africaines | américaines).
   b) Les destinations maghrébines vont recevoir (plus | moins | autant) de visiteurs que l'an dernier.
   c) Les agences de vacances ont (prévu | provoqué | méprisé) la baisse de demande pour les séjours étrangers.

II: Les loisirs

- Étudier une brochure et examiner ses caractéristiques
- Considérer les bénéfices du sport pour la santé et le bien-être
- Se renseigner sur de nouveaux sports et sélectionner une nouvelle expérience à tenter
- Rédiger un guide ou une brochure

Réfléchir

- Quels sont les sports les plus populaires dans votre pays? Pourquoi ces sports de masse sont-ils tellement pratiqués?
- Quels sports traditionnels pratiquez-vous personnellement?
- Quand et pourquoi avez-vous commencé à pratiquer ce(s) sport(s)?
- Quelles sont les raisons de pratiquer un sport différent?
- Aimeriez-vous essayer un sport méconnu ou un sport extrême? Pourquoi (pas)?

Opération bien-être/santé: Essayer de nouveaux sports

Huit nouveaux sports à essayer

Vous sentez-vous enlisé dans votre routine sportive? Cette année, chamboulez vos habitudes et sortez du marasme en pratiquant un nouveau sport! Mais ne vous fondez pas dans la masse qui prend part au tennis, au foot ou au rugby. Il existe de nombreux autres sports qui pourraient vous plaire. Nous vous présentons huit sports moins connus: cela vaut la peine de les essayer.

LE PARKOUR

Ce sport consiste à transformer des éléments du décor du milieu urbain en obstacles à franchir par des sauts et des escalades. Le but est de se déplacer d'un point à un autre de la manière la plus efficace possible. La pratique du parkour nécessite une bonne condition physique afin d'avoir une meilleure résistance aux chocs. Un bon physique permet aussi d'augmenter les capacités, l'agilité, le mental et la confiance en soi du pratiquant. La prise de risque est calculée et par exemple la pratique sur les toits n'est pas nécessaire, le sol représentant bien plus d'obstacles à passer.

Toutes les qualités physiques de l'homme: la force, la vitesse, la puissance, la détente, l'agilité, l'adresse, la coordination, l'équilibre, sont ici explorées.

LA BOXE FRANÇAISE

La boxe française est un sport « pieds/poings » mais strictement codifié, et donc dépouillé de sa sauvagerie. Ce sport vous permet de pratiquer un sport d'opposition dans le plus grand respect de votre partenaire. Les valeurs défendues par la discipline sont entre autres: le respect, l'amitié, le courage et la confiance. La pratique développe confiance et maîtrise de soi, ainsi qu'une meilleure appréhension de son corps. L'utilisation de la puissance est totalement proscrite!

LE BREAKDANCE

Le breakdance est un style de danse réputé et reconnu au niveau mondial. Il exige des danseurs un bon sens du rythme, une discipline de fer et une bonne forme physique. Au son de hip-hop, de funk et de musique pop, des chorégraphies, des figures au sol, des combinaisons et des mouvements acrobatiques sont appris. Le breakdance aide à développer la conscience du corps et la conscience de soi, le plaisir à bouger, la créativité et l'expression.

LE BASEBALL

Le baseball est un jeu d'équipe qui se joue avec une balle et une batte. Au niveau mondial, on trouve plus de 90 millions de joueurs dans plus de 65 pays. Le baseball et le softball, joué surtout par les femmes, sont les sports nationaux préférés en Amérique et en Asie. Le jeu de la «balle brûlée» ressemble, dans une version extrêmement simplifiée, au baseball. Le baseball améliore l'esprit d'équipe, l'adresse, la rapidité, la concentration et une façon de penser stratégique. Il requiert également une grande capacité d'observation.

LE SLACKLINE

Le slackline est une version moderne du funambulisme. On se balance en équilibre sur une sangle légèrement élastique qui est tendue entre deux points d'ancrage (par exemple entre deux arbres à l'extérieur). La sangle n'est pas tendue et donc très dynamique. Cela exige donc de conserver un équilibre dynamique sur une surface instable. Le slackline vient à l'origine de l'escalade. Donc il est bon pour l'équilibre, la concentration, la coordination et c'est un bon entraînement complémentaire pour les sports exigeant un bon sens de l'équilibre.

LE SQUASH

Le squash est un jeu rapide qui exige une bonne forme physique ainsi qu'une présence physique et mentale. Ce sport se joue sur des courts. Le but du jeu est de frapper la balle jusqu'à ce que l'adversaire ne puisse plus la renvoyer avant qu'elle ne touche le sol pour la deuxième fois. Le squash est bon pour la forme physique, la rapidité et une manière de penser stratégique.

LA COURSE D'ORIENTATION (CO)

Le monde des orienteurs est la nature, ses outils sont cartes et compas. La course d'orientation nous vient du Grand Nord, des immenses forêts de la Scandinavie. Elle allie la réflexion et la course et forme ainsi une activité physique et mentale équilibrée. Il faut atteindre des points de contrôle fixes le plus vite possible. Le but est de choisir le meilleur trajet. La course d'orientation aide à améliorer la forme physique, le sens de l'orientation et une manière de penser logique.

LE WING CHUN

Cet art martial chinois allie une technique d'autodéfense efficace à une activité sportive naturelle. Le wing chun vous apprend de manière ludique à vous imposer efficacement lors de situations de conflit ou de danger au quotidien. Les capacités physiques sont utilisées de manière raffinée afin de détourner la force de l'attaque. Cela permet à des personnes même physiquement pas très fortes de se défendre de manière efficace. Le wing chun aide à améliorer la forme physique, la souplesse, la flexibilité et la rapidité tout en formant l'esprit (confiance en soi, rapidité de réaction).

1 📖 Après avoir lu l'article, regardez les photos de ces huit sports (page 205) et décidez quelle photo correspond à quel sport.

2 📖 Lisez le texte page 206 et la section intitulée «Comment écrire un guide ou une brochure». Identifiez les éléments du texte qui correspondent à chaque point.

Observation!

chambouler – verbe familier; synonymes: chambarder (fam.), bouleverser, révolutionner, tournebouler (fam.)

Comment écrire un guide ou une brochure

Vous devez inclure:
- un titre qui attire l'attention
- une introduction pertinente
- les coordonnées du sujet du guide ou de la brochure et une courte description
- des questions rhétoriques
- des sous-titres
- une structure apparente
- une conclusion
- des exemples
- la ponctuation

Il faut:
- s'adresser directement au public visé
- varier les structures et les temps

Grammaire

Verbe + «à» ou «de» + infinitif

- **consister à:** *Ce sport* **consiste à** *transformer des éléments du décor du milieu urbain en obstacles.*

- **permettre de:** *Un bon physique* **permet d'***augmenter les capacités, l'agilité, le mental et la confiance en soi du pratiquant.*

- **aider à:** *Le breakdance* **aide à** *développer la conscience du corps et la conscience de soi, le plaisir à bouger, la créativité et l'expression.*

- **exiger de:** *Cela* **exige de** *conserver un équilibre dynamique sur une surface instable.*

- **apprendre à:** *Le wing chun vous* **apprend à** *vous imposer efficacement lors de situations de conflit ou de danger au quotidien.*

3 Ⓖ Remplacez les blancs dans les phrases ci-dessous par *à* ou *de* (ou *d'*), puis traduisez les phrases dans votre langue.

1 Les ouvriers exigeaient .... être payés pour leur travail.

2 Je ne vous permettrai jamais .... critiquer mon choix de vêtement.

3 La zumba nous aide .... évacuer les tensions négatives accumulées pendant la journée.

4 Ce projet consistera .... fournir de l'électricité à toute la ville.

4 🗣 Faites la conversation dans votre groupe: chacun choisit dans la brochure le sport (page 206) qu'il aimerait essayer, et explique son choix. Considérez les avantages des sports sélectionnés pour le bien-être et la santé.

Comment parler

N'oubliez pas de *justifier* votre choix après l'avoir précisé! Voici quelques phrases utiles:
- J'aimerais bien essayer … parce que …
- Le nouveau sport qui m'intéresse, c'est … car …
- J'ai sélectionné … en raison de …
- Je me prononce pour … à cause de …
- Je penche pour une expérience telle que la procure … pour les raisons suivantes: …

5 🎧 **Écoutez le reportage et répondez aux questions suivantes.**

`Piste 17`

1 Quel besoin est mentionné dans la première partie de ce reportage? Choisissez la phrase correcte.
   a) le frisson
   b) des équipements adéquats
   c) une assurance médicale

2 Quels sont les trois sports traditionnels parmi ces nouveaux modes de sport?
   a) la voile, la natation et le volley
   b) la planche à neige, la luge et le ski
   c) le ski, le patin à roulettes et l'équitation

3 C'est quel sport? Paraski, ski cerf-volant, planche bidon recyclée, luge gonflable ou ski à voile?
   a) C'est un sport pour quand il n'y a pas assez de neige en montagne.
   b) L'équipement n'est pas cher si vous avez de vieux skis dont vous n'avez plus besoin.
   c) Dans ce sport on descend allongé sur le ventre.
   d) On contrôle l'appareil au moyen d'une barre de direction qui retient les lignes et la voile.
   e) Ce n'est pas pour les poules mouillées.
   f) On porte un petit harnais de parapente, un système de suspentage et une aile.
   g) On vole et on roule très vite dans toutes les directions.
   h) Il y a des sillons sur le dessous de l'appareil.
   i) Dans ce sport on peut planer sur l'eau, la neige ou la glace.
   j) On dirige l'appareil avec les mains.

6 💬 **Comment expliquer le désir constant des gens d'innover dans le domaine sportif, d'inventer et d'essayer de nouveaux sports, surtout des sports de frisson? Comment réconcilier cette tendance, cette manie pour les activités dangereuses avec la sélection naturelle et la survie de l'espèce humaine?**

III: La télévision et le tout numérique

- Explorer le monde de la télévision et les autres loisirs numériques
- Suivre l'évolution des émissions de télévision, notamment en tenant compte de la popularité de la téléréalité
- Étudier une recommandation pour une émission de télévision
- S'entraîner à écrire la critique d'une émission de télévision

Réfléchir

- Décrivez cette photo.
- S'agit-il d'une scène typique de la vie moderne?
- Cette photo correspond-elle à une scène de votre vie?
- Quel est le message de la photo en ce qui concerne l'évolution de la télévision et des divertissements numériques?

MasterChef: onze candidats en lice pour le trophée

Vous les avez découverts et suivis lors des trois premières saisons. Onze candidats ont accepté de revivre l'aventure et retrouver la passion pour la cuisine. Armés de leur talent, de leur titre et de leur expérience professionnelle, ils auront une soirée pour convaincre les juges qu'ils méritent de gagner.

Marine: la compétitrice
- Ex-professeur de français.
- Après Masterchef elle est devenue chef de restaurant et a publié un livre de recettes wok.
- Aime le dépassement de soi physique et psychologique.
- «Je ne cherche pas à épater le jury, mais avant tout à ne pas le décevoir!»

Georgiana: la sensible
- Béninoise, maman de trois enfants.
- Elle a racheté un atelier culinaire à Marseille pour le transformer en table d'hôtes.
- Courageuse, généreuse, à fleur de peau.
- «Je suis plus sûre de moi et de ma cuisine. Ma seule préoccupation est le goût!»

Virginie: la déterminée
- 35 ans, elle a délaissé sa première carrière pour s'adonner pleinement à sa passion.
- Elle a suivi plusieurs formations auprès de grands chefs étoilés.
- Souhaite prendre sa revanche auprès des chefs qui lui ont fait confiance.
- «J'ai l'envie de me remettre au défi pour repousser mes limites.»

Cyril: l'autodidacte
- Ancien cadre dans la grande distribution.
- Il a ouvert son restaurant à Paris et il développe quelques activités à l'international.
- Même si l'angoisse le gagne quelquefois, il aime se mettre au défi.
- «La compétition continue, je suis prêt à tout donner!»

Elisabeth: la sereine
- Grand vainqueur de la saison 2.
- Elle est devenue consultante pour une marque d'ustensiles de cuisine.
- Connue pour son excellente gestion du stress.
- «J'essaie de rester humble quoi qu'il arrive. Que le meilleur gagne!»

Xavier: le décontracté

- Ancien coiffeur, bon vivant, blagueur et surtout très bavard.
- Après l'émission il a décidé d'ouvrir son propre restaurant.
- Doté d'une capacité d'adaptation incroyable.
- «Ma motivation aujourd'hui consiste à imaginer toujours de nouvelles recettes.»

Nathalie: l'artiste

- Jeune Vietnamienne qui se passionne pour la cuisine et le graphisme.
- Pour satisfaire ces deux passions, elle a créé un livre de recettes sous forme de BD.
- Elle a commencé à cuisiner seulement quatre ans avant sa participation à l'émission!
- «Aujourd'hui, mes goûts sont plus affirmés, mes recettes plus travaillées et mon dressage a évolué.»

Karim: le téméraire

- Barman reconverti dans la cuisine.
- Actuellement il est chef dans un restaurant et rêve de trouver un local à Toulouse afin de gérer son propre établissement.
- Doué, mais son manque d'expérience et son entêtement l'entraînent quelquefois à commettre des impairs en cuisine.
- «MasterChef m'a appris la rigueur et la patience. Désormais, je réfléchis avant d'agir.»

Ludovic: la machine de guerre

- Nordiste au caractère bien trempé!
- Maintenant il est chef d'un restaurant à Dunkerque.
- Sûr de lui, quoiqu'un peu individualiste. Aujourd'hui assagi, il se déclare plus communicatif.
- «La cuisine, c'est ma passion, il n'y a pas d'autres mots.»

Pierre: le rigoureux

- Ancien professeur de musique qui a su enchanter le jury grâce à ses associations parfaites de textures et saveurs.
- Après MasterChef, il est devenu chef consultant pour un traiteur événementiel.
- Sérieux et humble, Pierre aime apprendre.
- «Master Chef Les Meilleurs, c'est l'occasion pour moi de faire le bilan de tout ce que j'ai pu accomplir depuis ma sortie et de soumettre une nouvelle fois ma cuisine à la critique.»

Annelyse: la bonne élève

- Chef de marketing, incontestablement l'une des élèves les plus assidues de MasterChef.
- Pour le moment, elle consacre son énergie à donner des cours de cuisine.
- Son objectif est de transmettre son savoir-faire et donner l'envie de bien manger, le tout dans la bonne humeur.
- «Je n'ai pas eu l'occasion de côtoyer les chefs depuis mon départ. MasterChef Les Meilleurs sera aussi l'occasion de leur soumettre mes idées de projet et de recueillir leurs conseils.»

www.leblogtvnews.com

1 📖 **Lisez le texte ci-dessus et répondez aux questions suivantes.**

1 Parmi les onze candidats de l'émission *MasterChef: Les meilleurs*, qui…

    a) …éprouve des sentiments d'anxiété?

    b) …a sorti un manuel de cuisine asiatique?

    c) …veut évaluer ses progrès?

    d) …vient d'un pays africain?

    e) …garde toujours le sourire?

    f) …fait des erreurs à cause de son caractère obstiné?

    g) …n'est pas prétentieuse, en dépit de ses réussites passées?

    h) …allie le dessin et la cuisine?

2 Après avoir lu les descriptions des onze candidats pour cette compétition, choisissez la personne qui, pour vous, a les meilleures chances de gagner. Faites votre choix selon les trois critères mentionnés dans l'introduction (talent, titre, expérience professionnelle) mais considérez aussi les qualités personnelles. Comparez votre choix avec celui d'un(e) camarade de classe.

3 Dans la téléréalité, tout l'intérêt de l'émission dépend des différences entre les participants. Analysez le mélange de caractères dans cet épisode de *MasterChef: Les meilleurs*. A-t-on réussi à créer une belle diversité? Discutez-en avec un(e) camarade de classe.

Grammaire

Le passé composé avec « avoir » et « être »

Relisez la recommandation de cette émission de télévision et notez tous les verbes au passé composé. Combien de ces verbes se conjuguent avec « avoir » et avec « être »? Y a-t-il accord? Pourquoi (pas)? Lesquels de ces verbes sont réguliers/irréguliers au passé composé? Quels sont les modèles à apprendre?

> **Rappel**
>
> Le passé composé, page 285

2 Le nouveau lexique de la télévision et des autres loisirs audiovisuels. Travaillez avec un(e) partenaire. Lisez les termes ci-dessous et essayez d'en donner des définitions pertinentes et élégantes.

1 faire du multi-écran
2 la haute définition
3 la télévision sur demande
4 la tablette tactile
5 l'existence (f) virtuelle
6 l'empreinte (f) numérique
7 les tendances (f pl) de Twitter
8 un avatar
9 un mot-clic

3 Vous avez vu une émission de télévision qui a provoqué une réaction générale extrêmement négative sur Internet. Rédigez une critique de cette émission pour le journal de votre lycée. Dites si vous êtes d'accord ou pas avec les avis exprimés sur les réseaux sociaux.

Comment écrire

Pour écrire la critique d'une émission de télévision, vous devez inclure les éléments suivants:
- le titre et le genre de l'émission
- la date et l'heure de transmission
- le nom des acteurs, présentateurs et réalisateurs
- un court résumé de l'émission
- votre opinion sur l'émission, y compris la note que vous lui attribuez (sur 10 ou en étoiles)
- vos recommandations pour le prochain épisode de cette émission
- votre nom et votre âge

Le registre peut être familier ou formel. Utilisez le passé composé et l'imparfait.

Théorie de la connaissance

Examinez les trois affirmations ci-dessous et dites dans quelle mesure vous partagez ces opinions.
- « Le terme "téléréalité" est un paradoxe. Lorsque l'on filme des gens, on change tout de suite leur comportement. »
- « On doit toujours se méfier des émissions de télévision, même si elles sont classées en "information" et non "divertissement." »
- « À l'ère de réactions immédiates sur Internet, le rapport entre le producteur de télé et le téléspectateur a profondément changé. »

Piste 18

4 🎧 **Écoutez le reportage et répondez aux questions suivantes.**

1 Selon l'introduction, quel aspect de la téléréalité sera examiné dans ce reportage?
   a) son passé
   b) son présent
   c) son avenir

2 Choisissez la phrase correcte.
   a) En France les émissions de téléréalité ne sont plus populaires et vont bientôt disparaître.
   b) En France les émissions de téléréalité sont de plus en plus populaires.
   c) En France les émissions de téléréalité ont connu un déclin mais restent populaires, surtout sur les réseaux sociaux.

3 Choisissez la phrase qui résume le mieux l'opinion de Michael Stora.
   a) Il ne faut jamais demander aux gens ce qu'ils pensent.
   b) Les avis populaires sont parfois extrêmes.
   c) Le peuple aimerait bien regarder une émission de téléréalité qui traite du mariage homosexuel.

4 Faites correspondre les émissions de téléréalité à gauche avec les descriptions à droite.
   a) *An American Family*
   b) *Extreme Makeover*
   c) *Nouveau look pour une nouvelle vie*

   i) les opérations de chirurgie esthétique à volonté
   ii) de nouveaux vêtements et une nouvelle coiffure
   iii) la vie d'une famille lors de la séparation des parents

5 Trouvez dans la liste les nouveaux concepts mentionnés pour de futures émissions de téléréalité.

le sport	des chasses à l'homme	la drogue	l'apparence
la gastronomie		les animaux	la religion
la politique	la grammaire française	l'alcool	la famille
la mort		les finances	
l'étymologie	le sexe	la sexualité	

6 Complétez le paragraphe suivant en remplissant les blancs.

« C'est très ...., les gens disent des .... qu'ils ne pensent pas .... Ils disent vouloir voir plus de .... mais quand il y en a un en ...., la part d'audience est .... »

7 Comment comprenez-vous la dernière phrase de ce reportage: «Si la téléréalité va probablement marcher encore quelque temps, ce serait tout de même une bonne chose qu'elle s'arrête là»? Choisissez la phrase qui convient le mieux.
   a) Espérons que la téléréalité continuera pour toujours.
   b) Plus tôt la téléréalité s'arrêtera, mieux ce sera.
   c) Les téléspectateurs ne pleureront pas la disparition de la téléréalité.

5 💬 **Êtes-vous d'accord avec les opinions exprimées dans ce reportage? Donnez votre opinion personnelle par rapport aux points suivants.**

● la popularité de la téléréalité dans votre pays, soit en fonction de sa part d'audience, soit par rapport à sa présence en ligne

● l'hypocrisie des téléspectateurs dans votre pays, qui affirment qu'ils n'aiment pas la téléréalité mais qui la regardent quand même

● à l'avenir, les émissions de téléréalité vont-elles devenir encore plus choquantes, ou risquent-elles de céder la place à d'autres genres d'émission?

IV: La lecture et le cinéma

- Réfléchir au rôle de la littérature et de la lecture à l'ère numérique
- Découvrir un jeune écrivain lauréat
- S'entraîner à écrire un blog et à faire des recommandations

Réfléchir

- Regardez la liste de genres littéraires ci-dessous. Lesquels de ces genres littéraires sont les plus populaires aujourd'hui dans votre pays ou auprès de vos amis?
- Quel plaisir tirez-vous de la lecture par rapport aux autres formes artistiques?
- Quels sont vos genres et vos auteurs préférés? Justifiez vos préférences.
- Quand vous lisez une œuvre littéraire, vous intéressez-vous plutôt au style, aux personnages, au message ou à l'intrigue?
- Que pensez-vous des adaptations cinématographiques ou théâtrales de livres connus?
- Êtes-vous pour ou contre les livres numériques? Pourquoi?

Les différents genres littéraires

Genre	Description
Littérature traditionnelle	Histoires qui comprennent les légendes, les fables, les contes de fées et les mythes de différentes cultures
Fantasy	Histoires qui comportent des éléments qui n'existent pas tels que des animaux qui parlent ou des pouvoirs magiques
Science-fiction	Histoires fantastiques qui incluent la science et la technologie (les robots, les machines à remonter le temps…)
Fiction réaliste	Histoires qui contiennent des personnages inventés qui auraient pu exister
Fiction historique	Histoires fictionnelles qui ont lieu à une certaine époque dans le passé
Bande dessinée	Histoires racontées avec des images
Roman policier	Histoires à suspens avec une énigme qui n'est résolue qu'à la fin de l'histoire
Horreur	Histoires qui incluent une part d'horreur
Aventures	Histoires qui donnent la part belle aux aventures diverses vécues par le héros
Documentaire	Textes qui rapportent des faits concernant différents sujets (animaux, science, sport, histoire, géographie, etc.)
Biographie	La vie d'une personne racontée par une autre personne
Autobiographie	La vie d'une personne racontée par elle-même
Poésie	Textes en vers écrits pour susciter des émotions et de la réflexion chez le lecteur; on y trouve souvent des rimes et un rythme particulier

Carnon: succès pour l'opération « Lire à la plage »

Carnon est une station balnéaire située dans l'Hérault. L'Hérault est un département du Midi de la France, sur la côte méditerranéenne, près de Montpellier. Bien sûr, ce département reçoit énormément de vacanciers chaque année, surtout en été. Voici l'histoire d'un projet visant à instruire et distraire les touristes lors de leur visite – en les fournissant de livres gratuits à la plage!

Que lit-on à la plage? Cela dépend des gens et des lieux. En tous cas, sur le littoral héraultais*, à Frontignan, Carnon ou Valras, le département installe ses bibliothèques sur le sable pour permettre aux estivants de dévorer à la mer. Romans, bandes dessinées, essais, il y en a pour tous les goûts, mais ce sont les journaux et magazines qui sont les plus demandés.

Depuis plusieurs étés, des milliers de livres et de bandes dessinées sont mis à disposition gratuitement, près des transats, une terrasse ombragée. Les bibliothécaires proposent aussi un programme d'animations gratuites, pendant les vacances: conteurs, lectures pour enfants, rencontre avec un auteur… Les vacanciers apprécient cette offre de détente. Les paillottes «Lire à la plage» sont ouvertes tous les jours de 10 à 19 heures.

* du département de l'Hérault

http://languedoc-roussillon.france3.fr

1   **Après avoir lu le texte ci-dessus, faites les exercices suivants.**

1 Résumez l'article par oral en une ou deux phrases.

2 Que pensez-vous de l'initiative «Lire à la plage»? Si vous étiez en vacances à Carnon, vous serviriez-vous de cette bibliothèque gratuite?

3 Qu'est-ce que vous aimez lire à la plage? Lisez-vous les livres papier ou préférez-vous les livres numériques ou audio? Pourquoi?

Joël Dicker: un rêve américain, un succès français

1 Avec son roman *La vérité sur l'Affaire Harry Quebert*, le jeune écrivain suisse Joël Dicker est devenu l'un des auteurs les plus populaires de l'heure. Grand Prix du Roman de l'Académie française et Prix Goncourt des lycéens, ce roman a séduit un public plutôt vaste, ce qui a aussitôt suscité la méfiance.

2 Joël Dicker a eu l'audace d'écrire un pavé de 670 pages à «l'américaine», sans aucune culpabilité. Si bien que plusieurs critiques ont eu l'impression de lire la traduction d'un best-seller américain… À cette question l'auteur répond: «En fait, le décor américain du livre est venu à moi. Si j'avais écrit un roman qui se passe en Inde, est-ce qu'on n'aurait pas dit à quel point c'est intéressant, cette ouverture sur le monde? Mais dès que ça touche l'Amérique, tout d'un coup, ça devient louche».

3 De fait, il n'y a rien de suisse ou de français dans cette histoire. Marcus Goldman, qui a atteint la gloire avec un premier roman, connaît un dur syndrome de la page blanche. Il demande l'aide de son ancien mentor, Harry Quebert, l'un des plus grands écrivains américains, qui sera soudainement accusé d'avoir assassiné Nola Kellergan, une adolescente de 15 ans disparue en 1975, et dont on vient de retrouver le cadavre sur le terrain de sa maison au New Hampshire. Dès lors, Goldman n'a qu'une idée en tête: faire sa propre enquête pour disculper son ami, et s'en inspirer pour écrire son deuxième roman.

4 Ce roman est un «page turner», comme on dit en bon français, plein de rebondissements, d'humour, d'action et de réflexions, car au travers de l'intrigue, il y a les 31 conseils d'écriture de Harry Quebert pour accoucher d'un grand roman, défi qu'il compare à un match de boxe…

5 Joël Dicker ne voulait pas écrire cette histoire «en touriste», c'est pourquoi il lui a fallu assumer totalement l'américanité de ses personnages, du territoire, et même du style. Il voit sa création comme un roman d'apprentissage. «En fait, je ne suis pas vraiment un lecteur de polars, dit-il. Jusqu'à la fin, j'ai hésité à mettre dans mon livre les conseils de Harry Quebert, j'avais peur qu'on me dise "pour qui te prends-tu?". Mais il fallait aller jusqu'au bout du personnage, qu'on croit à cet écrivain dans la soixantaine et non qu'on entende les conseils de Joël Dicker.»

6 Jamais il n'aurait pensé connaître un tel succès avec ce roman qui le rapproche presque de la vie rêvée de son personnage Marcus Goldman. «Mon livre parle de célébrité, mais je précise que ce n'est pas une projection, c'est un fantasme! Pourtant il faut remarquer qu'aux États-Unis, le succès est vu comme un bon signe pour un livre, ce qui est l'inverse en France. Si un livre se vend, ça veut dire que c'est mauvais, ce qui est très étrange.»

7 Comme pour son personnage Marcus Goldman, les attentes seront grandes pour le prochain roman et il en est conscient. «Je dois absolument réussir à faire baisser ma propre pression, car si je m'en mets trop, ça va être un enfer. Si j'y pense trop, je vais me planter. Le plus important dans l'écriture est d'avoir du plaisir. Alors l'enjeu pour moi est de rester le plus zen possible et de garder le plaisir d'écrire.»

www.lapresse.ca

2 📖 Lisez le texte et répondez aux questions suivantes.

1 Vrai ou faux? Les affirmations ci-dessous résument les différents paragraphes de l'article. Dites si ces phrases sont vraies ou fausses, en justifiant chaque fois votre réponse.
   a) L'accueil de ce nouveau roman a été polarisé.
   b) Ce roman s'inscrit dans les grandes traditions de la littérature française.
   c) L'intrigue concerne un délit grave.
   d) Ce roman est vraiment intéressant à lire.
   e) Pour écrire ce roman, l'auteur a dû adopter la mentalité américaine.
   f) L'auteur a l'intention de devenir aussi célèbre que son personnage principal.
   g) L'auteur va se donner à fond pour garantir le succès de son deuxième roman.

2 Que savez-vous des deux prix littéraires mentionnés dans le premier paragraphe: le Grand Prix du Roman de l'Académie française et le Prix Goncourt des lycéens? Commentez l'exploit de Joël Dicker.

3 Que pensez-vous de «l'audace» de Dicker, d'écrire un roman à l'américaine, alors qu'il est de nationalité suisse (paragraphe 2)?

4 Êtes-vous intrigué par le résumé du roman au troisième paragraphe?

5 Dans le quatrième paragraphe, êtes-vous d'accord que les quatre éléments mentionnés (rebondissements, humour, action et réflexions) sont essentiels pour réussir un polar? Y a-t-il d'autres ingrédients nécessaires, à votre avis?

6 En faisant référence au cinquième paragraphe, à quel point l'assimilation culturelle est-elle nécessaire pour écrire un livre basé dans un autre pays? Connaissez-vous des exemples de romans qui ont été écrits «en touriste»?

7 Que pensez-vous de la remarque de Dicker « Si un livre se vend, ça veut dire que c'est mauvais» (paragraphe 6) pour décrire le rapport entre le succès commercial d'un livre et sa réputation parmi les critiques?

8 Connaissez-vous «le plaisir d'écrire» (dernier paragraphe)? Préférez-vous écrire ou lire? Pourquoi?

Les propositions qui commencent par «si».

1 «si» + plus-que-parfait + conditionnel parfait

Si j'avais écrit un roman qui se passe en Inde, est-ce qu'**on n'aurait pas dit** à quel point c'est intéressant, cette ouverture sur le monde? (paragraphe 2)

2 «si» + présent + futur

Si j'y pense trop, **je vais me planter** (paragraphe 7)

3 Rappel: «si» + imparfait + conditionnel

Si j'avais plus de temps libre, **je lirais** tous les nouveaux romans de ce genre.

3 (G) **Donnez les verbes entre parenthèses à la forme correcte pour compléter les phrases, puis traduisez-les dans votre langue.**

1 S'il y a un clair de lune, on (*pouvoir*) voir la Grande Ourse.

2 S'il y a du soleil demain, nous (*aller*) à la plage.

3 S'il ne (*pleuvoir*) pas demain, je ferai du jardinage.

4 Si nous avions un hélicoptère, nous y (*arriver*) à l'heure.

5 Si tu étais mon ami, tu ne me le (*reprocher*) pas.

6 Si vous connaissiez tous les détails de ce meurtre, vous (*fermer*) vos portes à clé cette nuit.

7 Si je l'avais vu de mes propres yeux, j'y (*croire*).

8 Si elles (*recevoir*) mon invitation, elles auraient accepté sans hésiter.

9 Si le chien de garde n'avait pas reconnu le voleur, il (*aboyer*).

4 (✎) **Vous écrivez un blog pour faire des suggestions de livres de plage. Pour chaque livre que vous recommandez, n'oubliez pas le titre, le nom de l'auteur, l'année de publication, le genre et les raisons pour lesquelles vous avez aimé ce texte.**

Comment écrire

Un blog

- Mettez la date et un titre, comme « Quoi de mieux que de dévorer un bon livre à la plage? ».
- Saluez vos lecteurs: « Bonjour à tous! ».
- Utilisez le registre familier.
- Mettez une courte formule finale: « Au revoir tout le monde! ».
- Phrases utiles:
  - « Je vous suggère »
  - « Je vous conseillerais de lire »
  - « Je propose à tout le monde ».

Théorie de la connaissance

«Le livre papier et les documents imprimés représentent le fondement des connaissances humaines. La disparition du papier va mener finalement à la perte de certaines de nos connaissances.»

Que pensez-vous de cette affirmation?

5 🎧 Écoutez le reportage et répondez aux questions suivantes.

Piste 19

1 Vrai ou faux?

    a) De nombreux films québécois ont réussi à figurer parmi les 20 films les plus populaires de 2013.

    b) La part de marché du cinéma québécois a presque doublé par rapport à 2012.

    c) *Louis Cyr: L'homme le plus fort du monde* est un film biographique.

2 Qui est Antoine Bertrand?

3 Que signifie « la Belle Province »?

4 Faites correspondre les films à gauche avec les recettes d'exploitation à droite.

    a) *Iron Man 3*   **i)** 4,7 millions de dollars

    b) *Rapides et dangereux 6*   **ii)** 6,4 millions de dollars

    c) *Détestable moi 2*   **iii)** 4,9 millions de dollars

    d) *Louis Cyr*   **iv)** 3,8 millions de dollars

5 Quels sont les trois autres films québécois mentionnés dans le reportage? Complétez les titres ci-dessous.

    a) *Hot* ....

    b) *Lac* ....

    c) *Sarah préfère la* ....

6 Cochez l'affirmation correcte.

    a) Les films qui ont pris les places 6-10 dans le top 10 québécois ont accumulé 38 000$.

    b) Les films qui ont pris les places 6-10 dans le top 10 québécois ont accumulé moins de 38 000$.

    c) Les films qui ont pris les places 6-10 dans le top 10 québécois ont accumulé plus de 38 000$.

7 Le cinéma est-il devenu plus populaire au Québec en 2013 par rapport à 2012? Expliquez votre réponse.

8 Quels films ont été les plus populaires en 2013?

    a) les films québécois

    b) les productions des grands studios hollywoodiens

    c) les films italiens

6 💬 Discutez des questions suivantes en classe.

1 Comment expliquer la popularité des productions des grands studios hollywoodiens dans les salles de cinéma du monde?

2 Comment pourrait-on encourager le développement des cinémas nationaux?

UNITÉ **12** Les sciences et la technologie

I: Vers des bébés «sur mesure»?

- Se renseigner sur les nouvelles techniques scientifiques dans le domaine de la fertilité
- Considérer les arguments éthiques pour et contre la fécondation in vitro (FIV) et les bébés «sur mesure»
- Donner son opinion personnelle de manière nuancée et s'exprimer lors d'un débat
- S'entraîner à aborder une question délicate pendant un débat tout en respectant la sensibilité de ses interlocuteurs et interlocutrices

Réfléchir

- Aimeriez-vous avoir des enfants? Pourquoi (pas)?
- Que savez-vous de la fécondation in vitro (FIV)?
- Quels sont les arguments scientifiques et éthiques pour et contre la FIV?
- Comment comprenez-vous l'expression «bébé sur mesure»?

La fécondation in vitro – méthode de procréation médicalement assistée consistant à prélever chez une femme un ovule, à le féconder artificiellement en laboratoire puis à le replacer dans la cavité utérine.

La fécondation in vitro, ou FIV, a pour la première fois permis la conception d'un enfant viable en 1978, en Grande-Bretagne. En France, le premier «bébé-éprouvette» est né en 1982, à l'hôpital Antoine-Béclère de Clamart. Au Canada, c'est également en 1982 qu'a eu lieu la première naissance d'un enfant issu de ce mode de fécondation; en Belgique, en 1983; en Suisse, en 1985. Aujourd'hui, le taux de réussite de la fécondation in vitro est d'environ 25% de naissances par ponction d'ovocytes réalisée.

La mise au point des techniques de fécondation in vitro dans les années 1970 a valu le prix Nobel de médecine 2010 au physiologiste britannique Robert G. Edwards pour ses travaux menés avec le gynécologue Patrick Steptoe.

www.larousse.fr

1 **V** **Reliez les mots suivants avec leurs définitions.**

1	méthode de procréation	a)	prélèvement
2	in vitro	b)	mode de fécondation/conception
3	viable	c)	tube à essai
4	éprouvette	d)	en laboratoire, hors de l'organisme
5	ponction	e)	élaboration
6	réaliser	f)	capable de vivre
7	mise au point	g)	effectuer

FIV: 3 parents pour un bébé sans maladie mitochondriale

1 Le Royaume-Uni sera-t-il le premier pays au monde à offrir aux patients ce choix, pour le remplacement des mitochondries? Une technique combinée à la fécondation in vitro (FIV), à la pointe à la fois de la science et de l'éthique, car elle utilise le matériel génétique de 3 personnes. Objectif, éviter la transmission, par la mère, de maladies mitochondriales. Ainsi, les parents de l'enfant apporteraient tous les gènes sauf 1%, qui proviendrait d'un donneur et épargnerait ainsi à l'enfant le risque de maladie.

2 Les maladies mitochondriales recouvrent de **1**.......... pathologies comme certaines maladies cardiaques, maladies du foie, l'absence de coordination musculaire et d'autres maladies graves comme la dystrophie musculaire. Des maladies qui ont toutes ce dénominateur commun, un **2**.......... de la chaîne respiratoire mitochondriale, et entraînent des effets dévastateurs sur les personnes qui en héritent: la quasi-totalité du matériel **3**.......... dans notre corps est contenu dans le noyau de la cellule qui contient 23 chromosomes hérités de notre mère et 23 hérités de notre père. Cependant, il y a également une petite quantité de matériel génétique contenu dans les structures cellulaires appelées mitochondries, qui produisent l'énergie de la cellule. Contrairement au reste de notre ADN, cette petite quantité de matériel génétique est transmise à l'enfant par la mère. Ainsi, les femmes porteuses de ces mutations vont les transmettre à leur enfant, sans **4**.......... influence du père. Et les enfants atteints pourront être sévèrement affectés par un large éventail de symptômes sévères **5**.......... que des convulsions, une démence, les migraines, l'insuffisance cardiaque, le diabète et la **6**.......... d'audition. Beaucoup d'enfants atteints de maladies mitochondriales ont également une espérance de **7**.......... réduite. Ces maladies ont une incidence d'**8**.......... 1 sur 5.000 naissances.

3 Les scientifiques ont mis au point de nouvelles techniques pour éviter la transmission de ces maladies mais doivent attendre de nouvelles réglementations pour les appliquer en pratique clinique. La technique vise à prévenir ces maladies en remplaçant les mitochondries de la mère avec les mitochondries saines d'un donneur, créant ainsi un embryon sain. La technique comporte le prélèvement, des noyaux des spermatozoïdes du père et de l'ovocyte de la mère, du sperme et de l'ovocyte, donc sans les mitochondries défectueuses, puis l'injection dans un ovocyte provenant d'une donneuse dont on a extrait le noyau mais conservé les mitochondries. Le nouvel embryon contiendra donc l'ADN chromosomique de ses 2 parents, mais les mitochondries du donneur. L'enfant aura ainsi le matériel génétique de 3 personnes, en majorité de sa mère et de son père, mais également un 1 % de l'ADN mitochondrial d'un donneur.

4 Au Royaume-Uni, le débat a été lancé, en septembre 2012, avec l'ouverture de la consultation de l'agence Human Fertilisation and Embryology Authority (HFEA) qui réglemente l'assistance médicale à la procréation (AMP) et sollicite l'opinion publique sur ce nouveau traitement, le remplacement des mitochondries, mais, dans l'ensemble, l'opinion publique britannique y est favorable, sous réserve de garanties strictes.

5 Si sur le plan éthique, les questions restent nombreuses – l'enfant pourra-t-il connaître son «troisième parent», la technique pourrait-elle avoir un impact psychologique sur l'enfant, n'est-ce pas le début d'une utilisation trop élargie de ces techniques? –, le Royaume-Uni prépare sa réglementation et le décret autorisant cette «FIV à 3» pourrait être voté au Parlement en 2014.

www.santelog.com

2 **Lisez le premier paragraphe et regardez les affirmations ci-dessous. Dites si elles sont vraies ou fausses et, pour les phrases qui sont fausses, corrigez l'erreur.**

1 Le Royaume-Uni est à l'avant-garde des nouvelles techniques de la FIV.

2 Une de ces nouvelles techniques utilise le matériel génétique de trois personnes.

3 Les maladies mitochondriales sont transmises à l'enfant par le père.

4   Avec cette nouvelle technique, 5% des gènes de l'enfant sont fournis par un donneur.

5   Le but de cette nouvelle technique est de réduire le risque de transmission de maladies mitochondriales à l'enfant.

3 📖 **Lisez le deuxième paragraphe et regardez la liste de mots ci-dessous. Remplissez les blancs du texte avec ces mots. Attention! Il y a plus de mots possibles que de blancs. Chaque mot ne peut être utilisé qu'une seule fois.**

perte	aucune	tels	déficit
génétique	environ	nombreuses	victoire
abondance	disparition	vie	

4 📖 **Lisez le troisième paragraphe et regardez les phrases ci-dessous. Remettez ces phrases dans l'ordre pour décrire les étapes de la nouvelle technique qui évite la transmission des maladies mitochondriales.**

a) Le fœtus possédera ainsi les traits héréditaires de trois personnes, pour la plupart sa mère et son père, mais aussi un 1% de l'ADN mitochondrial d'un donneur.

b) Le nouvel embryon comportera donc l'ADN chromosomique de ses deux parents, mais les mitochondries du donneur.

c) On échange les mitochondries de la mère avec les mitochondries robustes d'un donneur, afin d'obtenir un embryon sain.

d) On les introduit dans un ovocyte provenant d'une donneuse, dont on a extrait le noyau mais gardé les mitochondries.

e) On prélève le centre des spermatozoïdes du père et de l'ovocyte de la mère du sperme et de l'ovocyte.

5 Ⓖ **Mettez les adjectifs entre parenthèses à la forme appropriée.**

1   C'est une (*beau*) vue.

2   Nous avons laissé les fenêtres (*fermé*).

3   Il a choisi sa cravate (*bleu*).

4   Ces chanteuses sont très (*gros*).

5   Monica est (*italien*).

6   Les frites sont (*mauvais*) pour la santé.

7   C'est ma (*premier*) visite ici.

8   C'est une activité (*dangereux*).

9   Nous menons une vie (*actif*).

10   Avez-vous vendu deux ou trois voitures (*puissant*)?

11   Elles portent des robes (*blanc*).

12   Ma chambre est très (*petit*).

13   Cette tarte est (*délicieux*).

14   Maria et Elena sont très (*sportif*).

15   Ces valises ne sont pas très (*lourd*).

16   C'est une maison (*neuf*).

17   Ses histoires sont toujours (*long*).

18   Ces deux filles sont très (*heureux*).

Grammaire

Les adjectifs (rappel)

La forme féminine singulière et plurielle des adjectifs:

une technique combinée

une espérance de vie réduite

les maladies mitochondriales

les mères porteuses

les mitochondries saines

les mitochondries défectueuses

La position des adjectifs:

de nombreuses pathologies

de nouvelles techniques

Comment parler

La fertilité humaine est une question épineuse qui provoque de fortes émotions. Quand vous exprimez votre point de vue lors d'un débat, vous devez le faire avec tact et délicatesse. Voici donc quelques structures plutôt neutres et inoffensives.

- Il semble que…
- Il paraît que…
- On pourrait constater que…
- Notons alors que…
- On remarque que…

6 Dans votre classe, vous allez adopter des rôles différents dans un débat pour exposer les arguments éthiques pour et contre la FIV. Voici quelques suggestions des rôles.

- un(e) scientifique qui travaille dans le domaine de la FIV
- un couple stérile qui veut avoir des enfants
- un conseiller médical du gouvernement
- un(e) représentant(e) de l'Église catholique

Lors du débat, chaque personne doit à la fois exprimer son opinion et respecter la sensibilité d'autrui.

Théorie de la connaissance

«Toutes les connaissances humaines sont basées sur l'expérimentation scientifique. Les arguments éthiques ne servent qu'à gêner l'avancement de la science.» Êtes-vous d'accord avec cette affirmation?

Une photographe capture sa grossesse en dix images incroyables

7 Écoutez le reportage. Pour chaque phrase, choisissez la fin qui convient.

Piste 20

1 Ici on parle…
   a) …d'une seule photo.
   b) …d'une série de photos.
   c) …de 40 miroirs.

2 Un «selfie», c'est…
   a) …un autoportrait pris avec un téléphone portable.
   b) …une sorte de miroir.
   c) …un nouveau style de musique inventé par Rihanna.

3 De plus en plus de femmes…
   a) …documentent leur grossesse à l'aide de photos.
   b) …ont des smartphones.
   c) …écoutent les chansons de Rihanna.

4 La photographe Sophie Starzenski…
   a) …a publié une œuvre vraiment réussie.
   b) …a mal documenté ses neuf mois de grossesse.
   c) …a choqué le public à Buenos Aires.

5 L'auteur trouve que cette œuvre…
   a) …contient des paradoxes.
   b) …fait preuve d'exhibitionnisme.
   c) …est ennuyeuse: toutes les photos sont identiques.

II: La diffusion des OGM

- Apprécier certains aspects polémiques des manipulations génétiques
- Considérer les arguments éthiques pour et contre les organismes génétiquement modifiés (OGM)
- Suggérer des moyens pour trouver un compromis entre les besoins alimentaires de la population humaine et la détermination des gens à protéger la planète
- Créer une publicité pour transmettre au public un message concernant les OGM
- Écrire une rédaction en utilisant des connecteurs logiques

Réfléchir

- Que savez-vous des organismes génétiquement modifiés (OGM)?
- Quels en sont les avantages et les risques?
- Que pensez-vous de la protection de certaines zones de la Terre par des organisations internationales?

Les plantes transgéniques sont plus résistantes aux parasites que les plantes "ordinaires" grâce aux gènes étrangers qu'elles contiennent dans toutes leurs cellules. Cette technique de modification génétique a été appliquée aux bactéries pour la première fois au début des années 1970, et une dizaine d'années plus tard elle a été étendue aux animaux, puis aux plantes dans le but d'en accroître le rendement, et d'en améliorer l'aspect.

L'utilisation des OGM comporte certains risques, encore mal connus, mais pourtant les plantes transgéniques sont cultivées à grande échelle dans des pays tels que les États-Unis. En France et dans plusieurs autres pays, les conditions de fabrication, d'utilisation et de distribution des OGM sont fixées selon la loi. Ainsi, l'autorisation de mise en culture n'est accordée qu'aux variétés considérées inoffensives.

Greenpeace dénonce l'autorisation de cultures OGM dans des zones protégées

1   BUCAREST, 02 juillet 2013 (AFP) – L'organisation écologiste Greenpeace a dénoncé mardi l'adoption par le parlement roumain d'un projet de loi autorisant les cultures d'OGM dans des zones protégées, y compris sur les sites faisant partie du réseau européen Natura 2000.

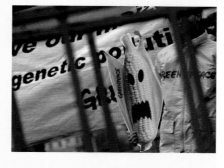

2   « Il est inadmissible que les élus roumains votent en faveur d'un projet de loi qui permet de cultiver des OGM dans des zones protégées selon des directives européennes », s'insurge Greenpeace dans un communiqué transmis à l'AFP. Selon le texte adopté la semaine dernière par la Chambre des députés et transmis au président Traian Basescu pour promulgation, « il est interdit de cultiver des OGM dans des zones protégées d'intérêt communautaire, dont les sites Natura 2000, à moins d'obtenir un avis favorable de l'Académie roumaine ».

3   Selon Greenpeace, le vote de ce projet est d'autant plus étonnant que « l'intérêt des agriculteurs roumains pour les OGM a diminué, seules deux compagnies cultivant encore des OGM en Roumanie ». Rappelant les risques posés par les OGM en termes de santé, l'organisation regrette que la Roumanie n'ait pas emboîté le pas à plusieurs pays membres de l'UE qui ont interdit de telles cultures.

4   Deux OGM seulement ont été autorisés à la culture dans l'UE: la pomme de terre Amflora, mise au point par le groupe allemand BASF, et le maïs OGM MON 810 de la compagnie américaine Monsanto. La culture du MON 810 a été autorisée en 1998 pour 10 ans. Monsanto a demandé le renouvellement de ce permis en 2007, mais le processus d'autorisation est gelé en raison de l'hostilité de plusieurs Etats. Huit pays – France, Allemagne, Luxembourg, Autriche, Hongrie, Grèce, Bulgarie et Pologne – ont adopté des clauses de sauvegarde pour interdire sur leur territoire la culture des OGM autorisés. Selon un sondage réalisé pour Greenpeace en 2011, 74% des Roumains sont contre la consommation de tels produits.

5   Le réseau Natura 2000 est un ensemble de sites naturels européens, terrestres et marins, identifiés pour la rareté ou la fragilité des espèces sauvages, animales ou végétales, et de leurs habitats. Près de 23% du territoire de la Roumanie est classé Natura 2000.

www.terre-net.fr

Vocabulaire

emboîter le pas à quelqu'un

1 **Lisez le texte ci-dessus et répondez aux questions suivantes.**

1   Dans les deux premiers paragraphes, cherchez les mots ou expressions qui sont synonymes des suivants.
   a) condamné
   b) approbation
   c) permettant
   d) préservées
   e) intolérable
   f) faire pousser
   g) un décret
   h) collectif
   i) un jugement

2 Regardez les paragraphes 3, 4 et 5. De qui s'agit-il?

   a) Elle trouve ce vote étonnant.

   b) Leur intérêt pour les OGM a diminué.

   c) Ils ont interdit les cultures OGM.

   d) Leur culture a été autorisée dans l'UE.

   e) Elle a demandé le renouvellement de ce permis.

   f) Ils ont adopté des clauses de sauvegarde.

   g) Ils sont contre la consommation des OGM.

Grammaire

Le déclenchement du subjonctif

Il existe de nombreuses constructions qui déclenchent le subjonctif. En voici quelques exemples tirés du texte page 223:

Il est inadmissible que les élus roumains **votent** en faveur d'un projet.

...l'organisation regrette que la Roumanie n'**ait** pas emboîté le pas à plusieurs pays membres de l'UE.

Voici d'autres expressions qui déclenchent le subjonctif:

● expressions de doute et d'incertitude

   Je doute qu'il **soit** capable de tenir cette promesse.

   Elle n'est pas certaine que son mari **ait** menti.

● expressions d'incrédulité et de démenti

   Le Président nie que l'économie **s'effondre.**

● expressions de possibilité et d'impossibilité

   Il est possible que les fugitifs **se cachent** à proximité.

   Il est impossible que vous **receviez** une réponse définitive aujourd'hui.

2 **(G) Dans les phrases ci-dessous, ajoutez la forme correcte du verbe au présent du subjonctif.**

   1 Il est douteux que cette rumeur (*être*) vraie.

   2 Vous ne croyez pas qu'elle (*venir*) ici ce soir?

   3 Il se peut que vous ne le (*savoir*) pas.

   4 Elles ont quelques doutes que leurs enfants (*comprendre*) la situation.

   5 Admettons la possibilité que vous (*avoir*) tort.

Comment écrire

Quand vous préparez une rédaction, vous avez besoin de *connecteurs logiques* pour faciliter l'enchaînement de vos idées. Voici quelques suggestions.

● d'ailleurs   ● de toute façon
● néanmoins   ● en revanche
● ainsi   ● pourtant
● cependant

3 **(✐) Rédigez une argumentation pour ou contre la diffusion des OGM dans des zones protégées.**

4 📝 **Regardez ces publicités contre les OGM. Dessinez une nouvelle publicité, soit pour soit contre les OGM. Elle doit inclure un slogan avec un message clair à transmettre au public.**

Les risques potentiels des OGM
- perturbation de l'environnement
- transmission des gènes introduits dans les OGM à d'autres espèces
- apparition de substances toxiques ou allergisantes
- contamination des aliments ou médicaments fabriqués à partir d'OGM

Les bénéfices potentiels des OGM
- labourage moins intensif
- production agricole accrue
- utilisation de pesticides moins toxiques
- impact positif sur la biodiversité

III: La pertinence scientifique des grands exploits sportifs

● Considérer la portée scientifique de certains défis sportifs

● Apprécier l'aspiration illimitée des êtres humains à expérimenter et à explorer

● Comprendre les controverses qui entourent certains exploits scientifiques par rapport aux sommes dépensées

● Exprimer et défendre son opinion personnelle pendant une discussion houleuse

Réfléchir

● Qu'est-ce qui incite les gens à repousser les limites du possible?
● Quels sont les plus grands défis scientifiques et sportifs que vous connaissez?
● La science et l'éthique: comment justifier les grosses sommes d'argent dépensées au nom de la science?
● Comment distinguer les projets de recherche scientifique des défis purement sportifs?

Incroyable saut en chute libre à 22 km d'altitude

L'Autrichien Felix Baumgartner a réussi son premier saut en parachute dans la stratosphère, à près de 22 km d'altitude. Il a atteint 586 km/h en chute libre dans sa combinaison pressurisée quand il a sauté de son ballon stratosphérique à 21 800 m d'altitude.

La descente n'aura duré que 8 minutes et 8 secondes, mais elle aura fait entrer Felix Baumgartner dans un cercle très fermé. L'Autrichien de 42 ans est le troisième homme à avoir sauté d'aussi haut en parachute, après l'Américain Joe Kittinger et le Soviétique Eugène Andreev, qui avaient tous deux dépassé les 20 km d'altitude pendant la guerre froide, au début des années 1960.

Sa petite capsule pressurisée reliée à un ballon stratosphérique spécial rempli d'hélium lui a permis de s'élever à presque 22 km au-dessus du désert, à Roswell au Nouveau-Mexique. «La vue est incroyable, bien mieux que ce que j'espérais», a déclaré Felix Baumgartner après son saut.

Lors de sa chute libre de 3 minutes et 33 secondes dans un air raréfié, l'Autrichien a atteint une vitesse maximale de 586 km/h, avant d'être freiné par les couches plus denses de l'atmosphère, et de ralentir suffisamment pour ouvrir son parachute principal à 2400 m d'altitude.

Cet exploit n'est pourtant qu'un test en grandeur nature de tout le dispositif technique, capsule, ballon, combinaison et parachute, qui devront lui permettre de s'attaquer au grand record cet été. Grâce à son sponsor *Red Bull* qui finance toute l'opération, Felix Baumgartner va tenter de dépasser les 102 800 pieds (31 300 m) atteints par le colonel Joseph Kittinger (US Air Force) en 1960.

Lors de cette grande chute à un plafond prévu à 120 000 pieds (36 500 m) il devrait dépasser le mur du son. En 1960, Kittinger, qui est conseiller du défi de Baumgartner, n'était pas loin d'être supersonique, puisqu'il avait atteint 988 km/h, soit Mach 0,9. La vitesse complique grandement le contrôle de la descente. Lors d'une de ses chutes libres à haute altitude, Joe Kittinger s'était évanoui sous l'effet d'une rotation incontrôlée et trop rapide. Il n'avait été sauvé que par l'ouverture automatique de son parachute.

En sautant de 120 000 pieds, Baumgartner grillerait la politesse au Français Michel Fournier, dont toutes les tentatives de «Grand saut» depuis 2002 pour battre ce record ont échoué.

Felix Baumgartner est un ancien parachutiste de l'armée autrichienne qui a déjà réussi de nombreux exploits sous les couleurs de Red Bull. Il a notamment sauté en parachute depuis le sommet de la tour la plus haute du monde, Taipei 101 à Taïwan, en 2007 et traversé la mer en vol plané de Douvres à Calais en 2003 avec une aile en carbone sur le dos.

www.lefigaro.fr

1 📖 **Lisez le texte ci-dessus et répondez aux questions suivantes.**

1   Faites correspondre les unités à gauche avec les éléments qu'elles mesurent
à droite (FB = Felix Baumgartner).

a) 586 km/h   i)   l'altitude atteinte par Joseph Kittinger en 1960
b) 21 800 m   ii) l'année où FB a traversé la Manche
c) 8 minutes et 8 secondes   iii) la vitesse de FB en chute libre
d) 42 ans   iv) l'âge de FB
e) 3 minutes et 33 secondes   v)   la durée de la chute libre
f) 102 800 pieds   vi) la durée de la descente
g) 2003   vii) l'altitude maximale de FB

2   Lisez ci-dessous quelques commentaires sur le web. Lesquels sont négatifs?
Lesquels sont positifs?

Chapeau pour l'exploit, je n'aurais pas osé, mais ça sert à quoi exactement? **Franck**

Que d'argent gaspillé pour une gloriole éphémère… **Zeb**

KITTINGER a déjà sauté de plus haut (31 km) il y a plus de 50 ans: il n'y a donc aucun exploit nouveau. **Haroon**

BRAVO à tous ces hommes qui maîtrisent les sciences de l'univers, qui tentent encore et encore des exploits extraordinaires prouvant bien que l'humain est bien un créateur… **Annette**

Quelle classe! C'est grandiose! J'aurais bien aimé y assister!!! **Olivier**

C'est bien qu'il existe encore une part d'aventure, de rêve. C'est vrai qu'il y a un peu d'inutile dans cette affaire, mais repousser les limites pour mieux connaître les capacités de l'homme, c'est ce que n'ont cessé de faire les explorateurs de tous les temps dont nombre ne sont pas revenus. Cette expérience servira peut-être un jour pour les futurs spationautes. **Bernard**

Bel exploit. Je vous félicite, Monsieur! **Paul**

Toutes les applications pratiques qui découleront d'essais comme celui-ci… Tout ce courage est très émouvant. **Lola**

Bel exploit technique et humain… **Philippe**

2 Choisissez un avis que vous partagez et discutez-en en classe pour décider si les énormes sommes d'argent dépensées pour ce projet sont justifiées ou non.

Comment parler

Quand vous êtes obligé de défendre vos idées lors d'une discussion, vous pouvez souligner votre point de vue en utilisant des expressions telles que:

- à mon avis…
- à ce qui me semble…
- je suis convaincu(e) que…
- selon moi…
- moi, je crois que…
- quant à moi, je pense que…
- personnellement, j'estime que…

Grammaire

Pour comprendre les mesures et les dimensions en français.

À l'écrit	À l'oral
km/h	kilomètre(s) à l'heure
m	mètre(s)
m²	mètre(s) carré(s)
m³	mètre(s) cube(s)
42 ans	quarante-deu**x** ans (liaison: 'zan')
3 minutes et 33 secondes	trois minutes et trente-trois se**c**ondes ('se**g**ondes')
36 500 mètres	trente-six mille cinq cents mètres
en 2003	en deux mille trois

Théorie de la connaissance

Quelle est la valeur de ces exploits sportifs-scientifiques pour l'élargissement des connaissances humaines?

3 Écrivez une lettre au ministre des Sciences de votre pays dans laquelle vous donnez des arguments en faveur du financement d'exploits de trompe-la-mort au nom de la science.

4 Imaginez que vous êtes un sportif de haut niveau qui vient d'effectuer une mission comme celle de Felix Baumgartner. Composez un blog pour raconter vos exploits.

H2eau: science et sport de l'extrême – Genève

Pour sa 9e édition, le Mois du film documentaire vous plonge dans les abysses du monde aquatique, dans la double perspective de la science et du sport. Au programme, 18 films pour vous mettre l'eau à la bouche.

Intitulée «H2eau: science et sport de l'extrême», l'édition 2013 du Mois du film documentaire vogue sur la thématique de l'eau. Avec 18 films programmés – à caractère tantôt scientifique, tantôt sportif –, le Muséum d'histoire naturelle de Genève et le Service des Sports vous abreuvent d'une rasade de découvertes.

A travers 39 projections gratuites échelonnées sur l'ensemble du mois de février, explorez les abysses des océans ou les entrailles du Salève, revivez le périple de Mike Horn autour du cercle polaire, l'épopée victorieuse d'Alinghi en Nouvelle-Zélande ou encore la traversée de l'Atlantique de Nicolas Groux, embarquez pour des expéditions sous-marines dans le sillage du commandant Cousteau ou de Fred et Jamy de «C'est pas sorcier», découvrez les grands duels qui ont marqué l'histoire de la plongée en apnée et du surf...

Et comme les années précédentes, une sélection de films fait l'objet d'un prix du public. Les films lauréats sont projetés dans les deux catégories distinguées – côté science et côté sport – le mercredi 27 février à 13h30 et à 15h00. Les réalisateurs se voient décerner le Janus d'or, statuette symbolique à l'effigie de la mascotte du Muséum, la célèbre tortue à deux têtes. Adeptes de sports extrêmes, amoureux de la nature ou scientifiques en herbe, tous à l'eau!

Où? Au 1er étage du Muséum d'histoire naturelle de Genève

Quand? Du 2 au 27 février 2013, les mercredis, samedis et dimanches, 10h30, 13h30, 15h

Combien? Entrée libre

www.loisirs.ch

5 (V) **Reliez les mots suivants avec leurs définitions.**

1 mettre l'eau à la bouche
2 abreuver de
3 rasade
4 entrailles
5 épopée
6 dans le sillage de
7 décerner

a) attribuer
b) quantité importante
c) la suite de
d) tenter
e) combler de
f) série d'aventures
g) parties profondes

6 (📖) **Lisez le texte ci-dessus et répondez aux questions suivantes.**

1 Corrigez les phrases inexactes.
   a) C'est la première fois que le Mois du film documentaire a lieu.
   b) Le thème de ce projet est l'espace.
   c) Plus de vingt films sont proposés.
   d) Les films portent soit sur la science, soit sur le sport.

2 Faites correspondre les personnes avec les défis sportifs ou scientifiques. Faites des recherches sur Internet pour vous aider à compléter cet exercice.
   a) Mike Horn
   b) Nicolas Groux
   c) Jacques-Yves Cousteau
   d) Frédéric Courant et Jamy Gourmaud

   i) visites de lieux d'intérêt scientifique
   ii) découverte du monde sous-marin
   iii) traversée de l'Atlantique
   iv) voyage d'exploration autour du cercle polaire

3 Quel prix les réalisateurs de ces films peuvent-ils gagner? Quelle est la particularité de ce prix?

7 (🗣) **Discutez des questions suivantes en classe.**

1 Aimeriez-vous assister au Mois du film documentaire? Pourquoi (pas)?

2 Entre les deux types de films proposés, lequel vous a mis l'eau à la bouche?

3 Que pensez-vous du prix offert?

4 De nos jours on entend souvent parler de la « pluridisciplinarité ». Connaissez-vous ce terme?

5 Est-ce une bonne idée de combiner des éléments différents comme on l'a fait pour cet événement? Ou préférez-vous bien séparer les différents aspects de la vie? Expliquez votre réponse.

IV: La face cachée des nouvelles technologies

- Se mettre à jour sur les risques posés par les nouvelles technologies, comme Internet et les téléphones portables
- Explorer les relations souvent tendues entre les gouvernements, les services de renseignement et les citoyens
- Apprendre à réfuter des accusations dans une lettre formelle

---

Réfléchir

- Pensez-vous que vos communications par téléphone et par Internet restent confidentielles?
- Les gouvernements ont-ils le droit de surveiller les communications de leurs propres citoyens?
- Comment établir un équilibre entre la protection des personnes et le droit à la vie privée des individus?

Le programme d'espionnage PRISM

PRISM est la plus récente opération de surveillance clandestine menée par la NSA (Agence nationale de sécurité américaine) dans la tradition des programmes qui existent depuis les années 1970 avec la coopération des entreprises choisies.

Contrairement aux précédents programmes de surveillance électronique de la NSA, PRISM a été légalisé par un arrêt de la United States Foreign Intelligence Surveillance Court en décembre 2007. Cette opération est munie d'une immunité légale qui l'autorise à surveiller, pour une durée maximale d'une semaine, les appels téléphoniques, les courriels et d'autres communications de citoyens américains sans mandat d'un tribunal quand l'une des parties n'est pas sur le sol des États-Unis.

Le programme est supervisé par un tribunal spécial, le Congrès des États-Unis et la branche exécutive du gouvernement fédéral américain. Ces structures ont mis en place des procédures approfondies afin de maintenir au minimum l'acquisition, la rétention et la dissémination des informations accidentellement recueillies par la NSA.

La France a été la cible d'une cybersurveillance massive de la part de la NSA

1 Les agents américains récoltent des millions de données de connexion téléphonique par jour sur les citoyens français. Des ambassades et missions diplomatiques françaises et européennes ont également été espionnées.

2 On s'en doutait un peu, mais c'est désormais confirmé: la France a été, à son tour, la cible de la stratégie mondiale de surveillance téléphonique et informatique des agents de la National Security Agency (NSA). Une surveillance qui, apprend-on dans des documents révélés par le fugitif Edward Snowden, ne se limite pas seulement à la lutte contre le terrorisme, mais se met également au service d'un espionnage purement politique.

3 Ainsi, selon le quotidien britannique *The Guardian*, la France figure dans une liste de 38 ambassades et missions diplomatiques qui étaient la cible d'une surveillance électronique de la part du redoutable service secret américain. La liste en question date de 2010. La surveillance qu'elle révèle s'appuyait à la fois sur des méthodes classiques (micros dans les locaux) et sur des interceptions informatiques. Les

agents de la NSA font aussi preuve d'une certaine imagination: l'opération de surveillance de la représentation française à l'ONU a été baptisée «Blackfoot» et celle visant l'ambassade de France à Washington «Wabash». Le premier terme désigne une tribu indienne, le second une rivière dans l'état de l'Ohio.

Des pics de 7 millions de données le 24 décembre et le 7 janvier

4 En parallèle de cette surveillance ultraciblée, la NSA ne s'interdisait pas de réaliser des opérations de surveillance de masse sur le territoire français. Selon le magazine allemand *Der Spiegel*, le service secret américain a intercepté, en décembre 2012 et début janvier 2013, chaque jour en moyenne deux millions de données de connexion relatives à des communications téléphoniques. Certains jours, le zèle des agents secrets est même monté jusqu'à 7 millions de données de connexion interceptées. Ce fut le cas pour le 24 décembre 2012 et le 7 janvier 2013. Ces écoutes se sont faites dans le cadre d'un programme baptisé «Boundless Informant».

5 Mais les Français peuvent se réjouir un peu: ils ne figurent pas parmi les citoyens européens les plus surveillés. En Allemagne, la NSA a capté, sur la même période, entre 10 et 20 millions de données de connexion téléphonique par jour, avec un pic de 49 millions le 7 janvier, qui était visiblement une journée particulièrement active. L'agence a, par ailleurs, récolté entre 5 et 15 millions de données de connexion Internet par jour. L'Allemagne est, selon le *Spiegel*, le pays le plus surveillé en Europe par les Américains.

Des micros pour écouter l'Europe

6 Les institutions européennes ont également été dans la ligne de mire de la NSA. Selon un document datant de 2010 et révélé par le *Spiegel*, des micros ont été posés dans des missions diplomatiques de l'Union européenne à Washington et à New York. Leurs réseaux informatiques auraient également été piratés, pour lire les courriers électroniques et les documents internes. Les réactions politiques ne se sont pas fait attendre. L'Union européenne a indiqué dimanche qu'elle avait interrogé les autorités américaines sur les allégations d'espionnage des institutions européennes, et qu'elle attendait leur réponse. «Nous sommes au courant des informations de presse. Nous avons immédiatement pris contact avec les autorités américaines à Washington et à Bruxelles et les avons mis face aux informations de presse», a indiqué la Commission européenne dans un communiqué. «Elles nous ont dit qu'elles vérifiaient l'exactitude des informations publiées hier et qu'elles reviendraient vers nous», a ajouté la Commission, précisant qu'elle ne ferait «pas plus de commentaires à ce stade».

7 Dès samedi, le président du Parlement européen, Martin Schulz, s'était dit «profondément inquiet et choqué par les allégations d'espionnage des autorités américaines dans les bureaux de l'UE». «Si ces allégations sont avérées, ce serait un problème extrêmement grave qui nuirait considérablement aux relations entre l'UE et les Etats-Unis», avait-il ajouté en réclamant «une pleine clarification et des informations complémentaires rapides» de la part des autorités américaines.

www.01net.com

1 Lisez le texte ci-dessus et répondez aux questions suivantes.

1 Lisez les trois premiers paragraphes et répondez aux questions en vous basant sur le texte.
   a) Comment a-t-on appris la stratégie mondiale de surveillance téléphonique et informatique?
   b) Quels sont les deux buts de cette stratégie?
   c) En quoi consiste la surveillance «classique»?
   d) Quelle est la signification des noms «Blackfoot» et «Wabash»?

2 Dans le quatrième et le cinquième paragraphes, trouvez le mot ou l'expression qui veut dire…

a) simultanément avec

b) effectuer

c) saisi

d) renseignements

e) empressement

f) surnommé

g) exulter

h) chargée

3 Lisez le sixième paragraphe et complétez les phrases ci-dessous avec les mots suivants.

lus	fournies	révélé	choqué	interrogées
ciblés	piratés	vérifiée	posés	

1 Les organismes européens ont été .... par la NSA.

2 Un dossier de 2010 a été .... par le *Spiegel*.

3 Des micros ont été .... dans des ambassades.

4 Des réseaux informatiques auraient été ....

5 Les messages électroniques et les papiers internes ont été ....

6 Les autorités américaines ont été .... sur les assertions de surveillance cachée des institutions européennes.

7 La véracité des informations divulguées hier sera ....

8 Martin Schulz a été .... par les allégations d'espionnage des autorités américaines dans les locaux de l'UE.

9 « Une pleine clarification et des informations complémentaires rapides » doivent être .... par les autorités américaines.

Grammaire

Les verbes pronominaux

Le français adore les verbes pronominaux! Notez le sens des verbes suivants dans le texte pages 230 et 231:

- se douter de – considérer comme probable
- se limiter à – avoir pour limite
- se mettre au service de – servir
- s'appuyer sur – se baser sur
- s'interdire de – ne pas se permettre de

- se faire – avoir lieu
- se réjouir (de) – être content (de)
- se faire attendre – tarder à arriver
- se dire – se présenter comme

La langue française n'aime pas le passif, mais on le rencontre quand-même. Voir l'exercice 1.3 ci-dessus.

2 **G Complétez les phrases suivantes, soit avec une préposition, soit avec un verbe, et traduisez-les.**

1 Elle s'interdit .... penser aux conséquences de sa fuite.

2 Je me réjouis .... votre victoire.

3 Le contrecoup ne se .... pas attendre.

4 Le Premier ministre s'est .... inquiet de ces nouvelles.

5 Les attaques se sont .... vers une heure du matin.

6 Je me doute .... rôle que vous me faites jouer.

7 Vous vous limiterez .... deux ou trois observations.

8 Ils se sont mis .... service de la reine.

9 Nous savons que nous pourrons nous appuyer .... toi.

3 ✏️ **Vous êtes le président/la présidente d'un pays. On vous accuse d'avoir intercepté les transmissions secrètes d'un autre pays. Rédigez une lettre formelle au chef d'État du pays qui vous accuse, dans laquelle vous niez toute suggestion d'espionnage.**

Comment écrire

Voici quelques phrases que vous pouvez employer pour nier quelque chose ou exprimer le désaccord:
- Je n'accepte nullement…
- Nous ne tolérons aucunement…
- Je suis en désaccord total avec…
- Nous sommes absolument contre…
- Je suis fermement opposé(e) à…
- Je n'hésite pas à nier…
- Je réfute avec véhémence…
- Je rejette vivement…

Théorie de la connaissance

Si on pouvait espionner toutes les communications d'une personne pendant un an, pourrait-on dire qu'on la connaît vraiment?

4 🎧 **Écoutez le reportage et répondez aux questions suivantes.** `Piste 21`

1 Vrai ou faux?
  a) En France les politiciens s'indignent des révélations sur la surveillance de la NSA.
  b) Ce genre de surveillance ne se fait pas en France.
  c) Les entreprises françaises n'ont jamais collaboré avec les services de renseignement américains.
  d) François Hollande et le gouvernement de Jean-Marc Ayrault prennent des mesures contre la NSA.
  e) Il est possible que la France ait quelque chose à cacher sur les écoutes numériques.

2 Remplissez les blancs.
  a) François-Bernard Huyghe ne pense pas que le gouvernement français soit véritablement .... par la surveillance de la NSA.
  b) Les réactions de François Hollande et de ses ministres sont ....
  c) Nous savions tous depuis les années ...., avec le programme Échelon, que nous étions écoutés par les ....
  d) Quand Hollande dit, à propos des écoutes de .... dernier, que « si c'était ...., ce serait .... », on peut quand même sourire.

3 Donnez deux raisons pour expliquer la « mollesse » française à l'égard des actions de la NSA.

I: Une société multiculturelle

● Comprendre ce que signifie une société multiculturelle ainsi que le concept du multiculturalisme

● S'intéresser aux éléments constitutifs de la diversité culturelle

Réfléchir

● Quelle culture peut-on considérer comme la sienne quand on ne vit pas dans son pays d'origine?
● Pour quelles raisons émigre-t-on?
● Y a-t-il des problèmes associés aux mélanges de cultures?
● La culture est-elle mondialisée? Si oui, dans quel sens?
● Existe-t-il une culture des jeunes et une culture des adultes?

1 Décrivez la photo ci-dessus et commentez-la.

Tout d'abord, essayez de définir ce qu'est le multiculturalisme. Puis comparez votre définition avec celle donnée ci-dessous.

Le multiculturalisme: une définition

Le **multiculturalisme** est un terme sujet à diverses interprétations. Il peut simplement désigner la coexistence de différentes cultures (ethniques, religieuses, etc.) au sein d'un même ensemble (pays, par exemple). Il peut aussi désigner différentes politiques volontaristes:

● antidiscriminatoires, visant à assurer un statut social égal aux membres de diverses cultures
● identitaires, visant à favoriser l'expression des particularités de diverses cultures
● communautaires, permettant l'existence de statuts (légaux, administratifs, etc.) spécifiques pour les membres de telle ou telle communauté culturelle

Aujourd'hui le multiculturalisme est aussi focalisé sur le thème religieux (pluralisme).

2 Répondez aux questions suivantes.

1 Est-ce que « multiculturalisme » est un terme facile à définir?

2 Sur quels plans se définit le multiculturalisme?

Le multiculturalisme en pratique au Canada

Vous voulez immigrer au Canada: voici des informations pour vous permettre d'y voir plus clair.

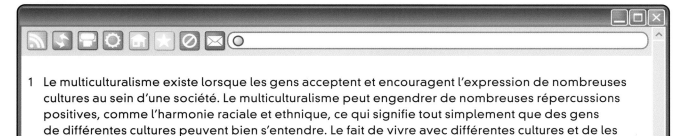

1 Le multiculturalisme existe lorsque les gens acceptent et encouragent l'expression de nombreuses cultures au sein d'une société. Le multiculturalisme peut engendrer de nombreuses répercussions positives, comme l'harmonie raciale et ethnique, ce qui signifie tout simplement que des gens de différentes cultures peuvent bien s'entendre. Le fait de vivre avec différentes cultures et de les accepter permet une meilleure compréhension mutuelle, tout en prévenant la haine et la violence.

2 Le Canada est officiellement devenu une société multiculturelle en 1971, lorsque le gouvernement a commencé à reconnaître la valeur et la dignité des Canadiens de toutes les races et de toutes les ethnies, de toutes les langues et de toutes les religions. C'est à ce moment que le gouvernement a également procédé à la reconnaissance de la valeur et de la dignité des peuples autochtones, ainsi que du statut égalitaire des deux langues officielles du pays: le français et l'anglais.

3 Le Canada prône le multiculturalisme en incitant tous les Canadiens à vivre pleinement leur vie. Les gens de toutes les races et de toutes les ethnies peuvent participer à la vie sociale, culturelle, économique et politique du pays. Tous les gens sont égaux au Canada. Chacun a le droit de se faire entendre. Ces droits sont garantis par la Constitution canadienne et par la Charte canadienne des droits et libertés.

4 Certaines personnes viennent au Canada avec des sentiments de haine ou de méfiance à l'endroit d'un certain groupe racial ou ethnique. Mais il est interdit de promouvoir la haine au Canada. Chacun a le droit de préserver sa propre culture et il nous faut également respecter les droits d'autrui à ce chapitre.

Malgré certaines tensions raciales et ethniques au Canada, la plupart des Canadiens ont un esprit d'équité. Ils acceptent et respectent quiconque les accepte et les respecte.

5 Pratiquement toutes les religions sont représentées au Canada. La Charte canadienne des droits et libertés protège votre liberté de pratiquer votre religion. Cela signifie en outre qu'il vous faut faire preuve de respect à l'endroit des croyances des autres.

6 Comme nouvel arrivant au Canada, vous vivrez dans un milieu multiculturel, ce qui exigera peut-être une certaine adaptation de votre part.

Tous les citoyens et tous les résidents doivent respecter les lois canadiennes, y compris la Constitution canadienne et la Charte canadienne des droits et libertés, qui interdisent la discrimination fondée sur l'origine ethnique, la couleur, la religion, le sexe, l'âge et le handicap mental ou physique de la personne. De plus, les nouveaux arrivants devraient apprendre l'une des deux langues officielles du Canada, soit le français ou l'anglais.

www.cic.gc.ca

3  **Faites correspondre les titres suivants avec les sections 1 à 6 du texte ci-dessus.**

a) Le Canada ne tolère pas la haine

b) Les sociétés diversifiées ont beaucoup à offrir

c) Nous célébrons la liberté religieuse

d) Qu'est-ce que le multiculturalisme?

e) Une longue histoire d'acceptation

f) Vous avez des responsabilités

4 📖 **Après avoir lu le document, décidez si les affirmations suivantes sont vraies ou fausses.**

1 Pour que le multiculturalisme existe, il faut encourager les différentes cultures à s'exprimer.

2 Le multiculturalisme ne peut qu'encourager l'animosité.

3 Il y a deux langues officielles au Canada.

4 Tous les Canadiens sont invités à participer à la vie du pays.

5 La plupart des Canadiens encouragent la haine.

6 On ne peut pas pratiquer toutes les religions au Canada.

7 Quand on arrive au Canada, il est recommandé de parler une des langues officielles.

NIVEAU SUPÉRIEUR

Production écrite (Épreuve 2: section B)

Utilisez le document intitulé « Le multiculturalisme en pratique au Canada » à la page précédente et réagissez en donnant votre opinion, en organisant vos arguments de façon logique. Écrivez entre 150 et 250 mots.

Plus belle la vie – une France multicouleur et multiculturelle?

12 juillet 1998: la France gagne la Coupe du monde de football, une victoire qui consacre le mythe fondateur du multiculturalisme dans l'imaginaire national avec sa jeunesse «black, blanc, beur», en référence aux trois couleurs du drapeau français. Que reste-t-il de cet idéal? Éphémère, cette France «réconciliée», riche de ses multiples origines, n'aura duré que le temps d'un été. [...]

Depuis le 30 août 2004, les téléspectateurs de France 3 peuvent suivre, du lundi au vendredi, à l'heure du JT national, la vie quotidienne des habitants d'un quartier imaginaire de Marseille, le Mistral. Aujourd'hui, entre 5,5 et 6 millions de personnes suivent la série tous les soirs, soit près d'1/10e de la population française. Au fil du temps, des liens étroits se tissent entre le public assidu et les personnages [...].

La série *Plus belle la vie* (PBLV), avec ses multiples personnages, dresse le portrait d'une France multicouleur, où les «minorités visibles» côtoient les Blancs, dans un joyeux mélange. Cette série actualise la théorie du multiculturalisme, tout en confortant une vision très française de cette question. Elle répond ainsi à la fois à l'impératif politique d'assimilation français et à la volonté de dédiaboliser les minorités visibles, sans apposer sur ces questions une vision monolithique. Toutefois, on peut s'interroger sur la capacité à véritablement montrer les diversités. Soucieuse du principe de réalité, cherchant à s'y conformer par la vraisemblance, la série participe de l'ancrage dans l'imaginaire national de l'idée d'assimilation à la française. [...]

La France se distingue de ses grands homologues européens au niveau du multiculturalisme. Là où le Royaume-Uni, par exemple, reconnaît les minorités en tant que groupes dotés d'une identité propre, le modèle républicain français, qui refuse les groupes intermédiaires entre les individus et l'État, ne reconnaît ni l'existence de minorités ou communautés ni de droits les concernant. [...] Par conséquent, le multiculturalisme, politique notamment, est très largement récusé en France car associé au communautarisme et à la segmentation du corps social. La transmission de la culture des immigrés (langue, système de représentations et de pratique) n'est pas encouragée, car on considère que ces particularismes doivent disparaître ou, tout du moins, être cantonnés à la sphère privée de l'individu, afin que «l'intégration à la française» puisse se réaliser. […]

Le feuilleton télévisé le plus populaire du pays, *PBLV*, tend à reproduire cette politique d'assimilation à la française. Il présente toutefois l'avantage d'introduire la question des minorités, principalement arabes et noires. […] La représentation de ces minorités est en elle-même positive et réactive le mythe fondateur de la France 98, «black, blanc, beur»: unie autour des mêmes valeurs, par-delà toutes les différences. La série montre une pluralité de façons d'être arabe ou noir […]: Djamila, la cousine de Samia, porte le voile et a des difficultés à se faire à la façon de vivre de sa cousine en France; Samia, issue des quartiers chauds de Marseille intègre la police nationale tandis que son frère Malik est avocat; Abdel est un gentil garçon studieux et intelligent, là où son père figure le truand au bon fond. Jawad, lui, incarne le délinquant (presque) reconverti grâce à sa copine, tandis que Rudy est un étudiant brillant en médecine. Les couples représentent l'idéal de métissage avec les exemples de Boher et Samia, Abdel et Barbara ainsi que Jawad et Estelle. […]

La série cherche à dresser le portrait de la France d'aujourd'hui et le choix de s'installer à Marseille, connue pour son aspect cosmopolite, est, à cet égard, loin d'être anodin. Ce portrait répond à une idée humaniste qui invite à intégrer, de façon positive, les enfants issus de l'immigration et à dédiaboliser les représentations véhiculées par les médias. En insistant sur le socle commun, la culture commune et la possibilité pour un Noir ou un Arabe d'occuper d'autres places que celle de la délinquance (être avocat, médecin ou encore policier), *PBLV* a, sur le plan de l'imaginaire, au moins le mérite d'ouvrir l'espace de liberté des acteurs noirs ou arabes: ils peuvent jouer autre chose que des délinquants ou «les rebeus du coin». Les Noirs et les Arabes sont présentés comme des Français comme les autres, et cela répond bien à l'idéal d'intégration et d'assimilation national. La question qui se pose est donc d'ordre politique: ne peut-on pas souhaiter qu'il soit possible, en France, d'être reconnu comme Français avec des origines?

http://alterrealites.com

5 📖 **Lisez le texte et répondez aux questions suivantes.**

1 Donnez des titres aux différents paragraphes.

2 Finissez les phrases suivantes.

   a) Des liens se…

   b) On peut…

   c) Le multiculturalisme est majoritairement…

   d) La diffusion de la culture des immigrés n'est pas…

   e) Les Arabes sont présentés comme des Français…

   i) …comme les autres.

   ii) …encouragée.

   iii) …rejeté en France.

   iv) …suivre la vie quotidienne des habitants d'un quartier.

   v) …tissent entre le public et les personnages.

6 🗣 **Parlez d'une série que vous connaissez, qui met en scène des personnages issus de minorités ethniques.**

7 ✏ **Écrivez le synopsis d'une nouvelle série, que vous situerez dans un pays francophone. Dans cette série, il y aura des personnages venus de tous horizons.**

La diversité culturelle

8 🎧 **Écoutez la première partie de l'enregistrement sur la Journée mondiale de la diversité culturelle et insérez les mots manquants dans le texte ci-dessous.**   `Piste 22`

Le 2 novembre 2001, l'UNESCO a **1**.......... sa Déclaration universelle sur la diversité culturelle.

Cette déclaration **2**.........., pour la première fois, la diversité culturelle comme «héritage commun de l'**3**.......... » en considérant sa sauvegarde comme étant un impératif concret et éthique **4**.......... du respect de la dignité humaine.

Suite à cela, l'Assemblée générale des Nations Unies a **5**............ le 21 mai, « Journée mondiale de la diversité culturelle pour le dialogue et le développement » afin d'**6**.......... nos réflexions sur les valeurs de la diversité culturelle pour apprendre à mieux «vivre ensemble». C'est pourquoi l'UNESCO fait **7**.......... aux États membres et à la société civile pour célébrer cette Journée en y associant le plus grand nombre d'acteurs et de **8**............ .

9  **Écoutez la section sur les objectifs et répondez aux questions suivantes.** `Piste 23`

   1 Quels sont les deux verbes utilisés pour décrire les objectifs de la journée?

   2 Pourquoi est-il important de respecter les différences?

   3 Qu'est-ce que la diversité culturelle?

   4 À quoi va servir de développer le dialogue interculturel?

La Déclaration universelle de l'UNESCO sur la diversité culturelle

Article 1

La culture prend des formes diverses à travers le temps et l'espace. Cette diversité s'incarne dans l'originalité et la pluralité des identités qui caractérisent les groupes et les sociétés composant l'humanité. Source d'échanges, d'innovation et de créativité, la diversité culturelle est, pour le genre humain, aussi nécessaire que l'est la biodiversité dans l'ordre du vivant. En ce sens, elle constitue le patrimoine commun de l'humanité et elle doit être reconnue et affirmée au bénéfice des générations présentes et des générations futures.

Article 3

La diversité culturelle élargit les possibilités de choix offertes à chacun; elle est l'une des sources du développement, entendu non seulement en termes de croissance économique, mais aussi comme moyen d'accéder à une existence intellectuelle, affective, morale et spirituelle satisfaisante.

Article 6

Tout en assurant la libre circulation des idées par le mot et par l'image, il faut veiller à ce que toutes les cultures puissent s'exprimer et se faire connaître. La liberté d'expression, le pluralisme des médias, le multilinguisme, l'égalité d'accès aux expressions artistiques, au savoir scientifique et technologique – y compris sous la forme numérique – et la possibilité, pour toutes les cultures, d'être présentes dans les moyens d'expression et de diffusion, sont les garants de la diversité culturelle.

Article 10

Face aux déséquilibres que présentent actuellement les flux et les échanges des biens culturels à l'échelle mondiale, il faut renforcer la coopération et la solidarité internationales destinées à permettre à tous les pays, en particulier aux pays en développement et aux pays en transition, de mettre en place des industries culturelles viables et compétitives sur les plans national et international.

www.unesco.org

10 📖 **Lisez le texte et répondez aux questions suivantes.**

   1 Redonnez aux différents articles leurs titres.

     a) La diversité culturelle, facteur de développement

     b) Renforcer les capacités de création et de diffusion à l'échelle mondiale

     c) Vers une diversité culturelle accessible à tous

     d) La diversité culturelle, patrimoine commun de l'humanité

   2 Dans l'article premier quel mot signifie « héritage »?

   3 Dans l'article 3 quel mot signifie « compris »?

   4 Résumez chaque article.

11 (✎) **Avec des ami(e)s, vous avez décidé de sensibiliser votre communauté aux bienfaits de la diversité culturelle. Produisez un tract que vous distribuerez en ville.**

Le multiculturalisme: une utopie?

Tir groupé européen contre le multiculturalisme

Interrogé dans l'émission Parole de Français sur TF1 sur le multiculturalisme, Nicolas Sarkozy a estimé jeudi 10 février que le multiculturalisme est un échec. Le chef de l'État emboîte le pas à la chancelière allemande, Angela Merkel, et au Premier ministre britannique, David Cameron, qui ont soutenu la même position tout récemment.

Première à ouvrir le feu, Mme Merkel, le 16 octobre 2010 devant les jeunes de la CDU: «Nous vivons côte-à-côte et nous nous en réjouissons,» déclarait-elle, «mais le multiculturalisme *(Multikulti)* a échoué, totalement échoué». Pour la chancelière, les immigrants doivent s'intégrer en adoptant la culture et les valeurs allemandes: «Nous nous sentons liés aux valeurs chrétiennes. Celui qui n'accepte pas cela n'a pas sa place ici.»

Il y a quelques jours, le 5 février, c'est David Cameron qui reconnaît aussi l'échec du multiculturalisme dans son pays. Lors d'un discours à Munich lors d'une conférence internationale sur la sécurité, il a affirmé qu'en vertu de la doctrine du multiculturalisme, «nous avons encouragé différentes cultures à vivre séparées. Tout cela fait que des jeunes musulmans se retrouvent sans racines. Et la quête d'appartenance à quelque chose peut les conduire à cet extrémisme idéologique.»

Même si le Premier ministre britannique a pris soin de distinguer islam et extrémisme musulman, son propos a été violemment critiqué en Grande-Bretagne. Sa solution cependant n'est pas très claire: «Nous devons franchement remplacer la tolérance passive des années précédentes par un libéralisme plus actif et plus musclé.»

Pour Nicolas Sarkozy, la vérité c'est que «dans toutes nos démocraties, on s'est trop préoccupé de l'identité de celui qui arrivait et pas assez de l'identité du pays qui accueillait. Nous ne voulons pas d'une société dans laquelle les communautés coexistent les unes à côté des autres. Si on vient en France, on accepte de se fondre dans une seule communauté, la communauté nationale. Si on n'accepte pas cela, on ne vient pas en France», a-t-il insisté.

[Sources: AFP, Reuters, *Le Figaro* 7/02/11]

www.libertepolitique.com

12 (📖) **Qui a dit cela (Nicolas Sarkozy, David Cameron ou Angela Merkel)?**

1 On devrait se préoccuper davantage de la société qui accueille.

2 La spécificité du pays d'accueil est importante.

3 Le multiculturalisme actif est un échec.

4 Certains peuvent se retrouver déracinés.

13 (💬) **Préparez en classe un débat pour ou contre le multiculturalisme.**

14 (✎) **Vous écrivez à Nicolas Sarkozy pour lui expliquer votre point de vue sur son intervention dans le débat sur le multiculturalisme – vous pouvez être d'accord avec lui ou non.**

15 (💬) **Pouvez-vous citer des stéréotypes?**

Est-ce que les stéréotypes sont basés sur la réalité? Peuvent-ils être drôles? En connaissez-vous sur les Français? En avez-vous dans votre culture? Lesquels? Présentez-les à votre classe.

II: L'identité culturelle: d'où vient-elle?

- Identifier d'où nous viennent nos appartenances
- S'interroger sur les facteurs qui déterminent l'identité culturelle

© Myriam Morin

Réfléchir

L'image ci-dessus est une murale mosaïque conçue par l'artiste Myriam Morin. Cette fresque s'appelle *L'arbre de nos appartenances* et elle est exposée au musée régional du Saguenay-Lac-Saint-Jean au Canada.
- Décrivez cette image. Vous paraît-elle bien décrire les appartenances? Pourquoi (pas)?
- Pourquoi est-il important d'avoir le sentiment d'appartenir à quelque chose?

Patrimoine et identité culturelle

1 🎧 **Écoutez le texte sur le patrimoine et répondez aux questions suivantes.**

Piste 24

1 Combien de pays participent à cette initiative?
2 Combien de monuments sont présentés?
3 Combien y a-t-il de visiteurs?
4 Quelle est l'expression utilisée pour dire que les chiffres avancés sont extraordinaires?
5 Qui a initié les Journées du patrimoine?
6 En quelle année les Journées européennes du patrimoine ont-elles officiellement commencé?

L'identité culturelle et la langue

> « Le premier
> instrument du
> génie d'un peuple,
> c'est sa langue »
> **Stendhal**

> « Je rêve en chamicuro, mais mes rêves, je ne peux
> les raconter à personne, parce que personne d'autre
> que moi ne parle chamicuro. On se sent seul quand
> il n'y a plus que soi. »
> **Natalia Sangama**

Le canal de l'expression des identités culturelles

En 2005, l'UNESCO déclare « que la diversité linguistique est un élément fondamental de la diversité culturelle, et [réaffirme] le rôle fondamental que joue l'éducation dans la protection et la promotion des expressions culturelles », soulignant ainsi l'importance que revêt la langue dans l'expression des identités culturelles. Elle permet de comprendre l'identité d'un groupe d'individus de manière plus profonde que lorsqu'une culture est étudiée en surface. Toutes les langues sont d'une importance capitale pour représenter les différentes cultures et en conserver les singularités, d'où une démarche de protection linguistique à l'échelle internationale. Cependant, selon les chiffres de l'UNESCO, « plus de 50% des quelque 6700 langues parlées dans le monde sont en danger de disparition, [...] 96% des langues ne sont parlées que par 4% de la population mondiale, une langue disparaît en moyenne toutes les deux semaines, et 80% des langues africaines n'ont pas de transcription écrite ». Cette tendance pourrait amener à la disparition des cultures qui s'expriment à travers ces langues. Les efforts internationaux dans la volonté de protection linguistique se révèlent à travers les conférences, conventions et dates clefs telle que la neuvième édition de la « Journée Internationale de la langue maternelle », le 21 février 2008, journée d'autant plus importante que l'année 2008 a été proclamée « Année internationale des langues » par l'Assemblée générale des Nations Unies.

En 2005 déjà, la langue était identifiée par l'UNESCO comme **1**.......... partie du « patrimoine mondial » en tant que « patrimoine culturel **2**.......... ».

« On entend par "patrimoine culturel immatériel" les pratiques, représentations, expressions, connaissances et **3**.......... – ainsi que les instruments, objets, artefacts et espaces culturels qui leur sont associés – que les communautés, les groupes et, le cas échéant, les individus reconnaissent comme faisant partie de leur **4**.......... culturel [...]. Les constituants du patrimoine culturel immatériel sont **5**.......... plus importants qu'ils représentent les moyens de représentation **6**.......... Permettre à la langue de figurer dans cette liste exprime à quel point elle est **7**.......... des identités mondiales, mais aussi de l'évolution du genre humain.

www.diversitesmondiales.over-blog.com

2 📖 **Lisez le texte et répondez aux questions suivantes.**

1 Choisissez les phrases correctes parmi les suivantes (premier paragraphe).
   a) L'UNESCO pense que l'éducation joue un rôle prépondérant dans le développement des cultures du monde.
   b) Les langues sont un des éléments clés qui constituent les identités.
   c) Moins de la moitié des langues parlées dans le monde vont disparaître.
   d) Une langue disparaît tous les 15 jours.
   e) La grande majorité des langues africaines sont écrites.

2 Replacez les mots manquants (à choisir dans l'encadré) dans le deuxième et le troisième paragraphes.

d'autant
faisant
garante
identitaires
immatériel
patrimoine
savoir-faire

241

3 ✎ Utilisez la citation sur la langue chamicuro, à la page précédente, imaginez que vous êtes le locuteur et rédigez une page de votre journal intime (en français).

NIVEAU SUPÉRIEUR

Production écrite (Épreuve 2: Section B)

Rédigez une réponse personnelle en utilisant la citation de Stendhal à la page précédente comme point de départ (entre 150 et 250 mots). N'oubliez pas de bien structurer vos arguments.

La langue française et l'identité culturelle

Sujet difficile, sur lequel beaucoup de voix s'exprimèrent sinon se confrontèrent.

«Il m'est arrivé, en méditant sur tout ce que je dois au français, de penser à la possibilité de quelques coups de pouce du destin […] qui m'auraient fait voir le jour dans un pays dont la langue n'eût pas été le français. Cet autre moi-même que j'imaginais alors, il a mes traits, c'est mon sang qui circule en lui, il me ressemble comme un frère. Et pourtant ce n'est pas moi, il ne pense pas exactement comme moi, il n'a ni ma sensibilité, ni mes goûts littéraires, ni mes préoccupations, ni mes ferveurs.» **Joseph Hanse**, Moncton 1977, *Actes* IV p. 56

«Chaque homme est semblable à tous les autres, semblable à quelques autres, semblable à nul autre… Mais seule la deuxième proposition peut nous servir de point de départ pour l'analyse culturelle… Trois facteurs fondamentaux – la race, la religion, la langue – ont une puissance que n'ont pas les autres facteurs de l'identité ethnique […]. La langue transcende les autres éléments […] car elle permet de les nommer.»… **Selim Abou**, Moncton 1977, *Actes* IV p. 33

L'identité culturelle des Acadiens? «C'est malaisé, bien malaisé de connaître l'identité de celui qui vit en Amérique et pourtant n'est pas américain; qui est sorti de France il y a trois siècles et pourtant n'est plus français… Comment définir ce peuple déraciné, et pourtant qui a des racines si profondes qu'il les traîne partout derrière lui comme des algues flottantes…? C'est dans la littérature orale, primitive, que nous chercherons notre lignage… et c'est avec ça que nous aspirerons à l'universel… Il reste à trouver le petit fil aux couleurs d'Acadie, qui viendra s'ajouter à la vaste tapisserie que tissent depuis mille ans les peuples de la Francophonie.» **Antonine Maillet**, Moncton 1977, *Actes* IV p. 100

«J'ai un quart de sang noir, un quart de sang indien, un quart de sang juif. La seule chose que je possède en propre est la langue française.» **Édouard Maunick**, le poète mauricien, Namur 1965, *Actes* I

«Une langue, c'est à la fois une identité, une mémoire. C'est aussi la somme de toutes les jouissances verbales accumulées à travers les siècles… et dans mon histoire. Ces points représentent quelque chose d'irréductible… Le corollaire, … c'est de dire que tout homme qui parle français peut être Français… Par le sol et par la langue, mais pas par le sang…» **Charles Méla**, Neuchâtel 1997, *Actes* XV p. 400

Au Luxembourg: «Nous parlons français dans la mesure du possible, et allemand dans la mesure de l'indispensable.» **Alphonse Arend**, Québec 1967 *Actes* I p. 50

4 De qui sont les idées suivantes? Joseph Hanse, Selim Abou, Édouard Maunick, Antonine Maillet, Charles Méla ou Alphonse Arend?

Justifiez vos réponses avec des éléments du texte.

1   Même si on n'est pas français on peut accéder à la culture française grâce à la langue.

2   On ne parle allemand que si on en a besoin.

3   Parler une langue différente change les goûts.

4   Notre culture se transmet à travers la langue orale.

5   La langue est l'élément qui permet de me situer.

6   Une langue sert à donner des noms.

5 Servez-vous de ces citations et organisez un débat en classe sur la langue en tant qu'identité culturelle.

Théorie de la connaissance

- Une langue définit-elle une culture?
- Les langues qui disparaissent sont-elles irremplaçables?
- Une culture n'est-elle définie que par sa langue?

III : Le multilinguisme

- Noter le fait que le nombre de familles multilingues dans le monde est en hausse
- Examiner les conditions nécessaires pour l'apprentissage des langues étrangères
- S'entraîner à écrire des conseils
- Réfléchir au rapport entre les connaissances humaines et les langues

Réfléchir

- Combien de langues parlez-vous dans votre famille/dans votre école? Lesquelles?
- Avez-vous des amis multilingues? Comment ont-ils appris à parler plusieurs langues?
- Comment expliquer la hausse du nombre d'enfants plurilingues dans le monde?
- Le multilinguisme est-il souhaitable pour l'harmonie mondiale?
- Quels sont aujourd'hui les avantages d'être polyglotte?
- Devrait-on obliger les enfants à apprendre plusieurs langues?

Observation!

multilinguisme individuel – caractéristique d'un individu parlant couramment plusieurs langues

multilinguisme social – caractéristique d'une communauté où se pratiquent concurremment plusieurs langues

De nos jours, de nombreux États du monde sont officiellement multilingues, par exemple la Belgique, la Suisse, la Finlande et plusieurs pays d'Afrique. D'ailleurs, la grande majorité des pays du monde sont multilingues de façon officieuse, ce qui veut dire que l'utilisation de plusieurs langues est tolérée. Le contraire du multilinguisme, le monolinguisme strict, n'existe que dans un ou deux pays, par exemple l'Islande et l'État de Saint-Marin.

Mon enfant multilingue, avantage ou source de désordres?

Actuellement en France, les mariages des couples mixtes représentent environ 13% du total des mariages. À cela s'ajoute le nombre de couples mixtes non mariés. Grâce à ces mélanges ethniques au sein des couples, de plus en plus de familles sont amenées à organiser un environnement plurilingue dans l'éducation de leurs enfants.

Parmi les couples multilingues une question survient fréquemment: quelle langue pour notre enfant? Dans la plupart des cas la réponse est naturelle, mais dans d'autres, elle peut se corser lorsqu'il est question de plus de deux langages différents dans le même noyau familial. Il s'ensuit donc des doutes de la part des parents quant aux capacités de l'enfant à mettre en place un langage normal. Un bébé élevé en présence de plusieurs langues maternelles ne présentera-t-il pas de désordres de langage en grandissant?

Le cerveau "malléable" de l'enfant

D'abord, il ne faut surtout pas sous-estimer les capacités extraordinaires d'adaptation du cerveau des bébés aux différentes situations qui les entourent quotidiennement. L'enfant est capable de développer un langage comprenant différentes langues maternelles sans aucun problème.

Le choix de la langue maternelle pour notre enfant

Selon de nombreux professionnels du langage, il existe une période critique (de la naissance à la puberté) durant laquelle un enfant peut facilement apprendre n'importe quel langage auquel il est régulièrement exposé. Il est plus facile d'apprendre une seconde langue durant l'enfance qu'à l'âge adulte. Les parents désireux d'inculquer à leur enfant une seconde langue, voire une troisième, doivent cependant prendre en considération certains conseils, de façon à ne pas créer de confusion de langage chez l'enfant:

- Un parent, une langue. Il est conseillé que chacun des parents parle à l'enfant dans une seule langue.
- La langue parlée par l'un des parents, ou les deux, à la maison est différente de celle parlée à l'école, en garderie ou en communauté.
- La création d'évènements familiaux ou culturels dans lesquels l'enfant sera amené à utiliser une langue plutôt qu'une autre ne fera qu'enrichir son vocabulaire.
- L'enfant ne doit pas être forcé à parler plus une langue qu'une autre, il utilisera plus ou moins tôt sa deuxième ou troisième langue sans aucun problème.

Quelles conséquences du multilinguisme sur le langage?

Il n'y a pas d'effets négatifs connus chez des enfants multilingues. Le développement du langage de ces derniers suit le même parcours que celui des enfants n'ayant qu'une seule langue maternelle. Il n'y a aucune étude démontrant que les enfants bilingues souffrent davantage de retards ou de désordres du langage. Un enfant bilingue présentant des désordres de langage aurait probablement ces mêmes problèmes en n'ayant qu'une seule langue maternelle.

Chaque enfant est différent

Cependant, la qualité et la vitesse d'acquisition de plusieurs langages de façon simultanée peuvent varier. Un enfant ayant appris plusieurs langues durant la petite enfance peut développer des problèmes de prononciation, de grammaire ou de vocabulaire de la même façon qu'un enfant qui aurait appris une seconde langue plus tard. Certains enfants réussissent plus facilement à acquérir différents langages de manière fluide par rapport à d'autres. Plusieurs facteurs peuvent rentrer en considération, comme le caractère de l'enfant, sa détermination, son âge ou l'environnement socio-éducatif.

Maintenir l'équitabilité des langues parlées

Il est important que l'enfant ne perde pas l'usage d'une des langues en faveur d'une autre, qu'il jugera plus simple ou plus utile socialement. Ainsi, selon la fréquence et la qualité avec lesquelles les parents s'adressent à leur enfant dans une langue définie, les enfants seront capables d'une plus rapide assimilation du langage.

http://suite101.fr

1 📖 **Indiquez les phrases qui sont correctes.**

1 On note une croissance dans le nombre de familles multilingues en France.

2 Les parents ne s'inquiètent jamais de la confusion linguistique de leurs enfants.

3 Les enfants s'adaptent aisément à la multiplicité de langues dans le foyer familial.

4 On ne risque rien à attendre l'âge adulte avant de se lancer dans l'apprentissage des langues.

5 Les réunions de famille et la découverte de livres et de films n'auront aucun effet positif sur l'enfant bilingue.

6 On suppose que les enfants plurilingues sont désavantagés en termes de développement du langage.

7 Les progrès de chaque enfant bilingue doivent être pareils.

8 Il faut conserver la parité entre les langues parlées à la maison.

2 💬 **Dans un groupe, selon vos opinions personnelles, classez les facteurs ci-dessous par leur importance pour l'apprentissage réussi de différentes langues maternelles.**

- le caractère de l'enfant
- l'intelligence des parents
- l'âge de l'enfant
- la participation de la famille élargie (grands-parents, oncles, tantes, cousins, cousines, etc.)
- le revenu familial
- la rigueur des parents en ce qui concerne la séparation des langues
- le choix de livres/magazines multilingues à la maison
- les émissions de télé regardées par l'enfant

3 Ⓖ **En vous basant sur les exemples dans l'encadré, ajoutez les mots qui manquent dans chacune des phrases suivantes.**

1 Il est indispensable que vous n'(*arriver*) .... pas en retard.

2 Le chauffeur a freiné tout doucement, de sort de .... glisser sur le verglas.

3 Étant montée sur le plongeoir, elle s'est précipitée dans la mer sans .... hésitation.

4 Ne venez pas à n'importe .... heure.

5 Il ne faut absolument .... rater cette émission ce soir.

6 La réélection du président .... fera .... prolonger la guerre dans ce pays.

Grammaire

L'élégance des expressions négatives

Notez les constructions négatives suivantes.

Au futur:

- *Un bébé élevé en présence de plusieurs langues maternelles **ne présentera-t-il pas** de désordres de langage?*

- *La création d'évènements familiaux **ne fera qu'**enrichir son vocabulaire.*

Construction impersonnelle + infinitif:

- ***Il ne faut surtout pas** sous-estimer les capacités extraordinaires d'adaptation du cerveau des bébés.*

Aucun:

- *sans **aucun** problème*
- *Il **n'**y a **aucune** étude.*

N'importe:

- *Un enfant peut facilement apprendre **n'importe quel** langage.*

Ne… pas + infinitif:

- *de façon **à ne pas créer** de confusion*

Construction impersonnelle + subjonctif:

- ***Il est important que** l'enfant **ne perde pas** l'usage d'une des langues.*

Théorie de la connaissance

- « Les limites de mon langage signifient les limites de mon propre monde. » Analysez cette affirmation de Ludwig Wittgenstein.
- Dans quelle mesure nos connaissances humaines sont-elles déterminées par les langues?
- Est-il possible d'avoir des connaissances sans langue? Peut-on dire que les connaissances ne deviennent réelles que lorsqu'on leur attribue des mots?

Les 10 commandements de l'apprentissage des langues

I   Pratique tous les jours.
II   Si ton enthousiasme fléchit, ne force pas, n'abandonne pas.
III   N'apprends pas de mots isolés.
IV   Note des éléments de phrases dans la marge des textes que tu lis.
V   Lorsque tu es fatigué(e), utilise le divertissement pour continuer d'avancer.
VI   Mémorise seulement le contenu qui a été corrigé par un enseignant.
VII   Mémorise les expressions idiomatiques à la première personne du singulier.
VIII   Sois convaincu(e) que tu es fort(e) en langues!
IX   Ne crains pas les erreurs, parle.
X   Une langue étrangère est un château. Il faut l'attaquer de toutes parts, et avec toutes les armes: la radio, les conversations, les manuels, le ciné, le journal, la télé, la radio!

www.lecafedufle.fr

4 En vous basant sur «Les 10 commandements de l'apprentissage des langues» ci-dessus, rédigez des consignes destinées aux parents qui veulent élever leurs enfants dans un milieu multilingue.

Comment écrire

Une consigne

Chaque consigne doit être percutante, concise et directe. Voici quelques suggestions.
● impératif – *parle...*
● «devoir» + infinitif – *tu dois parler...*
● «falloir» (verbe impersonnel) + infinitif – *il faut parler...*
● «quand/lorsque/si» + présent + impératif – *Si ton enfant ne comprend pas, répète en souriant.*

5 Écoutez ce reportage sur le footballeur sénégalais Issa Ndoye et remplissez les blancs ci-dessous.

Piste 25

1   Issa Ndoye joue dans la position de ....

2   Ses séjours à l'étranger lui ont permis de grandir en tant qu'.......... et de devenir ....

3   Issa Ndoye parle wolof, ..., ..., ... et un peu d'allemand.

4   Le gardien international a joué .... saisons en Iran, deux saisons en ...., et .... saison en Allemagne.

5   La saison dernière il n'a pas pu jouer pendant presque six mois à cause d'une ....

6   Issa Ndoye est d'accord avec le vieil aphorisme que «les voyages .... ».

7   Il indique que pendant ses voyages il a beaucoup ...., «pas seulement le football mais la .... tout court».

IV: Le racisme

- Penser aux formes du racisme dont le spectre plane sur le monde moderne
- Suggérer des moyens pour combattre ce fléau
- Rédiger une déclaration de témoin et un sondage
- Étudier une interview

Le raciste, c'est l'autre!

Réfléchir

«Le raciste, c'est l'autre!»
- Décrivez l'image ci-contre. Quel est le message de ce dessin?
- Que comprenez-vous par les mots «racisme» et «xénophobie»? Y a-t-il une différence entre ces termes? Et que signifient «racisme latent» et «racisme ordinaire»?
- Est-ce que le racisme existe dans votre pays/région/ville/école?
- Avez-vous jamais confronté un épisode de racisme? Qu'est-ce qui s'est passé? Comment avez-vous réagi?
- Que peut-on faire pour combattre le racisme dans la société moderne?

La Fifa prend des sanctions contre le racisme dans les stades

La Fifa a décidé de punir les actes à caractère raciste au sein des clubs de football. Une mesure réclamée après de nombreux dérapages cette saison.

Le Congrès de la Fifa a adopté, vendredi 31 mai 2013 à l'Ile Maurice, une résolution durcissant les sanctions en cas de racisme. Le Congrès a voté en faveur de cette résolution avec 204 voix pour, 1 contre.

Des retraits de points, puis une exclusion des compétitions ou des relégations figurent notamment parmi les sanctions prévues. "Pour une première infraction ou une infraction mineure, l'avertissement, l'amende et/ou le huis clos doivent être prononcés", précise le texte de la Fifa.

"Pour une récidive ou une infraction grave, la déduction de points, l'exclusion d'une compétition ou la relégation devraient être prononcées", ajoute cette résolution. "En outre, toute personne (joueur, officiel, arbitre, etc.) commettant pareille infraction doit se voir infliger une suspension d'au moins cinq matchs assortie d'une interdiction de stade", conclut le volet sanctions de la résolution.

Le racisme dans les stades a souvent fait la une des **1**.......... cette année. Le club de Tottenham a ainsi été **2**.......... de deux dérapages racistes cette saison. Le club londonien, qui compte un grand nombre de supporters issus de la **3**.......... juive, et dont le propriétaire est juif **4**.........., a d'abord dû faire face à **5**.......... de supporters en novembre dans un pub de Rome, puis aux **6**.......... de singe en mars à Milan à l'encontre d'un de ses joueurs, le Togolais Emmanuel Adebayor.

Autre exemple, Kevin-Prince Boateng, le milieu germano-ghanéen de l'AC Milan, avait quitté le terrain lors d'un match en janvier, exaspéré par les mêmes cris de singe. "Je pense qu'ils m'ont insulté parce que je n'ai pas la peau blanche. Pour moi, il s'agit évidemment de racisme", avait-il alors témoigné devant la justice italienne.

www.france24.com

1 📖 **Lisez le texte à la page précédente et répondez aux questions suivantes.**

1 Qu'est-ce qui a poussé la Fifa à adopter cette résolution? (paragraphe 1)

2 Est-ce que la décision a été prise à l'unanimité? (paragraphe 1)

3 Expliquez l'expression « le huis clos » (paragraphe 2)

4 Est-ce que cette résolution concerne seulement les footballeurs? (paragraphe 3)

5 Dans le quatrième paragraphe, ajoutez les mots qui manquent, en les choisissant dans la liste ci-dessous. Attention: il y a plus de mots que d'espaces. Chaque mot ne peut être utilisé qu'une seule fois.

télévision	communauté	victime
cris	lui-même	l'agression
décidément	motivation	journaux

2 ✏️ **Vous avez assisté au match de football dans lequel Kevin-Prince Boateng a dû quitter le terrain à cause de cris de singe. Après le match la police vous demande de témoigner. Rédigez votre témoignage.**

Comment écrire

Un témoignage

● Le ton du témoignage doit être neutre et objectif.
● Le langage doit être simple et clair.
● Suivez l'ordre chronologique des évènements.
● Commencez par dire où et quand l'incident s'est passé.
● Dites votre nom, votre emplacement dans le stade et comment vous avez pu observer l'incident.
● Décrivez exactement ce que vous avez vu et entendu.
● Il n'est pas nécessaire de trop rentrer dans les détails de la scène mais les actions des accusés doivent être décrites aussi exactement que possible.
● Ne portez aucun jugement personnel sur l'incident.

Interview de Maha Abdelahmid

Une vidéo fait beaucoup de bruit en Tunisie. On y voit un immeuble de Tunis, qui abrite des étudiants d'Afrique subsaharienne, être la cible de jets de pierre. L'un des habitants appelle la police et descend dans la rue. Il est insulté, frappé par ses agresseurs. Et c'est finalement lui qui sera arrêté par les policiers. Les cas de racisme envers la communauté noire se multiplient en Tunisie. Des manifestants ont d'ailleurs défilé dans la rue pour les dénoncer. Maha Abdelahmid, co-fondatrice de l'Association de défense des droits des Noirs (ADAM) à Tunis revient sur ce phénomène inquiétant.

Interviewer	*Question A*
Maha Abdelahmid	Franchement, moi, étant une Tunisienne noire, ça ne m'a pas surprise. Ce sont des choses que l'on peut trouver contre les Noirs d'Afrique subsaharienne, même contre les Noirs tunisiens... des choses qui ont toujours existé. Sauf qu'avant, c'était plutôt un sujet tabou. On ne pouvait pas dire qu'il y avait du racisme.
Int.	*Question B*
MA	Certainement. Il y a toujours eu des violences, seulement, elles n'ont pas été médiatisées. Avant, sous la dictature, on ne pouvait pas publier des choses comme ça. Depuis la révolution, il y a une certaine liberté de dire les choses comme on le sent. Donc ça devient visible et il y a des gens qui disent: «Ah bon? Il y a des trucs qui se passent, comme ça, en Tunisie?».
Int.	*Question C*
MA	C'est surtout dans les mots, dans les gestes, dans les grimaces, dans les expressions de visages, quand on rencontre un Noir ou un étranger d'Afrique subsaharienne. Savez-vous comment on appelle le Noir en Tunisie?

Int.	*Question D*
MA	On dit *Wassif. Wassif*, c'est-à-dire «esclave». C'était un statut avant l'abolition de l'esclavage. [...] Mais maintenant, ce mot est collé à la couleur noire. C'est un mot qui est devenu un mot courant, qu'on utilise pour désigner la couleur noire, alors que ce n'est pas la couleur, en fait!
	Il faut dire aussi que s'il y a des pauvres en Tunisie, les plus pauvres sont les Noirs! Il y a l'abolition de l'esclavage en Tunisie depuis 1846, mais les Noirs n'ont pas réussi à monter dans l'échelle économique en Tunisie. Ils sont toujours restés parmi les catégories défavorisées.
Int.	*Question E*
MA	Oui, et c'est normal que ce soit très difficile parce qu'en fait, ils n'ont pas réussi à faire des études. Ils ne peuvent pas accéder à des postes de haut niveau! C'est assez récent, la présence des Noirs dans les universités tunisiennes.
Int.	*Question F*
MA	Les actes de naissance des gens qui habitent Djerba, connue pour sa concentration d'habitants noirs, majoritairement descendants d'esclaves, portent encore la mention «esclaves affranchis».
	À un nouveau-né, on ne donne pas le nom de sa famille, mais on lui donne le nom de son maître! Par exemple «Mouhamed Ben Ablekri, 'affranchi Benied', ou 'affranchi Bentraya'». Ce n'est pas normal que sur l'acte de naissance d'un jeune de 20 ans ou de 22 ans soit inscrit encore «affranchi», alors que ce n'est pas lui. C'est plutôt son arrière-grand-père qui a été affranchi en 1890!
Int.	*Question G*
MA	Franchement, il n'y a pas une réaction concrète. Ils ne considèrent pas vraiment que la question noire en Tunisie soit une cause importante!
Int.	*Question H*
MA	Il n'y a pas de statistiques vraiment bien précises. Mais je pense que les Noirs en Tunisie sont peut-être même plus que 15%.
Int.	*Question I*
MA	L'axe de l'éducation. Il faut vraiment travailler sur les enfants. Il faut que le ministère de l'Education collabore, justement, avec ces associations qui luttent contre la discrimination raciale, pour faire intégrer des programmes qui montrent la pluralité de la Tunisie. Parce qu'en fait, il y a des gens qui ne considèrent pas que les Noirs sont tunisiens. C'est une mentalité ancrée.
	Quand je marche dans la rue, parfois, il y a des Tunisiens qui me demandent si je suis Tunisienne ou non. Le Noir est d'abord un Africain de l'Afrique subsaharienne. Donc, une Noire ou un Noir qui marche dans la rue, pour les Tunisiens, c'est un étranger.
	Il faut montrer aux enfants que la Tunisie est un peuple mélangé. C'est un peuple multiple. Il y a aussi des Noirs qui sont tunisiens et qui sont là, en Tunisie, depuis des siècles et des siècles.

www.rfi.fr

3 📖 **Voici les questions que l'on a posées à Maha Abdelahmid lors de cette interview. Mettez les questions dans le bon ordre (A-I).**

1 Vous diriez que ce sont des cas courants?

2 Comment ça se manifeste, la discrimination et le racisme?

3 L'accès au travail est difficile?

4 Votre association lutte notamment contre une certaine mention sur des actes de naissance. De quoi s'agit-il?

5 Il y a un mot spécifique donc?

6 Est-ce que l'agression que l'on découvre sur cette vidéo vous a étonnée lorsque vous l'avez vue?

7 On estime pourtant que les Noirs représentent 15% de la population tunisienne.

8 Quelle est la priorité de votre association, pour lutter, justement, contre ces discriminations et ce racisme?

9 Est-ce que vous vous sentez entendue par les autorités, quand vous dénoncez, justement, ce genre de problèmes?

Grammaire

La formation des adverbes réguliers

L'adjectif féminin + *ment*

Adjectif masculin	Adjectif féminin	Adverbe
franc	franche	franchement
certain	certaine	certainement
seul	seule	seulement

Rappel

Les adverbes, page 282

Grammaire

Les tournures impersonnelles

Notez bien les tournures impersonnelles utilisées dans cette interview.

- **«on»**

  on ne pouvait pas dire, on ne pouvait pas publier, on dit Wassif, un mot qu'on utilise

- **«il y a»**

  il y a des gens qui disent, il y a des gens qui ne considèrent pas, il n'y a pas une réaction concrète

- **«il faut» + infinitif**

  il faut dire que, il faut vraiment travailler, il faut montrer

- **«c'est/ce n'est pas...»**

  c'est normal, c'est assez récent, ce n'est pas normal, c'est une mentalité ancrée, c'est un peuple multiple

4 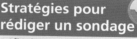 **Dans les phrases suivantes, formez l'adverbe à partir de l'adjectif; tous les adverbes sont réguliers.**

1. Elles comprennent (*parfait*) .... ce que nous disons.
2. Le ministre a (*fort*) .... nié cette accusation.
3. Les suspects ont (*final*) .... avoué.
4. Pourriez-vous parler plus (*doux*) ....?
5. Tous les matins, il admire (*long*) .... la vue de son balcon.
6. Nous nous sommes laissés duper trop (*facile*) ....!
7. Elle regrettait (*amer*) .... sa décision.
8. Le juge les a écoutés (*attentif*) ....

5 **Lisez l'article précédent et basez-vous sur des sondages officiels tels que vous en trouverez sur le site de l'institut CSA (*www.csa.eu*) pour rédiger un court sondage (une dizaine de questions) portant sur les opinions des Tunisiens concernant la discrimination raciale.**

Stratégies pour rédiger un sondage

Réfléchissez bien à la formulation de vos questions. Elles doivent être spécifiques mais faciles à comprendre. Elles doivent encourager des réponses concrètes.

Théorie de la connaissance

Regardez ce dessin. Est-il juste de parler des «races humaines» au pluriel? Est-ce que cette expression encourage des idées racistes? Ne serait-il pas plus correct de rejeter l'existence de différentes races, et de se limiter à parler de «la race humaine», au singulier?

UNITÉ **14** La santé

I: La malbouffe

- Se préparer à l'oral individuel et s'entraîner à la description d'une image
- Exprimer son point de vue sur les conséquences sanitaires de ce que l'on mange aujourd'hui
- Savoir rédiger un discours

Réfléchir

La malbouffe, ce sont des aliments malsains d'un point de vue diététique en raison de leur forte teneur en graisses ou en sucres, comme les hamburgers, les hot-dogs, les frites, les chips, les bonbons et les sodas. La malbouffe est souvent associée aux fast-foods. Elle favorise l'obésité, le diabète, les maladies cardiovasculaires et certains cancers.

- Décrivez la première photo ci-dessus puis faites des commentaires sur la nourriture en général et la malbouffe en particulier.
- Que vous inspire la seconde photo? Expliquez et justifiez vos réponses.
- Imaginez le titre de l'article que vous pourriez écrire à partir de cette photo.

Stratégies pour parler

L'oral individuel

Distinguer la structure de surface et la structure profonde de l'image

- La structure de surface est ce que l'on voit.
- La structure profonde est ce que l'image signifie en réalité.
- Décrire la structure de surface de l'image consiste à énumérer les éléments qu'elle contient.
- Décrire la structure profonde revient à expliquer la signification de l'image, à en expliquer le message implicite, à dire comment on la comprend ou ce qu'en fin de compte elle est censée représenter pour celui qui la regarde.

Comment parler

Vocabulaire pour se repérer dans une image
- en haut/en bas de l'image
- dans le coin supérieur/inférieur droit/gauche
- à droite/gauche
- à l'arrière-plan
- au premier plan
- au second plan
- au centre de la photo

Vocabulaire pour décrire les éléments de l'image les uns par rapport aux autres
- face à face
- côte à côte
- à côté de
- derrière, dans, sur, sous

Vocabulaire pour identifier le type de scène
- une scène campagnarde
- un paysage urbain
- à l'intérieur/à l'extérieur

Vocabulaire pour expliquer une image publicitaire
- une publicité dont le but est de persuader les gens de...
- faire la publicité de
- un slogan

Vocabulaire pour expliquer une photo
- Le but du photographe est de...
- L'aspect symbolique/humoristique, etc. de cette image
- un symbole de...
- Il/Elle/Cela donne une impression de dignité/tristesse, etc.
- La lumière et les couleurs sont saisissantes.

1 Pour décrire la structure de surface:

1. Individuellement faites une liste de mots clés. De quels mots allez-vous avoir besoin pour décrire la structure de surface de cette image?

2. Partagez vos mots-clés avec vos camarades.

3. Regarder de nouveau l'image et répondez aux questions.
   a) S'agit-il d'une publicité ou tout simplement d'une photo insolite?
   b) Qu'y a-t-il au centre de la photo? Est-ce que cela vous choque?
   c) Où cette photo a-t-elle été prise? Justifiez votre réponse.
   d) Que voit-on à l'arrière-plan?
   e) Cette photo vous paraît-elle authentique?
   f) Pour qui cette photo a-t-elle été prise, selon vous? Pourquoi?
   g) Quelle est votre réaction initiale? Que ressentez-vous?

2 À deux, entraînez-vous à l'oral pour décrire la structure profonde.

1. Jouez le rôle de l'examinateur et préparez chacun cinq questions qui pourraient être posées sur le thème de la malbouffe.

2. Répondez aux questions suivantes.
   a) Les jeunes mangent-ils vraiment mal aujourd'hui?
   b) Pourquoi ont-ils pris ces mauvaises habitudes alimentaires, selon vous?
   c) Quel est l'impact de la malbouffe sur la santé?
   d) La malbouffe est-elle le fléau du siècle?
   e) Comment peut-on combattre ce problème?
   f) Comment peut-on sensibiliser les jeunes?
   g) Quels conseils donneriez-vous à un(e) proche qui se nourrit mal?

Après le diabète et l'obésité, la malbouffe en cause dans la maladie d'Alzheimer

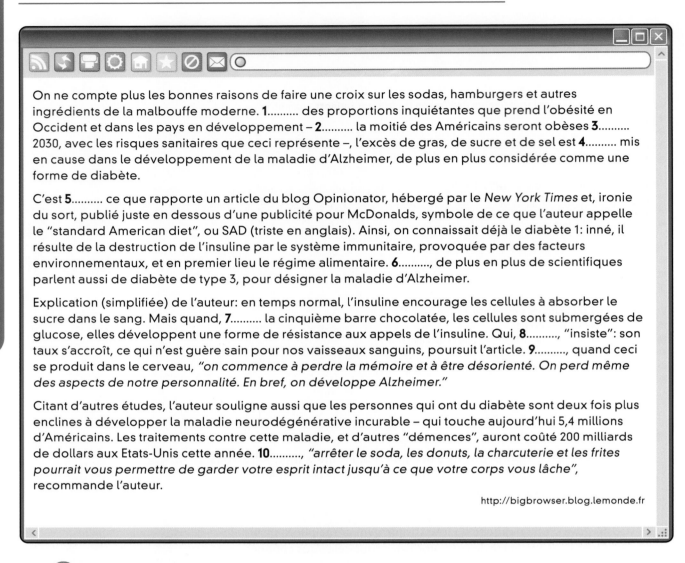

On ne compte plus les bonnes raisons de faire une croix sur les sodas, hamburgers et autres ingrédients de la malbouffe moderne. **1**.......... des proportions inquiétantes que prend l'obésité en Occident et dans les pays en développement – **2**.......... la moitié des Américains seront obèses **3**.......... 2030, avec les risques sanitaires que ceci représente –, l'excès de gras, de sucre et de sel est **4**.......... mis en cause dans le développement de la maladie d'Alzheimer, de plus en plus considérée comme une forme de diabète.

C'est **5**.......... ce que rapporte un article du blog Opinionator, hébergé par le *New York Times* et, ironie du sort, publié juste en dessous d'une publicité pour McDonalds, symbole de ce que l'auteur appelle le "standard American diet", ou SAD (triste en anglais). Ainsi, on connaissait déjà le diabète 1: inné, il résulte de la destruction de l'insuline par le système immunitaire, provoquée par des facteurs environnementaux, et en premier lieu le régime alimentaire. **6**.........., de plus en plus de scientifiques parlent aussi de diabète de type 3, pour désigner la maladie d'Alzheimer.

Explication (simplifiée) de l'auteur: en temps normal, l'insuline encourage les cellules à absorber le sucre dans le sang. Mais quand, **7**.......... la cinquième barre chocolatée, les cellules sont submergées de glucose, elles développent une forme de résistance aux appels de l'insuline. Qui, **8**.........., "insiste": son taux s'accroît, ce qui n'est guère sain pour nos vaisseaux sanguins, poursuit l'article. **9**.........., quand ceci se produit dans le cerveau, *"on commence à perdre la mémoire et à être désorienté. On perd même des aspects de notre personnalité. En bref, on développe Alzheimer."*

Citant d'autres études, l'auteur souligne aussi que les personnes qui ont du diabète sont deux fois plus enclines à développer la maladie neurodégénérative incurable – qui touche aujourd'hui 5,4 millions d'Américains. Les traitements contre cette maladie, et d'autres "démences", auront coûté 200 milliards de dollars aux Etats-Unis cette année. **10**.........., *"arrêter le soda, les donuts, la charcuterie et les frites pourrait vous permettre de garder votre esprit intact jusqu'à ce que votre corps vous lâche",* recommande l'auteur.

http://bigbrowser.blog.lemonde.fr

3 📖 **Lisez le texte ci-dessus et répondez aux questions suivantes.**

1 Replacez ces mots et ces expressions au bon endroit dans le texte.

| au bout de | bref | de ce fait | désormais | or |
| au-delà | d'ici | depuis peu | du moins | près de |

2 Trouvez dans le texte un synonyme des mots ou expressions suivants.
   a) renoncer à   e) pas très
   b) incriminé   f) déboussolé
   c) congénital   g) sujettes
   d) avant tout

3 Trouvez dans le texte l'expression qui correspond à la définition suivante:
   « contraste entre ce que l'on espérait et la réalité ».

4 Donnez votre propre définition du mot « malbouffe ».

5 Quel est le but de ce blog? Comment l'auteur en arrive-t-il à atteindre son but?

Taxons la malbouffe!

Selon le Dr Chevallier, une fiscalité alimentaire incitative et la prévention peuvent changer les habitudes, au grand bénéfice de la sécurité sociale.

1 Le déficit de la branche maladie de la sécurité sociale accuse une fois de plus des pertes abyssales. Quelle est, en la matière, la responsabilité de la malbouffe? Le 28 mars 2013 a été publiée au Journal Officiel une question du Sénateur Jean Germain "sur les conséquences financières de l'alimentation industrielle déséquilibrée, également appelée malbouffe: excès de sucres, de sel, de gras, de produits chimiques...". Elle rappelle qu'"au-delà de la souffrance humaine, la prise en charge de toutes ces pathologies représente un coût financier qui est supporté par la collectivité et les patients".

2 Le coût pour la collectivité est effectivement particulièrement exorbitant, comme l'a souligné le Pr Serge Hercberg, qui porte le Programme national nutrition santé, lors d'un colloque organisé par la Mutualité française et le Réseau Environnement Santé à l'Assemblée nationale. Les facteurs nutritionnels sont impliqués dans de multiples maladies: les maladies cardiovasculaires, dont le coût en France est estimé à 28,7 milliards d'euros par an; les cancers, 12,8 milliards par an; l'obésité, 4 milliards; le diabète, 12,5 milliards. En divisant de moitié le nombre de personnes porteuses de ces maladies par une politique de prévention efficace, on économiserait plusieurs dizaines de milliards d'euros, sans parler des aspects humains, eux incalculables. Être moins malade et voir diminuer cotisations et impôts est tout à fait envisageable!

Une taxe sur la malbouffe?

3 Mais quelles seraient les mesures efficaces à prendre? Tout simplement une lutte institutionnalisée contre la malbouffe et son mode de vie, car le choix "souverain" des consommateurs est émoussé par le matraquage publicitaire et la sophistication des outils mis en place (conditionnement de l'attention et des besoins par des méthodes très subtiles, le neuromarketing notamment). Soulignons à ce propos que sont utilisés des examens radiologiques (IRM) pour analyser les réactions du cerveau à tel ou tel produit, à des fins autres que le soin et la recherche, alors que des personnes souffrantes restent, elles, en attente. [...]

Les produits bio accessibles

4 Une taxe peut être surtout un outil très efficace pour faire évoluer l'offre alimentaire. Elle doit être réellement élevée et assise sur une large gamme de produits industriels nutritionnellement inutiles (sodas...); parallèlement, il est indispensable que les produits nutritionnellement utiles soient moins onéreux avec une fiscalité allégée, notamment les produits bio. Actuellement, c'est l'inverse: plus la densité calorique est forte (gras, sucre..., dans des saucisses, chips, gâteaux et biscuits industriels et autres produits bourrés d'additifs et autres composés chimiques), moins le prix est élevé!

5 Il convient donc, par une fiscalité adaptée, incitative, de mettre en place de façon urgente des mécanismes régulateurs de l'offre alimentaire. En effet, une "fiscalité alimentaire" bien comprise ne doit pas chercher à remplir directement les caisses de l'État, mais bien à faire diminuer les prix des aliments nutritionnellement nécessaires et dépollués (qui deviendraient ainsi accessibles à tous). Elle réduirait ainsi le nombre de personnes atteintes de maladies chroniques liées peu ou prou à la malbouffe. Individuellement et collectivement, les bénéfices en seraient, à n'en pas douter, gigantesques.

www.lepoint.fr

4 **Lisez le texte à la page précédente et répondez aux questions suivantes.**

1 Quel est le but principal de ce texte?
   a) Inciter les consommateurs à s'opposer à la malbouffe et à ne pas en consommer.
   b) Exposer le point de vue du journaliste quant à la malbouffe.
   c) Faire le point sur les moyens de réduire la consommation de produits malsains.

2 Dites si les affirmations suivantes sont vraies ou fausses et justifiez votre réponse en citant un passage du texte.
   a) Taxer la nourriture judicieusement pourrait changer les façons de se nourrir.
   b) Tout le monde doit payer pour soigner les maladies dues aux mauvaises habitudes alimentaires.
   c) Les maladies du cœur ne sont pas concernées.
   d) Les consommateurs choisissent librement leur nourriture.
   e) Il faut que tout le monde puisse avoir les moyens d'acheter des produits naturels.

3 Citez deux façons de taxer qui seraient efficaces.

4 À quoi fait référence le mot «elle» souligné dans le premier paragraphe?

5 Expliquez les expressions suivantes.
   a) une fiscalité incitative
   b) les caisses de l'État
   c) peu ou prou

5 **Préparez un discours de mise en garde sur la malbouffe. Dans le cadre d'une mission de santé publique, vous êtes envoyé dans les écoles pour sensibiliser les jeunes aux dangers de la malbouffe.**

1 Renseignez vous sur la malbouffe. Trouvez des articles, imprimez-les et lisez-les.

2 Réfléchissez aux caractéristiques du «discours» et faites une liste des impératifs du discours (conventions, vocabulaire et grammaire).

3 Rédigez votre présentation.

Comment écrire

Un discours

Comment bien commencer un discours
1 Capter l'attention du public.
2 Annoncer le sujet.
3 Établir le contact.

Techniques d'introduction

1 Insistez sur l'intérêt de votre sujet.
   Exemple: « *Le coût pour la collectivité est effectivement particulièrement exorbitant, comme l'a souligné le Pr Serge Hercberg, qui porte le Programme national nutrition santé, lors d'un colloque organisé par la Mutualité française et le Réseau Environnement Santé à l'Assemblée nationale. Les facteurs nutritionnels sont impliqués dans de multiples maladies:...* »
2 Faites une déclaration.
   Exemple: « *...: les maladies cardiovasculaires, dont le coût en France est estimé à 28,7 milliards d'euros par an; les cancers, 12,8 milliards par an; l'obésité, 4 milliards; le diabète, 12,5 milliards.* »

3 Racontez une histoire ou une anecdote.
   Commencez par une histoire ou une anecdote amusante et pertinente, en relation directe avec votre sujet.
4 Posez des questions.
   Exemple: « *Mais quelles seraient les mesures efficaces à prendre?* »
5 Commencez par une citation.
   Exemple: « *...une question du Sénateur Jean Germain "sur les conséquences financières de l'alimentation industrielle déséquilibrée, également appelée malbouffe: excès de sucres, de sel, de gras, de produits chimiques...*" »

II: Les médicaments inutiles

- Se préparer à l'oral individuel et converser sur des sujets familiers
- Approfondir ses idées et ses opinions sur les habitudes des Français en matière de santé
- Savoir rédiger un article

Réfléchir

 Piste 26

Écoutez les réponses à cette interview sur les médicaments.
1 De quoi s'agit-il?
2 Trouvez des questions possibles pour les réponses données.
3 Que pensez-vous du thème abordé?

Un livre choc dénonce l'excès de médicaments inutiles

1 Ⓥ **En groupe de trois, vous allez rédiger un article pour *Le Figaro* intitulé « Un livre choc dénonce l'excès de médicaments inutiles ».**

Voici l'introduction:

Deux professeurs de médecine, Bernard Debré et Philippe Even, publient un guide des médicaments dans lequel ils affirment qu'un médicament sur deux est inutile et un sur vingt potentiellement dangereux.

Continuez d'écrire cet article en utilisant les expressions suivantes.

1 parmi les pays consommant plus de médicaments que de raison
2 médicaments utiles, inutiles et dangereux
3 trop de molécules sans intérêt
4 voire nocives
5 sont tolérées
6 protéger l'industrie pharmaceutique hexagonale
7 56 médicaments à suspendre immédiatement
8 un accueil mitigé parmi les experts français en pharmacologie
9 les consultations de médecins débouchent trop souvent sur des ordonnances inutiles
10 par réflexe culturel
11 trop de médicaments redondants
12 la politique du générique n'est pas claire
13 le prix de certains médicaments est disproportionné par rapport à leur efficacité
14 mais leur livre reflète également une méconnaissance du circuit du médicament
15 il ne faut pas diaboliser les médicaments, qui soignent quand même beaucoup de maladies
16 n'oublions pas qu'un médicament n'est jamais inoffensif
17 mettre à disposition des médecins une information indépendante sur les médicaments

2 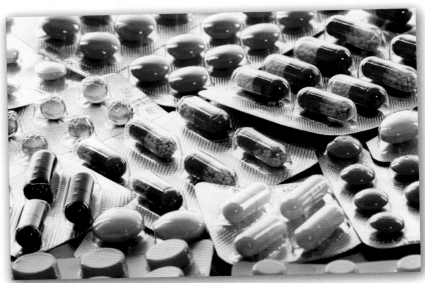 Échangez vos articles et lisez-les, puis lisez l'article de Figaro.fr ci-dessous et comparez-le à vos articles.

Deux professeurs de médecine, Bernard Debré et Philippe Even, publient un guide des médicaments dans lequel ils affirment qu'un médicament sur deux est inutile et un sur vingt potentiellement dangereux.

La France, toujours citée parmi les pays consommant plus de médicaments que de raison, voit paraître un nouvel ouvrage alarmiste sur sa situation pharmaceutique. Dans leur *Guide des 4000 médicaments utiles, inutiles et dangereux*, Bernard Debré, chirurgien et député UMP, et Philippe Even, pneumologue, s'attaquent aux inefficacités du système français. Trop de molécules sans intérêt, voire nocives, sont tolérées sur le marché français et remboursées, notamment pour protéger l'industrie pharmaceutique hexagonale, dénoncent-ils. Le tout contribuant, selon eux, à plomber les comptes de l'Assurance maladie.

Le livre recense ainsi «50% de médicaments inutiles, 20% de mal tolérés, 5% de "potentiellement très dangereux"». Ils en extraient une liste de 56 médicaments à suspendre immédiatement.

L'analyse des deux professeurs de médecine reçoit un accueil mitigé parmi les experts français en pharmacologie. Ceux-ci reconnaissent à l'ouvrage le mérite de soulever des problèmes structurels régulièrement dénoncés depuis une vingtaine d'années: trop de produits inefficaces conservent leur autorisation de mise sur le marché, les consultations des médecins débouchent trop souvent sur des ordonnances inutiles, par réflexe culturel. Mais toutes les conclusions de ce guide colossal – 900 pages, d'une utilisation pas forcément évidente pour le grand public – ne sont pas forcément partagées.

«Des erreurs»

«Il y a dans ce livre beaucoup de choses vraies, mais aussi de choses fausses», déplore ainsi le Pr Jean-François Bergmann, vice-président de la commission d'autorisation de mise sur le marché à l'Agence nationale de sécurité du médicament (ANSM) et chef de service de médecine interne à l'hôpital Lariboisière. «C'est vrai qu'il y a trop de médicaments redondants [n'apportant pas de réelle amélioration par rapport à la version ancienne, moins chère, NDLR], que la politique du générique n'est pas claire et que le prix de certains médicaments est disproportionné par rapport à leur efficacité. Mais les auteurs font aussi des erreurs. Contrairement à ce qu'ils disent, je considère l'Avastin (anticancéreux) comme un produit important, de même que le Byetta (antidiabétique), alors qu'eux souhaiteraient les suspendre. À l'inverse, ils citent comme produit d'excellence le Sintrom (anticoagulant) que plus personne ne recommande depuis vingt ans. Leur livre reflète également une méconnaissance du circuit du médicament. Le tout n'inspire pas confiance.»

Pour Jean-Louis Montastruc, professeur de pharmacologie médicale à Toulouse, «il ne faut pas diaboliser les médicaments, qui soignent quand même beaucoup de maladies». «Un médicament s'inscrit toujours dans un contexte: il est donné à un patient avec une pathologie, un âge, des antécédents, qui permettront au médecin d'en estimer les bénéfices au regard des risques, rappelle-t-il. Car n'oublions pas qu'un médicament n'est jamais inoffensif. Sinon, cela voudrait dire qu'il est sans effet.»

Mieux informer les médecins

Avec le Pr Bergmann, il partage le sentiment qu'un effort doit être fait par les autorités sanitaires pour mettre à disposition des médecins une information indépendante sur les médicaments, quasi inexistante en France. «Actuellement, les praticiens de ville sont essentiellement informés par les visiteurs médicaux payés par les laboratoires.»

Le Leem, fédération professionnelle des industriels du médicament, a pour sa part déploré mercredi soir des «amalgames et approximations» qui «contribuent à alarmer inutilement les malades et risquent de les conduire à arrêter de leur propre chef des traitements pourtant adaptés aux maladies dont ils souffrent».

http://sante.lefigaro.fr

3 🖉 **Rédigez une interview avec un médecin ou un infirmier/une infirmière que vous avez faite pour votre blog.**

4 💬 **Des médicaments pour tous et pour tout!**

> Je choisis les médicaments génériques. Ils sont aussi efficaces, de même qualité, plus économiques, et je n'avance pas d'argent.

Préparez vous à répondre par oral aux questions suivantes.

1 Que pensez-vous de cette légende?
2 A-t-on toujours besoin d'avaler des cachets pour se soigner?
3 La médecine par les plantes est-elle aussi efficace?
4 Doit-on faire confiance à la médecine en ligne?
5 Devrions-nous pouvoir acheter nos médicaments sur le net?
6 Avons-nous tous les moyens de nous soigner aujourd'hui?
7 Que pensez-vous des médicaments génériques?

III: La médecine douce

- S'informer sur la médecine douce sous toutes ses formes
- Remarquer la popularité accrue des traitements alternatifs
- Discuter du pour et du contre de la médecine douce et des questions qu'elle soulève

la médecine douce   la médecine parallèle   la médecine alternative   la médecine non conventionnelle
la médecine complémentaire   la médecine naturelle   la médecine holistique   la médecine allopathique
la médecine douce   la médecine parallèle   la médecine alternative   la médecine non conventionnelle
la médecine complémentaire   la médecine naturelle   la médecine holistique   la médecine allopathique
la médecine douce   la médecine parallèle   la médecine alternative   la médecine non conventionnelle
la médecine complémentaire   la médecine naturelle   la médecine holistique   la médecine allopathique

Réfléchir

- Regardez la bannière ci-dessus. Pourquoi existe-t-il tant de termes différents pour désigner la médecine douce? Y a-t-il une différence entre ces termes? Quel est l'effet de cette pluralité de termes?
- Maintenant regardez la liste des traitements alternatifs ci-dessous. Lesquels reconnaissez-vous? En quoi consistent-ils? Pour les traitements que vous ne reconnaissez pas, faites des recherches sur Internet ou dans une encyclopédie médicale pour en savoir plus.
- Avez-vous subi un ou plusieurs de ces traitements? Lesquels? Décrivez vos expériences. Recommanderiez-vous ce(s) traitement(s) à vos amis?
- Comment expliquer la popularité de la médecine parallèle?
- Quelles sont les conséquences possibles de la fragmentation de la médecine traditionnelle?
- Faut-il réglementer les thérapeutes alternatifs?

méthode Mézières · ostéopathie · eutonie · acupuncture · étiopathie · méthode Pilates · taïchi · sophrologie · méthode Feldenkrais · homéopathie · feng shui · massages shiatsu · naturopathie · yoga · chiropratique · qi gong · fasciathérapie · phytothérapie

Et si vous optiez pour la médecine douce?

1

Le point sur des thérapies qui ont le vent en poupe

De l'homéopathie à l'acupuncture en passant par l'ostéopathie, la sophrologie, la phytothérapie ou même les cures thermales... les médecines naturelles rencontrent un succès croissant.

Un complément à la médecine traditionnelle

La médecine douce, également appelée «médecine non conventionnelle», «parallèle», «alternative» ou «naturelle», utilise des techniques manuelles et des substances naturelles pour aider le corps à guérir par lui-même.

Observation!

L'adjectif «doux» a plusieurs sens. Dans l'expression «médecine douce», il signifie sans excès, utilisant des moyens naturels sans effets néfastes.

2

Ses caractéristiques

Elle exclut tout traitement à l'aide de produits pharmaceutiques.

Elle prend en considération l'ensemble des facteurs (émotifs, psychologiques, sociaux, génétiques, etc.) pouvant affecter une personne.

Elle s'intéresse aux causes de la maladie.

Elle privilégie l'utilisation de moyens naturels pour aider le corps à se guérir par lui-même, tels que les plantes, les huiles essentielles, les aliments, les minéraux, l'exercice physique, etc.

Elle accorde une grande importance à la relation entre le patient et le thérapeute. Cela implique des consultations plus longues que pour la médecine traditionnelle.

Elle est construite sur 3 notions fondamentales: l'éducation, la prévention et l'auto-guérison.

Elle s'appuie souvent sur des savoirs traditionnels et ancestraux. Toutefois, un nombre croissant d'études sont menées sur les traitements et thérapies douces.

3

Une grande diversité de disciplines

Plus de 300 médecines alternatives et complémentaires sont référencées en France.

Certaines connaissent déjà un important succès.

L'**acupuncture** appartient à la médecine traditionnelle chinoise. Elle consiste en l'insertion d'aiguilles fines à des points précis du corps afin d'assurer le bon fonctionnement des organes.

L'**ostéopathie** permet la manipulation des os ou des muscles pour stimuler l'auto-guérison.

L'**homéopathie** consiste à administrer une dose infinitésimale de médicament à un patient pour agir contre sa maladie.

La **chiropraxie** soigne de façon naturelle, sans médicament ni chirurgie, les problèmes d'origine neuromusculo-squelettique.

La **sophrologie** a pour but l'épanouissement de l'être et la transformation positive de son existence à l'aide de différentes techniques psychosomatiques (suggestion, yoga, etc.).

La **phytothérapie** traite les problèmes de santé par les plantes médicinales.

L'**aromathérapie** traite le patient avec des huiles essentielles de plantes médicinales.

La **réflexologie** agit par pression de points sur les pieds afin de libérer des canaux d'énergie reliés à des organes ou muscles.

4

Quelle reconnaissance en France pour la médecine douce?

En France, à ce jour, seules l'acupuncture et l'homéopathie sont reconnues officiellement.

L'acupuncture a été reconnue par l'Académie de médecine en 1950. Elle peut être pratiquée légalement par tous les docteurs en médecine. Les soins prescrits font l'objet d'un remboursement partiel par la Sécurité sociale.

L'homéopathie a quant à elle été reconnue en 1965. Seuls les membres des professions médicales (médecins, chirurgiens-dentistes, sages-femmes, vétérinaires) ont le droit de prescrire des médicaments homéopathiques.

Et l'ostéopathie? Cette pratique est reconnue depuis 2002. Les écoles spécialisées délivrent désormais un diplôme. Pour autant, les consultations ne sont pas remboursées par la Sécurité sociale.

5

…

La population française découvre progressivement les différentes techniques de la médecine douce et y est plutôt favorable. 75% estiment en effet que les médecins devraient davantage opter pour des thérapies sans médicament. Une conviction partagée par les différentes générations: 80% des personnes interrogées de 18 à 24 ans et 69% des patients de plus de 65 ans se déclarent favorables aux thérapies non médicamenteuses. Et pourtant, 9 Français sur 10 repartent aujourd'hui d'une consultation avec une ordonnance médicamenteuse…

Dans les faits, les médecines douces connaissent un succès grandissant dans l'Hexagone. Signe de cette tendance? L'homéopathie – la thérapie douce la plus répandue en France – fait de plus en plus d'adeptes. En 2011, 53% des Français ont utilisé des médicaments homéopathiques, contre 39% en 2004.

www.axa.fr

1 **Lisez le texte ci-dessus et répondez aux questions suivantes.**

1 Quelle expression veut dire « ont le vent en poupe » (section 1)?

2 Sélectionnez le mot correct entre parenthèses (section 2).
   a) La médecine douce (*implique* | *rejette*) les traitements à l'aide de produits chimiques.
   b) En médecine douce, on (*ignore* | *examine*) toute la gamme des causes possibles d'une maladie.
   c) Les praticiens de la médecine douce n'utilisent (*que* | *jamais*) des médicaments naturels.
   d) En médecine douce, le thérapeute cherche à (*éliminer* | *établir*) un rapport avec le patient.
   e) De temps en temps la médecine douce (*se sert de* | *se moque de*) vieilles connaissances populaires.
   f) De nos jours les chercheurs s'intéressent (*de plus en plus* | *de moins en moins*) à la médecine douce.

3 De quelle discipline alternative s'agit-il (section 3)?
   a) Cette discipline tente de faciliter l'épanouissement de la personne.
   b) Dans cette discipline, on fait un massage de pieds.
   c) Dans cette discipline, on a l'impression de devenir une pelote à épingles!
   d) Dans ces deux disciplines, le thérapeute doit bien connaître le squelette humain.
   e) Ici (deux disciplines) on s'intéresse aux extraits végétaux.

4 Répondez aux questions suivantes (section 4).
  a) Qui a le droit de pratiquer l'acupuncture en France?
  b) Qu'est ce que les membres des professions médicales sont autorisés à faire?
  c) De quelles différences entre l'ostéopathie, l'acupuncture et l'homéopathie est-il question?

5 Choisissez parmi les suivants le sous-titre qui convient le mieux à la section 5.
  a) La médecine douce séduit les Français
  b) Une minorité de Français respectent la médecine douce
  c) Les Français restent indifférents à la médecine douce

2 Ⓖ Donnez la forme correcte des verbes pronominaux suivants.

1 De nos jours, nous (*se passionner*) pour les traitements alternatifs.
2 Vous êtes malade depuis longtemps mais vous (*ne pas se soigner*).
3 Les blessés étaient incapables de marcher seuls, et ils (*s'appuyer*) donc sur les secouristes.
4 Dans un sondage récent, 75% des personnes interrogées (*se dire*) en excellente santé.
5 La vogue de la médecine alternative (*se confirmer*) il y a quelques années.

3 Organisez un débat dans votre cours de français. Divisez la classe en deux groupes: pour et contre la médecine douce. Voici quelques questions à discuter:

1 Est-il raisonnable d'exiger que tous les médecins suivent une formation en médecine naturelle en plus de la médecine traditionnelle?
2 Aujourd'hui, de plus en plus de gens adoptent volontairement des alimentations particulières (sans viande, sans gluten, sans cuisson, etc.) pour des raisons médicales, sociales et/ou culturelles. Qu'en pensez-vous? Quelles sont les conséquences possibles de cette tendance?
3 De nos jours les bactéries deviennent de plus en plus résistantes aux antibiotiques. Pourtant on constate une surconsommation d'antibiotiques dans le monde. Pourquoi cette surconsommation? Quelles conséquences pour les patients et le système de santé? Doit-on limiter l'usage des antibiotiques pour éviter une crise sanitaire?

4 🎧 Écoutez le reportage suivant sur l'art-thérapie et répondez aux questions. (Piste 27)

1 Vrai ou faux?
  a) L'art-thérapie ne prend pour cible que les problèmes psychologiques.
  b) Les patients de l'art-thérapie utilisent toute une gamme de matériaux artistiques pour s'exprimer.
  c) C'est un thérapeute spécialisé en art-thérapie qui décode les images du patient.
  d) L'art-thérapie s'adresse uniquement aux gens qui savent dessiner.
  e) Si vous êtes mal à l'aise avec la communication verbale, l'art-thérapie est pour vous.
2 Après avoir écouté ce reportage, aimeriez-vous essayer l'art-thérapie pour soulager une douleur psychologique ou physique? Quels sont les avantages et les inconvénients de l'art-thérapie, selon vous? Comparez votre réponse avec celle de vos camarades de classe.

Grammaire
Les verbes pronominaux
- Elle *s'intéresse* aux causes de la maladie.
- Pour aider le corps à *se guérir* par lui-même
- Elle *s'appuie* souvent sur des savoirs traditionnels et ancestraux.
- 69% des patients de plus de 65 ans *se déclarent* favorables

Stratégies pour s'exprimer lors d'un débat en groupe
Pour introduire le débat
à première vue, dans le fond, en gros, essentiellement
Pour exprimer vos idées
je n'hésite pas à affirmer que, j'abonde dans le sens de, je tiens à insister sur le fait que
Pour admettre l'incertitude
la solution est loin d'être évidente, les avis sont partagés sur ce point, ce n'est pas l'unique piste à explorer
Pour contre-attaquer
je ne suis pas d'accord, en revanche, par contre
Pour conclure
en somme, pour conclure, en fin de compte, en dernière analyse

IV: La santé mentale et le stress

- Expliquer le taux élevé de problèmes psychologiques, surtout liés au stress, dans la société moderne
- Analyser les causes du stress et ses effets néfastes, et proposer des solutions pour le combattre
- S'entraîner à écrire une lettre personnelle

Réfléchir

- Que comprenez-vous par les termes suivants: la santé mentale, un trouble psychologique, un déséquilibre psychologique, la dépression nerveuse?
- Quelles sont les origines du stress de nos jours?
- Quels sont ses effets sur la santé?
- Quelles sont les solutions pour prévenir le stress et y remédier?
- Regardez les phrases ci-contre et divisez-les en trois catégories:
  - facteurs qui provoquent le stress
  - effets néfastes du stress sur la santé
  - méthodes pour éviter ou réduire le stress
- Maintenant, dans chaque catégorie, numérotez les phrases selon leur importance ou fréquence à votre avis. Finalement, comparez vos résultats avec ceux d'un(e) camarade.

Les optimistes gèrent mieux le stress, c'est confirmé

1 Les personnes **1**.......... gèrent mieux le stress que celles qui sont de natures plus pessimistes, montre une étude **2**........... . Des chercheurs de l'Université Concordia ont établi un lien **3**.......... entre l'optimisme et la réponse **4**.......... au stress. Leurs travaux ont permis de mieux comprendre la façon dont optimistes et pessimistes gèrent respectivement le stress. Les résultats révèlent que le cortisol, appelé l'«hormone de stress», a tendance à demeurer plus **5**.......... chez ceux qui ont une personnalité plus **6**........... .

Explications

2 Cette étude a été réalisée auprès de 135 adultes âgés de 60 ans et plus chez qui des échantillons de salive ont été recueillis cinq fois par jour pendant six ans afin de surveiller leur taux de cortisol. Ce groupe a été choisi en raison des facteurs de stress liés à l'âge, facteurs avec lesquels les participants doivent souvent composer. Il a d'ailleurs été établi que leur taux de cortisol augmentait. Les participants devaient déclarer le niveau de stress qu'ils ressentaient pendant leurs activités quotidiennes et s'identifier sur une échelle à titre d'optimistes ou de pessimistes. Ensuite, les niveaux de stress de chaque personne ont été comparés au taux moyen de cette même personne. C'est la comparaison entre les niveaux de stress d'une personne et sa moyenne qui a permis de brosser un portrait réel de la gestion du stress, puisque chacun peut s'habituer au niveau de stress courant qu'il ressent chaque jour.

3 «Certaines personnes trouvent très stressant de faire leur shopping le samedi matin; c'est pourquoi nous avons demandé aux participants d'indiquer combien

de fois par jour ils se sentaient stressés ou dépassés par les événements. Nous avons ensuite comparé les résultats à leurs moyennes personnelles, puis analysé leurs réponses en examinant les niveaux de stress sur de nombreux jours.» selon Joëlle Jobin. La chercheuse souligne également que les pessimistes ont eu tendance à afficher un niveau de stress de référence plus élevé que les optimistes et qu'ils ont éprouvé de la difficulté à réguler leur système lors de situations particulièrement stressantes.

Surprise au réveil

4 Si ces résultats confirment les hypothèses des chercheurs en ce qui concerne la relation entre l'optimisme et le stress, une petite surprise les attendait. Les données montrent en effet que les optimistes sécrétaient des taux de cortisol plus élevés que prévu peu après leur réveil (suivi d'un abaissement de taux tout au long de la journée). Ces résultats renvoient à la difficulté de déterminer si ces hormones complexes sont favorables ou défavorables à l'organisme. En outre, l'appellation d'«hormone du stress» que traîne le cortisol ne tient pas compte du fait que c'est aussi l'hormone qui nous fait nous lever et bouger.

www.radio-canada.ca

1 Lisez le texte ci-dessus et répondez aux questions suivantes.

1 Dans le premier paragraphe, remplissez les blancs avec les adjectifs ci-dessous.

> québécoise   décisif   optimistes   positive   biologique   stable

2 Quelle phrase ci-dessous résume le mieux le deuxième paragraphe?
  a) On a choisi des personnes âgées pour cette étude parce qu'elles sont toujours très stressées.
  b) On a sélectionné des gens avec un taux de cortisol élevé.
  c) On a étudié les spécimens du panel en établissant non pas une comparaison entre eux, mais une comparaison avec eux-mêmes.

3 Dans le troisième paragraphe, quels sont les synonymes des mots ou expressions suivants?
  a) faire les courses   d) scientifique
  b) sujets   e) montrer
  c) signaler   f) adapter

4 Dans le quatrième paragraphe, quelle est la « petite surprise » mentionnée?

5 Après avoir lu tout l'article, quelle phrase ci-dessous choisiriez-vous pour résumer les conclusions de cette étude?
  a) Pour réduire votre niveau de stress, il faut faire baisser votre taux de cortisol.
  b) Pour réduire votre niveau de stress, souriez et soyez courtois et aimable.
  c) Pour réduire votre niveau de stress, évitez toute situation stressante.

Grammaire

Les pronoms relatifs

- *Les personnes optimistes gèrent mieux le stress que celles **qui** sont de natures plus pessimistes.*
- *Le cortisol a tendance à demeurer plus stable chez ceux **qui** ont une personnalité plus positive.*
- *comprendre la façon **dont** optimistes et pessimistes gèrent respectivement le stress*
- *135 adultes âgés de 60 ans et plus chez **qui** des échantillons de salive ont été recueillis*
- *des facteurs avec **lesquels** les participants doivent fréquemment composer*

2 **G** **Dans chaque phrase, insérez le mot qui manque.**

1 Les villes industrielles sont celles .... attirent les plus grandes vagues d'immigrants.

2 On aime bien discuter de nos passions avec ceux .... les partagent.

3 Elles n'apprécient pas la façon .... tu les regardes.

4 De toute évidence vous ignorez complètement l'animosité .... votre geste a provoquée.

5 Voici cinq raisons pour .... vous devriez manger moins d'aliments gras.

Une nouvelle application pour gérer son stress

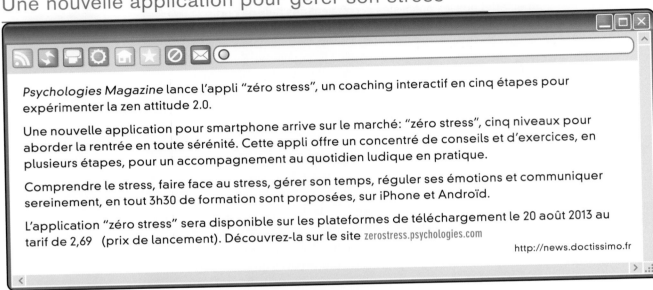

Psychologies Magazine lance l'appli "zéro stress", un coaching interactif en cinq étapes pour expérimenter la zen attitude 2.0.

Une nouvelle application pour smartphone arrive sur le marché: "zéro stress", cinq niveaux pour aborder la rentrée en toute sérénité. Cette appli offre un concentré de conseils et d'exercices, en plusieurs étapes, pour un accompagnement au quotidien ludique en pratique.

Comprendre le stress, faire face au stress, gérer son temps, réguler ses émotions et communiquer sereinement, en tout 3h30 de formation sont proposées, sur iPhone et Androïd.

L'application "zéro stress" sera disponible sur les plateformes de téléchargement le 20 août 2013 au tarif de 2,69 (prix de lancement). Découvrez-la sur le site zerostress.psychologies.com

http://news.doctissimo.fr

Les plantes qui soignent: contre le stress, rien ne vaut la passiflore

Passiflora incarnata serait un véritable "don de Dieu" pour calmer les anxieux et améliorer la qualité du sommeil du commun des mortels. Cultivée par les Aztèques, la passiflore a été découverte par les missionnaires espagnols au Pérou en 1569. La passiflore est sédative, anxiolytique, anticonvulsivante et analgésique. Elle commence par diminuer le niveau d'anxiété, puis elle entraîne un ralentissement net de l'activité générale; cet effet sédatif augmente la durée du sommeil et potentialise l'action des somnifères. Par  ailleurs, la passiflore diminue la température corporelle, condition favorable à l'entrée dans le sommeil. La passiflore est aussi un antispasmodique musculaire. Elle augmente l'amplitude des contractions, diminue leur fréquence et abaisse le tonus général. Enfin, elle exerce une action sédative sur le cœur.

www.lepoint.fr

3 Un(e) ami(e) de votre âge souffre de stress. En vous basant sur les deux textes ci-dessus, écrivez une lettre à votre ami(e) pour lui conseiller des manières de remédier à son stress.

Comment écrire

Une lettre personnelle
- Mettez la date et la ville où vous êtes.
- Commencez par « Cher/Chère... ».
- Dites pourquoi vous écrivez cette lettre.
- Exprimez des émotions.
- Servez-vous de questions rhétoriques et d'exclamations.
- N'oubliez pas la formule finale et votre signature (le prénom suffit).
- Le ton peut être familier et vous avez le droit d'utiliser des expressions décontractées.

4 🎧 **Écoutez ce reportage et répondez aux questions.**

Piste 28

1 Choisissez la fin qui correspond à chaque phrase.
   a) Dans ce reportage on parle de la classification des…
      i) …psychiatres dans le monde.
      ii) …types de climat américains.
      iii) …troubles psychologiques.
   b) Le DSM-5 est un…
      i) …journal professionnel de psychiatres.
      ii) …manuel qui classifie les diagnostics des troubles psychologiques.
      iii) …club des psychiatres.
   c) Le but du DSM-5 est d'…
      i) …harmoniser le diagnostic des troubles psychologiques dans le monde.
      ii) …avoir un langage commun entre les psychiatres et les laboratoires pharmaceutiques.
      iii) …analyser tous les cas de troubles psychologiques de la planète.

2 Vrai ou faux?
   a) Tout le monde pense que le DSM est parfait.
   b) Selon des critiques, certains diagnostics du DSM manquent de souplesse.
   c) Le nombre de catégories de troubles psychologiques a énormément diminué depuis la première édition.
   d) Ceci pourrait mener à la « déshumanisation » des patients.

3 Remplissez les blancs dans le paragraphe suivant.

De leur **1**.........., les défenseurs du DSM-5 réfutent l'idée d'une hégémonie de la psychiatrie **2**.......... sur le reste du monde en mettant en avant le fait que le DSM-5 ne recommande pas de **3**........... « C'est juste un outil de diagnostic qui n'empêche pas le **4**......... de garder son libre arbitre et de ne pas prescrire un **5**.......... s'il estime que cela n'est pas justifié », constate un **6**.......... de psychiatrie à l'École des hautes études en santé publique (EHESP).

Théorie de la connaissance

L'intégration sociale des personnes vivant avec des troubles psychologiques varie selon les cultures et les pays.
- Comment prendre en compte ces différences?
- Comment valoriser les individus en tant que tels et pas seulement en tant que membres d'un groupe social?
- Quelles pratiques retenir des autres pays et cultures sur la prise en charge des troubles psychologiques?
- Comment promouvoir ce qui rassemble: l'accompagnement, le rétablissement et l'acceptation des différences?
- Comment sensibiliser les populations aux troubles psychologiques qui restent méconnus et sont l'objet de préjugés?

PRÉPARATION À L'ÉPREUVE 2

Compétences productives à l'écrit

L'épreuve 2 dure 1 heure 30 minutes. Elle représente 25 % de la note finale.

L'épreuve 2 (NM) ou la section A de l'épreuve 2 (NS) contient cinq exercices requérant la rédaction de différents types de textes. Chaque exercice de rédaction porte sur une option différente; vous ne devez choisir qu'un seul exercice.

La connaissance factuelle des options ne sera pas évaluée, mais elle peut et doit être utilisée pour étayer le message que vous communiquez.

Chaque exercice requiert de vous que vous utilisiez un type de texte spécifique, tel qu'une lettre officielle ou un rapport. Vous devez donc identifier l'objectif ou les objectifs de l'exercice afin d'employer le registre et le style adaptés au type de texte.

Vous devrez:

- utiliser la langue de manière correcte et appropriée
- développer et organiser des idées pertinentes
- répondre en utilisant correctement les caractéristiques du type de texte voulu.

Il y a trois critères d'évaluation pour l'épreuve 2.

- Critère A: Langue: 10 points
- Critère B: Message: 10 points
- Critère C: Présentation: 5 points

Total 25 points

Niveau moyen	Niveau supérieur
Un exercice de rédaction (250 à 400 mots) en réponse à un sujet choisi parmi les cinq proposés et basé sur les options	Deux exercices de rédaction obligatoires • Section A: une tâche (250 à 400 mots) choisie parmi les cinq proposées et portant sur les options • Section B: une réaction personnelle (150 à 250 mots) à un texte écrit portant sur le tronc commun

Types de texte

Niveau moyen	Niveau supérieur
• Article • Blog ou passage d'un journal intime • Brochure, dépliant, prospectus, tract, annonce publicitaire • Correspondance écrite • Critique • **Dissertation** • Information de presse • Instructions, directives • Interview • Introduction à un débat, un discours, un exposé ou une présentation • Rapport officiel	• Article • Blog ou passage d'un journal intime • Brochure, dépliant, prospectus, tract, annonce publicitaire • Correspondance écrite • Critique • Information de presse • Instructions, directives • Interview • Introduction à un débat, un discours, un exposé ou une présentation • **Proposition** • Rapport officiel

Exemples de questions

Niveau moyen

1 Coutumes et traditions (Unité 10)

a) Vous avez récemment pris part à plusieurs discussions à propos de la religion. Vous avez eu des conversations avec des croyants et des non-croyants, à l'école et en dehors de l'école, et vous êtes arrivés à vos propres conclusions sur le rôle de la religion dans la vie moderne. Écrivez un blog pour expliquer vos idées.

b) Vous avez assisté à une fête traditionnelle dans un pays francophone. Vous faites un reportage pour la station de radio de votre école pour raconter votre expérience. Rédigez le texte de ce reportage.

2 Loisirs (Unité 11)

a) Plusieurs personnes de votre connaissance se plaignent de la quasi-disparition des formes traditionnelles de diffusion des informations dans le monde (par exemple les journaux papier). Écrivez une dissertation intitulée « Les avantages et les inconvénients des nouveaux médias numériques ».

b) Vous savez que la durée moyenne des vacances pour les gens qui travaillent se raccourcit de plus en plus. Formulez une liste de conseils destinés aux vacanciers pour leur expliquer comment profiter au maximum de leurs vacances.

3 Sciences et technologie (Unité 12)

a) Vous avez eu la chance d'interviewer un chercheur ou une chercheuse scientifique qui vient de faire une grande découverte. L'interview sera publiée dans le journal de votre école. Rédigez le texte de cette interview.

b) Il vous semble que la science moderne a avancé trop vite et est allée trop loin dans certains domaines. Écrivez une lettre au ministre responsable du développement scientifique du gouvernement de votre pays pour réclamer une suspension temporaire des programmes de recherche.

4 Diversité culturelle (Unité 13)

a) Dans le cadre d'une enquête pour votre journal régional, vous avez exploré les connaissances et les compétences linguistiques des habitants de votre ville. Écrivez un article dans lequel vous précisez la composition linguistique de la population et commentez-en les effets pour l'avenir de la ville.

b) Vous participez à un débat dans votre club des jeunes sur le thème « Pour ou contre les sociétés multiculturelles? » et vous allez argumenter POUR. Rédigez le texte de votre discours dans le cadre de ce débat.

5 Santé (Unité 14)

a) Vous avez obtenu un travail comme responsable marketing d'une nouvelle clinique privée qui se spécialise dans la médecine douce. Écrivez une brochure publicitaire pour cette clinique. La brochure a pour but de définir et d'expliquer les traitements alternatifs proposés par la clinique et d'attirer de nouveaux clients.

b) Vous vous inquiétez pour la santé mentale de la jeune génération de votre pays, surtout par rapport au stress. Vous écrivez une lettre ouverte au directeur d'un quotidien national pour exprimer vos soucis et faire des suggestions pour améliorer la situation.

Niveau supérieur

1 **Coutumes et traditions (Unité 10)**

   a) Vous avez une idée pour un nouveau festival qui représentera la société actuelle de votre pays. Formulez une proposition officielle pour la création de ce festival.

   b) Vous aidez le centre culturel de votre ville pour la promotion d'une journée de traditions régionales et nationales. Rédigez le texte d'un dépliant pour attirer des visiteurs.

2 **Loisirs (Unité 11)**

   a) Un club de loisirs de votre ville a organisé une séance pour la découverte d'un nouveau sport extrême. Malheureusement, cette séance s'est terminée par un accident. Rédigez le rapport de police de cet incident.

   b) Le journal de votre école vous a chargé d'écrire la critique d'une émission de télévision scandaleuse, qui a été diffusée la veille. Tout le monde en parle et le rédacteur du journal vous a dit que votre critique figurera en une. Écrivez cette critique de presse.

3 **Sciences et technologie (Unité 12)**

   a) Vous êtes connu dans votre ville en tant qu'amateur de sciences et on vous a invité à participer à une table ronde pour parler de « La science dans notre vie quotidienne ». Rédigez le texte de votre discours.

   b) Les robots et les systèmes robotisés sont de plus en plus courants dans notre société. Écrivez un article pour un journal de science pour jeunes dans lequel vous examinez les arguments pour et contre l'utilisation généralisée de l'intelligence artificielle.

4 **Diversité culturelle (Unité 13)**

   a) Écrivez une lettre au ministre responsable de l'immigration de votre pays pour demander l'interdiction du costume traditionnel chez les gens venus d'un autre pays.

   b) Vous avez interviewé un jeune chanteur ou une jeune chanteuse d'origine étrangère dont la musique est très populaire chez les jeunes de votre pays et qui chante en plusieurs langues. Écrivez le texte de cette interview.

5 **Santé (Unité 14)**

   a) Dressez une liste de recommandations destinées aux jeunes lecteurs de votre journal en ligne, qui expliquent comment vivre sainement et éviter les problèmes de santé qui affligent beaucoup de jeunes dans votre pays.

   b) Une personne que vous connaissez est gravement malade et les médecins n'arrivent pas à identifier la maladie ni à soigner la douleur. Écrivez une page de votre journal intime pour exprimer vos sentiments personnels devant cette situation.

L'EXAMEN ORAL INDIVIDUEL

L'examen oral individuel dure de huit à dix minutes. Il représente 20% de la note finale.

L'examen oral individuel porte sur les options. Vous disposez de 15 minutes de préparation puis de 10 minutes (au maximum) pour votre présentation et pour la discussion avec l'enseignant.

L'examen oral individuel est évalué à l'aide de critères d'évaluation et noté sur 20 points.

Il y a deux critères d'évaluation pour l'examen oral individuel:
- **Critère A: Compétences productives: 10 points**
- **Critère B: Compétences interactives et réceptives: 10 points**

Total 20 points

Exemples de questions

Niveau moyen

1 **Coutumes et traditions (Unité 10)**
« Les fêtes villageoises françaises: quoi de mieux que de passer une soirée à table avec de bons voisins? »

2 **Loisirs (Unité 11)**
« Le tourisme mondial: phénomène dévastateur ou bénédiction? »

3 **Sciences et technologie (Unité 12)**
« La fête de la science nous donne l'occasion de démystifier le travail des chercheurs et d'inspirer une nouvelle génération de scientifiques. »

4 **Diversité culturelle (Unité 13)**
« Quelle que soit la couleur de leur peau, tous les habitants de l'Hexagone veulent vivre dans la prospérité et en harmonie. »

5 **Santé (Unité 14)**
« Les activités sportives à but caritatif jouent un double rôle: sensibiliser le public au travail des organisations de bienfaisance et améliorer la santé de ceux qui y participent. »

Niveau supérieur

1 **Coutumes et traditions (Unité 10)**
« Le rôle établi de la religion – de servir de béquille pour les gens lors des événements marquants de leur vie – est encore pertinent au XXIème siècle. »

2 **Loisirs (Unité 11)**
« Malgré la croissance étonnante des nouveaux divertissements numériques dans le monde moderne, les vieux passe-temps culturels font encore plaisir. »

3 **Sciences et technologie (Unité 12)**
« Chaque nouveau mode de communication provoque tôt ou tard une réaction de la part des régimes du monde, qui veulent limiter la liberté d'expression pour maintenir le statu quo et éviter une révolution sociale. »

4 **Diversité culturelle (Unité 13)**
« Intégration ou tolérance? Quoi que vous pensiez, il est clair que la société multiculturelle n'est pas une utopie. »

5 **Santé (Unité 14)**
Une fois épuisées les options médicamenteuses, le devoir de la médecine est de laisser le patient mourir en dignité et en paix et de le traiter comme un être humain et non comme une source de données.

LITTÉRATURE

Par le feu (2013)

L'écriture est devenue ma respiration quotidienne, et même quand je n'écris pas, je pense à ce que j'écrirai. **Tahar Ben Jelloun**

Auteur marocain né à Fès le 1er décembre 1944, **Tahar Ben Jelloun** écrit ses œuvres en langue française. Devenu célèbre grâce à son roman *L'Enfant de sable*, il a bien d'autres chefs d'œuvre à son actif, de véritables succès de tous genres, des thèmes et des formes d'écriture variés.

Alors qu'il étudie la philosophie à Rabat, il commence à se révolter contre les autorités marocaines comme nombreux autres étudiants de cette année 1965. Le jeune homme est alors accusé d'avoir organisé ces émeutes et est envoyé en camp disciplinaire. Il n'en sortira qu'en 1968 pour reprendre ses études de philosophie. En 1971, il quitte son pays natal pour la France, pays d'exil, d'où il publie son premier recueil de poésie. *Le Monde* s'y intéresse et l'embauche comme pigiste. En 1973, il publie son premier roman *Harrouda*, *La Prière de l'absent* et *L'Écrivain public*, des récits autobiographiques ne seront écrits que 10 ans plus tard. En 1987, l'écrivain reçoit le prestigieux Prix Goncourt pour son livre *La Nuit sacrée*.

Écrivain engagé, il lutte contre les problèmes de racisme et se révolte contre les crises du monde arabe. En 1991, il publie *La Remontée des cendres*, consacré aux victimes de la guerre du Golfe, et *Le Racisme expliqué à ma fille* qui sera traduit dans le monde entier.

Il aime à dépeindre tout au long de ses œuvres des personnages marginaux, en quête d'identité sexuelle et sociale.

5

Zineb travaillait comme secrétaire chez un médecin. Elle aimait sincèrement Mohamed. Comme elle était fille unique, elle lui avait proposé de l'épouser et de venir vivre chez ses parents. Mais Mohamed était fier, impensable pour lui d'être à la charge de sa femme et d'habiter chez ses beaux-parents.

Le plus souvent ils se donnaient rendez-vous au café. Ils parlaient beaucoup, tournaient en rond, puis éclataient de rire. Cela faisait plus de trois mois qu'ils n'avaient pas pu se retrouver seuls pour faire l'amour. La dernière fois, la cousine de Zineb leur avait prêté son petit appartement parce que sa colocataire était en voyage.

— Un jour, disait Zineb, nous nous échapperons du tunnel; je te le promets; je le vois, je le sens. Tu auras un bon travail, je quitterai ce médecin visqueux et nous ferons notre vie; tu verras.

— Oui, un jour, mais tu sais bien que jamais je ne montrerai dans ces barques douteuses pour devenir un clandestin. Je connais ton plan: le Canada! Oui, nous irons tous au Canada et nous irons aussi tous au paradis. C'est écrit quelque part. Mais pour le moment je dois nourrir une famille nombreuse, soigner ma mère et me battre pour trouver un bon emplacement pour ma charrette.

Zineb prit ses mains et les baisa. Il fit de même.

6

Il s'était réveillé à six heures. Il essaya de faire le moins de bruit possible pour ne pas réveiller ses frères qui dormaient avec lui dans la même chambre. Il y avait Nabile, vingt ans, guide touristique non agréé, et qui avait souvent des problèmes avec la police. Il y avait Nourredine, dix-huit ans, lycéen, mais qui travaillait dans une boulangerie du vendredi soir au lundi matin. Et puis il y avait Yassine, quinze ans, intelligent, fainéant, beau et spirituel. Il promettait à sa mère de devenir millionnaire et de l'emmener visiter les pyramides.

Mohamed fit sa toilette, avala un morceau de pain et sortit sa charrette sur laquelle il avait déposé le carton de livres. À l'angle de leur rue étroite, un agent de la circulation l'arrêta:

– C'est la charrette du vieux; où est-il?

– Mort.

– Et toi tu prends le relais comme si de rien n'était?

– C'est quoi le problème? Ce n'est pas interdit d'essayer de gagner honnêtement sa vie?

– Insolent avec ça! Tes papiers...

Mohamed lui donna tous les documents qu'il avait sur lui.

– Manque l'assurance. Tu imagines, tu écrases un enfant, qui paye? Toi?

– Depuis quand il faut une assurance pour une charrette de fruits? C'est nouveau.

L'agent sortit un carnet et se mit à écrire tout en regardant de biais Mohamed. À un moment il lui dit:

– Tu fais l'idiot, celui qui ne veut pas comprendre.

– Je ne fais rien du tout; c'est toi qui fais tout pour m'empêcher d'aller travailler.

– Allez, c'est bon, mais pense à l'assurance, c'est pour ton bien que je te dis ça.

À deux mains, il se servit d'oranges et de pommes; en croqua une, et dit, la bouche pleine:

– Allez, circule, va...

Tahar Ben Jelloun

1 📖 **Lisez l'extrait et répondez aux questions suivantes.**

Chapitre 5

1   Quelle est la nature des relations entre Zineb et Mohamed?

2   Expliquez l'expression « fille unique ».

3   Dans la phrase, « elle lui avait proposé de l'épouser », que remplace le pronom « l' »?

4   Dans ce contexte, l'adjectif « impensable » signifie:
   a) inacceptable
   b) incroyable
   c) invivable

5   Qui facilite leur relation?

6   Expliquez l'expression « sa colocataire ».

7   L'expression « nous nous échapperons du tunnel » signifie:
   a) qu'ils sont prisonniers dans un tunnel
   b) qu'ils traversent une période difficile
   c) qu'ils n'ont aucun espoir

8　Dans la phrase «je le vois», que remplace le pronom «le»?

9　Vrai ou faux? Citez des passages du texte pour justifier votre réponse.

   a)　Zineb est optimiste.

   b)　Elle espère que Mohamed réussira sa vie professionnelle.

   c)　Zineb aime le travail qu'elle a actuellement.

   d)　Zineb espère réussir sa vie dans son pays.

10　Quelles sont les préoccupations actuelles de Mohamed?

Chapitre 6

11　Entre qui la conversation a-t-elle lieu?

12　Que signifie la phrase «Tu fais l'idiot, celui qui ne veut pas comprendre.»?

13　Pourquoi l'homme se sert-il à deux mains de pommes et d'oranges?

14　Comment décririez-vous la relation entre les deux hommes?

NIVEAU SUPÉRIEUR

Travail écrit

Ce soir-là, Mohamed n'a pas l'occasion de voir Zineb. Sa journée a été très longue, trop longue; il est épuisé et puis ils n'ont nulle part où aller. Pourtant elle lui manque et il a beaucoup à lui raconter. Il décide de lui écrire une lettre.

Écrivez la lettre de Mohamed à Zineb. Rédigez au moins 200 mots.

Conte de Noël (1882)

Né à Fécamp en Normandie, **Guy de Maupassant** (1850-1893) est l'un des écrivains français les plus renommés. Connu pour son naturalisme mélangé de fantastique et de pessimisme, il est aussi un maître styliste qui avait des liens amicaux avec les autres grands auteurs de son époque, Flaubert et Zola. Dans ses nouvelles (parfois intitulées «contes»), on voit les germes des idées que Maupassant développe plus longuement dans ses romans, *Une vie* (1883) et *Bel-Ami* (1885).

J'étais alors médecin de campagne, habitant le bourg[1] de Rolleville, en pleine Normandie. L'hiver, cette année-là, fut terrible. Dès la fin de novembre, les neiges arrivèrent après une semaine de gelées. On voyait de loin les gros nuages venir du nord; et la blanche descente des flocons commença.

En une nuit, toute la plaine fut ensevelie[2].

Les fermes, isolées dans leurs cours carrées, derrière leurs rideaux de grands arbres poudrés de frimas[3], semblaient s'endormir sous l'accumulation de cette mousse épaisse et légère.

Aucun bruit ne traversait plus la campagne immobile. Seuls les corbeaux[4], par bandes, décrivaient de longs festons dans le ciel, cherchant leur vie inutilement, s'abattant tous ensemble sur les champs livides[5] et piquant la neige de leurs grands becs.

On n'entendait rien que le glissement vague et continu de cette poussière tombant toujours.

Cela dura huit jours pleins, puis l'avalanche s'arrêta. La terre avait sur le dos un manteau épais de cinq pieds.

Et, pendant trois semaines ensuite, un ciel clair, comme un cristal bleu le jour, et, la nuit, tout semé d'étoiles qu'on aurait crues de givre[6], tant le vaste espace était rigoureux, s'étendit sur la nappe unie, dure et luisante des neiges.

La plaine, les haies, les ormes[7] des clôtures, tout semblait mort, tué par le froid. Ni hommes ni bêtes ne sortaient plus: seules les cheminées des chaumières en chemise blanche révélaient la vie cachée, par les minces filets de fumée qui montaient droit dans l'air glacial.

De temps en temps on entendait craquer les arbres, comme si leurs membres de bois se fussent brisés sous l'écorce; et, parfois, une grosse branche se détachait et tombait, l'invincible gelée pétrifiant la sève et cassant les fibres.

Les habitations semées çà et là par les champs semblaient éloignées de cent lieues les unes des autres. On vivait comme on pouvait. Seul, j'essayais d'aller voir mes clients les plus proches, m'exposant sans cesse à rester enseveli dans quelque creux.

Je m'aperçus bientôt qu'une terreur mystérieuse planait sur le pays. Un tel fléau, pensait-on, n'était point naturel. On prétendit qu'on entendait des voix la nuit, des sifflements aigus, des cris qui passaient.

Ces cris et ces sifflements venaient sans aucun doute des oiseaux émigrants qui voyagent au crépuscule, et qui fuyaient en masse vers le sud. Mais allez donc faire entendre raison à des gens affolés. Une épouvante envahissait les esprits et on s'attendait à un événement extraordinaire.

Guy de Maupassant

[1] une petite ville
[2] ensevelir – enterrer
[3] un brouillard froid et épais
[4] corbeau (*m*) – un oiseau noir, parfois associé au malheur
[5] blême, pâle
[6] une couche fine de glace
[7] un arbre

2 📖 **Lisez l'extrait. Vrai ou faux? Justifiez votre réponse en utilisant des mots tirés du texte.**

1 La neige est tombée avec une rapidité surprenante.

2 Dans la campagne, la vie continuait comme d'habitude.

3 Le paysage était silencieux.

4 Après huit jours, la neige a fondu.

5 Pendant trois semaines le ciel était bleu et dégagé.

6 L'aspect de la campagne était sinistre.

7 Le jeune médecin essayait d'aller voir ses patients malgré la difficulté des trajets.

8 Les paysans avaient peur des bruits qu'ils entendaient la nuit.

3 🗨 **En travaillant avec un(e) camarade, faites les activités suivantes portant sur l'extrait ci-dessus.**

1 Dressez une liste des phrases où l'auteur utilise un adjectif + un substantif. Analysez le choix de mots de Maupassant et dites si vous trouvez son style réaliste, naturaliste ou surréaliste.

2 Relevez les mots et les phrases qui ont un sens négatif. Comment Maupassant crée-t-il un ton pessimiste?

3 Bien sûr, ce n'est pas là la fin du conte. Avez-vous envie de lire la suite? Pourquoi (pas)?

4 En Normandie en hiver, il peut faire extrêmement froid. Quel temps fait-il à Noël dans votre pays? Reconnaissez-vous le paysage hivernal de cet extrait? Comprenez-vous la terreur mystérieuse qui envahit les gens de la région? Que feriez-vous à leur place?

> **Stratégies pour lire**
>
> Dans ce texte on trouve le passé simple. Si vous n'avez jamais rencontré ce temps, cherchez-le dans la section Grammaire vers la fin de ce livre (page 286).

NIVEAU SUPÉRIEUR

Travail écrit

Écrivez la fin de ce conte.

> **Stratégies pour écrire**
>
> Vous devez rester fidèle au ton de Maupassant et préserver l'atmosphère qu'il a créée au début de son conte. Mais vous avez le droit d'interpréter librement l'« événement extraordinaire » mentionné, pourvu qu'il y ait un élément de fantastique. Faites preuve d'imagination et tâchez d'arriver à une conclusion inattendue et succincte.

L'Écume[1] des jours (1947)

Boris Vian (1920-1959) est un écrivain français qui a rédigé une énorme variété de textes dans presque tous les genres littéraires. En plus, il a exercé une multitude de métiers en dehors de la littérature, y compris chanteur, acteur, peintre et musicien de jazz. Ingénieur de l'École centrale, Vian est aussi scénariste et traducteur. Il a souvent utilisé des pseudonymes pour signer ses écrits, dont le roman scandaleux *J'irai cracher sur vos tombes*, qui a été interdit. Mais son roman le plus apprécié parmi les jeunes Français reste *L'Écume des jours*, qui est sorti en 1947 sous son vrai nom. C'est la meilleure expression de ses thèmes de prédilection: l'absurde, la fête et la mort.

«Ça ne va pas?» dit Nicolas sans se retourner, avant que la voiture démarre.

Chloé pleurait toujours dans la fourrure[2] blanche et Colin avait l'air d'un homme mort. L'odeur des trottoirs montait de plus en plus. Les vapeurs d'éther[3] emplissaient la rue.

«Va, dit Colin.

— Qu'est-ce qu'elle a? demanda Nicolas.

— Oh! Ça ne pouvait pas être pire!» dit Colin.

Il se rendit compte de ce qu'il venait de dire et regarda Chloé. Il l'aimait tellement en ce moment qu'il se serait tué pour son imprudence.

Chloé, recroquevillée[4] dans un coin de la voiture, mordait ses poings. Ses cheveux lustrés lui tombaient sur la figure et elle piétinait sa toque[5] de fourrure. Elle pleurait de toutes ses forces, comme un bébé, mais sans bruit.

«Pardonne-moi, ma Chloé, dit Colin. Je suis un monstre.»

Il se rapprocha d'elle et la prit près de lui. Il embrassait ses pauvres yeux affolés et sentait son cœur battre à coups sourds et lents dans sa poitrine.

«On va te guérir, dit-il. Ce que je voulais dire, c'est qu'il ne pouvait rien arriver de pire que de te voir malade quelle que soit la maladie…

— J'ai peur… dit Chloé. Il m'opérera sûrement.

— Non, dit Colin. Tu seras guérie avant.

— Qu'est-ce qu'elle a? répéta Nicolas. Je peux faire quelque chose?»

Lui aussi avait l'air très malheureux. Son aplomb ordinaire s'était fortement ramolli.

«Ma Chloé, dit Colin, calme-toi.

— C'est sûr, dit Nicolas. Elle sera guérie très vite.

— Ce nénuphar[6], dit Colin. Où a-t-elle pu attraper ça?

— Elle a un nénuphar? demanda Nicolas incrédule.

— Dans le poumon droit, dit Colin. Le professeur croyait au début que c'était seulement quelque chose d'animal. Mais c'est ça. On l'a vu sur l'écran. Il est déjà assez grand, mais, enfin, on doit pouvoir en venir à bout.

— Mais oui, dit Nicolas.

— Vous ne pouvez pas savoir ce que c'est, sanglota Chloé, ça fait tellement mal quand il bouge!!!

— Pleurez pas, dit Nicolas. Ça sert à rien et vous allez vous fatiguer.»

La voiture démarra.

Boris Vian

[1] mousse blanche qui se forme au-dessus d'un liquide agité

[2] poils d'un animal

[3] substance anesthésiante

[4] repliée sur soi

[5] sorte de chapeau

[6] plante aquatique à belles fleurs

4 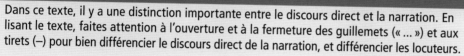 **Lisez l'extrait à la page précédente. Dressez une liste des personnages. De qui s'agit-il?**

1 a le cœur qui bat sourdement

2 est au volant de la voiture

3 demande pardon à Chloé

4 se mord les poings

5 n'est pas au courant du diagnostic

6 porte un manteau de fourrure avec un chapeau

7 a perdu son aplomb habituel

8 embrasse les yeux de Chloé

9 a l'air d'un homme mort

10 dit une bêtise qu'il regrette tout de suite

11 aime Chloé

12 a peur

13 a un nénuphar dans le poumon droit

Stratégies pour lire

Dans ce texte, il y a une distinction importante entre le discours direct et la narration. En lisant le texte, faites attention à l'ouverture et à la fermeture des guillemets (« ... ») et aux tirets (–) pour bien différencier le discours direct de la narration, et différencier les locuteurs.

5  **Faites les activités suivantes en travaillant avec un(e) camarade.**

1 Décrivez les trois personnages. Comment sont-ils ordinairement? Comment sont-ils maintenant? Pourquoi ont-ils changé? Quelles étaient leurs relations auparavant? Et dans cette scène?

2 Analysez la description des odeurs de la rue: « L'odeur des trottoirs montait de plus en plus. Les vapeurs d'éther emplissaient la rue. » Est-ce que vous trouvez cette description efficace? Pourquoi (pas)?

3 Considérez la réplique de Colin, « Oh! Ça ne pouvait pas être pire! », et sa réaction. Comprenez-vous cette gaffe? En avez-vous commis de pareilles? Qu'est-ce que vous avez dit? À qui? Décrivez votre réaction et celle des gens qui ont entendu vos paroles.

4 Quel est le diagnostic? Pourquoi utilise-t-on le mot « nénuphar »?

5 Quel est l'effet global de cet extrait? Êtes-vous touché(e) par la situation de Chloé? Pourquoi (pas)?

NIVEAU SUPÉRIEUR

Travail écrit

Rédigez une lettre personnelle de la part de l'un des trois personnages de cet extrait. Il ou elle écrit à un(e) ami(e) ou à un membre de sa famille pour donner sa réaction à cette scène. Basez votre récit sur le texte, mais en y ajoutant des détails supplémentaires, concernant soit la scène soit les pensées du personnage que vous avez choisi.

Stratégies pour ecrire

Cette lettre sera en conformité avec l'extrait, donc pleine d'émotion et de détresse. Le personnage tutoie son correspondant ou sa correspondante et partage avec lui ses émotions, ses peurs et ses espoirs pour l'avenir. N'oubliez pas la date et l'adresse, et mettez une formule d'appel et une formule finale appropriées, ainsi que votre signature.

Le travail écrit

Le travail écrit est noté par des examinateurs externes de l'IBO. Les candidats de niveau moyen et de niveau supérieur doivent compléter un travail comprenant une rédaction et un préambule pour présenter cette rédaction. **Ce travail vaut 20 % du résultat du groupe 2 du diplôme IB.**

Niveau moyen

Au niveau moyen, le travail écrit a pour but de permettre aux étudiants de réfléchir sur un sujet du tronc commun, d'approfondir leur compréhension de ce sujet et de développer leurs compétences intertextuelles productives et réceptives.

Le travail comporte deux parties: la tâche (entre 300 et 400 mots) et le préambule (entre 150 et 200 mots). Les étudiants doivent rédiger un texte de 300 à 400 mots correspondant à l'un des types de texte étudiés en cours d'année, en fonction du message à véhiculer. Le contenu doit se fonder sur trois ou quatre sources choisies et étudiées par l'étudiant, en consultation avec le professeur. Les sources peuvent être des articles de journal, des interviews, des sources audiovisuelles et doivent être en rapport avec la culture de la langue cible. Les étudiants doivent rédiger au moins 300 mots, mais seuls les 400 premiers mots seront pris en compte par les examinateurs si les étudiants écrivent plus de 400 mots.

Dans le préambule (entre 150 et 200 mots), l'étudiant doit présenter son travail, son destinataire, ses objectifs (ou son objectif) et la façon dont il a atteint ces objectifs, y compris l'explication du registre choisi.

Le texte doit correspondre à l'un des types de texte étudiés pour l'examen: article, blog, page de journal intime, brochure, entretien, préambule à un débat, à un discours ou à une présentation, reportage de journal, reportage officiel, rédaction, revue, mode d'emploi ou lettre.

Les étudiants pourraient décider d'inclure des images dans leur travail. Le travail doit être rédigé au format électronique et le fichier ne doit pas dépasser 2 Mo.

Conseils

Voici des conseils pour aborder la tâche écrite en quelques étapes.

1 Examinez les trois ou quatre sources que vous avez choisies en consultation avec votre professeur. Elles doivent porter sur le même thème.

2 Étudiez les sources et assurez-vous de les avoir bien comprises parce qu'elles sont essentielles pour votre tâche.

3 Pour réussir votre tâche écrite, prenez l'habitude de vous poser des questions après avoir étudié les sources:
- Qu'avez-vous appris sur le sujet?
- Quelles informations vous ont paru les plus intéressantes?
- Quel message voulez-vous transmettre?
- À qui voulez-vous transmettre ce message?
- Quel type de texte convient le mieux?

Décidez du titre de votre tâche écrite (cela permet de définir un objectif pour votre travail) et choisissez le type de texte à écrire. Parlez-en avec votre professeur. Revenez aux textes et surlignez tous les éléments importants à incorporer.

4 Vous pouvez consulter votre professeur suite à la première tentative d'écriture de votre texte. Votre professeur pourra fournir des conseils verbaux mais ne pourra pas corriger votre travail écrit. On évaluera le contenu de votre texte et la manière dont vous avez organisé les informations basées sur les sources, ainsi que votre argumentation.

5 Dans votre préambule, expliquez les raisons pour lesquelles vous avez choisi ce sujet et ce type de texte. N'oubliez pas de surligner des exemples d'utilisation de structures particulières pour justifier votre choix de texte. Par exemple si vous choisissez d'écrire une page de journal intime, vous expliquerez que vous avez utilisé des expressions exprimant les émotions, l'exploration des sentiments, etc. Pensez au format de votre texte.

Niveau supérieur

Au niveau supérieur, le travail écrit consiste en une rédaction créative de 500 à 600 mots, accompagnée d'un préambule de 150 à 250 mots, en rapport avec l'une ou les deux œuvres littéraires étudiées en classe. Le travail sera réalisé pendant la seconde année du cours et doit montrer que la préparation du travail a permis à l'étudiant de profiter d'une compréhension interculturelle. La rédaction montrera aussi que l'étudiant cherche à réfléchir sur les textes étudiés et à approfondir sa compréhension des idées. Les étudiants doivent rédiger au moins 500 mots, mais s'ils dépassent les 600 mots, seuls les 600 premiers mots seront pris en compte par les examinateurs.

Le travail a pour but de permettre aux étudiants de réfléchir sur les œuvres littéraires étudiées, d'approfondir leur compréhension du texte et de développer leurs compétences réceptives et productives.

Le travail écrit doit être le fruit du travail personnel de l'étudiant. L'étudiant fera son choix en consultation avec son professeur.

Dans le préambule, l'étudiant doit fournir une introduction au(x) texte(s) choisi(s), une explication des liens entre le travail de l'étudiant et le(s) texte(s), le lecteur cible du texte de l'étudiant, ses objectifs (ou son objectif) et la façon dont ces objectifs ont été atteints, y compris l'explication du registre choisi.

Les étudiants pourraient décider d'inclure des images dans leur travail. Le travail doit être rédigé au format électronique et le fichier ne doit pas dépasser 2 Mo.

Conseils

1 Vous allez rédiger un texte créatif. Vous choisirez le type de texte en fonction des idées que vous voulez exprimer. Voici quelques exemples: une autre fin possible pour un roman, l'interview d'un personnage célèbre, un passage du journal intime de l'un des personnages, etc.

2 Parlez avec votre professeur de ce que vous avez l'intention d'écrire.

3 Vous pouvez consulter votre professeur suite à la première tentative d'écriture de votre texte. Votre professeur pourra fournir des conseils verbaux mais ne pourra pas corriger votre travail écrit. On évaluera le contenu de votre texte et la manière dont vous avez organisé les informations basées sur les sources, ainsi que votre argumentation. Afin de vous aider à préparer votre texte, faites un plan et rédigez un brouillon de préambule avant de commencer la rédaction elle-même. Cela vous permettra de bien préciser l'objectif de votre travail.

4 Dans votre préambule, expliquez les raisons pour lesquelles vous avez choisi votre sujet et votre type de texte. N'oubliez pas d'inclure des exemples pour justifier votre choix: par exemple, si vous choisissez de rédiger une page de journal intime, vous expliquerez que vous avez utilisé des expressions exprimant les émotions, l'exploration des sentiments, etc.

5 Assurez-vous de montrer que vous reconnaissez la dimension interculturelle de vos études et que vous avez approfondi votre compréhension des textes choisis.

6 Après avoir complété votre travail, relisez-le soigneusement afin d'éliminer les fautes de grammaire et d'orthographe.

Grammaire

1 Les noms

Les noms français sont soit masculins soit féminins. Le pluriel des noms se forme souvent en ajoutant la lettre « s » à la fin du mot.

un homme → des hommes

une table → cent tables

Mais attention, il y a beaucoup de pluriels irréguliers.

un jeu → des jeux

un travail → des travaux

un cheval → des chevaux

un œil → des yeux

Bien que l'on soit d'habitude obligé d'apprendre le genre des noms français, il y a certaines terminaisons qui peuvent indiquer si un nom est masculin ou féminin.

Terminaison	Exemple	Exceptions
-acle	le spectacle	la débâcle
-age	le témoinage	la cage, l'image, la page, la plage
-eau	le bureau	l'eau, la peau
-et	le jouet	
-ier	le panier	
-isme	le journalisme	
-ment	le règlement	
-oir	le pouvoir	

Terminaison	Exemple	Exceptions
-ade	la limonade	le stade
-ée	la soirée	le lycée, le musée
-ence	la science	le silence
-esse	la tristesse	
-ette	la trompette	le squelette
-ie	la biologie	l'incendie, le parapluie
-ion	la notion	le camion, le million
-té	la santé	l'été
-tude	la solitude	
-ture	la confiture	

Certains noms, par exemple les noms de métiers, ont des formes différentes selon le genre.

un boulanger → une boulangère

un employé → une employée

un coiffeur → une coiffeuse

Les noms composés sont pour la plupart masculins.

un abat-jour

un arc-en-ciel

un chasse-neige

Les noms composés peuvent combiner plusieurs sortes de mots. Selon la combinaison, les pluriels se forment comme indiqué ci-dessous.

Nom composé	Exemple	Pluriel
nom + nom	un chou-fleur	des choux-fleurs (*pluriel des deux noms*)
verbe + nom	un cache-pot un chasse-neige	des cache-pots des chasse-neige (*pluriel du nom si nécessaire, selon le sens*)
adjectif + nom	un grand-père	des grands-pères (*pluriel du nom et de l'adjectif*)
nom + préposition + nom	un arc-en-ciel	des arcs-en-ciel (*pluriel du nom*)
verbe + verbe	un savoir-faire	des savoir-faire (*invariable*)

2 Les articles

L'article qui précède le nom indique le genre.

Article	M	F	Pl
Défini	le (l'*)	la (l'*)	les
Indéfini	un	une	des
Partitif	du	de la	des

* devant voyelle ou h muet

Les noms français sont presque toujours précédés d'un article mais ce n'est pas le cas lorsque l'on parle de la profession de quelqu'un.

Mon père est facteur.

Je voudrais devenir professeur.

Noter aussi que, lorsque l'on parle des parties du corps, on utilise l'article défini (et non l'adjectif possessif).

*Je me suis cassé **la** jambe.*

*Il s'est lavé **les** dents.*

L'article partitif

On utilise l'article partitif pour parler d'une quantité non spécifique.

*J'ai **du** fromage.*

*Il achète **de la** limonade.*

Mais lorsque cet article suit une expression négative ou une quantité, on utilise « de » ou « d' ».

*Elle **n'**a **plus d'**argent.*

*Il **n'**achète **pas de** limonade.*

*J'ai **un kilo de** fromage.*

*Nous avons **beaucoup d'**argent.*

*Vous avez bu **trop de** café.*

3   Les adjectifs

L'adjectif décrit un nom. La terminaison de l'adjectif reflète le genre et le nombre du nom qu'il accompagne. D'habitude, on ajoute un « e » pour montrer qu'un adjectif est féminin, un « s » s'il est au pluriel et « es » si l'adjectif est au féminin pluriel.

un livre noir → des livres noirs

une table noire → des tables noires

Le tableau ci-dessous montre quelques adjectifs irréguliers.

M s	F s	M pl	F pl
beau (bel*)	belle	beaux	belles
blanc	blanche	blancs	blanches
bon	bonne	bons	bonnes
cher	chère	chers	chères
complet	complète	complets	complètes
doux	douce	doux	douces
ennuyeux	ennuyeuse	ennuyeux	ennuyeuses
épais	épaisse	épais	épaisses
faux	fausse	faux	fausses
fou (fol*)	folle	fous	folles
frais	fraîche	frais	fraîches
long	longue	longs	longues
menteur	menteuse	menteurs	menteuses
mou (mol*)	molle	mous	molles
neuf	neuve	neufs	neuves
nouveau (nouvel*)	nouvelle	nouveaux	nouvelles
parisien	parisienne	parisiens	parisiennes
public	publique	publics	publiques
roux	rousse	roux	rousses
sec	sèche	secs	sèches
vieux (vieil*)	vieille	vieux	vieilles

* devant voyelle ou h muet

Il faut faire attention avec les noms employés comme adjectifs de couleur: ces adjectifs sont invariables.

*des yeux **marron***

*des coussins **orange***

Les adjectifs composés sont aussi invariables.

*une chemise **bleu clair***

D'habitude l'adjectif suit le nom mais les adjectifs suivants le précèdent généralement:

- autre
- beau
- bon
- grand
- gros
- haut
- jeune
- mauvais
- nouveau
- petit
- vieux

*un **vieux** château*

*une **belle** robe*

Certains adjectifs ont des sens différents selon leur position.

- ancien

*mon **ancien** mari (nous ne sommes plus ensemble)*

*un livre **ancien** (il date d'il y a très longtemps)*

- cher

*ma **chère** amie (j'aime cette personne)*

*un livre **cher** (le livre coûte beaucoup d'argent)*

- propre

*ma **propre** maison (la maison m'appartient)*

*ma maison **propre** (la maison vient d'être nettoyée)*

- seuls

*mon **seul** ami (je n'ai qu'un ami)*

*mon ami **seul** (il est isolé)*

La comparaison des adjectifs

Adjectif	Comparatif	Superlatif
grand	plus grand (que)	le plus grand
grande	plus grande (que)	la plus grande
grands	plus grands (que)	les plus grands
grandes	plus grandes (que)	les plus grandes
	moins grand (que), etc.	le moins grand, etc.
	aussi grand (que), etc.	
bon	meilleur (que)	le meilleur
bonne	meilleure (que)	la meilleure
bons	meilleurs (que)	les meilleurs
bonnes	meilleures (que)	les meilleures

Paul est plus petit que Thierry.

Paul est moins grand que Thierry.

Thierry est le plus grand.

Ce gâteau est bon, mais ton gâteau est meilleur.

Les adjectifs démonstratifs

Ces adjectifs nous aident à distinguer entre plusieurs choses.

M s	F s	M pl	F pl
ce (cet*)	cette	ces	ces

* devant voyelle ou h muet

*Des deux, est-ce que tu préfères **ce** livre?*

L'addition au nom du suffixe « -ci » ou du suffixe « -là » permet de préciser encore mieux.

*J'aime bien **cette** robe-**ci**, mais je préfère **cette** robe-**là**.*

Les adjectifs interrogatifs

Ces adjectifs prennent le genre et le nombre du nom auquel ils correspondent.

M	F	M pl	F pl
quel	quelle	quels	quelles

***Quel** est votre livre préféré?*

***Quelle** robe aimes-tu?*

Les adjectifs possessifs

Ces adjectifs nous montrent qui possède un objet. L'adjectif utilisé dépend de la personne du possesseur et du nombre et genre du nom possédé.

Personne	M s	F s	Pl
1ère du singulier	mon	ma (mon*)	mes
2e du singulier	ton	ta (ton*)	tes
3e du singulier	son	sa (son*)	ses
1ère du pluriel	notre	notre	nos
2e du pluriel	votre	votre	vos
3e du pluriel	leur	leur	leurs

* devant voyelle ou h muet

*Je n'ai pas **mon** stylo. Est-ce que tu as **ton** stylo, Jean?*

*Ce soir **votre** mère vient chez nous.*

4   Les adverbes

Adverbes en « -ment »

Pour former un adverbe régulier, ajouter la terminaison « -ment » à la forme féminine de l'adjectif.

*Il l'aime **follement**.*

Pour former les adverbes à partir d'adjectifs qui se terminent en « -ant » ou « -ent », remplacer la terminaison par « -amment » ou « -emment »:

*Il parle **couramment** l'anglais.*

*Le vent soufflait **violemment**.*

Autres adverbes

Certains adverbes ont une forme simple qui ne se termine pas par « -ment »:

- aussi
- beaucoup
- bien
- ensemble
- mal
- peu
- plutôt
- souvent
- vite

La comparaison des adverbes

Pour exprimer le comparatif des adverbes, utiliser *plus*, *moins* ou *aussi*. Le superlatif exprime le plus haut degré.

Adverbe	Comparatif	Superlatif
rapidement	plus rapidement	le plus rapidement
	moins rapidement	
	aussi rapidement	

Les adverbes suivants ont des comparatifs et des superlatifs de supériorité irréguliers.

Adverbe	Comparatif	Superlatif
bien	mieux	le mieux
mal	pire	le pire
peu	moins	le moins
beaucoup	plus	le plus

5   Les pronoms

Les pronoms remplacent le plus souvent un nom ou un groupe de noms déjà mentionnés ou facilement compris.

Les pronoms personnels

La forme des pronoms personnels varie en genre, en nombre, en personne et selon la fonction qu'ils occupent.

Sujet	Complément d'objet direct	Complément d'objet indirect	Pronom disjoint
je	me (m'*)	me (m'*)	moi
tu	te (t'*)	te (t'*)	toi
il	le (l'*)	lui	lui
elle	la (l'*)	lui	elle
nous	nous	nous	nous
vous	vous	vous	vous
ils	les	leur	eux
elles	les	leur	elles

* devant voyelle ou h muet

- **Le sujet** du verbe est la personne ou chose qui fait l'action.

Le chien mange la viande.

Il mange la viande.

- **Le complément d'objet direct** du verbe est la personne ou chose qui est l'objet de l'action.

*Le chien mange **la viande**.*

*Le chien **la** mange.*

- **Le complément d'objet indirect** du verbe est l'objet du verbe et est lié au verbe par une préposition.

*J'ai envoyé la lettre **à mon frère**.*

*Je **lui** ai envoyé la lettre.*

La forme disjointe du pronom

Lorsque l'on cherche à mettre l'accent sur un pronom ou lorsque l'on utilise un pronom avec un impératif, on utilise la forme disjointe du pronom.

*Pense à **moi**.*

*Méfie-**toi**! Il est dangereux.*

*Ses amis et **lui** m'ont énervé.*

Les pronoms neutres *y* et *en*

Le pronom « y » remplace un lieu ou une expression introduite par la préposition « à ».

*Vous allez **à Londres**? Oui, j'**y** vais.*

Le pronom « en » remplace des quantités ou une expression introduite par la préposition « de ».

*Vous avez **de l'argent**? Oui, j'**en** ai.*

*Vous parlez **du travail**? Oui, j'**en** parle.*

Ordre des pronoms objets

Les pronoms objets précèdent le verbe sauf à l'impératif affirmatif (voir page 288). Lorsqu'il y a deux pronoms dans la même phrase, il faut suivre l'ordre indiqué dans ce tableau.

me	le			
te	la	lui		
nous	les	leur	y	en
vous	l'			

*J'ai donné **le livre à mon frère**.*

*Je **le lui** ai donné.*

*Nous avons acheté deux **chats pour Claire**.*

*Nous **lui en** avons acheté deux.*

Lorsqu'un objet direct précède un verbe composé, le participe passé s'accorde avec l'antécédent.

*As-tu vu mes clés? Oui je **les** ai **vues**.*

*Avez-vous mangé les bonbons? Oui, nous **les** avons mangé**s**.*

Les pronoms démonstratifs

Les pronoms démonstratifs servent à éviter la répétition et permettent une différenciation.

M s	F s	M pl	F pl
celui	celle	ceux	celles

*Vous préférez quel livre? Je préfère **celui** qui parle de la France.*

*J'admire beaucoup **ceux** qui aident les pauvres.*

L'addition au nom du suffixe « -ci » ou du suffixe « -là » permet de préciser encore plus.

*Des deux robes, je préfère **celle-ci** à **celle-la**.*

Les pronoms interrogatifs

On utilise les pronoms interrogatifs pour poser des questions.

- « Qui » introduit une question pour établir l'identité de quelqu'un.
- « Que » introduit une question pour établir de l'information.
- « Où » introduit une question qui cherche à établir un lieu.

Les pronoms « lequel », « lesquels », « laquelle » et « lesquelles » servent à préciser un choix. Le choix de pronom dépend du genre et du nombre du nom remplacé.

M s	F s	M pl	F pl
lequel	laquelle	lesquels	lesquelles

***Laquelle** de mes robes préfères-tu?*

*Alors, monsieur, vous avez goûté les bonbons. **Lesquels** voudriez-vous?*

Les pronoms possessifs

Ces pronoms remplacent des noms déjà mentionnés en précisant à qui ils appartiennent. Le choix de pronom dépend de la personne qui possède et du genre et nombre du nom en question.

Personne	M s	F s	M pl	F pl
1ère du singulier	le mien	la mienne	les miens	les miennes
2e du singulier	le tien	la tienne	les tiens	les tiennes
3e du singulier	le sien	la sienne	les siens	les siennes
1ère du pluriel	le nôtre	la nôtre	les nôtres	les nôtres
2e du pluriel	le vôtre	la vôtre	les vôtres	les vôtres
3e du pluriel	le leur	la leur	les leurs	les leurs

*On prend ta voiture ou **la mienne**?*

*Voici mes clés, où sont **les vôtres**?*

*Je connais ton frère mais je ne connais pas **le sien**.*

Les pronoms relatifs

Les pronoms relatifs remplacent un nom ou une idée déjà mentionné dans une clause précédente.

- «Qui» remplace le sujet du verbe.
- «Que» remplace le complément d'objet direct.
- «Dont» remplace un mot complément du nom et indique la possession.
- «Où» se réfère à un lieu ou un temps en particulier.

*Voici l'homme **qui** travaille à la boucherie.*

*Voici l'homme **que** j'ai vu à la boucherie.*

*Voici l'homme **dont** je parle.*

Lorsqu'un objet direct précède un verbe composé, le participe passé s'accorde.

*Voici la chemise que j'ai achet**ée** pour la fête.*

Pour remplacer une phrase ou une proposition, il faut utiliser «ce qui», «ce que» ou «ce dont».

*Le chat s'appelait Édouard, **ce qui** était un drôle de nom pour un chat.*

***Ce que** je voudrais faire l'année prochaine, c'est visiter Dijon.*

***Ce dont** il rêve vraiment, c'est de partir aux Maldives.*

«Lequel», «lesquels», «laquelle» et «lesquelles» peuvent aussi être des pronoms relatifs.

*Il y a beaucoup de livres ici mais je ne sais pas **lesquels** sont à toi.*

Ces pronoms relatifs sont souvent utilisés avec des prépositions.

*Voici le manteau pour **lequel** j'ai économisé mon argent.*

*Tu vois la carte avec **laquelle** j'ai payé.*

En combinaison avec «à» ou «de» ces pronoms deviennent:

M s	F s	M pl	F pl
auquel	à laquelle	auxquels	auxquelles
duquel	de laquelle	desquels	desquelles

*L'homme **auquel** je parlais était espagnol.*

*La ville, au centre **de laquelle** il y avait une grande église, était très vieille.*

6 Les prépositions

Les prépositions indiquent où se trouve un objet par rapport à une autre. Voici une liste de prépositions.

- à
- à côté de
- à droite de
- à gauche de
- à l'arrière de
- à l'intérieur de
- à l'extérieur de
- après
- à travers
- au bord de
- au centre de
- au-dessous de
- au-dessus de
- au sujet de
- autour de
- avant
- avec
- chez
- contre
- dans
- de
- depuis
- derrière
- dès
- devant
- en
- en face de
- entre
- hors de
- jusqu'à
- le long de
- loin de
- par-dessus
- parmi
- pendant
- pour
- près de
- quant à
- sans
- sous
- sur
- vers

*Le chat est **sous** le lit.*

*Mon frère travaille **derrière** la maison.*

Lorsque la préposition «de» est suivie de l'article défini, il faut utiliser les formes «du», «de la», «de l'» (singulier) et «des» (pluriel).

*Il vient **de l'**école.*

*Nous rêvons **des** vacances.*

Lorsque la préposition «à» est suivie de l'article défini masculin, elle devient «au» (singulier) ou «aux» (pluriel), sauf si l'article est «l'».

*Nous allons **au** cinéma. Nous allons **à l'**hôtel.*

*Nous pensons **aux** vacances.*

À noter: la préposition «à» s'utilise souvent pour indiquer la possession.

*Ce livre est **à moi**.*

*Cet argent est **à Coralie**.*

Les prépositions peuvent aussi indiquer l'agent d'une action, comme par exemple *avec* et *par*.

*J'ai envoyé la lettre **par** avion.*

7 Les verbes

L'infinitif

L'infinitif est la forme de base de chaque verbe. Vous trouverez l'infinitif dans le dictionnaire.

Il y a trois groupes de verbes réguliers en français. Les infinitifs de ces verbes se terminent en « -er », « -ir » ou « -re ».

Le présent

	Jouer	Choisir	Vendre
je	jou**e**	chois**is**	vend**s**
tu	jou**es**	chois**is**	vend**s**
il/elle/on	jou**e**	chois**it**	vend
nous	jou**ons**	chois**issons**	vend**ons**
vous	jou**ez**	chois**issez**	vend**ez**
ils/elles	jou**ent**	chois**issent**	vend**ent**

Le participe présent

Pour former le participe présent des verbes réguliers, on prend le radical de la forme avec « nous » au présent et on remplace la terminaison « -ons » par la terminaison « -ant ».

*regard**ons** → regard**ant***

Il faut apprendre les participes des verbes irréguliers.

avoir → ayant

savoir → sachant

faire → faisant

On peut utiliser le participe présent pour une description.

*l'enfant **jouant** dans le jardin*

Le gérondif

La forme du participe présent aussi s'utilise pour former le gérondif présent qui sert pour parler d'actions simultanées, ou pour décrire la manière dont quelque chose est fait.

***En parlant** avec mon ami, j'ai compris qu'il allait mal.*

*C'est **en travaillant** dur qu'elle a réussi.*

L'imparfait

L'imparfait est utilisé pour parler d'une action non terminée dans le passé. Il s'emploie dans les descriptions et pour exprimer une habitude.

Pour former l'imparfait, remplacer la terminaison « -ons » de la première personne du pluriel du présent et ajouter les terminaisons suivantes.

	Jouer	Choisir	Vendre
je	jou**ais**	choisiss**ais**	vend**ais**
tu	jou**ais**	choisiss**ais**	vend**ais**
il/elle/on	jou**ait**	choisiss**ait**	vend**ait**
nous	jou**ions**	choisiss**ions**	vend**ions**
vous	jou**iez**	choisiss**iez**	vend**iez**
ils/elles	jou**aient**	choisiss**aient**	vend**aient**

Le passé composé

Ce temps est utilisé pour parler d'une action complétée dans le passé.

Pour former le passé composé, utiliser un verbe auxiliaire suivi du participe passé. Les verbes transitifs ont le verbe auxiliaire « avoir » et les verbes réfléchis et intransitifs utilisent le verbe « être ».

	Jouer	Choisir	Vendre
j'ai	jou**é**	chois**i**	vend**u**
tu as	jou**é**	chois**i**	vend**u**
il/elle/on a	jou**é**	chois**i**	vend**u**
nous avons	jou**é**	chois**i**	vend**u**
vous avez	jou**é**	chois**i**	vend**u**
ils/elles ont	jou**é**	chois**i**	vend**u**

Lorsqu'on utilise l'auxiliaire « être », il faut accorder le participe passé.

je suis arrivé(e)	je me suis lavé(e)
tu es arrivé(e)	tu t'es lavé(e)
il/elle/on est arrivé(e)	il/elle/on s'est lavé(e)
nous sommes arrivé(e)s	nous nous sommes lavé(e)s
vous êtes arrivé(e)(s)	vous vous êtes lavé(e)(s)
ils/elles sont arrivé(e)s	ils/elles se sont lavé(e)s

Le participe passé

Voici comment former le participe passé.

Pour les verbes en « -er », la terminaison est remplacée par « -é ».

*regarder → regard**é***

Pour les verbes en « -ir » la terminaison est remplacée par « -i ».

*finir → fin**i***

Pour les verbes en « -re » la terminaison est remplacée par « -u ».

*vendre → vend**u***

Le participe passé peut aussi remplacer un adjectif.

*La maison **démolie** se trouvait ici.*

*Voici un enfant **perdu**.*

Consultez les tables de verbes irréguliers afin de noter les participes passés irréguliers.

L'accord du participe passé

Lorsqu'un complément d'objet direct précède un temps composé d'un verbe, il faut accorder le participe passé avec l'objet direct.

*Ma voiture? Je **l**'ai achet**ée** l'année dernière.*

Le plus-que-parfait

Ce temps est utilisé pour parler d'une action qui précède une autre action passée.

Pour former le plus-que-parfait, utiliser un verbe auxiliaire (avoir ou être) à l'imparfait suivi du participe passé.

	Jouer	Choisir	Vendre
j'avais	jou**é**	chois**i**	vend**u**
tu avais	jou**é**	chois**i**	vend**u**
il/elle/on avait	jou**é**	chois**i**	vend**u**
nous avions	jou**é**	chois**i**	vend**u**
vous aviez	jou**é**	chois**i**	vend**u**
ils/elles avaient	jou**é**	chois**i**	vend**u**

Lorsqu'on utilise l'auxiliaire « être », il faut accorder le participe passé.

j'étais arrivé(e)	je m'étais lavé(e)
tu étais arrivé(e)	tu t'étais lavé(e)
il/elle/on était arrivé(e)	il/elle/on s'était lavé(e)
nous étions arrivé(e)s	nous nous étions lavé(e)s
vous étiez arrivé(e)(s)	vous vous étiez lavé(e)(s)
ils/elles étaient arrivé(e)s	ils/elles s'étaient lavé(e)s

Le passé simple

Ce temps est utilisé dans les textes littéraires pour des actions complétées dans le passé.

	Jouer	Choisir	Vendre
je	jou**ai**	chois**is**	vend**is**
tu	jou**as**	chois**is**	vend**is**
il/elle/on	jou**a**	chois**it**	vend**it**
nous	jou**âmes**	chois**îmes**	vend**îmes**
vous	jou**âtes**	chois**îtes**	vend**îtes**
ils/elles	jou**èrent**	chois**irent**	ven**dirent**

Le futur simple

Le futur est un temps utilisé pour parler d'actions qui ne sont pas encore réalisées. Ajouter les terminaisons au radical du verbe. Le radical du futur se termine toujours en « -r » et ressemble à l'infinitif.

	Jouer	Choisir	Vendre
je	jouer**ai**	choisir**ai**	vendr**ai**
tu	jouer**as**	choisir**as**	vendr**as**
il/elle/on	jouer**a**	choisir**a**	vendr**a**
nous	jouer**ons**	choisir**ons**	vendr**ons**
vous	jouer**ez**	choisir**ez**	vendr**ez**
ils/elles	jouer**ont**	choisir**ont**	vendr**ont**

Le présent du conditionnel

On utilise le conditionnel pour parler d'actions qui n'ont pas eu lieu et qui dépendent de certaines circonstances. Ajouter les terminaisons de l'imparfait au radical du futur.

	Jouer	Choisir	Vendre
je	jouer**ais**	choisir**ais**	vendr**ais**
tu	jouer**ais**	choisir**ais**	vendr**ais**
il/elle/on	jouer**ait**	choisir**ait**	vendr**ait**
nous	jouer**ions**	choisir**ions**	vendr**ions**
vous	jouer**iez**	choisir**iez**	vendr**iez**
ils/elles	jouer**aient**	choisir**aient**	vendr**aient**

Le futur antérieur

Le futur antérieur exprime une action future qui précède une autre action future. Pour conjuguer le futur antérieur, utiliser l'auxiliaire au futur simple suivi d'un participe passé.

*Quand **j'aurai fini** mes devoirs, je sortirai.*

*Il **sera** déjà **entré** quand vous arriverez.*

Le conditionnel passé

Le conditionnel passé s'utilise pour exprimer des actions qui n'ont pas eu lieu à cause des circonstances. Ce temps sert aussi sert à exprimer le regret ou le reproche. On l'utilise aussi pour donner une information incertaine. Pour conjuguer le conditionnel passé, utiliser l'auxiliaire au temps conditionnel suivi d'un participe passé.

J'aurais dû partir plus tôt.

Le subjonctif

Le subjonctif est un mode que l'on emploie essentiellement dans les propositions subordonnées. Il exprime une incertitude, comme dans la phrase suivante.

*Je veux que **vous mangiez** vos choux de Bruxelles.*

La personne qui parle ne peut pas être *certaine* que les choux de Bruxelles seront mangés.

Dans la langue courante on n'emploie que deux temps du subjonctif: le présent et le passé composé. L'imparfait du subjonctif et le plus-que-parfait sont des temps employés surtout en littérature.

Le présent du subjonctif

Au présent du subjonctif, tous les verbes (sauf «avoir» et «être») ont les mêmes terminaisons:

je	-e
tu	-es
il/elle/on	-e
nous	-ions
vous	-iez
ils/elles	-ent

Dans le cas des verbes du deuxième groupe (infinitif en «-ir»), l'élément «-ss-» apparaît entre le radical et la terminaison du subjonctif.

À noter que pour les verbes du premier et du troisième groupe, les trois personnes du singulier ainsi que la troisième personne du pluriel sont identiques à celles du présent de l'indicatif. Pour les première et deuxième personnes du pluriel, les terminaisons sont identiques à celles de l'imparfait de l'indicatif.

	Jouer	Choisir	Vendre
je	jou**e**	chois**isse**	vend**e**
tu	jou**es**	chois**isses**	vend**es**
il/elle/on	jou**e**	chois**isse**	vend**e**
nous	jou**ions**	chois**issions**	vend**ions**
vous	jou**iez**	chois**issiez**	vend**iez**
ils/elles	jou**ent**	chois**issent**	vend**ent**

Le passé du subjonctif

On forme le passé du subjonctif avec le présent du subjonctif du verbe auxiliaire suivi du participe passé du verbe en question.

que j'aie joué

qu'il soit venu

L'imparfait du subjonctif

	Jouer	Choisir	Vendre
je	jou**asse**	chois**isse**	vend**isse**
tu	jou**asses**	chois**isses**	vend**isses**
il/elle/on	jou**ât**	chois**ît**	vend**ît**
nous	jou**assions**	chois**issions**	vend**issions**
vous	jou**assiez**	chois**issiez**	vend**issiez**
ils/elles	jou**assent**	chois**issent**	vend**issent**

Le plus-que-parfait du subjonctif

On forme le plus-que-parfait du subjonctif avec l'imparfait du subjonctif du verbe auxiliaire suivi du participe passé.

que j'eusse joué

qu'il fût venu

Emploi du subjonctif

Le subjonctif suit certaines expressions dont voici quelques exemples.

- les verbes qui expriment des souhaits: *désirer que, préférer que, vouloir que*
- les verbes qui expriment la crainte: *avoir peur que, craindre que*
- les verbes qui désignent des émotions: *aimer que, avoir honte que, s'étonner que, être content que, regretter que*
- les verbes qui expriment un doute: *sembler que, ignorer que, penser que, il se peut que*
- les verbes qui expriment un jugement: *il faut que, il vaut mieux que*

Les conjonctions suivantes (parmi d'autres) sont suivies du subjonctif.

- pour que
- pourvu que
- bien que
- quoique
- avant que

*Nous doutons qu'elle **puisse** y arriver.*

*Pour y arriver, il faut que tu le **veuilles**.*

*Appelle-nous pour que nous le **fassions** ensemble.*

*Je ne suis pas convaincue qu'il **doive** accepter cette offre.*

Le subjonctif s'utilise aussi:

- pour qualifier des superlatifs:

*C'est la plus belle robe qu'elle **ait** vue.*

- pour qualifier des expressions négatives:

*Elle ne connaît personne qui **puisse** faire cela.*

- pour exprimer des qualités souhaitées:

*Je voudrais une voiture qui **puisse** rouler vite.*

Les verbes pronominaux

Les verbes pronominaux sont toujours précédés d'un pronom de la même personne que le sujet.

je	**me** réveille
tu	**te** réveilles
il/elle/on	**se** réveille
nous	**nous** réveillons
vous	**vous** réveillez
ils/elles	**se** réveillent

287

On distingue trois catégories de verbes pronominaux:
- les verbes réfléchis
- les verbes réciproques
- les verbes essentiellement pronominaux

Les verbes réfléchis

Les verbes réfléchis indiquent que l'action du sujet porte sur le sujet lui-même:

Je me lève à sept heures.

Il se lave les mains.

Nous nous couchons de bonne heure.

Les verbes réciproques

Lorsque le sujet est au pluriel, les verbes pronominaux peuvent indiquer une action réciproque:

Ils se parlent.

Nous nous rencontrons.

Les verbes essentiellement pronominaux

Les verbes essentiellement pronominaux ne s'emploient qu'avec le pronom personnel, mais ils n'ont ni sens réfléchi ne sens réciproque.

Je me souviens.

Il s'en va.

Ils se moquent de vous.

Les verbes impersonnels

Certains verbes sont impersonnels, c'est-à-dire qu'ils utilisent seulement le pronom «il». En voici quelques-uns.
- falloir
- neiger
- pleuvoir

Il faut travailler.

Il pleut à verse.

L'impératif

On utilise l'impératif pour donner des instructions. Pour former ce mode du verbe, utiliser le présent du verbe sans pronom personnel.

Fais tes devoirs.

Faisons nos devoirs.

Faites vos devoirs.

La deuxième personne du singulier des verbes en «-er» ne prend pas de «s».

Regarde le chat!

L'impératif des verbes réfléchis se forme de la même façon mais la forme disjointe du pronom est utilisée.

Lève-toi!

Asseyons-nous!

Amusez-vous bien!

L'impératif des verbes irréguliers est souvent irrégulier.

La place des pronoms

À l'impératif affirmatif, les pronoms sont placés après le verbe et sont rattachés par un trait d'union.

*Voici mon numéro de portable. Appelle-**moi** demain.*

*Voulez-vous du gâteau? Prenez-**en**.*

Ils veulent que tu leur racontes l'histoire.
*Raconte-**la-leur**.*

À noter: à la deuxième personne du singulier, le verbe *aller* et les verbes se terminant par un *e* prennent un s avant les pronoms *en* et *y* pour faciliter la prononciation.

*Achètes-**en**.*

*Vas-**y**.*

À l'impératif négatif, les pronoms restent placés devant le verbe.

*Vous avez écrit une lettre à Jean-Michel? Ne **la lui** envoyez pas!*

La voix passive

Dans les tournures passives, le complément d'objet du verbe en devient le sujet.

Je mange la pomme = voix active

La pomme est mangée (par moi) = voix passive.

On forme la voix passive avec l'auxiliaire «être» au temps souhaité, suivi du participe passé.

***Le livre est lu** partout dans le monde.*

***Les fleurs sont protégées** par la barrière.*

Il faut aussi considérer l'accord du participe passé.

*La maison sera vend**ue** demain.*

La négation du verbe

Pour la forme négative d'un verbe il faut utiliser «ne» («n'» avant une voyelle ou un h muet) et une négation. D'habitude le mot «ne» précède le verbe et la négation le suit.

Dans le cas des formes composées des verbes, les négations sont normalement placées entre le verbe auxiliaire et le participe passé. En voici une liste.

- pas
- point
- nullement
- plus (au sens négatif)
- guère
- jamais
- rien

*Il **n'**a **pas** mangé le sandwich*

*Je **n'**ai **jamais** vu le film.*

Mais les négations suivantes sont normalement placées *après* le participe passé.

- personne
- que
- aucun(e)
- nul(le)
- nulle part
- ni… ni…

*Je **n**'ai vu **personne**.*

*Tu **n**'as mangé **que** la moitié du sandwich.*

Les constructions verbales

Certains verbes sont suivis directement de l'infinitif. D'autres verbes sont suivis d'un infinitif précédé d'une préposition: «à» ou «de».

Verbe + infinitif

- aimer
- devoir
- entendre
- envoyer
- espérer
- oser
- penser
- pouvoir
- préférer
- savoir
- souhaiter
- voir
- vouloir

J'aime aller au cinéma.

Il pouvait voir l'avion.

Verbe + «à» + infinitif

- s'amuser à
- continuer à
- arriver à
- chercher à
- commencer à
- continuer à
- encourager à
- s'habituer à
- inviter à
- obliger à
- persister à
- renoncer à
- réussir à

*J'ai réussi **à** ouvrir la porte.*

*Vous continuerez **à** travailler à la banque.*

Verbe + «de» + infinitif

- accepter de
- cesser de
- se dépêcher de
- empêcher de
- essayer de
- finir de
- manquer de
- permettre de
- proposer de
- refuser de
- regretter de
- rêver de
- tâcher de
- venir de

*Je refuse **d**'écouter ses conseils.*

*Elles ont toujours rêvé **de** voir ce village.*

8   L'interrogation

Il existe plusieurs structures grammaticales pour poser des questions.

- Utiliser l'intonation tout court.

Tu connais Jean-Marc?

- Renverser l'ordre du verbe et du sujet.

Connaissez-vous Jonathan?

*A-**t**-il lu le livre?*

Noter le «t» euphonique qui ne sert qu'à faciliter la prononciation.

- Commencer la phrase avec «est-ce que» ou «qu'est-ce que».

Qu'est-ce que Jane va faire?

Est-ce que Pierre a visité le château?

- Utiliser un mot interrogatif. Dans ce cas l'ordre du verbe et du sujet est inversé.

***Où** travaillez-vous?*

***Qui** veut du fromage?*

***Comment** allez-vous?*

9   Le discours direct et le discours indirect

Dans le discours direct, il faut inverser l'ordre du verbe et du sujet après la citation entre guillemets.

« J'aime le musée » dit Jeanne.

« Vous désirez du thé? » demande le serveur.

Le discours indirect utilise des conjonctions (*que, si,* etc., voir page 290) pour introduire les paroles rapportées.

*Jane dit **qu**'elle aime le musée.*

*Le serveur me demande **si** je désire du thé.*

La concordance des temps

Quand on passe du discours direct au discours indirect, la concordance des temps doit être respectée.

Si le verbe principal est au présent ou au futur, le verbe subordonné ne change pas.

Elle dit: « Je pars. »

Elle dit qu'elle part.

Elle dira: « Je pars. »

Elle dira qu'elle part.

Si le verbe principal est au passé composé, le verbe subordonné au présent dans le discours direct se met à l'imparfait dans le discours indirect.

Elle a dit: « Je pars. »

Elle a dit qu'elle partait.

289

Si le verbe principal est au passé composé, le verbe subordonné au passé composé dans le discours direct se met au plus-que-parfait dans le discours indirect.

Elle a dit: « Je suis partie. »

Elle a dit qu'elle était partie.

Si le verbe principal est au passé composé, le verbe subordonné au futur dans le discours direct se met au conditionnel dans le discours indirect.

Elle a dit: « Je partirai. »

Elle a dit qu'elle partirait.

10   Les chiffres

Les chiffres cardinaux

1	un (une)	32	trente-deux
2	deux	40	quarante
3	trois	50	cinquante
4	quatre	60	soixante
5	cinq	70	soixante-dix
6	six	71	soixante et onze
7	sept	72	soixante-douze
8	huit	80	quatre-vingts
9	neuf	81	quatre-vingt-un
10	dix	82	quatre-vingt-deux
11	onze	90	quatre-vingt-dix
12	douze	91	quatre-vingt-onze
13	treize	100	cent
14	quatorze	101	cent un
15	quinze	200	deux cents
16	seize	201	deux cent un
17	dix-sept	1 000	mille
18	dix-huit	1 200	mille deux cents
19	dix-neuf	1 202	mille deux cent deux
20	vingt	2 000	deux mille
21	vingt et un	1 000 000	un million
22	vingt-deux	1 000 000 000	un milliard
23	vingt-trois		
30	trente		
31	trente et un		

Les chiffres ordinaux

Les chiffres ordinaux se forment en ajoutant « -ième » au nombre cardinal.

*trois → trois**ième***

*six → six**ième***

*vingt-et-un → vingt-et-un**ième***

Exceptions:

un (une) → premier (première)

cinq → cinquième

neuf → neuvième

Si le nombre cardinal se termine par « e », le « e » disparaît lorsqu'on ajoute la terminaison « -ième ».

quatre → quatrieme

Les fractions

$1/2$	un demi
$1/3$	un tiers
$1/4$	un quart
$3/4$	trois quarts

11   Les conjonctions

Les conjonctions permettent de relier des mots ou des propositions.

- ainsi que
- alors que
- bien que
- car
- donc
- et
- lorsque
- mais
- néanmoins
- ni
- or
- ou
- parce que
- pendant que
- puisque
- quand
- quoique
- que
- si

Tableau de conjugaison des verbes

	Présent	Imparfait	Passé simple	Futur simple
Verbes réguliers				
JOUER	je joue	je jouais	je jouai	je jouerai
Participe présent	tu joues	tu jouais	tu jouas	tu joueras
jouant	il/elle/on joue	il/elle/on jouait	il/elle/on joua	il/elle/on jouera
Participe passé	nous jouons	nous jouions	nous jouâmes	nous jouerons
joué	vous jouez	vous jouiez	vous jouâtes	vous jouerez
	ils/elles jouent	ils/elles jouaient	ils/elles jouèrent	ils/elles joueront
FINIR	je finis	je finissais	je finis	je finirai
Participe présent	tu finis	tu finissais	tu finis	tu finiras
finissant	il/elle/on finit	il/elle/on finissait	il/elle/on finit	il/elle/on finira
Participe passé	nous finissons	nous finissions	nous finîmes	nous finirons
fini	vous finissez	vous finissiez	vous finîtes	vous finirez
	ils/elles finissent	ils/elles finissaient	ils/elles finirent	ils/elles finiront
RENDRE	je rends	je rendais	je rendis	je rendrai
Participe présent	tu rends	tu rendais	tu rendis	tu rendras
rendant	il/elle/on rend	il/elle/on rendait	il/elle/on rendit	il/elle/on rendra
Participe passé	nous rendons	nous rendions	nous rendîmes	nous rendrons
rendu	vous rendez	vous rendiez	vous rendîtes	vous rendrez
	ils/elles rendent	ils/elles rendaient	ils/elles rendirent	ils/elles rendront
SE COUCHER	je me couche	je me couchais	je me couchai	je me coucherai
Participe présent	tu te couches	tu te couchais	tu te couchas	tu te coucheras
se couchant	il/elle/on se couche	il/elle/on se couchait	il/elle/on se coucha	il/elle/on se couchera
Participe passé	nous nous couchons	nous nous couchions	nous nous couchâmes	nous nous coucherons
couché	vous vous couchez	vous vous couchiez	vous vous couchâtes	vous vous coucherez
	ils/elles se couchent	ils/elles se couchaient	ils/elles se couchèrent	ils/elles se coucheront
Avoir, être et aller				
AVOIR	j'ai	j'avais	j'eus	j'aurai
Participe présent	tu as	tu avais	tu eus	tu auras
ayant	il/elle/on a	il/elle/on avait	il/elle/on eut	il/elle/on aura
Participe passé	nous avons	nous avions	nous eûmes	nous aurons
eu	vous avez	vous aviez	vous eûtes	vous aurez
	ils/elles ont	ils/elles avaient	ils/elles eurent	ils/elles auront
ÊTRE	je suis	j'étais	je fus	je serai
Participe présent	tu es	tu étais	tu fus	tu seras
étant	il/elle/on est	il/elle/on était	il/elle/on fut	il/elle/on sera
Participe passé	nous sommes	nous étions	nous fûmes	nous serons
été	vous êtes	vous étiez	vous fûtes	vous serez
	ils/elles sont	ils/elles étaient	ils/elles furent	ils/elles seront
ALLER	je vais	j'allais	j'allai	j'irai
Participe présent	tu vas	tu allais	tu allas	tu iras
allant	il/elle/on va	il/elle/on allait	il/elle/on alla	il/elle/on ira
Participe passé	nous allons	nous allions	nous allâmes	nous irons
allé	vous allez	vous alliez	vous allâtes	vous irez
	ils/elles vont	ils/elles allaient	ils/elles allèrent	ils/elles iront

Passé composé	Plus-que-parfait	Présent du conditionnel	Présent du subjonctif	Imparfait du subjonctif
j'ai joué tu as joué il/elle/on a joué nous avons joué vous avez joué ils/elles ont joué	j'avais joué tu avais joué il/elle/on avait joué nous avions joué vous aviez joué ils/elles avaient joué	je jouerais tu jouerais il/elle/on jouerait nous jouerions vous joueriez ils/elles joueraient	je joue tu joues il/elle/on joue nous jouions vous jouiez ils/elles jouent	je jouasse tu jouasses il/elle/on jouât nous jouassions vous jouassiez ils/elles jouassent
j'ai fini tu as fini il/elle/on a fini nous avons fini vous avez fini ils/elles ont fini	j'avais fini tu avais fini il/elle/on avait fini nous avions fini vous aviez fini ils/elles avaient fini	je finirais tu finirais il/elle/on finirait nous finirions vous finiriez ils/elles finiraient	je finisse tu finisses il/elle/on finisse nous finissions vous finissiez ils/elles finissent	je finisse tu finisses il/elle/on finît nous finissions vous finissiez ils/elles finissent
j'ai rendu tu as rendu il/elle/on a rendu nous avons rendu vous avez rendu ils/elles ont rendu	j'avais rendu tu avais rendu il/elle/on avait rendu nous avions rendu vous aviez rendu ils/elles avaient rendu	je rendrais tu rendrais il/elle/on rendrait nous rendrions vous rendriez ils/elles rendraient	je rende tu rendes il/elle/on rende nous rendions vous rendiez ils/elles rendent	je rendisse tu rendisses il/elle/on rendît nous rendissions vous rendissiez ils/elles rendissent
je me suis couché(e) tu t'es couché(e) il s'est couché elle s'est couchée on s'est couché(e)(s) nous nous sommes couché(e)s vous vous êtes couché(e)(s) ils se sont couchés elles se sont couchées	je m'étais couché(e) tu t'étais couché(e) il s'était couché elle s'était couchée on s'était couché(e)(s) nous nous étions couché(e)s vous vous étiez couché(e)(s) ils s'étaient couchés elles s'étaient couchées	je me coucherais tu te coucherais il/elle/on se coucherait nous nous coucherions vous vous coucheriez ils/elles se coucheraient	je me couche tu te couches il/elle/on se couche nous nous couchions vous vous couchiez ils/elles se couchent	je me couchasse tu te couchasses il/elle/on se couchât nous nous couchassions vous vous couchassiez ils/elles se couchassent
j'ai eu tu as eu il/elle/on a eu nous avons eu vous avez eu ils/elles ont eu	j'avais eu tu avais eu il/elle/on avait eu nous avions eu vous aviez eu ils/elles avaient eu	j'aurais tu aurais il/elle/on aurait nous aurions vous auriez ils/elles auraient	j'aie tu aies il/elle/on ait nous ayons vous ayez ils/elles aient	j'eusse tu eusses il/elle/on eût nous eussions vous eussiez ils/elles eussent
j'ai été tu as été il/elle/on a été nous avons été vous avez été ils/elles ont été	j'avais été tu avais été il/elle/on avait été nous avions été vous aviez été ils/elles avaient été	je serais tu serais il/elle/on serait nous serions vous seriez ils/elles seraient	je sois tu sois il/elle/on soit nous soyons vous soyez ils/elles soient	je fusse tu fusses il/elle/on fût nous fussions vous fussiez ils/elles fussent
je suis allé(e) tu es allé(e) il est allé elle est allée on est allé(e)(s) nous sommes allé(e)s vous êtes allé(e)(s) ils sont allés elles sont allées	j'étais allé(e) tu étais allé(e) il était allé elle était allée on était allé(e)(s) nous étions allé(e)s vous étiez allé(e)(s) ils étaient allés elles étaient allées	j'irais tu irais il/elle/on irait nous irions vous iriez ils/elles iraient	j'aille tu ailles il/elle/on aille nous allions vous alliez ils/elles aillent	j'allasse tu allasses il/elle/on allât nous allassions vous allassiez ils/elles allassent

	Présent	Imparfait	Passé simple	Futur simple
Auxiliaires modaux				
DEVOIR *Participe présent* devant *Participe passé* dû	je dois tu dois il/elle/on doit nous devons vous devez ils/elles doivent	je devais tu devais il/elle/on devait nous devions vous deviez ils/elles devaient	je dus tu dus il/elle/on dut nous dûmes vous dûtes ils/elles durent	je devrai tu devras il/elle/on devra nous devrons vous devrez ils/elles devront
POUVOIR *Participe présent* pouvant *Participe passé* pu	je peux tu peux il/elle/on peut nous pouvons vous pouvez ils/elles peuvent	je pouvais tu pouvais il/elle/on pouvait nous pouvions vous pouviez ils/elles pouvaient	je pus tu pus il/elle/on put nous pûmes vous pûtes ils/elles purent	je pourrai tu pourras il/elle/on pourra nous pourrons vous pourrez ils/elles pourront
SAVOIR *Participe présent* sachant *Participe passé* su	je sais tu sais il/elle/on sait nous savons vous savez ils/elles savent	je savais tu savais il/elle/on savait nous savions vous saviez ils/elles savaient	je sus tu sus il/elle/on sut nous sûmes vous sûtes ils/elles surent	je saurai tu sauras il/elle/on saura nous saurons vous saurez ils/elles sauront
VOULOIR *Participe présent* voulant *Participe passé* voulu	je veux tu veux il/elle/on veut nous voulons vous voulez ils/elles veulent	je voulais tu voulais il/elle/on voulait nous voulions vous vouliez ils/elles voulaient	je voulus tu voulus il/elle/on voulut nous voulûmes vous voulûtes ils/elles voulurent	je voudrai tu voudras il/elle/on voudra nous voudrons vous voudrez ils/elles voudront
Verbes irréguliers				
APPELER *Participe présent* appelant *Participe passé* appelé	j'appelle tu appelles il/elle/on appelle nous appelons vous appelez ils/elles appellent	j'appelais tu appelais il/elle/on appelait nous appelions vous appeliez ils/elles appelaient	j'appelai tu appelas il/elle/on appela nous appelâmes vous appelâtes ils/elles appelèrent	j'appellerai tu appelleras il/elle/on appellera nous appellerons vous appellerez ils/elles appelleront
S'ASSEOIR *Participe présent* asseyant *Participe passé* assis	je m'assieds tu t'assieds il/elle/on s'assied nous nous asseyons vous vous asseyez ils/elles s'asseyent	je m'asseyais tu t'asseyais il/elle/on s'asseyait nous nous asseyions vous vous asseyiez ils/elles s'asseyaient	je m'assis tu t'assis il/elle/on s'assit nous nous assîmes vous vous assîtes ils/elles s'assirent	je m'assiérai tu t'assiéras il/elle/on s'assiéra nous nous assiérons vous vous assiérez ils/elles s'assiéront
BOIRE *Participe présent* buvant *Participe passé* bu	je bois tu bois il/elle/on boit nous buvons vous buvez ils/elles boivent	je buvais tu buvais il/elle/on buvait nous buvions vous buviez ils/elles buvaient	je bus tu bus il/elle/on but nous bûmes vous bûtes ils/elles burent	je boirai tu boiras il/elle/on boira nous boirons vous boirez ils/elles boiront

Passé composé	Plus-que-parfait	Présent du conditionnel	Présent du subjonctif	Imparfait du subjonctif
j'ai dû tu as dû il/elle/on a dû nous avons dû vous avez dû ils/elles ont dû	j'avais dû tu avais dû il/elle/on avait dû nous avions dû vous aviez dû ils/elles avaient dû	je devrais tu devrais il/elle/on devrait nous devrions vous devriez ils/elles devraient	je doive tu doives il/elle/on doive nous devions vous deviez ils/elles doivent	je dusse tu dusses il/elle/on dût nous dussions vous dussiez ils/elles dussent
j'ai pu tu as pu il/elle/on a pu nous avons pu vous avez pu ils/elles ont pu	j'avais pu tu avais pu il/elle/on avait pu nous avions pu vous aviez pu ils/elles avaient pu	je pourrais tu pourrais il/elle/on pourrait nous pourrions vous pourriez ils/elles pourraient	je puisse tu puisses il/elle/on puisse nous puissions vous puissiez ils/elles puissent	je pusse tu pusses il/elle/on pût nous pussions vous pussiez ils/elles pussent
j'ai su tu as su il/elle/on a su nous avons su vous avez su ils/elles ont su	j'avais su tu avais su il/elle/on avait su nous avions su vous aviez su ils/elles avaient su	je saurais tu saurais il/elle/on saurait nous saurions vous sauriez ils/elles sauraient	je sache tu saches il/elle/on sache nous sachions vous sachiez ils/elles sachent	je susse tu susses il/elle/on sût nous sussions vous sussiez ils/elles sussent
j'ai voulu tu as voulu il/elle/on a voulu nous avons voulu vous avez voulu ils/elles ont voulu	j'avais voulu tu avais voulu il/elle/on avait voulu nous avions voulu vous aviez voulu ils/elles avaient voulu	je voudrais tu voudrais il/elle/on voudrait nous voudrions vous voudriez ils/elles voudraient	je veuille tu veuilles il/elle/on veuille nous voulions vous vouliez ils/elles veuillent	je voulusse tu voulusses il/elle/on voulût nous voulussions vous voulussiez ils/elles voulussent
j'ai appelé tu as appelé il/elle/on a appelé nous avons appelé vous avez appelé ils/elles ont appelé	j'avais appelé tu avais appelé il/elle/on avait appelé nous avions appelé vous aviez appelé ils/elles avaient appelé	j'appellerais tu appellerais il/elle/on appellerait nous appellerions vous appelleriez ils/elles appelleraient	j'appelle tu appelles il/elle/on appelle nous appelions vous appeliez ils/elles appellent	j'appelasse tu appelasses il/elle/on appelât nous appelassions vous appelassiez ils/elles appelassent
je me suis assis(e) tu t'es assis(e) il s'est assis elle s'est assise on s'est assis(e)(s) nous nous sommes assis(es) vous vous êtes assis(e)(s) ils/elles se sont assis(es)	je m'étais assis(e) tu t'étais assis(e) il s'était assis elle s'était assise on s'était assis(e)(s) nous nous étions assis(es) vous vous étiez assis(e)(s) ils/elles s'étaient assis(es)	je m'assiérais tu t'assiérais il/elle/on s'assiérait nous nous assiérions vous vous assiériez ils/elles s'assiéraient	je m'asseye tu t'asseyes il/elle/on s'asseye nous nous asseyions vous vous asseyiez ils/elles s'asseyent	je m'assisse tu t'assisses il/elle/on s'assît nous nous assissions vous vous assissiez ils/elles s'assissent
j'ai bu tu as bu il/elle/on a bu nous avons bu vous avez bu ils/elles ont bu	j'avais bu tu avais bu il/elle/on avait bu nous avions bu vous aviez bu ils/elles avaient bu	je boirais tu boirais il/elle/on boirait nous boirions vous boiriez ils/elles boiraient	je boive tu boives il/elle/on boive nous buvions vous buviez ils/elles boivent	je busse tu busses il/elle/on bût nous bussions vous bussiez ils/elles bussent

	Présent	Imparfait	Passé simple	Futur simple
COMMENCER *Participe présent* commençant *Participe passé* commencé	je commence tu commences il/elle/on commence nous commençons vous commencez ils/elles commencent	je commençais tu commençais il/elle/on commençait nous commencions vous commenciez ils/elles commençaient	je commençai tu commenças il/elle/on commença nous commençâmes vous commençâtes ils/elles commencèrent	je commencerai tu commenceras il/elle/on commencera nous commencerons vous commencerez ils/elles commenceront
CONDUIRE *Participe présent* conduisant *Participe passé* conduit	je conduis tu conduis il/elle/on conduit nous conduisons vous conduisez ils/elles conduisent	je conduisais tu conduisais il/elle/on conduisait nous conduisions vous conduisiez ils/elles conduisaient	je conduisis tu conduisis il/elle/on conduisit nous conduisîmes vous conduisîtes ils/elles conduisirent	je conduirai tu conduiras il/elle/on conduira nous conduirons vous conduirez ils/elles conduiront
CONNAÎTRE *Participe présent* connaissant *Participe passé* connu	je connais tu connais il/elle/on connaît nous connaissons vous connaissez ils/elles connaissent	je connaissais tu connaissais il/elle/on connaissait nous connaissions vous connaissiez ils/elles connaissaient	je connus tu connus il/elle/on connut nous connûmes vous connûtes ils/elles connurent	je connaîtrai tu connaîtras il/elle/on connaîtra nous connaîtrons vous connaîtrez ils/elles connaîtront
COURIR *Participe présent* courant *Participe passé* couru	je cours tu cours il/elle/on court nous courons vous courez ils/elles courent	je courais tu courais il/elle/on courait nous courions vous couriez ils/elles couraient	je courus tu courus il/elle/on courut nous courûmes vous courûtes ils/elles coururent	je courrai tu courras il/elle/on courra nous courrons vous courrez ils/elles courront
CROIRE *Participe présent* croyant *Participe passé* cru	je crois tu crois il/elle/on croit nous croyons vous croyez ils/elles croient	je croyais tu croyais il/elle/on croyait nous croyions vous croyiez ils/elles croyaient	je crus tu crus il/elle/on crut nous crûmes vous crûtes ils/elles crurent	je croirai tu croiras il/elle/on croira nous croirons vous croirez ils/elles croiront
CRAINDRE *Participe présent* craignant *Participe passé* craint	je crains tu crains il/elle/on craint nous craignons vous craignez ils/elles craignent	je craignais tu craignais il/elle/on craignait nous craignions vous craigniez ils/elles craignaient	je craignis tu craignis il/elle/on craignit nous craignîmes vous craignîtes ils/elles craignirent	je craindrai tu craindras il/elle/on craindra nous craindrons vous craindrez ils/elles craindront
DIRE *Participe présent* disant *Participe passé* dit	je dis tu dis il/elle/on dit nous disons vous dites ils/elles disent	je disais tu disais il/elle/on disait nous disions vous disiez ils/elles disaient	je dis tu dis il/elle/on dit nous dîmes vous dîtes ils/elles dirent	je dirai tu diras il/elle/on dira nous dirons vous direz ils/elles diront
DORMIR *Participe présent* dormant *Participe passé* dormi	je dors tu dors il/elle/on dort nous dormons vous dormez ils/elles dorment	je dormais tu dormais il/elle/on dormait nous dormions vous dormiez ils/elles dormaient	je dormis tu dormis il/elle/on dormit nous dormîmes vous dormîtes ils/elles dormirent	je dormirai tu dormiras il/elle/on dormira nous dormirons vous dormirez ils/elles dormiront

Passé composé	Plus-que-parfait	Présent du conditionnel	Présent du subjonctif	Imparfait du subjonctif
j'ai commencé tu as commencé il/elle/on a commencé nous avons commencé vous avez commencé ils/elles ont commencé	j'avais commencé tu avais commencé il/elle/on avait commencé nous avions commencé vous aviez commencé ils/elles avaient commencé	je commencerais tu commencerais il/elle/on commencerait nous commencerions vous commenceriez ils/elles commenceraient	je commence tu commences il/elle/on commence nous commencions vous commenciez ils/elles commencent	je commençasse tu commençasses il/elle/on commençât nous commençassions vous commençassiez ils/elles commençassent
j'ai conduit tu as conduit il/elle/on a conduit nous avons conduit vous avez conduit ils/elles ont conduit	j'avais conduit tu avais conduit il/elle/on avait conduit nous avions conduit vous aviez conduit ils/elles avaient conduit	je conduirais tu conduirais il/elle/on conduirait nous conduirions vous conduiriez ils/elles conduiraient	je conduise tu conduises il/elle/on conduise nous conduisions vous conduisiez ils/elles conduisent	je conduisisse tu conduisisses il/elle/on conduisît nous conduisissions vous conduisissiez ils/elles conduisissent
j'ai connu tu as connu il/elle/on a connu nous avons connu vous avez connu ils/elles ont connu	j'avais connu tu avais connu il/elle/on avait connu nous avions connu vous aviez connu ils/elles avaient connu	je connaîtrais tu connaîtrais il/elle/on connaîtrait nous connaîtrions vous connaîtriez ils/elles connaîtraient	je connaisse tu connaisses il/elle/on connaisse nous connaissions vous connaissiez ils/elles connaissent	je connusse tu connusses il/elle/on connût nous connussions vous connussiez ils/elles connussent
j'ai couru tu as couru il/elle/on a couru nous avons couru vous avez couru ils/elles ont couru	j'avais couru tu avais couru il/elle/on avait couru nous avions couru vous aviez couru ils/elles avaient couru	je courrais tu courrais il/elle/on courrait nous courrions vous courriez ils/elles courraient	je coure tu coures il/elle/on coure nous courions vous couriez ils/elles courent	je courusse tu courusses il/elle/on courût nous courussions vous courussiez ils/elles courussent
j'ai cru tu as cru il/elle/on a cru nous avons cru vous avez cru ils/elles ont cru	j'avais cru tu avais cru il/elle/on avait cru nous avions cru vous aviez cru ils/elles avaient cru	je croirais tu croirais il/elle/on croirait nous croirions vous croiriez ils/elles croiraient	je croie tu croies il/elle/on croie nous croyions vous croyiez ils/elles croient	je crusse tu crusses il/elle/on crût nous crussions vous crussiez ils/elles crussent
j'ai craint tu as craint il/elle/on a craint nous avons craint vous avez craint ils/elles ont craint	j'avais craint tu avais craint il/elle/on avait craint nous avions craint vous aviez craint ils/elles avaient craint	je craindrais tu craindrais il/elle/on craindrait nous craindrions vous craindriez ils/elles craindraient	je craigne tu craignes il/elle/on craigne nous craignions vous craigniez ils/elles craignent	je craignisse tu craignisses il/elle/on craignît nous craignissions vous craignissiez ils/elles craignissent
j'ai dit tu as dit il/elle/on a dit nous avons dit vous avez dit ils/elles ont dit	j'avais dit tu avais dit il/elle/on avait dit nous avions dit vous aviez dit ils/elles avaient dit	je dirais tu dirais il/elle/on dirait nous dirions vous diriez ils/elles diraient	je dise tu dises il/elle/on dise nous disions vous disiez ils/elles disent	je disse tu disses il/elle/on dît nous dissions vous dissiez ils/elles dissent
j'ai dormi tu as dormi il/elle/on a dormi nous avons dormi vous avez dormi ils/elles ont dormi	j'avais dormi tu avais dormi il/elle/on avait dormi nous avions dormi vous aviez dormi ils/elles avaient dormi	je dormirais tu dormirais il/elle/on dormirait nous dormirions vous dormiriez ils/elles dormiraient	je dorme tu dormes il/elle/on dorme nous dormions vous dormiez ils/elles dorment	je dormisse tu dormisses il/elle/on dormît nous dormissions vous dormissiez ils/elles dormissent

	Présent	Imparfait	Passé simple	Futur simple
ÉCRIRE *Participe présent* écrivant *Participe passé* écrit	j'écris tu écris il/elle/on écrit nous écrivons vous écrivez ils/elles écrivent	j'écrivais tu écrivais il/elle/on écrivait nous écrivions vous écriviez ils/elles écrivaient	j'écrivis tu écrivis il/elle/on écrivit nous écrivîmes vous écrivîtes ils/elles écrivirent	j'écrirai tu écriras il/elle/on écrira nous écrirons vous écrirez ils/elles écriront
ENVOYER *Participe présent* envoyant *Participe passé* envoyé	j'envoie tu envoies il/elle/on envoie nous envoyons vous envoyez ils/elles envoient	j'envoyais tu envoyais il/elle/on envoyait nous envoyions vous envoyiez ils/elles envoyaient	j'envoyai tu envoyas il/elle/on envoya nous envoyâmes vous envoyâtes ils/elles envoyèrent	j'enverrai tu enverras il/elle/on enverra nous enverrons vous enverrez ils/elles enverront
ESPÉRER *Participe présent* espérant *Participe passé* espéré	j'espère tu espères il/elle/on espère nous espérons vous espérez ils/elles espèrent	j'espérais tu espérais il/elle/on espérait nous espérions vous espériez ils/elles espéraient	j'espérai tu espéras il/elle/on espéra nous espérâmes vous espérâtes ils/elles espérèrent	j'espérerai tu espéreras il/elle/on espérera nous espérerons vous espérerez ils/elles espéreront
ESSAYER *Participe présent* essayant *Participe passé* essayé	j'essaie tu essaies il/elle/on essaie nous essayons vous essayez ils/elles essaient	j'essayais tu essayais il/elle/on essayait nous essayions vous essayiez ils/elles essayaient	j'essayai tu essayas il/elle/on essaya nous essayâmes vous essayâtes ils/elles essayèrent	j'essayerai tu essayeras il/elle/on essayera nous essayerons vous essayerez ils/elles essayeront
FAIRE *Participe présent* faisant *Participe passé* fait	je fais tu fais il/elle/on fait nous faisons vous faites ils/elles font	je faisais tu faisais il/elle/on faisait nous faisions vous faisiez ils/elles faisaient	je fis tu fis il/elle/on fit nous fîmes vous fîtes ils/elles firent	je ferai tu feras il/elle/on fera nous ferons vous ferez ils/elles feront
FALLOIR *Participe présent* — *Participe passé* fallu	il faut	il fallait	il fallut	il faudra
LIRE *Participe présent* lisant *Participe passé* lu	je lis tu lis il/elle/on lit nous lisons vous lisez ils/elles lisent	je lisais tu lisais il/elle/on lisait nous lisions vous lisiez ils/elles lisaient	je lus tu lus il/elle/on lut nous lûmes vous lûtes ils/elles lurent	je lirai tu liras il/elle/on lira nous lirons vous lirez ils/elles liront
METTRE *Participe présent* mettant *Participe passé* mis	je mets tu mets il/elle/on met nous mettons vous mettez ils/elles mettent	je mettais tu mettais il/elle/on mettait nous mettions vous mettiez ils/elles mettaient	je mis tu mis il/elle/on mit nous mîmes vous mîtes ils/elles mirent	je mettrai tu mettras il/elle/on mettra nous mettrons vous mettrez ils/elles mettront

Passé composé	Plus-que-parfait	Présent du conditionnel	Présent du subjonctif	Imparfait du subjonctif
j'ai écrit tu as écrit il/elle/on a écrit nous avons écrit vous avez écrit ils/elles ont écrit	j'avais écrit tu avais écrit il/elle/on avait écrit nous avions écrit vous aviez écrit ils/elles avaient écrit	j'écrirais tu écrirais il/elle/on écrirait nous écririons vous écririez ils/elles écriraient	j'écrive tu écrives il/elle/on écrive nous écrivions vous écriviez ils/elles écrivent	j'écrivisse tu écrivisses il/elle/on écrivît nous écrivissions vous écrivissiez ils/elles écrivissent
j'ai envoyé tu as envoyé il/elle/on a envoyé nous avons envoyé vous avez envoyé ils/elles ont envoyé	j'avais envoyé tu avais envoyé il/elle/on avait envoyé nous avions envoyé vous aviez envoyé ils/elles avaient envoyé	j'enverrais tu enverrais il/elle/on enverrait nous enverrions vous enverriez ils/elles enverraient	j'envoie tu envoies il/elle/on envoie nous envoyions vous envoyiez ils/elles envoient	j'envoyasse tu envoyasses il/elle/on envoyât nous envoyassions vous envoyassiez ils/elles envoyassent
j'ai espéré tu as espéré il/elle/on a espéré nous avons espéré vous avez espéré ils/elles ont espéré	j'avais espéré tu avais espéré il/elle/on avait espéré nous avions espéré vous aviez espéré ils/elles avaient espéré	j'espérerais tu espérerais il/elle/on espérerait nous espérerions vous espéreriez ils/elles espéreraient	j'espère tu espères il/elle/on espère nous espérions vous espériez ils/elles espèrent	j'espérasse tu espérasses il/elle/on espérât nous espérassions vous espérassiez ils/elles espérassent
j'ai essayé tu as essayé il/elle/on a essayé nous avons essayé vous avez essayé ils/elles ont essayé	j'avais essayé tu avais essayé il/elle/on avait essayé nous avions essayé vous aviez essayé ils/elles avaient essayé	j'essayerais tu essayerais il/elle/on essayerait nous essayerions vous essayeriez ils/elles essayeraient	j'essaie tu essaies il/elle/on essaie nous essayions vous essayiez ils/elles essaient	j'essayasse tu essayasses il/elle/on essayât nous essayassions vous essayassiez ils/elles essayassent
j'ai fait tu as fait il/elle/on a fait nous avons fait vous avez fait ils/elles ont fait	j'avais fait tu avais fait il/elle/on avait fait nous avions fait vous aviez fait ils/elles avaient fait	je ferais tu ferais il/elle/on ferait nous ferions vous feriez ils/elles feraient	je fasse tu fasses il/elle/on fasse nous fassions vous fassiez ils/elles fassent	je fisse tu fisses il/elle/on fît nous fissions vous fissiez ils/elles fissent
il a fallu	il avait fallu	il faudrait	il faille	il fallût
j'ai lu tu as lu il/elle/on a lu nous avons lu vous avez lu ils/elles ont lu	j'avais lu tu avais lu il/elle/on avait lu nous avions lu vous aviez lu ils/elles avaient lu	je lirais tu lirais il/elle/on lirait nous lirions vous liriez ils/elles liraient	je lise tu lises il/elle/on lise nous lisions vous lisiez ils/elles lisent	je lusse tu lusses il/elle/on lût nous lussions vous lussiez ils/elles lussent
j'ai mis tu as mis il/elle/on a mis nous avons mis vous avez mis ils/elles ont mis	j'avais mis tu avais mis il/elle/on avait mis nous avions mis vous aviez mis ils/elles avaient mis	je mettrais tu mettrais il/elle/on mettrait nous mettrions vous mettriez ils/elles mettraient	je mette tu mettes il/elle/on mette nous mettions vous mettiez ils/elles mettent	je misse tu misses il/elle/on mît nous missions vous missiez ils/elles missent

	Présent	Imparfait	Passé simple	Futur simple
MOURIR *Participe présent* mourant *Participe passé* mort	je meurs tu meurs il/elle/on meurt nous mourons vous mourez ils/elles meurent	je mourais tu mourais il/elle/on mourait nous mourions vous mouriez ils/elles mouraient	je mourus tu mourus il/elle/on mourut nous mourûmes vous mourûtes ils/elles moururent	je mourrai tu mourras il/elle/on mourra nous mourrons vous mourrez ils/elles mourront
NAÎTRE *Participe présent* naissant *Participe passé* né	je nais tu nais il/elle/on naît nous naissons vous naissez ils/elles naissent	je naissais tu naissais il/elle/on naissait nous naissions vous naissiez ils/elles naissaient	je naquis tu naquis il/elle/on naquit nous naquîmes vous naquîtes ils/elles naquirent	je naîtrai tu naîtras il/elle/on naîtra nous naîtrons vous naîtrez ils/elles naîtront
OUVRIR *Participe présent* ouvrant *Participe passé* ouvert	j'ouvre tu ouvres il/elle/on ouvre nous ouvrons vous ouvrez ils/elles ouvrent	j'ouvrais tu ouvrais il/elle/on ouvrait nous ouvrions vous ouvriez ils/elles ouvraient	j'ouvris tu ouvris il/elle/on ouvrit nous ouvrîmes vous ouvrîtes ils/elles ouvrirent	j'ouvrirai tu ouvriras il/elle/on ouvrira nous ouvrirons vous ouvrirez ils/elles ouvriront
PARTIR *Participe présent* partant *Participe passé* parti	je pars tu pars il/elle/on part nous partons vous partez ils/elles partent	je partais tu partais il/elle/on partait nous partions vous partiez ils/elles partaient	je partis tu partis il/elle/on partit nous partîmes vous partîtes ils/elles partirent	je partirai tu partiras il/elle/on partira nous partirons vous partirez ils/elles partiront
PLAIRE *Participe présent* plaisant *Participe passé* plu	je plais tu plais il/elle/on plaît nous plaisons vous plaisez ils/elles plaisent	je plaisais tu plaisais il/elle/on plaisait nous plaisions vous plaisiez ils/elles plaisaient	je plus tu plus il/elle/on plut nous plûmes vous plûtes ils/elles plurent	je plairai tu plairas il/elle/on plaira nous plairons vous plairez ils/elles plairont
PLEUVOIR *Participe présent* pleuvant *Participe passé* plu	il pleut	il pleuvait	il plut	il pleuvra
PRENDRE *Participe présent* prenant *Participe passé* pris	je prends tu prends il/elle/on prend nous prenons vous prenez ils/elles prennent	je prenais tu prenais il/elle/on prenait nous prenions vous preniez ils/elles prenaient	je pris tu pris il/elle/on prit nous prîmes vous prîtes ils/elles prirent	je prendrai tu prendras il/elle/on prendra nous prendrons vous prendrez ils/elles prendront

Passé composé	Plus-que-parfait	Présent du conditionnel	Présent du subjonctif	Imparfait du subjonctif
je suis mort(e) tu es mort(e) il est mort elle est morte on est mort(e)(s) nous sommes mort(e)s vous êtes mort(e)(s) ils sont morts elles sont mortes	j'étais mort(e) tu étais mort(e) il était mort elle était morte on était mort(e)(s) nous étions mort(e)s vous étiez mort(e)(s) ils étaient morts elles étaient mortes	je mourrais tu mourrais il/elle/on mourrait nous mourrions vous mourriez ils/elles mourraient	je meure tu meures il/elle/on meure nous mourions vous mouriez ils/elles meurent	je mourusse tu mourusses il/elle/on mourût nous mourussions vous mourussiez ils/elles mourussent
je suis né(e) tu es né(e) il est né elle est née on est né(e)(s) nous sommes né(e)s vous êtes né(e)(s) ils sont nés elles sont nées	j'étais né(e) tu étais né(e) il était né elle était née on était né(e)(s) nous étions né(e)s vous étiez né(e)(s) ils étaient nés elles étaient nées	je naîtrais tu naîtrais il/elle/on naîtrait nous naîtrions vous naîtriez ils/elles naîtraient	je naisse tu naisses il/elle/on naisse nous naissions vous naissiez ils/elles naissent	je naquisse tu naquisses il/elle/on naquît nous naquissions vous naquissiez ils/elles naquissent
j'ai ouvert tu as ouvert il/elle/on a ouvert nous avons ouvert vous avez ouvert ils/elles ont ouvert	j'avais ouvert tu avais ouvert il/elle/on avait ouvert nous avions ouvert vous aviez ouvert ils/elles avaient ouvert	j'ouvrirais tu ouvrirais il/elle/on ouvrirait nous ouvririons vous ouvririez ils/elles ouvriraient	j'ouvre tu ouvres il/elle/on ouvre nous ouvrions vous ouvriez ils/elles ouvrent	j'ouvrisse tu ouvrisses il/elle/on ouvrît nous ouvrissions vous ouvrissiez ils/elles ouvrissent
je suis parti(e) tu es parti(e) il est parti elle est partie on est parti(e)(s) nous sommes parti(e)s vous êtes parti(e)(s) ils sont partis elles sont parties	j'étais parti(e) tu étais parti(e) il était parti elle était partie on était parti(e)(s) nous étions parti(e)s vous étiez parti(e)(s) ils étaient partis elles étaient parties	je partirais tu partirais il/elle/on partirait nous partirions vous partiriez ils/elles partiraient	je parte tu partes il/elle/on parte nous partions vous partiez ils/elles partent	je partisse tu partisses il/elle/on partît nous partissions vous partissiez ils/elles partissent
j'ai plu tu as plu il/elle/on a plu nous avons plu vous avez plu ils/elles ont plu	j'avais plu tu avais plu il/elle/on avait plu nous avions plu vous aviez plu ils/elles avaient plu	je plairais tu plairais il/elle/on plairait nous plairions vous plairiez ils/elles plairaient	je plaise tu plaises il/elle/on plaise nous plaisions vous plaisiez ils/elles plaisent	je plusse tu plusses il/elle/on plût nous plussions vous plussiez ils/elles plussent
il a plu	il avait plu	il pleuvrait	il pleuve	il plût
j'ai pris tu as pris il/elle/on a pris nous avons pris vous avez pris ils/elles ont pris	j'avais pris tu avais pris il/elle/on avait pris nous avions pris vous aviez pris ils/elles avaient pris	je prendrais tu prendrais il/elle/on prendrait nous prendrions vous prendriez ils/elles prendraient	je prenne tu prennes il/elle/on prenne nous prenions vous preniez ils/elles prennent	je prisse tu prisses il/elle/on prît nous prissions vous prissiez ils/elles prissent

	Présent	Imparfait	Passé simple	Futur simple
RECEVOIR *Participe présent* recevant *Participe passé* reçu	je reçois tu reçois il/elle/on reçoit nous recevons vous recevez ils/elles reçoivent	je recevais tu recevais il/elle/on recevait nous recevions vous receviez ils/elles recevaient	je reçus tu reçus il/elle/on reçut nous reçûmes vous reçûtes ils/elles reçurent	je recevrai tu recevras il/elle/on recevra nous recevrons vous recevrez ils/elles recevront
RIRE *Participe présent* riant *Participe passé* ri	je ris tu ris il/elle/on rit nous rions vous riez ils/elles rient	je riais tu riais il/elle/on riait nous riions vous riiez ils/elles riaient	je ris tu ris il/elle/on rit nous rîmes vous rîtes ils/elles rirent	je rirai tu riras il/elle/on rira nous rirons vous rirez ils/elles riront
SORTIR *Participe présent* sortant *Participe passé* sorti	je sors tu sors il/elle/on sort nous sortons vous sortez ils/elles sortent	je sortais tu sortais il/elle/on sortait nous sortions vous sortiez ils/elles sortaient	je sortis tu sortis il/elle/on sortit nous sortîmes vous sortîtes ils/elles sortirent	je sortirai tu sortiras il/elle/on sortira nous sortirons vous sortirez ils/elles sortiront
VALOIR *Participe présent* valant *Participe passé* valu	je vaux tu vaux il/elle/on vaut nous valons vous valez ils/elles valent	je valais tu valais il/elle/on valait nous valions vous valiez ils/elles valaient	je valus tu valus il/elle/on valut nous valûmes vous valûtes ils/elles valurent	je vaudrai tu vaudras il/elle/on vaudra nous vaudrons vous vaudrez ils/elles vaudront
VENIR *Participe présent* venant *Participe passé* venu	je viens tu viens il/elle/on vient nous venons vous venez ils/elles viennent	je venais tu venais il/elle/on venait nous venions vous veniez ils/elles venaient	je vins tu vins il/elle/on vint nous vînmes vous vîntes ils/elles vinrent	je viendrai tu viendras il/elle/on viendra nous viendrons vous viendrez ils/elles viendront
VIVRE *Participe présent* vivant *Participe passé* vécu	je vis tu vis il/elle/on vit nous vivons vous vivez ils/elles vivent	je vivais tu vivais il/elle/on vivait nous vivions vous viviez ils/elles vivaient	je vécus tu vécus il/elle/on vécut nous vécûmes vous vécûtes ils/elles vécurent	je vivrai tu vivras il/elle/on vivra nous vivrons vous vivrez ils/elles vivront
VOIR *Participe présent* voyant *Participe passé* vu	je vois tu vois il/elle/on voit nous voyons vous voyez ils/elles voient	je voyais tu voyais il/elle/on voyait nous voyions vous voyiez ils/elles voyaient	je vis tu vis il/elle/on vit nous vîmes vous vîtes ils/elles virent	je verrai tu verras il/elle/on verra nous verrons vous verrez ils/elles verront